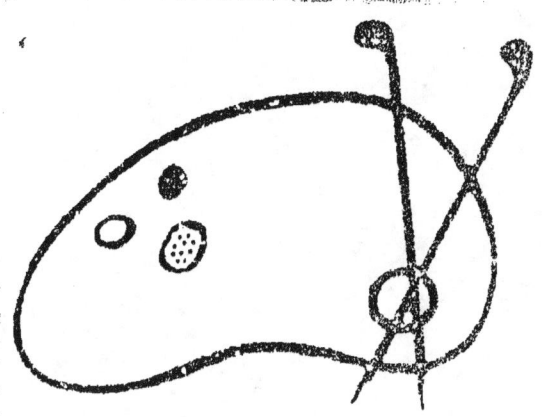

Début d'une série de documents en couleur

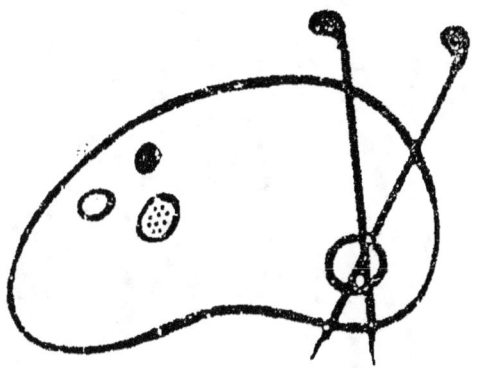

Fin d'une série de documents
en couleur

R. 2239.
+ C.3 a 4.

11867

HISTOIRE
COMPARÉE
DES SYSTÈMES DE PHILOSOPHIE.

CET OUVRAGE SE TROUVE AUSSI

Chez { PASCHOUD, à Genève, pour toute la Suisse.
DE MAT, à Bruxelles.
LE ROUX, à Mons.

Ouvrages nouveaux chez les mêmes :

CHOIX DE RAPPORTS, Opinions et Discours prononcés à la tribune nationale depuis 1789 jusqu'à ce jour, 20 volumes in-8°. Prix 160 fr., vélin le double ; la table générale 5 fr.

HISTOIRE DU JURY, par M. Aignan, de l'académie française, 1 vol. in-8°. Prix 6 fr.

OEUVRES COMPLÈTES de madame la comtesse de Souza, ci-devant de Flahault, auteur *d'Adèle de Sénange*, 6 vol. in-8°, avec gravures, prix 36 fr. ; 12 vol. in-12 30 fr., vélin le double.

OEUVRES COMPLÈTES de don Barthélemi de Las Casas, évêque de Chiapa, défenseur de la liberté des naturels de l'Amérique, précédées de sa vie, par M. G.-A. Llorente, 2 vol. in-8°. Prix 13 fr. 50 cent.

OEUVRES COMPLÈTES de M. le comte de Ségur, de l'académie française. — Histoire ancienne, 9 vol. in-18. Prix   18 fr.
————— romaine, 7 vol. id.   14
————— du Bas-Empire, 9 vol. id.   18
Les mêmes ouvrages imprimés en 10 vol. in-8°, et Atlas noir par P. Tardieu 70
————— Histoire de France, 1re époque, 5 vol. in-18.   10
————— Galerie morale et politique, 3 vol. in-8°.   18
————— Politique de tous les cabinets de l'Europe,
          4e édit., refondue, 3 vol. in-8°.   21
————— Romances et chansons, 1 vol. in-18.   2
————— Tableau historique et politique de l'Europe,
          4e édit., refondue, 3 vol. in-8°.   21

VOYAGEUR MODERNE, ou extrait des voyages les plus récens dans les quatre parties du monde, publiés en plusieurs langues jusqu'en 1822, 6 vol. in-8°, avec 36 belles gravures de costumes. Prix 36
          Coloriées 46
Le même, 12 vol. in-12, avec gravures 30
          idem. fig. coloriées 40

IMPRIMERIE DE COSSON.

HISTOIRE

COMPARÉE

DES SYSTÈMES DE PHILOSOPHIE,

CONSIDÉRÉS

RELATIVEMENT AUX PRINCIPES DES CONNAISSANCES HUMAINES ;

PAR M. DEGERANDO,

MEMBRE DE L'INSTITUT DE FRANCE.

DEUXIÈME ÉDITION,
REVUE, CORRIGÉE ET AUGMENTÉE.

TOME IV.

PARIS,
ALEXIS EYMERY, LIBRAIRE, RUE MAZARINE, N° 30.
REY ET GRAVIER, QUAI DES AUGUSTINS, N° 57.
AILLAU, QUAI VOLTAIRE, N° 21.

1823.

HISTOIRE

COMPARÉE

DES SYSTÈMES DE PHILOSOPHIE.

SUITE DE LA PREMIÈRE PARTIE.

CHAPITRE XXII.

Philosophie des pères de l'église et des docteurs Chrétiens.

SOMMAIRE.

Établissement du Christianisme ; — Effets qu'il produit ; — Mœurs de l'Église primitive. — Comment les docteurs chrétiens sont conduits à l'étude de la philosophie.

Premier âge, du deuxième au quatrième siècle ; — Les écrivains ecclésiastiques partagés en deux classes, relativement à leur manière de juger la philosophie. — Parallèle de ces deux classes.

Première classe : Pères de l'Eglise favorables à la philosophie. — Motifs qui déterminèrent cette faveur ; — Point de vue suivant lequel la philosophie fut envisagée. — Les doctrines des sages de la Grèce considérées comme une préparation au Christianisme. — Limites dans lesquelles nous renfermons les considérations qui font l'objet de ce chapitre. — Saint Justin, martyr. — Tatien. — Saint Théophile. — Athénagore. — Saint Panténe. — Saint Clément d'Alexandrie ; — Son Eclectisme ; — Ses vues sur la Dialectique. — Origène ; — Il introduit le nouveau Platonisme dans le sein du Christianisme ; — Sa méthode. — Chalcidius. — Saint Grégoire de Nysse.

Deuxième classe : Ecrivains ecclésiastiques défavorables à la philosophie profane : — Motifs de cette défaveur. — Nouvelle espèce de Scepticisme. — Saint Hermias. — Saint Irénée. — Tertullien. — Arnobe. — Lactance ; — Autorité qu'il refuse à la raison ; — Concessions qu'il lui fait. — Sur quelle partie de la philosophie se dirigeaient les censures des Pères de l'Eglise.

Deuxième âge, du cinquième au septième siècle : — Services rendus par les écrivains ecclésiastiques à l'histoire de la philosophie ; — Eusèbe. — Deux classes principales pendant cet âge.

Première classe : Docteurs qui accordent à Platon une préférence plus ou moins marquée : — Saint Augustin. — Marche et direction de ses études ; — Ses dialogues académiques ; — Son traité *sur l'ordre* ; — Ses *soliloques* ; — Son traité de *la quantité de l'âme* ; — Sa théorie des *idées* d'après Platon ; — Ses vues sur la philosophie ancienne : — Némésius ; — Son *Traité de l'âme* ; — Théorie de la sensation ; — Psychologie expérimentale ; — Ses rapports avec Galien ; — Synésius. — Ecrits attribués à Saint Denys l'aréopagite. — Ænée de Gaza. — Zacharias le scholastique.

Motifs qui ont déterminé une faveur spéciale pour Platon ; — Préventions générales contre Aristote, et leurs causes.

Deuxième classe : Ecrivains ecclésiastiques favorables à Aristote ; — Motifs et circonstances qui ont influé sur leurs dispositions. — Anatolius. — Jean Philopon. — Claudian

Mamert; — Son traité de *l'état de l'âme*. — Boëce; — Son Eclectisme. — Cassiodore. — Martianus Capella.

Résumé : — Sous quel aspect les écrivains ecclésiastiques ont en général considéré : — La logique ; — La métaphysique ; — La philosophie morale. — Influence qu'ils ont exercée sur leur siècle ; — Et sur les âges suivans.

L'ÉTABLISSEMENT du Christianisme est le plus beau spectacle qu'offrent les annales de la civilisation, et l'événement le plus important de l'histoire de l'humanité. La notion auguste de la Divinité, dégagée enfin de tous les voiles dont les superstitions l'avaient environnée, apparaissait aux hommes dans toute sa sublimité, toute sa pureté, toute sa grandeur, réunissant en elle la perfection de la sagesse, l'immensité de la puissance, le trésor inépuisable de la bonté, les attributs de la cause qui crée, ordonne, et le caractère touchant d'une Providence qui veille sur l'homme avec une constante sollicitude. L'Évangile expliquait à l'homme le profond mystère de sa propre destinée, lui découvrait son auguste origine, la noble perspective de son avenir, le but de son existence passagère sur la terre. L'Évangile donnait à la morale le code le plus complet et en même temps le plus admirable, consacrait tous les liens sociaux, épurait toutes les affections, conférait un prix à toutes les actions, créait à l'infortune une dignité nouvelle, consolait toutes les douleurs, récompensait tous les sacrifices, immolait toutes les passions, inspirait tous les genres d'héroïsme, recommandait et rendait facile l'oubli le plus absolu de soi-même. Il unissait entre eux ces trois ordres de dogmes et de préceptes par la plus étroite et la plus belle harmonie, représentait la Divinité aux yeux de sa créature sous l'image touchante d'un père, conduisait la créature à son auteur par le culte en esprit et en vérité, faisait découler la morale du sentiment religieux, imprimait à la morale la sanction de la volonté divine et de l'immortalité, animait le cœur de l'homme, la société humaine, d'une vie toute nouvelle, celle de la céleste charité; identifiait l'amour de Dieu avec l'amour de nos semblables. L'humanité affligée sous le poids de tant de misères, livrée à tant d'erreurs et d'incertitudes, voyait enfin luire dans l'Évangile cette lumière divine qui dissipe tous les nuages, trouvait dans l'Évangile la source de la paix, de l'espérance, et saluait de ses transports cette religion qui, la première, satisfaisait à tous ses besoins, remplissait tous ses vœux, et qui se justifiait en quelque sorte par ses propres bienfaits. A tant de bienfaits s'en joignait un encore qui formait l'un des caractères essentiels et distinctifs du Christianisme, c'est que loin d'être exclusif, loin de se concentrer dans un petit nombre d'êtres privilégiés, il tendait de sa nature à se répandre, à se communiquer; il était de sa nature le culte universel, le trésor commun; il cherchait surtout les faibles, les pauvres, les malheureux, pour les embrasser dans son adoption; il tendait la main à ceux qu'avait délaissés la fortune; il appellait à lui les êtres obscurs; il descendait auprès de l'enfance, avec une sorte de prédilection. Les cultes du Paganisme avaient pu envelopper sous les allégories mythologiques des notions d'un ordre plus relevé; mais ces notions étaient réservées à un petit nombre d'initiés, transmises sous le sceau du secret et sous la forme du mystère. La philosophie était parvenue par de longues méditations à établir, sur la théologie naturelle et sur la règle des devoirs, de vraies et sages doctrines; mais ces doctrines, développées, perfectionnées avec lenteur, mêlées à des erreurs plus ou moins graves, livrées aux discussions, partageant les esprits les plus distingués, ne pouvaient être le patrimoine que d'un petit nombre de penseurs exercés et ne descendaient point jusqu'à la multitude. C'était précisément cette multitude dédaignée, oubliée, qui forme cependant la masse de la société humaine, cette multitude sur laquelle pèsent les privations, le travail, la souffrance, que le Christianisme réhabilitait, qu'il élevait à toute la grandeur de ses leçons, à tout le bonheur de ses jouissances : il *abaissait les puissans*, il *exaltait les humbles*, et de tous les hommes, quelles que fussent leurs conditions, leur patrie, ne formait plus qu'une famille de frères.

Cet idéal de la religion que le Christianisme nous offre dans ses maximes, l'histoire nous le montre réalisé dans le tableau de l'église primitive. Concentré d'abord dans le petit nombre de ceux qu'il avait conquis par l'ascendant d'une conviction sincère et profonde, chez lesquels il avait dû triompher des préjugés de l'éducation et des liens de l'intérêt, qu'il avait dû rendre supérieurs aux dangers, aux persécutions, aux tourmens, à la mort elle-même, il n'avait que des disciples pénétrés de son véritable esprit, il se produisait en eux vivant et agissant. Quelle société que celle de ces premiers Chrétiens, tels que nous les peignent les Actes des Apôtres et les écrits des Pères des premiers siècles ! mettant tout en commun, n'ayant qu'un cœur et qu'une âme, pleins de zèle pour la pratique du bien, de patience dans les épreuves; modèles de bonté, de douceur, de désintéressement, de courage; vrais sages sans le savoir, et déployant, surpassant même, au sein des conditions les plus obscures, les hautes vertus que nous admirons éparses chez les plus grands hommes !

Le Christianisme était, par lui-même, étranger à la philosophie considérée comme une science profane, c'est-à-dire, comme une simple investigation des vérités déduites de la raison; il en était séparé par des limites naturelles, comme de toutes les autres sciences. Car, cette haute sagesse qu'il apportait sur la terre, il la faisait découler d'une révélation divine, il la plaçait sous la sauve-garde de la foi religieuse. Aussi, pendant le premier siècle, les Chrétiens ne s'occupèrent-ils des théories philosophiques, ni pour les cultiver, ni pour les combattre. Et, si l'invasion des Gnostiques dans le Christianisme naissant donna lieu à de vives et de nombreuses controverses, ces dissensions ne furent envisagées que sous leur rapport purement théologique; les Gnostiques se présentaient bien moins comme une secte philosophique, que comme une secte religieuse. Il suffisait aux premiers instituteurs des Chrétiens d'épurer la croyance et les mœurs ; leur modeste et paisible simplicité abandonnait à leur marche naturelle les connaissances humaines, en même temps qu'elle se prêtait à toutes les professions de la vie, et qu'elle respectait les institutions civiles et politiques qui se trouvaient établies. Nous voyons qu'à Alexandrie, les Chrétiens des conditions aisées suivaient les écoles publiques, mêlés et confondus avec les Païens, sans que ces études, placées en quelque sorte hors de la sphère des croyances religieuses, devinssent l'occasion d'aucune discorde.

Cependant, lorsqu'ensuite le Christianisme, en se développant graduellement, commença à faire de nombreuses conquêtes, lorsqu'il reçut dans son sein les hommes qui appartenaient aux premiers rangs de la société, des savans, des philosophes de profession, l'intérêt de la religion elle-même fit considérer les choses sous un autre point de vue : on jugea que la philosophie pouvait offrir des secours, ou opposer des obstacles à la propagation de l'Évangile; que sa doctrine, introduite dans le commerce des hommes éclairés, devait en adopter le langage. Les efforts tentés par les nouveaux Platoniciens pour identifier la philosophie avec la théologie païenne, pour justifier ou ennoblir celle-ci par celle-là, durent influer essentiellement sur la direction des idées. La philosophie se présentait dès lors sous un nouvel aspect, elle se trouvait engagée et compromise dans les controverses religieuses ; on avait intérêt à disputer aux Plotin, aux Porphyre, aux Jamblique, les avantages qu'ils prétendaient tirer de cette alliance. On ne pouvait demeurer plus long-temps indifférent à l'étude d'une science qui venait se confondre avec les croyances religieuses ; on ne pouvait, sans danger pour la conservation du culte dans sa pureté, exposer la jeunesse chrétienne à suivre des écoles où elle ne recevait plus seulement une instruction profane, mais où la plus importante des sciences, où les plus belles doctrines de l'antiquité étaient appelées pour servir la cause du Paganisme. Dès lors, les docteurs de l'Église durent instituer des écoles chrétiennes où les élèves pussent recueillir des leçons exemptes de ce mélange d'erreurs, et conformes à l'esprit d'une religion plus élevée et plus pure. Eux-mêmes, dans leurs écrits, s'emparèrent des questions philosophiques et les saisirent sous l'aspect qui convenait à leur cause (A).

Aussi long-temps que le Christianisme, dans ses progrès toujours croissans, lutta contre le Paganisme dans sa décadence, c'est-à-dire principalement pendant le cours des 2e, 3e et 4e siècles, cette lutte elle-même fut le but principal qui sembla présider à l'étude de la philosophie dans les écoles chrétiennes, et qui en détermina la direction. La philosophie fut en quelque sorte mise en cause dans cette grande contestation; elle fut envisagée sous l'aspect qui convenait à ces nombreuses *apologies* dont les écrits des Pères nous offrent la suite, et traitée suivant l'esprit qui les dictait. Lorsqu'ensuite le Christianisme eut obtenu un succès complet, lorsqu'à cette grande controverse succédèrent des dissensions toutes intérieures, si l'on peut dire ainsi, dans l'Eglise Chrétienne, et que les hérésies qui se produisaient de toutes parts furent la seule matière sur laquelle s'exerça la divergence des opinions, le point de vue changea comme la situation des choses. La philosophie eut encore un rôle à jouer, mais ce fut un rôle nouveau; elle fut en quelque sorte incorporée à la théologie, et presque absorbée dans l'enseignement religieux. Il convient donc de distinguer ces deux âges, parceque les travaux qu'ils virent éclore ne portent pas le même caractère.

Le premier de ces deux âges nous montre les Pères de l'Église et les docteurs Chrétiens se partageant en deux classes principales : les uns acceptent la philosophie et l'approuvent sous quelques rapports, en cultivent l'étude, s'en emparent, mais pour la subordonner à la prééminence du Christianisme et la faire servir à ses intérêts; les autres la rejettent, la blâment, la combattent. Ceux-là voient en elle un auxiliaire plus ou moins utile, ceux-ci un adversaire dangereux. Elle pouvait offrir aux premiers trois genres principaux de service : 1° elle pouvait introduire au Christianisme comme une sorte de préparation, inspirer le besoin de ses augustes vérités, en ouvrir l'accès; 2° elle pouvait éclairer, développer par ses commentaires les dogmes théologiques; 3° elle pouvait enfin prêter des armes pour soutenir avec avantage la polémique engagée avec les Païens et les Hérétiques. Et combien en effet ne devait-elle pas paraître naturelle et légitime, aux yeux des hommes éclairés, l'alliance d'une saine philosophie, telle que celle qui composait l'héritage de Socrate, avec l'esprit d'une religion qui tendait tout entière à l'amélioration et au bonheur des hommes ! Elle présentait aux seconds trois genres de dangers, ou faisait naître trois genres de préventions : 1° en fondant la théologie naturelle, en donnant à la morale des principes empruntés uniquement à la raison, elle pouvait paraître écarter la révélation comme inutile, ou prétendre en balancer, en contester l'autorité. 2° Née dans le sein du Paganisme, employée à en justifier les dogmes, elle paraissait se confondre avec lui, en favoriser la cause; 3° elle avait jeté dans le sein de l'Eglise chrétienne la semence des hérésies qui commençaient à l'affliger. On doit le reconnaître : plus d'une secte philosophique avait donné lieu à de semblables appréhensions.

L'opinion la plus favorable à la philosophie dut se produire de préférence chez ceux des docteurs chrétiens qui avaient eux-mêmes cultivé les sciences profanes, chez ceux qui s'étaient instruits dans les écoles de la Grèce ou d'Alexandrie, chez ceux surtout qui avaient commencé par se livrer à l'étude de la philosophie, avant de se convertir au Christianisme; la manière dont ils l'envisageaient était le résultat naturel de leur expérience personnelle. Les préventions les plus marquées contre la philosophie durent naître chez ceux qui se livraient de préférence à la direction active des églises, aux vues pratiques. Il se manifesta spécialement chez les docteurs de l'Occident, chez ceux qui, habitant Rome et l'Italie, héritaient aussi des anciennes préventions des Romains contre les théories spéculatives; chez ceux enfin qui, nés dans le sein du Christianisme, concevaient moins facilement l'ordre d'idées qui lui ramenait les disciples des sages de la Grèce. La première classe des pères de l'Eglise cherchait à revendiquer les vérités que les sages de la Grèce avaient découvertes; la seconde relevait les nombreux écarts qu'avait commis l'esprit humain, livré à lui-même, dans la hardiesse souvent téméraire de ses recherches. Ceux-là, vrais philosophes religieux, dans leurs éloquentes apologies du Christianisme, cherchaient à établir une noble et sage alliance entre la religion et les lumières. Ceux-ci, exclusivement préoccupés des intérêts de la foi, craignaient d'en altérer la simplicité et la pureté, par le moindre contact avec la science du siècle, et, dans l'ardeur de leur zèle, ne croyaient pouvoir demander à l'entendement de l'homme une abnégation trop complète de sa propre raison.

De ces deux manières de voir, celle qui était la moins défavorable à l'ancienne philosophie des Grecs, fut la première, fut même quelque temps la seule qui se produisît dans l'église chrétienne. Il y a plus : celles de ces doctrines philosophiques qui offraient un caractère plus pur et plus sage, furent même considérées en partie comme une sorte de Christianisme anticipé, comme un crépuscule de la révélation, ou comme un vœu de la raison qui appelait et pressentait la lumière de l'Évangile. On voit par les motifs mêmes qui portaient ces Pères à adopter, à recommander l'étude de la philosophie, qu'il entrait dans leur plan de voir en elle, non un but, mais un instrument; qu'ils ne pouvaient se proposer de la cultiver pour elle-même, mais seulement de lui emprunter des secours; qu'ils ne la considéraient point dans son rapport avec le système des connaissances humaines dont elle est appelée à être la régulatrice, mais dans ses rapports avec une croyance d'un ordre supérieur auquel elle devait rester soumise. De là résultèrent nécessairement deux conséquences : en premier lieu les Pères de l'Eglise ne cherchèrent guère à étendre le domaine de la science, à perfectionner l'art de la dialectique; il leur suffisait de prendre l'un et l'autre dans l'état où ils les trouvaient; s'ils les modifièrent, ce fut pour les adapter au dessein dans lequel ils voulaient les faire entrer, non pour arriver par de nouvelles investigations à de nouvelles découvertes; ce fut même quelquefois pour les limiter et les restreindre. D'ailleurs il est presque inévitable que les sciences ne rétrogradent pas par cela seul, qu'elles cessent d'avancer, qu'on renonce à leur faire obtenir des progrès. En second lieu, les vues auxquelles la philosophie se voyait ainsi surbordonnée, si elles devaient faire accorder une préférence marquée à certaines écoles, si elles devaient frapper d'autres écoles d'une défaveur constante, devaient conduire aussi à puiser également dans les premières tout ce qui pouvait concourir à servir les intérêts auxquels cette étude était subordonnée. On ne s'attacha donc point exclusivement à telle ou telle doctrine, comme on ne pouvait s'asservir à l'autorité de tel ou tel maître; on dut faire un choix; tout ce qui se conciliait avec l'esprit du Christianisme fut accepté par lui; toutes les armes qui pouvaient être employées à sa défense étaient à l'usage de ses apologistes. Une nouvelle sorte d'Eclectisme naquit donc de ces circonstances; il se trouva favorisé par la disposition générale du siècle, qui tendait, comme nous l'avons vu, par le concours de causes diverses, à favoriser ces rapprochemens et ce mélange. Ajoutons enfin que, quelle que fût la faveur ou l'indulgence que la philosophie des Grecs obtint d'un certain nombre des Pères pendant les premiers siècles, elle n'obtint d'aucun d'entre eux une approbation entière et complète; comme les écrivains ecclésiastiques ne considéraient guère dans ces doctrines que les systèmes métaphysiques sur la nature de l'âme, l'origine de l'univers, la théologie naturelle, et les préceptes de morale, ils y trouvaient toujours de nombreuses erreurs à relever, et d'ailleurs, même en les admettant comme une sorte de préparation à l'Évangile, ils s'attachaient à faire ressortir toute la supériorité de l'Évangile sur la science profane.

Parmi les trois points de vue que nous signalions tout à l'heure, et qui portèrent un certain nombre de docteurs chrétiens à admettre les doctrines philosophiques, il en est un qu'il n'entre point dans notre sujet de développer dans cet ouvrage, c'est celui qui se rapporte aux combinaisons plus ou moins étroites que ces doctrines pouvaient subir avec l'enseignement théologique, en secondant, éclairant ou développant cet enseignement à l'aide des analogies; non sans doute que ces recherches ne puissent jeter un jour précieux sur l'histoire ecclésiastique, comme sur celle de l'esprit humain ; mais ce vaste et difficile sujet est étranger au but de nos recherches. La philosophie, dans cette combinaison, perdait le caractère d'une science rationelle ; elle se confondait avec le dogme, et nous ne considérons ici ses destinées que dans la sphère qui appartient aux seuls travaux de la raison humaine. (B.)

Lorsque les Pères de l'Eglise voyaient dans les doctrines léguées par les sages de la Grèce une sorte d'introduction, de préparation au Christianisme, ce n'était pas une manière de voir semblable à celle que les apologistes de la religion ont adoptée dans les temps modernes. Les philosophes religieux des derniers siècles, placés en présence du Scepticisme, ont formé, du corps des vérités philosophiques qui fondent la théologie naturelle, qui établissent l'existence, l'unité de Dieu, la simplicité et l'immortalité de l'âme, l'obligation morale, le libre arbitre, comme une sorte de prolégomènes qui précèdent l'exposition des dogmes de l'Evangile, et servent de base à l'établissement de ses preuves. Mais les Pères de l'Eglise n'avaient point à lutter contre un semblable adversaire ; le Scepticisme avait disparu, ou ne comptait plus qu'un petit nombre d'adeptes ; on n'éprouvait point le besoin de légitimer avant tout des vérités fondamentales qui étaient généralement reconnues. Les Pères avaient à combattre non les argumens de l'athéisme, mais les superstitions du paganisme; il s'agissait plus de dégager et d'épurer le fond des idées religieuses, que de l'établir et de le consolider; l'esprit du temps ne portait point aux démonstrations méthodiques; mais il entraînait aux illusions de tout genre, se nourrissait du merveilleux; la sévérité des discussions logiques, si familière aux modernes, était alors presque inconnue. Ce rapport de la philosophie au Christianisme qui faisait de celle-là une introduction à celui-ci, on le cherchait donc dans l'analogie des doctrines; on faisait ressortir cette tendance de la vraie philosophie, qui, depuis Anaxagoras, Socrate et Platon, aspirait à une religion plus parfaite que le culte vulgaire, liait la morale au sentiment religieux et aux perspectives de l'immortalité. On revendiquait en quelque sorte le trésor de nobles pensées, d'affections généreuses, de belles maximes pratiques, que les sages de la Grèce avaient si dignement mis en valeur; on supposait qu'ils avaient eu une sorte de pressentiment de la révélation; on fortifiait encore ces considérations par des hypothèses historiques, ou plutôt, comme on avait peine à concevoir que les seuls efforts de la raison eussent pu donner le jour à des doctrines si bien en accord avec l'esprit du Christianisme, on aimait à se persuader que les sages de la Grèce les avaient empruntées à la source des livres sacrés. On rapprochait les écrits de Platon de ceux de Moïse et du langage des prophètes; on recueillait avec empressement les inductions qu'Aristobule avait mises au jour pour fonder cette identité. En formant ainsi une chaîne unique et constante de traditions, on entrait encore dans l'une des idées dominantes de cette époque.

Tel est en particulier le genre de vues qui se manifeste dans S. Justin martyr, le premier des Pères de l'église qui ait fait profession de cultiver la philosophie. Il devait lui être naturel. S. Justin, né dans le sein du paganisme, au commencement du 2° siècle, avait d'abord, suivant la disposition commune du temps, visité les principales écoles grecques; il y avait porté l'amour le plus ardent et le plus sincère pour la vérité. Ses premières études furent dirigées par les Stoïciens qui occupaient alors le rang le plus éminent, et jouissaient auprès des hommes de bien du plus grand degré d'estime. Mais il ne put être satisfait des notions que le Portique donnait de la Divinité, l'identifiant avec l'univers, la plongeant, si l'on peut dire ainsi, dans la matière. Son esprit le portait, disait-il lui-même, aux *notions incorporelles*, dont la méditation lui offrait un charme attrayant. Il essaya d'aborder le Lycée, de se faire initier dans les traditions de Pythagore; mais il fut dégoûté du premier, parce que le sophiste auquel il s'adressa exigeait un salaire; il se trouva arrêté à l'entrée des secondes, parce qu'il n'était point versé dans les sciences mathématiques et dans la musique, exigées comme préliminaires. Il se réfugia donc enfin auprès de Platon; il fut ravi d'y recueillir des pensées sur Dieu, sur la nature humaine, plus conformes aux besoins de son cœur, il saisit surtout avec avidité la théorie des *idées* et s'attacha aux exercices de la contemplation. Ce fut alors qu'un vieillard vénérable fit naître en lui le désir de lire les livres saints : il était dans les dispositions les plus favorables; il trouva dans cette lecture le complément qu'il cherchait; il y trouva, dit-il, *la seule philosophie vraie et certaine*. Toutefois, loin de désavouer ses précédentes études, il continua à professer une estime signalée pour les sages dont il avait recueilli les leçons. » La philosophie, disait-il,

» est un très-grand bien ; elle est très-agréable
» à Dieu, puisqu'elle seule nous conduit à lui ;
» ils sont donc vraiment heureux ceux qui
» exercent leur âme par ses secours ! Quoique
» la doctrine de Platon, disait-il encore (1),
» comme celle des Stoïciens, comme les tradi-
» tions des historiens et des poètes, ne soit point
» entièrement conforme à l'Evangile, elle a
» cependant avec elle une sorte d'affinité, et
» ce qui a été dit de bon et de juste appartient
» d'avance au Christianisme. Les écrivains qui
» étaient privés de sa lumière, ont pu ce-
» pendant entrevoir les vérités qu'il enseigne,
» à l'aide de cette raison divine, placée en
» nous-mêmes dès notre naissance. Cette
» raison était une sorte de germe que le
» Christianisme devait faire fructifier. » Aussi
n'hésita-t-il point à réclamer en quelque sorte
les hommes qui ont ainsi préludé au Christianisme, comme lui étant en quelque sorte acquis:
« Tous ceux, dit-il, qui ont cru conformé-
» ment à cette raison, sont Chrétiens, alors
» même qu'ils n'ont pas eu la connaissance du
» vrai Dieu: tels furent, parmi les Grecs, So-

---

(1) Saint Justin, *Apologia* II, § 13, édition des Bénédictins.

» crate, Héraclite, et les autres semblables. Tout
» ce que les philosophes et les législateurs ont
» connu de vrai et de sage, dans quelque temps
» que ce soit, provient d'un pressentiment de
» nos propres doctrines. Sans doute ils n'ont
» pu pénétrer, enseigner ce qui appartient à
» cette raison supérieure qui est *le Verbe* même
» de Dieu; et voilà pourquoi ceux qui ont pré-
» cédé le Christianisme se sont laissé égarer
» par tant d'opinions divergentes (1). Et quel
» n'est pas en effet le contraste des opinions
» auxquelles ils se sont trouvés conduits dans
» leurs recherches sur les principes des choses!
» Quelles hypothèses arbitraires n'ont-ils pas
» accumulées sur ce sujet (2)! » Cependant,
S. Justin reconnaît que les sages de l'antiquité ont
admis l'unité de Dieu; il cite les vers attribués à
Orphée, les oracles de la Sibylle; il trouve même
les vestiges de cette croyance dans Homère;
il nomme Sophocle, Pythagore; il rappelle
surtout l'enseignement de Socrate : « Socrate
» exhortait les hommes à s'élever au-dessus des
» fables mythologiques, à rechercher le Dieu
» inconnu, dont la manifestation était réservée

---

(1) *Id.*, *ibid*, § 83, *Apologia* I, § 46.
(2) *Apologia* I, §§ 3 et 4.

» à l'Evangile(1). » S. Justin voyait dans la raison, dans cette raison suprême dont les rayons éclairent l'intelligence humaine, dans le *Logos* de Platon, le *Verbe divin*, tel qu'il est révélé par le Christianisme, ce Verbe qui réside dans l'universalité des choses, qui a parlé par l'organe des prophètes. « Cette raison primitive, λογος σπερματικος, principe de toute vraie connaissance, comme de toute sage détermination, s'est communiquée à tous les hommes, sans s'affaiblir par cette effusion : elle s'est communiquée même aux Païens. » Tel était le lien par lequel S. Justin rattachait la philosophie au Christianisme ; disons mieux : c'est ainsi que la philosophie, suivant lui, émanait de la même source que la religion. — « En effet de qui les philosophes » auraient-ils pu recevoir leurs vues sur la Di- » vinité, puisque la Divinité ne peut être connue » que d'elle-même et de ceux à qui elle s'est » manifestée (2). » Aussi n'admettait-il qu'une seule et unique philosophie : « Le vrai philosophe » n'est ni Platonicien, ni Péripatéticien, ni » Stoïcien, ni Pythagoricien. S'il s'est formé

---

(1) *Ibid*, §§ 5, 15 et 19.
(2) *Id.*, *Apologia* I, §§ 50, 51, *Cohortatio ad Græcos*, §§ 20, 28, etc.

» des sectes diverses, c'est qu'on a substitué
» l'autorité des maîtres à celle de la raison (1). »

S. Justin ne dissimule cependant point sa préférence pour la philosophie de Platon. « Je » trouvais, dit-il, des charmes puissans dans » cette notion des incorporels, et la contem- » plation des *idées* portait mon âme aux plus » hautes pensées. » Ce Père suppose que l'âme peut détourner son attention des objets extérieurs, avec assez d'énergie pour ne point sentir l'action de ceux-ci; en se repliant alors sur elle-même, elle n'a plus que la conscience de son existence spirituelle ; elle devient une substance indépendante. »

Il est intéressant de suivre la marche des idées de ce Père de l'Eglise, dont la candeur, la droiture et l'héroïsme inspirent tant de respect (2); car elle nous donne l'exemple de celle qui conduisit en général un grand nombre de philosophes dans le sein du Christianisme (C). Elle confirme les observations que nous avons présentées dans le chapitre XXI (3).

―――――――――

(1) *Dialog. cum Triphone*, § 218.
(2) *Dialog. cum Triph.*, §. 219. *Cohort. ad Græcos*, § 29.
(3) Voyez ci-dessus, tom. III, pag. 296 et suivantes.

Tatien, son disciple, converti comme lui du Paganisme à la croyance évangélique, et comme lui livré à l'étude des doctrines philosophiques, montra moins de prudence et de réserve. Tatien était né en Syrie; il avait fait de nombreux voyages; il avait exploré toutes les traditions mystérieuses, ainsi qu'il l'atteste lui-même (1). Initié en effet aux traditions orientales, il prétendit en transporter la substance dans le sein du Christianisme, et fut conduit de la sorte à en altérer la croyance. On est frappé de l'analogie de plusieurs de ses opinions avec celles des nouveaux Platoniciens, et l'on se demande s'il n'a pas concouru à la naissance de cette secte. Refusant aux Grecs le mérite de l'originalité, il fit remonter aux peuples appelés *barbares* la source de leur philosophie. Tatien distingue dans l'homme deux principes intellectuels : « L'un est l'âme, » l'autre est supérieur à l'âme, c'est l'entende- » ment, image de Dieu. L'âme n'est par » elle-même que ténèbres; seule, elle s'abaisse » à la matière, se confond avec elle; elle n'est » pas simple, mais composée. L'esprit, appa-

---

(1) Tatien, *Apologia*, § 29.

» raissant en elle, lui apporte la lumière, la
» force et la vie; unie à l'esprit, elle s'élève,
» elle s'épure. Cet esprit, c'est la raison di-
» vine, le *logos*. Il ne se communique pas
» à tous, mais seulement à ceux qui vivent
» selon la justice, et qui obéissent à la sa-
» gesse (1). L'âme, comme émanation de Dieu,
» est lumière; elle n'est qu'obscurité dans ses
» rapports avec la matière. »

Tatien, au rapport d'Eusèbe, avait aussi cultivé la philosophie des Grecs; mais il leur reproche d'ignorer ce qui se passe en eux-mêmes, pendant qu'ils se livrent à des recherches spéculatives; il leur reproche les divisions qui s'élèvent entre eux, et la prétention qu'ils affectent de posséder seuls la vérité et la lumière des sciences (2). La philosophie chrétienne est à ses yeux non-seulement plus parfaite, mais encore plus ancienne que celle des Grecs (3) (D).

Parmi les philosophes qui embrassèrent le Christianisme, on distingue à Alexandrie S. Théophile et S. Pantène; à Athènes, Athénagore.

---

(1) *Contrà Græcos*, § 12, édition des Bénédictins.
(2) *Ibid.*, § 26.
(3) *Ibid.*, §§ 31, 32.

S. Théophile paraît avoir accordé une préférence exclusive à la doctrine de Platon ; Athénagore, quoiqu'en réservant à Platon la prééminence, fut un véritable Eclectique (E). S. Théophile reproche cependant à Platon d'avoir admis la matière coéternelle à Dieu. Il relève les erreurs des autres sectes et leurs contradictions sur la Divinité, sur la Providence, sur le monde (1). Athénagore était si attaché à sa première profession de philosophe, qu'il en conserva le costume et le titre, même après avoir passé dans les rangs des chrétiens. Il adressa, l'an 176, à l'empereur Marc Aurèle, cette *Apologie* qui renferme et une exposition et une critique des divers systèmes philosophiques, également remarquables par les connaissances qu'elles supposent, par l'art avec lequel elles sont traitées, et par l'élégance du style. Son but, en comparant ces systèmes soit entre eux, soit avec le Christianisme, est de faire ressortir la prééminence de celui-ci. Athénagore, comme S. Justin, retrouve chez les poètes et chez les philosophes Grecs le dogme de

---

(1) *Ad Antolycum* II, §§ 4, 5, 8 ; III, §§ 2, 7.

l'unité de Dieu, et se félicite de les voir en accord avec la vérité du Christianisme (F). Il reproduit, d'après eux, les preuves rationelles sur lesquelles elle se fonde (1). Il ne condamne que les écarts qui ont corrompu cette théologie naturelle et primitive, en y introduisant les superstitions de l'idolâtrie (2). Il concilie la croyance chrétienne avec la doctrine du fondateur de l'Académie. Il paraît même plus d'une fois concorder avec les nouveaux Platoniciens et emprunter leur méthode. « Platon,
» dit-il, a contemplé avec une grande éléva-
» tion d'esprit, l'intelligence éternelle et cette
» Divinité que la raison seule peut concevoir,
» cet être qui est le véritable être, toujours
» et en tout semblable à lui-même, et ce
» bien suprême, qui émane de lui, qui est
» la vérité essentielle. Il a vu en lui la puissance
» infinie, la source de toute perfection; il a
» compris que le Roi céleste est la cause uni-
» verselle, et qu'il est présent à toutes choses.
» L'*idée* est la première production du Père
» céleste; elle est le type de toute la création;
» ce type était nécessaire à la matière informe,
» à cette nature qui l'invoquait et s'offrait à

---

(1) *Legatio pro Christianis*, §§ 5, 6, 8, 15.
(2) *Ibid.*, §§ 20, 21, 22.

» elle, plongée encore dans la confusion et le
» chaos, pour en recevoir sa coordination,
» sa forme et sa beauté. Quoique la faculté de
» raisonner soit la même chez tous les hommes,
» chacun cependant suit sa direction diffé-
» rente, suivant qu'il s'élève par les inspira-
» tions de l'esprit, aux choses célestes et à leur
» auteur, ou que, s'abandonnant au prin-
» cipe matériel, il se laisse séduire par les vains
» fantômes que lui suggèrent les mauvais gé-
» nies. Lorsque l'âme encore molle et flexible,
» que n'ont point formée les saines doctrines,
» qui n'a point contemplé la vérité, qui n'a
» point embrassé dans sa pensée le souverain
» ouvrier de l'univers, est accessible aux
» fausses opinions, ces génies malfaisans, li-
» vrés à la matière, avides du sang des victi-
» mes, les remplissent d'imaginations trom-
» peuses, émanées en quelque sorte des idoles
» et des vains simulacres (1). »

S. Pantène ouvrit à Alexandrie la première
de ces écoles instituées par les Chrétiens pour
l'enseignement des sciences. Philosophe de
l'école des Stoïciens, la réputation qu'il s'était
acquise par l'étendue de ses connaissances, le

---

(1) *Ibid.*, pag. 19, legatio 2, *de Resurrect. Mor-
tuor.*, §§ 15, 16.

fit choisir, dit S. Jérôme (1), par Démétrius évêque d'Alexandrie, pour aller porter le Christianisme dans les Indes, et pour ramener les Brames à l'Evangile. En adoptant les opinions des Stoïciens, il avait emprunté aussi des idées à Pythagore, à Platon, à Aristote, admettant de chacune de ces doctrines ce qui lui paraissait se concilier avec le Christianisme.

Disciple de S. Pantène, et peut-être aussi d'Athénagore, S. Clément d'Alexandrie fut la gloire de cette école chrétienne qui se formait dans l'ancienne capitale des Lagides, dans cette nouvelle métropole des sciences et des lettres, et qui s'élevait à côté du Musée. Faisant servir aux intérêts de la religion, et les lumières répandues par cet institut, et les communications dont Alexandrie était le centre, il surpassa en érudition, en talent, tous les philosophes chrétiens qui l'avaient précédé. Contemporain d'Ammonius Saccas, il fut aussi son émule, il tenta comme lui, mais sous un autre rapport et dans d'autres vues, de rappeler à l'unité toutes les doctrines philosophiques. Il voulut en con-

---

(1) Epist. *Ad Magnum.* — *Voyez* aussi Eusèbe, *Chronic*, an. 11 *Severi*.

struire comme la partie inférieure d'une haute pyramide, dont le Christianisme occupait le faîte, en sorte que les opinions des sages de tous les siècles, ramenées au même dessein, conspirassent ensemble par leur concordance et leur harmonie vers cette sagesse supérieure qu'a manifestée l'Evangile. Nul docteur chrétien n'a mieux développé cette alliance, n'a professé une estime plus sincère pour les sages de l'antiquité, ne s'est plus attaché à concilier la croyance religieuse avec la raison. Il avait puisé à toutes les sources, ainsi qu'il nous l'annonce lui-même(1), auprès des Grecs, des Syriens, des Egyptiens, des Hébreux; et avait trouvé dans chaque école des maîtres dignes de sa vénération. Il entreprit de former du choix et de l'amalgame de toutes ces doctrines le vaste recueil qu'il nous a laissé sous le nom de *Stromates;* et qui est encore aujourd'hui un monument si précieux pour l'histoire de la philosophie. C'était une sorte de portique qu'il élevait à l'entrée du Christianisme. Cet ouvrage était précédé de deux autres, l'un *protreptique*, l'autre *pædagogique*: celui-là destiné à purifier le chrétien futur, celui-ci à en commencer l'initiation. Ainsi cette grande

---

(1) *Stromat.*, liv. I, page 274, édit. de Paris, 1641.

éducation se composait en quelque sorte de trois degrés. Ces trois ouvrages formaient ensemble un corps dont toutes les parties étaient étroitement liées. C'était une introduction générale et systématique, une préparation à l'enseignement de la religion, dans laquelle la raison prêtait son flambeau, pour conduire graduellement l'esprit au sanctuaire de la révélation. S. Clément, en adoptant une marche semblable à celle des Gnostiques, s'attachait à éviter leurs écarts. « Le véritable
» Gnostique, dit-il, le chrétien parfait, sait
» tout et comprend tout par une connaissance
» certaine. Cette science ou *gnose* est le prin-
» cipe de ses desseins ou de ses actions, et
» s'étend même aux objets incompréhensibles
» pour les autres hommes, parce que le chré-
» tien est disciple du Verbe, à qui rien n'est
» incompréhensible. La foi est une connais-
» sance sommaire des vérités les plus nécessai-
» res. La science est une démonstration formée
» de ce qu'on a appris par la foi; la philosophie
» prépare à la foi sur laquelle est fondée la
» science (1). »

S. Clément d'Alexandrie se déclare ou-

---

(1) *Ibid.*, liv. IV, pag. 616, 617.

vertement l'apologiste de la philosophie des Grecs. Il blâme ceux qui, considérant son influence comme funeste à l'humanité, allaient jusqu'à lui attribuer l'esprit infernal pour auteur (1). « Car, dit-il, elle forme l'homme
» à la vertu, et annonce ainsi qu'elle provient
» de Dieu même. Alors même qu'on jugerait la
» philosophie des Grecs inutile, il serait utile
» de prouver cette assertion, et par conséquent
» il serait nécessaire de l'approfondir. Il n'y a
» de démonstration solide que celle qui s'appuye
» sur l'expérience; si son étude ne conduit pas
» toujours au but, toujours du moins elle orne
» l'ouvrage; elle exerce le néophyte à discerner
» le vrai de l'erreur. Comme le laboureur arrose
» d'abord le sein de la terre, avant d'y déposer
» la semence, de même nous puisons dans les
» écrits des Grecs ce qui peut leur être emprunté,
» nous arrosons ce qu'il y a en eux de terrestre,
» afin que ce sol ainsi disposé puisse recevoir et
» nourrir le germe spirituel (2). Je ne donne
» point le nom de philosophie, ajoute-t-il, à
» la doctrine particulière du Portique, à
» celle d'Epicure, de Platon, ou d'Aristote,

---

(1) *Stromat*, liv. V, pag. 278; liv. VI, pag. 693.
(2) *Ibid.*, liv. I, pag. 178, 315; liv. VI, pag. 654.

» mais à tout ce que ces divers instituts ont
» enseigné de conforme à la justice, à la science
» religieuse. Je donne le nom *de philosophie*
» *à ce choix fait entre toutes leurs doctri-*
» *nes* (1), et surtout à celle de Socrate, telle
» qu'elle a été développée par Platon. Le
» sentiment de Platon sur les *idées* est la vraie
» philosophie chrétienne et orthodoxe. Ces
» lumières ont été communiquées aux Grecs
» par Dieu même. Mais, les Grecs y ont joint les
» charmes de leur éloquence; ils y ont mélangé
» les erreurs humaines ». S. Clément distingue avec soin les écarts commis par les sophistes, des recherches entreprises par les véritables sages; c'est sur les premiers que tombent exclusivement ses censures; il blâme l'abus, en louant l'emploi légitime de la science (2). « Du reste, cette philosophie profane est entièrement subordonnée à la haute sagesse de l'Evangile. » S. Clément compare la première à la servante, celle-ci à la maîtresse (3). « La vraie sagesse est la connaissance solide des choses

---

(1) *Ibid.*, liv. VI, pag. 188, 641.
(2) *Ibid.*, liv. I, pag. 280, 292, 293.
(3) *Ibid.*, *ibid.*, pag. 319, 355, liv. VI, p. 655.

divines et humaines, celle dont le regard conçoit ce qui est, embrasse le passé, l'avenir. Le Verbe divin peut seul l'enseigner à l'homme. C'est à cette sagesse sublime qu'aspire la philosophie humaine. Elle s'y prépare par la droiture du cœur et la pureté de la vie (1). »

S. Clément loue et recommande la dialectique des Grecs, et les motifs qu'il en donne sont dignes d'attention : « L'homme éclairé,
» dit-il, usera de la dialectique, divisant le
» genre en espèces, distinguant les objets,
» jusqu'à ce qu'il ait atteint les notions simples
» et premières. Il en est qui redoutent la phi-
» losophie des Grecs, comme les enfans ont
» peur des spectres. Mais une croyance aussi
» timide ne mérite pas le nom de connaissance,
» puisqu'elle ne peut résister à la discussion.
» Comment se flatter qu'on possède la vérité,
» si l'on n'a pas les moyens de la discerner de
« l'erreur? La dialectique est une sorte de
» rempart qui protége la vérité contre les at-
» taques des sophistes. La cause de toute erreur
» et de toute fausse opinion provient de ce
» qu'on ne sait point reconnaître par quelles
» raisons les choses concordent ou diffèrent

---

(1) *Ibid.*, liv. VI, pag. 642.

» entre elles; ainsi l'on confond par des assi-
» milations trompeuses ce qui devait être
» distingué. Il faut donc employer la dialec-
» tique comme un art qui fournit d'utiles ins-
» trumens pour atteindre à la vérité, pour la
» transmettre, pour la protéger et la défendre
» contre les argumentations captieuses. Mais
» il faut aussi en éviter l'abus. Il ne faut point
» la prodiguer hors du besoin et dans les ques-
» tions oiseuses (1) (G) ».

Disciple de S. Clément, le célèbre Origène lui succéda dans l'enseignement *catéchétique* d'Alexandrie, et donna à cet enseignement un éclat nouveau. Mais, Origène avait associé les leçons de l'école Néo-platonicienne à celles du docteur chrétien. Eusèbe nous apprend (2) qu'il avait étudié avec le plus grand soin les écrits de Platon, de Numénius, d'Apollophane, de Longin, de Modérat, de Nicomaque, des autres Pythagoriciens et Platoniciens, qu'il avait puisé chez les Stoïciens et en particulier près de Cherémon et de Cornutus, les idées qui pouvaient concorder avec le

---

(1) *Ibid.*, liv. VI, p. 655, 156, liv. I, p. 319, 356.
(2) *Hist. Eccles.*, liv. VI, c. 3.

système combiné de ces deux sectes, qu'il avait rattaché les doctrines secrètes des Grecs aux traditions religieuses des Juifs, et la littérature philosophique aux dogmes étrangers. Ainsi s'explique l'analogie frappante qui se rencontre entre plusieurs opinions d'Origène et la doctrine contenue dans les Ennéades de Plotin. Si l'on considère d'ailleurs qu'Origène admettait parmi ses auditeurs des païens et des hérétiques (1), qu'au rapport d'Eusèbe (2), il compta Porphyre lui-même au nombre de ses disciples, de même qu'Ammonius avait reçu des chrétiens dans la sienne, on concevra la consanguinité qui s'établit entre les deux enseignemens. D'ailleurs, ils avaient, sous plusieurs rapports, une tendance commune, comme ils obéissaient à l'influence des mêmes causes. Cette circonstance explique encore les erreurs qui ont été reprochées à Origène, et la contradiction singulière qui existe entre les jugemens qu'ont porté sur lui les Pères de l'Eglise. Origène distingue trois sortes de sagesse : la sagesse profane, qui comprend les sciences proprement dites, et

---

(1) *Voyez* la Lettre d'Origène dans ses œuvres, éd. des Bénédictins, tome 1ᵉʳ, pag. 4.

(2) *Hist. Eccles.*, liv. VI, cas. 58.

les arts, comme la poésie, la grammaire, la rhétorique, la géométrie, la musique, la médecine; la sagesse, qu'il appelle *des princes de ce monde* ; et celle qui a sa source dans la révélation et l'Evangile. Par la sagesse *des princes de ce monde*, il entend celle qui est renfermée dans les mystères des Egyptiens, la philosophie occulte, l'astrologie des Chaldéens, la doctrine des Brames, qui s'annoncent comme la science des choses relevées, et enfin les diverses opinions des Grecs sur la Divinité. Il entend sous le nom de *princes de ce monde* certaines *puissances spirituelles*, qui agissent le plus souvent dans les auteurs des doctrines mystérieuses. Il les compare à l'inspiration poétique, au génie. Il suppose qu'elles émanent de certains esprits ministres d'erreurs. « Une inspiration plus vraie est celle qui éclaire les âmes saintes et sans tache, lorsqu'elles se sont consacrées à Dieu, lorsqu'elles se sont garanties de la contagion des démons, purifiées par l'abstinence, exercées dans les disciplines religieuses, lorsqu'elles se sont mises ainsi en communication avec la Divinité, et ont mérité d'obtenir les dons des prophètes et les autres dons divins (1). Si quelqu'un de ceux

---

(1) *De principiis*, liv. III, cap. 3; *ibid.*, pag. 242 et suivantes.

qui sont instruits dans les doctrines grecques, dit-il ailleurs, passe dans nos rangs, il se trouvera préparé à reconnaître la vérité de notre croyance. Il y sera même confirmé par les déductions de la raison, et il y ajoutera ce qui paraît manquer pour la démontrer suivant la forme et les méthodes des écoles grecques (1). Si la morale du Christianisme est en accord avec celle des sages de la Grèce, c'est que les notions de la morale, destinées à régler la vie, sont gravées dans les âmes de tous les hommes. Dieu lui-même les y a imprimées, de même qu'il les a enseignées par l'organe des prophètes et du Sauveur (2). »

Du reste, avec S. Justin et S. Clément, il suppose comme un fait historique que les Grecs ont puisé chez les Hébreux les premiers élémens de leur philosophie. La Psychologie d'Origène repose sur l'hypothèse de la préexistence des âmes dans une région supérieure, de leur descente dans le corps matériel, de la faculté qui leur est donnée pour se relever par la connaissance de Dieu et l'instruction des bons

---

(1) *Contra Celsum*, lib. I, § 2.
(2) *Ibid.*, pag. 4.

génies, pour se dégager ainsi de leurs erreurs, d'atteindre à la ressemblance avec Dieu, et enfin à la félicité suprême par l'intime communication et l'union avec l'Auteur de toutes choses (1); hypothèse commune aux Gnostiques et aux nouveaux Platoniciens. Il admet l'âme du monde; il suppose qu'il existe plusieurs degrés relativement à l'unité de l'âme. « Si nous pouvions
» un jour, dit-il, nous dépouiller à la fois du
» corps et de l'âme, nous réduire à l'état de la
» sensibilité parfaite et du parfait entendement,
» nous pourrions alors contempler les idées
» comme les objets immédiats de la raison (2) ».

S. Grégoire, surnommé le Thaumaturge, disciple d'Origène, dans le panégyrique qu'il nous a laissé de son maître, décrit avec un détail fort curieux la méthode qu'il suivait dans son enseighement; on y reconnaît l'imitation fidèle de celle dont Platon avait donné l'exemple. On voit qu'Origène employait l'étude de toutes les sciences profanes, comme une sorte de préliminaire de la grande éducation qu'il se proposait d'instituer; on voit comment du tableau des

---

(1) *Origène, Philocol.* C. 20, p. 144, éd. de Paris.
(2) *De Principiis*, lib. I., cap. 12; lib. III., cap. 6.

erreurs humaines il faisait naître un doute salutaire et le désir d'atteindre à la vérité, comment il analysait, discutait, comparait tous les opinions philosophiques, cherchait à les mettre en accord, et à en faire sortir les vérités fondamentales de la religion. Nous avons sous le nom d'Origène un recueil fort précieux, quoique très-sommaire, des systèmes de philosophie grecque, publiés par Gronovius, mais dont l'authenticité est justement contestée. Il eut un nombre considérable de diciples parmi lesquels on compte même des femmes; dans leur nombre se distinguèrent Héraclas et Denys d'Alexandrie, qui lui succéda dans la direction de l'école fondée par les Chrétiens dans la capitale de l'Egypte. Didyme d'Alexandrie commenta son traité *sur les Principes*.

S. Grégoire, évêque de Nysse, est l'auteur d'un traité de Psychologie qui est parvenu jusqu'à nous, et qui a été cité par Melachton comme conforme aux notions modernes, mais qui renferme cependant peu de vues neuves, même pour son temps; il mérite du moins d'être remarqué par la sagesse et la réserve qui y respirent. Quoique S. Grégoire prenne souvent Origène pour guide, il adopte aveuglément toutes ses hypothèses; il consulte quelquefois les indications de la nature. Il rejette et l'opinion des Platoniciens sur les divers siéges des diverses parties de l'âme, et cette notion qui représente l'âme comme un petit univers. Il range au nombre des mystères impénétrables, ces explications de la nature du lien qui unit l'âme et le corps, problème qui avait tant exercé les nouveaux Platoniciens. Il distingue, dans l'âme, à la manière de Platon, une vie végétative, une vie sensitive, une vie intellectuelle; il relève du reste la dignité de l'âme et la noblesse de son origine. Nous avons encore de lui une petite dissertation sur l'âme (1), dans laquelle il réfute diverses opinions des hérétiques et des philosophes, et rapporte à cette occasion plusieurs fragmens d'ouvrages antérieurs qui ne nous sont point arrivés. Son *Epître canonique*, adressée à l'évêque Létopos, renferme sur la philosophie morale quelques idées judicieuses.

Les savans ont été partagés sur la question de savoir si Chalcidius, philosophe du 3.e siècle, était ou non, Chrétien; Mosheim prononce pour la négative, Brucker incline pour l'opinion contraire. Il est auteur d'un com-

---

(1) Tome II de ses OEuvres, pag. 90 à 113.

mentaire sur le *Timée* de Platon (1), qui mérite d'être consulté quoiqu'il soit empreint des sytèmes sortis de l'école Néoplatonicienne.

Si les premiers Pères de l'Eglise se montrèrent favorables à la philosophie grecque, se rapprochèrent d'elle, ce fut moins, comme on le voit, pour fonder une alliance, que pour opérer une conquête; ou plutôt, sortant des écoles philosophiques pour entrer dans l'église chrétienne, ils cherchèrent naturellement à lui soumettre ces écoles, comme ils se soumettaient eux-mêmes à ses lois. Ils lui apportèrent leur érudition première en tribut, ou si l'on veut même en holocauste. Ils employèrent à peu près la philosophie profane, comme Platon avait employé l'enseignement *esotérique*, pour former le prolégomène de sa doctrine secrète, ainsi qu'Eusèbe l'a si bien fait voir dans sa *Préparation Évangélique*. Ceux des Pères de l'Eglise qui, comme Hermias, Tertullien, Arnobe, S. Irénée, Lactance, se montrèrent plus sévères, qui parurent bannir toute espèce d'étude profane, s'étaient placés eux-mêmes hors de la sphère de ces études et les

---

(1) Publié à Leyde par Meursius, 1617, et joint par Fabricius au deuxième volume des Œuvres de S. Hippolyte, avec de savantes notes, Hambourg, 1718.

envisageaient avec un genre de préventions qui put paraître aussi naturel dans leur situation relative. Leurs censures ont une grande analogie avec le Pyrrhonisme ; c'est encore le Scepticisme, mais un Scepticisme d'un genre particulier et nouveau, un Scepticisme tel que celui dont le savant évêque d'Avranches a donné l'exemple dans les siècles modernes, que nous voyons reproduit aujourd'hui même par des écrivains contemporains, et dont le caractère consiste à supposer qu'en refusant toute autorité à la raison, on affermit celle qu'on prétend attribuer à la foi.

Hermias, qu'il ne faut pas confondre avec d'autres Hermias de Sosomène ou d'Alexandrie, écrivit dans le 5º siècle une réfutation des philosophes Païens (1), qui renferme un sommaire assez remarquable de la métaphysique des Grecs, et qui, opposant entre eux les nombreux systèmes auxquels elle a donné le jour, semble n'être que le fidèle résumé de l'immense travail de Sextus l'Empirique. S. Irénée, en

―――――――

(1) *Irrisio gentilium philosophorum*, à la suite des OEuvres de S. Justin, édition des Bénédictins, pag. 402.

combattant les hérésies qui de son temps désolaient l'église Chrétienne, s'attacha spécialement aux erreurs des Gnostiques, et attribua l'origine de ces erreurs à l'influence de la philosophie grecque ; on lui a reproché avec assez de fondement, de n'avoir pas bien connu lui-même cette philosophie, ou du moins de ne pas l'avoir étudiée dans ses véritables sources, d'avoir trop peu approfondi les anciennes doctrines de la Grèce et de ne s'être pas toujours affranchi à son tour des idées propres aux nouveaux Platoniciens (1). Tertullien, jurisconsulte et rhéteur, n'était point étranger à la philosophie des Grecs, quoiqu'il eût conçu d'extrêmes préventions contre elle et spécialement contre la doctrine de Platon, parce qu'il la regardait comme la source de toutes les hérésies. « Les hérésies sont les opinions propres aux » hommes et aux démons ; elles ont leur source » dans une avide curiosité de cette sagesse hu- » maine que le Seigneur lui-même a voulu con- » fondre, lorsqu'il a adopté ce qui est folie aux » yeux du siècle. Cette philosophie moderne,

---

(1) *Voyez* les observations du P. Petau et d'Huet, évêque d'Avranches.

» téméraire interprète de la nature divine,
» a égaré les esprits. De là ces *Æones*, ces je
» ne sais quelles *formes*, et cette *triade* de
» l'homme, qu'on trouve chez Valentin, qui
» fut un Platonicien; ainsi le Dieu de Marcion
» est emprunté aux Stoïciens; la mortalité
» de l'âme est professée par les Épicuriens;
» en niant la résurrection de la chair, on suit
» les idées de toutes les sectes philosophiques;
» on suit celles de Zénon, en supposant la ma-
» tière égale à Dieu; celles d'Héraclite, en prê-
» tant à la Divinité une nature ignée... Mal-
» heureux Aristote, qui a prêté à ces erreurs les
» secours de la dialectique, art également propre
» à élever et à détruire, source d'affirmations
» téméraires, d'argumentations stériles, de dis-
» tinctions subtiles, de disputes interminables,
» et qui se contredit lui-même en tous les
» points(1)! » Tertullien combat aussi les Académiciens. «Que fais-tu, s'écrie-t-il, ô impru-
» dent Académicien? Tu renverses toute condi-
» tion de la vie, tu troubles l'ordre entier de la
» nature, tu démens la Providence divine; elle
» aurait, suivant toi, donné les sens aux hommes

_____

(1) *Tertullien, de præscript.*, cap. 7.

» comme des organes fallacieux pour compren-
» dre et employer ses ouvrages. Tout n'est-il
» pas soumis aux sens ? N'est-ce pas par leur mi-
» nistère que le monde reçoit cette instruction
» secondaire qui embrasse les sciences, les af-
» faires, les relations, les remèdes, les desseins,
» les consolations, les besoins, les ornemens de
» la vie, puisque c'est par les sens que
» l'homme est seul reconnu comme un animal
» raisonnable, capable de science, à com-
» mencer par l'Académicien lui-même (1)? »
Tertullien, dans l'horreur que lui inspire la doctrine de Platon, s'indigne même du Spiritualisme qui y respire; il ne croit pas pouvoir faire
assez pour proscrire cette région intellectuelle
dans laquelle s'étaient égarés les Gnostiques; dans
son traité *sur l'âme*, il combat la doctrine de
Platon et celle d'Aristote sur l'immatérialité de
ce principe ; il prétend leur opposer l'autorité
de la Bible; il se range réellement à l'hypothèse de Zénon ; il se laisse entraîner au
point de ne pouvoir admettre la substance
divine elle-même comme purement immatérielle (2). Du reste l'aversion qu'il témoignait

---

(1) *Id.*, *de Anima*, cap. 17.
(2) *Advers. Praxeam*, cap. 5.

contre toute philosophie ne le préserva point des opinions hétérodoxes. On sait qu'il accéda aux erreurs de Montan.

Au 4e siècle, Arnobe, rhéteur africain, d'abord zélateur ardent du Paganisme, attaqua ensuite avec une extrême chaleur les opinions philosophiques dont il avait été l'adepte; il reprocha à la logique elle-même d'être impuissante, avec tout l'appareil de ses démonstrations et de ses méthodes, à prêter d'utiles secours pour la démonstration de la vérité (1); on s'étonne de lui voir soutenir que la raison ne peut établir les preuves de l'existence de la Divinité (2); et ranger en quelque sorte le fondateur même du Christianisme au nombre des instituteurs du Scepticisme. « Il nous apprit, dit-il, à » reconnaître que nous ne comprenons rien, ne » savons rien et ne voyons pas même ce qui » est placé devant nos yeux (3). » Quoiqu'il enveloppât également tous les philosophes dans la sévérité de sa critique (4), il donna les plus

---

(1) Lib. II, cap. 9.
(2) Lib. I, cap. 27.
(3) *Ibid.*, cap. 29.
(4) Lib. II., cap. 2; lib. I, cap. 8, 9.

grands éloges à Platon, qu'il plaça au *sommet et au faîte de l'édifice élevé par les philosophes*; il adopta ses idées sur la nature de l'âme, sur les révolutions de l'univers et sur la matière considérée comme la source et la cause de toutes les imperfections et de tous les désordres (1). Avec lui il regarda la notion de la Divinité comme innée dans l'homme. « Il n'est
» personne, dit-il, qui, dès le jour de sa
» naissance, dès le jour même où il a été conçu
» dan- sein de sa mère, n'ait possédé cette
» notion gravée en lui-même, et n'ait connu, par
» une sorte d'impression naturelle, qu'il est un
» roi, un maître suprême qui gouverne toutes
» choses (2). » Lactance, son disciple, suivit son exemple, enchérit encore sur la censure de la philosophie profane, explora, scruta avec diligence, mais avec peu de critique, compara, opp.. a entre elles, mais avec peu de discernement, toutes les opinions des sages de l'antiquité, pour faire ressortir de leur contradiction la vanité de leurs principes. Il n'est aucun écrivain ecclésiastique qui les ait jugés

---

(1) *Ibid.*, *ibid.*, lib. I, pag. 8, 9.
(2) *Inst. Divin.*, lib. II, cap. 3.

avec une plus inexorable sévérité. Il justifie le Scepticisme académicien; il compare à des aliénés ceux qui prétendent connaître la nature; il compare la science à une ville lointaine que nous n'avons jamais vue et dont nous ignorons même le nom (1). « Socrate a enseigné qu'on
» ne peut rien savoir; Zénon, qu'on ne doit
» point se contenter de l'opinion. Toute phi-
» losophie disparaît donc, par cette contra-
» diction entre les deux principaux chefs des
» écoles. Chaque secte étant condamnée par les
» autres, toutes les sectes sont convaincues de
» folie. C'est là ce qui a conduit Arcésilas à
» fonder sa nouvelle école; mais cette école
» ne peut également se légitimer, puisque
» l'homme est inhabile à rien savoir (2).

» La science, dit Lactance, ne peut venir de
» l'intelligence humaine, ni être saisie par les
» seules forces de la pensée; car c'est la pré-
» rogative de Dieu et non celle de l'homme de
» posséder la science en propre. La nature de
» l'homme ne peut recevoir d'autres connais-
» sances que celles qui viennent du dehors.

---

(1) *Ibid.*, lib. II, cap. 9.
(2) *Id.*, *ibid.*, cap. 4.

« C'est pourquoi la sagesse divine a disposé
» dans le corps les organes des sens, afin que
» la science pût arriver à l'âme par ce ca-
» nal (1). » Mais cette science n'est que
ténèbres, car, « l'âme humaine enfermée dans
» le séjour obscur du corps, est bien éloignée
» de pouvoir atteindre à l'intuition du vrai :
» ainsi l'ignorance est le partage de l'humanité,
» comme la science réelle celui de Dieu.
» Nous avons donc besoin d'un flambeau qui
» dissipe les épais nuages qui enveloppent la
» pensée de l'homme. Dieu est cette lumière
» de l'âme humaine; celui qui la reçoit dans
» son cœur découvrira les mystères de la vérité ;
» mais dès qu'on est privé de la doctrine cé-
» leste, tout est plein d'erreurs (2). »

Lactance ne partage pas l'opinion de S. Clément sur l'utilité de « cette portion de la phi-
» losophie qu'on appelle la Logique, et qui
» contient la dialectique et toutes les règles
» du discours. La raison divine n'a aucun
» besoin de son ministère, elle réside, non

---

(1) *De Ira Dei*, cap. 1. — *Divin. inst.*, lib. II,
cap. 3 ; lib. III, cap. 16 ; lib. V, cap. 19.
(2) *Divin. inst.*, lib. III, cap. 15.

» sur la langue, mais dans le cœur, et peu im-
» porte le langage qu'elle emploie ; car on
» cherche les choses et non les paroles (1).

Bien loin de supposer aussi avec S. Justin et S. Clément, que les sages de la Grèce aient pu recevoir des Hébreux la première communication de la vérité, Lactance s'étonne « que, lorsque Pythagore et Platon, brûlant de » l'amour de la vérité, ont pénétré auprès des » Egyptiens, des Mages, des Perses, pour étu- » dier leurs rites et leurs mystères, ils ne se » soient point de préférence adressés aux » Juifs dont l'accès leur était plus facile. » Il suppose que la Providence divine les a détournés à dessein, de peur qu'ils ne connussent la vérité : « Car le temps, dit-il, n'était pas encore » arrivé, où il fût permis aux étrangers de con- » naître la religion du vrai Dieu et la justice (2). » Je n'accorderai pas même, ajoute-t-il, que » les philosophes aient recherché la sagesse ; » parce qu'on ne parvient pas à la sagesse par » cette voie ; car, si la philosophie avait le » pouvoir de conduire à la découverte de la

---

(1) *Divin. inst.*, lib. IV, cap. 2.
(2) *Ibid.*, lib. III., cap. 2.

» vérité, elle eût été quelquefois découverte;
» mais, comme, pendant le cours de tant de
» siècles, tant d'illustres génies se sont épuisés
» dans cette recherche, sans pouvoir la saisir,
» il est évident qu'elle était hors de leur portée.
» Ceux qui se livrent à cette étude ne savent
» pas même ce qu'ils cherchent, ou quel est
» le but auquel ils tendent (1). Il faut donc
» montrer par le fait même et par le raison-
» nement, que les opinions des philosophes ne
» sont que folie, de peur que quelqu'un, trompé
» par ce titre recommandable de sagesse, ou
» ébloui par le vain éclat de l'éloquence, n'ac-
» corde sa croyance plutôt aux choses humaines
» qu'aux choses divines (2). Puisque tout est in-
» certain par soi-même, il faudrait croire à tous,
» ou ne croire à personne; on ne reconnaîtra
» donc point l'autorité de ces prétendus sages
» qui chacun affirment des choses différentes. Si
» l'on croit à tous, l'on n'en suivra aucun, puis-
» que chacun d'eux est en opposition avec les
» autres (3). » Nous retrouvons ici, en propres termes, l'argument des Pyrrhoniens.

---

(1) *Ibid.*, *ibid.*, cap. 1.
(2) *Ibid.*, *ibid.*, cap. 4.
(3) *Ibid.*, *ibid.*, cap. 9.

Quelquefois cependant Lactance paraît moins absolu ; il se montre plus favorable à la réunion de la religion avec les lumières humaines. « Il est des choses que nous sommes contraints
» de savoir par la force de la nature, de l'ha-
» bitude et du besoin ; tout art suppose une
» science. Arcésilas ne veut point détruire toute
» connaissance, mais seulement apprendre
» à distinguer ce qu'on peut connaître, de ce
» qui est au-dessus de notre portée : autrement
» il se fût réduit à la condition du vulgaire. Il
» y a un milieu entre l'arrogance qui, préten-
» dant tout savoir, s'arroge ainsi le privilége
» de la Divinité, et cette ignorance qui, déses-
» pérant de rien savoir, se dégrade à la condition
» des brutes. La science vient de l'âme qui a
» une origine divine ; l'ignorance vient du corps
» qui a une origine terrestre ; car nous sommes
» composés de deux élémens, l'un lumineux,
» l'autre opaque et obscur. Mais, ce juste mi-
» lieu est difficile à observer. Les Académiciens
» sont tombés dans l'un des deux extrêmes, les
» physiciens dans l'autre. Les hommes s'é-
» garent, parce qu'ils embrassent la religion sans
» la sagesse, ou étudient la sagesse en négli-
» geant la religion ; car l'une ne peut être
» vraie sans l'autre. Si quelqu'un recueillait les

» vérités éparses dans les diverses écoles phi-
» losophiques, en faisait un choix, les réunis-
» sait en un corps, sans doute il ne se trou-
» verait point en dissentiment avec nous; mais
» celui-là seul peut exécuter avec succès une
» telle entreprise, qui est exercé à con-
» naître le vrai, c'est-à-dire celui qui est ins-
» truit par Dieu même. Que si un homme y
» réussissait par hasard, il serait certainement
» un philosophe; et quoiqu'il ne pût appuyer
» cette doctrine par des témoignages divins,
» la vérité s'y manifesterait elle-même par sa
» propre lumière. C'est pourquoi il n'y a pas
» d'erreur plus grande que celle de ceux qui,
» après s'être attachés à une secte, condamnent
» toutes les autres, s'arment pour le combat, sans
» savoir ce qu'ils doivent défendre ou attaquer.
» C'est à cause de ces disputes qu'il n'a existé
» aucune philosophie qui embrassât entière-
» ment le vrai; car, chaque doctrine possé-
» dait seulement en elle quelque élément, partie
» de la vérité (1). »

S. Jérôme, en admirant l'éloquence de cet écrivain, lui reproche d'avoir été moins ha-

---

(1) *Ibid.*, lib. VII, cap. 7.

bile à fonder la vérité qu'à combattre l'erreur (1). On est forcé de reconnaître qu'empruntant lui-même plus d'une opinion à ces philosophes qu'il combat avec tant d'ardeur, Lactance n'est pas heureux dans son choix; on le voit, par exemple, approuver un passage d'Epicure bien peu digne de son suffrage, comparer l'âme *à une lumière qui n'est pas le sang, mais qui se nourrit de l'humeur du sang comme la lumière ordinaire s'alimente par l'huile* (2). Il suppose que, pendant la méditation, l'âme descend de la tête dans le cœur, s'y renferme comme dans un sanctuaire, et que c'est là ce qui la rend alors inaccessible aux distractions extérieures (3).

En examinant avec soin les reproches que quelques-uns des pères de l'Eglise adressèrent à la philosophie, on voit qu'en général ils avaient moins pour objet la philosophie elle-même, que certaines doctrines en particulier, et spécialement celles qui, dans le développement de la théologie naturelle, avaient ou prétendu jus-

---

(1) *Epist. ad Paulin.*
(2) *De opif. Dei.*, cap. 17.
(3) *Ibid.*, cap. 16.

tifier les superstitions du Paganisme, ou empiété sur le domaine de la révélation. Il y a donc au fond moins d'opposition réelle entre les deux classes de docteurs Chrétiens qui se partagent le premier âge, qu'on ne le penserait au premier abord, et les derniers passages de Lactance que nous venons de citer suffiraient pour le démontrer. On remarque aussi que les Pères de l'église deviennent plus sévères dans leurs jugemens sur la philosophie profane, à mesure que le système des nouveaux Platoniciens vient à se répandre et obtient plus de succès. Plus ceux-ci engageaient étroitement la philosophie grecque dans les intérêts du Paganisme, la confondant avec les dogmes et les mystères de la Grèce, et plus ils devaient accroître les préventions dont elle était l'objet. Cependant, on peut découvrir aussi, dans le langage de quelques écrivains ecclésiastiques de cette époque, l'origine de cette déplorable opinion qui, en opposant l'autorité de la raison à celle de la croyance religieuse, a conduit à les considérer quelquefois comme des ennemies irréconciliables, et qui a produit de si funestes conséquences.

A mesure que la lutte entre le Christianisme et le Paganisme vint à cesser, les écrivains ecclésiastiques eurent moins de motifs pour s'occuper de la philosophie proprement dite, considérée comme une science profane; ils se renfermèrent presque exclusivement dans la théologie; et, s'ils rencontrèrent quelques questions du domaine de la première, ce fut par occasion et en les traitant comme les accessoires de l'objet principal. Dès lors aussi, leurs écrits présentent un rapport moins prochain avec l'histoire spéciale de la philosophie, surtout dans le point de vue qui fait le sujet de cet ouvrage. Nous ne négligerons point cependant d'indiquer les services qu'ils ont pu rendre à la science, autant qu'ils se réfèrent au but que nous nous sommes proposé.

Nous avons eu souvent occasion de rappeler combien nous sommes redevables aux Pères de l'église, pour les services qu'ils ont rendus à l'histoire de la philosophie, en nous conservant un nombre considérable de passages des auteurs de l'antiquité dont les ouvrages se sont perdus: à S. Clément d'Alexandrie, à Lactance, nous devons joindre Eusèbe, qui, dans sa *Préparation et sa Démonstration Evangéliques*, a plus que tout autre suppléé à ces pertes immenses. Il a droit surtout à notre gratitude, lorsqu'il reproduit les fragmens des anciens philosophes; car, on ne peut le prendre pour guide, sans une extrême réserve, lorsqu'il donne ses résumés au lieu des textes; il ne cite pas toujours avec sagacité; il paie particulièrement le tribut aux idées qui dominaient de son temps, en confondant trop souvent la doctrine des nouveaux Platoniciens avec celle des fondateurs de l'Académie. Alors même qu'il cite les textes, on doit se tenir en garde contre le défaut de critique qui lui était malheureusement commun avec presque tous les écrivains de cet âge, et qui lui fait admettre légèrement des écrits apocriphes, des citations altérées ou interpolées.

On peut partager en deux grandes classes ceux des écrivains ecclésiastiques des 5e et 6e siècles, qui ont cultivé les sciences philosophiques : la première comprend ceux qui ont accordé une préférence marquée à Platon; la seconde ceux qui ont accordé quelque faveur à Aristote; en remarquant au reste qu'aucun d'eux n'a exprimé une préférence exclusive pour l'un ni pour l'autre, que tous ont varié dans l'assentiment qu'ils ont donné à l'un des deux.

La première de ces deux classes est la plus nombreuse, celle qui offre la succession la plus constante, et qui renferme les noms les plus illustres. A sa tête est le savant évêque d'Hippone. Nul peut-être n'occupe un rang aussi distingué parmi les philosophes chrétiens. Si dans un grand nombre de traités, comme dans les *Confessions*, les *Rétractations*, les *Soliloques*, dans ses écrits contre les Manichéens, surtout dans la *Cité de Dieu*, il a associé cette science au développement de la théologie et de la morale religieuse; dans ses dialogues académiques, dans ses livres sur *la Vie Heureuse, sur l'Ordre*, sur la *quantité de l'âme*, il ne l'a envisagée qu'en elle-même et dans la sphère des principes rationnels qui lui sont propres, il l'a traitée comme une science indépendante. S. Augustin méritait sous tous ces rapports d'occuper dans le tableau de l'histoire philosophique, un rang qui ne nous paraît point lui avoir été jusqu'à ce jour convenablement assigné. Orateur, historien et philosophe à la fois, il consacre aux grands intérêts de la religion tout l'ensemble de ses travaux, comme toutes les recherches de son érudition. Quoique subissant l'influence de son siècle, et trop sensiblement asservi à l'affectation, à la subtilité et au mauvais goût qui s'étaient emparés de la littérature, il domine ce siècle par la beauté de son talent, par la chaleur, l'éloquence de sa diction, et par l'étendue de ses connaissances; il devient un guide classique pour les siècles qui le suivent. Il met à contribution l'immense recueil des opinions de toutes les écoles; il les parcourt, les discute, les approprie à son dessein. Le récit même qu'il fait avec une si admirable candeur de toutes les vicissitudes qui successivement agitèrent son esprit, est à lui seul une instruction éminemment utile (1). Il eut Aristote pour premier instituteur, et s'attacha d'abord à l'étude du traité des *Cathégories*; il se laissa ensuite entraîner à un penchant trop aveugle pour les traditions orientales, et se trouva ainsi conduit à adopter une partie des erreurs de Manès; mais les conséquences funestes qu'elles entraînaient pour la morale ne lui permirent pas de s'y arrêter long-temps; les écrits des Académiciens le ramenèrent à un doute salutaire, le guidèrent dans la critique des systèmes, et loin de le décourager dans ses recherches, semblèrent redoubler encore son ardent amour de la vérité. Alors Platon vint s'offrir à lui; Platon lui offrit le refuge qu'il cherchait après tant d'agitations, le but auquel il aspirait, et surtout les perspectives qu'invo-

---

(1) *Confessions*, v. 14 et suiv.; *De utilitate credendi*, cap. 8.

quaient les besoins de son cœur. Ce ne fut point, il est vrai, le Platon de l'Académie; ce fut le Platon tel qu'il venait de renaître, ce fut le Platon transformé par la doctrine de Plotin. Arrivé ainsi au dernier terme de son éducation philosophique, il n'eut en quelque sorte qu'un pas à faire pour rentrer dans le sein de l'orthodoxie. Dès lors s'ouvrit pour lui cette carrière qu'il parcourut avec tant d'éclat. Aussi, la doctrine de Platon, quoiqu'il n'ait garde de l'élever au niveau de la sagesse de l'Évangile, quoiqu'il marque avec soin la distance qui l'en sépare, conserve-t-elle à ses yeux une étroite affinité avec le Christianisme? est-elle considérée par lui comme le plus haut degré de l'échelle qui conduit la raison à la foi.

Les dialogues auxquels S. Augustin a donné pour titre *Contre les Académiciens*, seraient mieux intitulés *Sur les Académiciens*; il paraît avoir pris pour modèle ceux de Cicéron sur le même sujet. Il y excite Romomianus à l'étude de la philosophie et à l'amour de la vérité (1). Il lui expose l'origine, les variations successives

---

(1) Lib. I, cap. 1; lib. II, cap. 3, 8; lib. III, cap. 1.

des opinions proposées par Arcésilas, Carnéade, Philas, Antiochus, Cicéron (1). Il les examine, les discute. Dans le premier livre, il explique, par l'organe de Licentius, l'opinion des Académiciens qui faisaient consister le bonheur dans la recherche de la vérité, et lui oppose, par la bouche de Trygetius, l'opinion contraire qui le fait résider dans la possession même de la vérité. Dans le 3e, il cherche à définir l'indéfinissable notion que les Académiciens se formaient de la probabilité et de la vraisemblance, et qui n'est qu'une sorte d'entraînement aveugle et mécanique (2); il se prononce contre cet arrêt décourageant de la secte académique, qui refusait à l'esprit humain le pouvoir de saisir la vérité réelle (3).

Ces dialogues sont animés; la finesse des observations y est jointe à l'élégance, à la chaleur; mais ils ne renferment rien de neuf sur cet intéressant sujet: l'idée qui y domine consiste à établir que les Académiciens eux-mêmes sont contraints de reconnaître qu'il y a quelque

---

(1) Lib. II, cap 5, 6; lib. III, cap. 9, 17, 18.
(2) Lib. II, cap. 11 et 12.
(3) Lib. II, cap. 8; lib. III, cap. 3, 4, 7, 15, 16, 20.

chose de vrai, puisqu'ils s'efforcent de suivre la lumière du vraisemblable. Ce qu'il y a de plus curieux dans ses dialogues est le but que S‍t. Augustin prête à la direction suivie par la secte académique. « Que se proposèrent donc ces
» hommes si distingués, dans ces interminables
» discussions qui semblaient faire désespérer de
» la découverte de la vérité? Écoutez avec at-
» tention, non ce que je sais, mais quelle est
» à cet égard mon opinion : car, je réservais
» ceci pour la fin de mon discours, afin de vous
» expliquer, s'il est possible, tout le dessein que
» se proposaient les académiciens. » Là il re-
monte à Pythagore, à Socrate, à Platon; il montre comment Platon a puisé dans Pythagore le caractère nouveau qu'il a donné à l'enseignement de Socrate, s'est élevé aux régions mys-
térieuses du monde intelligible. Il suppose que l'apparition de Zénon et des Stoïciens, qui ra-
menaient la philosophie dans la sphère du monde terrestre et sensible, a contraint Arcésilas et Carnéade de couvrir d'un voile la portion supérieure de la doctrine de Platon, et de se borner à détruire les appuis que la science cher-
chait dans le domaine des sens, jusqu'à ce qu'enfin la pensée de Platon écartant tous les nuages, vînt briller de tout son éclat, jusqu'à ce

que Plotin, ce sont les propres termes de S. Augustin, fit revivre Platon dans toute sa pureté. Ainsi les Académiciens auraient conservé religieusement le dépôt de la doctrine secrète du fondateur de l'Académie, les nouveaux Platoniciens l'auraient ensuite révélé (1). C'est un beau et grand sujet que celui qu'a embrassé S. Augustin dans ses deux livres *sur l'Ordre*. S. Augustin a saisi avec succès quelques-unes des vues philosophiques qui s'y présentent en si grande abondance. Il a montré comment l'ordre gouverne l'univers, rend témoignage à la Providence, et conduit au suprême Ordonnateur les méditations de l'intelligence. « L'ordre est
» le bien, la perfection ; le mal est le désordre;
» l'ordre est la loi suivant laquelle s'exécute
» tout ce que Dieu a établi; le sage, en con-
» cevant l'ordre, s'unit à Dieu, parce qu'il
» conçoit Dieu lui-même qui en est la source. »
S. Augustin part de là pour exposer quel est l'enchaînement progressif qui unit tout le système des connaissances humaines, et la méthode qui doit présider à leur enseignement.

---

(1) *Ibid.*, lib. III, cap. 17, 18, 19, 20.

» Deux guides s'offrent pour diriger l'ins-
» truction de l'homme : l'autorité et la raison.
» L'autorité est pour le commun des hommes
» la voie la plus sûre ; la raison est celle qui
» est réservée au sage. Il y a une autorité di-
» vine et une autorité humaine. La raison est
» l'exercice par lequel l'âme devient capable
» de distinguer, de combiner ce qui est en-
» seigné; sa puissance se montre aux sens
» eux-mêmes par deux sortes de signes, par
» les ouvrages qu'elle produit, par les paroles
» qui l'expriment : elle se manifeste d'une
» manière spéciale dans les deux sens de la vue
» et de l'ouïe; ils ont ce caractère distinctif que
» les jouissances qu'ils procurent ont quelque
» chose de raisonnable, parce que l'un et l'autre
» ont une certaine faculté d'apprécier l'ordre
» dans les objets. Il y a trois degrés dans les
» opérations de la raison : le premier consiste à
» diriger le travail à un but déterminé, le se-
» cond à communiquer par la parole, le troi-
» sième à obtenir cette vie heureuse qui est le
» terme de la vraie sagesse. Ainsi naissent tour
» à tour la Grammaire, l'Histoire, la Dialecti-
» que, la Rhétorique, la Musique, la Poésie,
» la Géométrie, l'astronomie ; ainsi la culture
» des arts libéraux conduit l'âme à l'auteur

» de toutes choses ; car elle le dirige à ce qui
» est un, simple et certain. Celui qui est
» vraiment digne du titre de savant pourra
» sans témérité aspirer aux choses divines, non-
» seulement par la croyance, mais aussi par
» l'entendement et la contemplation. Personne
» ne peut prétendre à cette haute connaissance,
» s'il n'est préparé par une double instruction:
» l'art du raisonnement et la science des nom-
» bres. Il conçoit d'abord l'unité, non dans la
» loi suprême et dans l'ordre universel, mais
» dans la sphère des sensations et des actions
» ordinaires. Cette science de l'unité est le
» terme de la philosophie, elle a deux objets :
» l'âme et Dieu ; dans le premier, elle nous
» révèle la connaissance de nous-mêmes ;
» dans le second, celle de notre origine ;
» de ces deux connaissances, celle-là ap-
» partient à ceux qui s'instruisent, celle-ci
» à ceux qui sont instruits. Tel est l'ordre des
» études du sage, qui le rend capable de con-
» cevoir le système des choses, c'est-à-dire, de
» distinguer les deux mondes et de s'élever au
» Père de l'universalité. Dans le monde sensible,
» il faut considérer le temps, le lieu ; chaque
» partie y est inférieure au tout, se réfère au
» tout; dans le monde intelligible, chaque partie

» est aussi parfaite que le tout même (1) » On reconnaît facilement dans ce que dit S. Augustin sur la puissance des nombres, sur l'unité absolue, les idées empruntées à la doctrine de Plotin (H).

On retrouve encore les mêmes vestiges dans les soliloques. S. Augustin cherche à déterminer les caractères et l'origine du vrai et du faux. Il distingue le vrai, de la vérité. « La vérité » est supérieure au vrai; elle est une, immuable, » éternelle (2). » Ce qu'il entend sous le nom de *vrai*, est la réalité. « Le vrai est ce qui est » en soi tel qu'il paraît à celui qui en prend con- » naissance, s'il veut et peut le connaître (3). » Le vrai se distingue du semblable, comme » l'objet de son image : l'erreur consiste à les » confondre; mais, on apprend à les discerner, » en s'attachant à examiner toutes les circon- » stances propres à l'objet, pour découvrir si » elles appartiennent aussi à l'image (4). Les

---

(1) *De Ordine*, lib. I, cap. 1, 4. 5, 8, 10; lib. II, cap. 2, 8, 9 et 10.

(2) *Soliloquia*, lib. I, cap. 15; lib. II. cap. 2.

(3) *Ibid.*, lib. II, cap. 5.

(4) *Ibid.*, *ibid.*, cap. 7.

» corps ne sont point des objets *vrais* (réels).
» Car, on ne retrouve point en eux cette
» vérité qui appartient à la science, mais
» seulement son ombre imparfaite. Car, le
» corps ne peut exister sans une figure; mais
» la figure dont il se montre revêtu est
» inférieure à cette figure parfaite et rigou-
» reuse que la géométrie conçoit et démon-
» tre. Il n'y a donc de vrai que Dieu et
» les esprits (1). La vérité est la cause de
» l'intelligence (2). »

Le livre intitulé *De la quantité de l'âme*, c'est-à-dire, de sa puissance, est un traité presque complet de psychologie. S. Augustin s'y propose d'examiner quelle est l'origine de l'âme, sa nature, quelles sont ses facultés, pourquoi elle a été placée dans le corps, quelle est sa condition pendant qu'elle lui est unie et après qu'elle s'en est séparée. *L'âme est une substance douée de raison, et mise en rapport avec le corps pour le gouverner* (3). « Elle tire son origine de
» Dieu : elle est simple, immatérielle; et ce

---

(1) *Ibid.*, *ibid.*, cap. 18.
(2) *De immortal. animæ*, cap. 11.
(3) *De quantitate animæ*, cap. 13, § 22.

» qui le prouve, c'est qu'elle conçoit la no-
» tion des dimensions abstraites, des figures
» rigoureuses, qui ne sont point corporel-
» les (1). Quoiqu'elle sente dans le corps
» entier, elle n'est point répandue dans le
» corps (2). »

S. Augustin distingue la perception visuelle, des jugemens qui l'accompagnent. Mais il ne fait porter cette distinction que sur les jugemens déduits, par voie de conséquence, de la perception elle-même, comme lorsque de la présence de la fumée on conclut à l'existence du feu quoique caché (3).
« La sensation est une affection du corps
» qui se manifeste par elle-même à l'âme (4).
» La sensation n'est point la science ; la
» science diffère même de la raison : la raison
» cherche et explore la science ; le raison-
» nement est l'exercice qui y conduit. La
» raison ne pourrait tendre à l'inconnu si
» elle ne s'appuyait d'abord sur quelque
» chose de connu qui, par conséquent,

―――――――――――――――――――――

(1) *Ibid.*, cap. 7 et 14.
(2) *Ibid.*, cap. 23, § 41 ; cap. 30, § 58.
(3) *Ibid.*, cap. 24, § 45.
(4) *Ibid.*, cap. 25, § 49.

» doit lui être donné, doit être antérieur
» à elle-même (1). La puissance de l'âme
» s'exerce par sept degrés successifs. Dans
» le premier, elle ne déploie encore que
» cette vie commune aux végétaux qui im-
» prime l'unité à l'organisation du corps.
» Par le second acte, elle entre en posses-
» sion de ses sens, elle meut le corps,
» elle est le foyer de la vie animale. Dans
» le troisième acte, elle s'élève déjà au-
» dessus des brutes; elle s'empare des objets
» matériels, agit sur eux, les transforme, les
» applique à ses besoins; elle crée les arts.
» Par le quatrième acte, elle entre dans le
» monde moral; elle s'isole, se détache
» du monde extérieur et sensible; elle re-
» connaît les lois de la justice et de la
» vertu. Alors, repliée en elle-même, jouis-
» sant librement d'elle-même, elle goûte le
» repos et la liberté intérieure; c'est le cin-
» quième acte. Le sixième est une sorte
» d'élan par lequel elle aspire aux choses
» vraiment supérieures; purifiée par cette lon-

---

(1) *Ibid.*, cap. 26, § 51; cap. 27, §§ 52, 53; cap. 29,
§ 56.

» gue suite de préparations, elle dirige un
» regard serein et assuré vers la région intelli-
» gible. Enfin, l'intuition, la contemplation de
» la vérité elle-même, est le dernier acte, le
» sommet de l'échelle, le terme sublime de
» ses efforts; elle parvient à la cause pre-
» mière, à l'auteur suprême de toutes choses:
» contemplation enivrante et délicieuse, dont
» la clarté, la pureté sont telles, qui inspire
» une confiance si entière, qu'on n'accorde
» plus le nom de science à ce qu'on
» croyait savoir jusqu'alors (1)! »

Enfin, dans son traité des *quatre-vingts questions*, S. Augustin adopte et s'approprie la théorie des *idées* platoniciennes :
« Telle est, dit-il, la puissance des *idées*
» que sans elle personne ne peut atteindre
» à la sagesse. Les *idées* sont certaines for-
» mes principales, certaines raisons des choses,
» fixes et invariables, qui n'ont point été
» formées elles-mêmes, qui sont par con-
» séquent éternelles, qui se comportent
» toujours de la même manière et qui sont
» contenues dans l'intelligence divine; et
» comme elles ne naissent point, ne péris-

---

(1) *Ibid.*, cap. 53 *ad* 35.

» sent point, c'est sur elles que se forme
» tout ce qui peut naître et périr, tout ce
» qui naît et périt. L'âme raisonnable peut
» seule les percevoir par l'intuition. »

Voici maintenant comment S. Augustin cherche à établir la démonstration de cette théorie : « Quel est, dit-il, l'homme véri-
» tablement religieux qui, lors même qu'il
» ne pourrait s'élever à l'intuition des *idées*,
» ose cependant nier, et ne soit même forcé
» de reconnaître que tout ce qui est, c'est-
» à-dire, que *ce qui est contenu dans son*
» *genre par une certaine nature propre*,
» a été créé par Dieu pour être appelé à
» l'existence; que tout ce qui vit tient la
» vie de Dieu; que l'ordre universel suivant
» lequel les choses sont conservées, changent
» suivent un cours régulier, est gouverné
» par les lois de Dieu, et renfermé dans
» ces lois? Or, dès qu'on admet cette vé-
» rité, peut-on prétendre que Dieu a tout
» institué sans raison? Que, si on ne peut
» le soutenir, il en résulte que tout a été
» institué par la raison, et que la même
» raison n'a pu, par exemple, s'appliquer
» à l'homme et au cheval. Chaque chose
» particulière a donc été créée d'après sa

» raison spéciale. Mais, ces raisons ne peu-
» vent résider que dans la pensée même
» du Créateur. Car il ne considérait pas un
» modèle placé hors de lui-même, suivant
» lequel il institua ce qu'il créait; une telle
» opinion serait sacrilége. Les raisons des
» choses produites ou à produire étaient donc
» nécessairement contenues dans l'intelligence
» divine; or, l'intelligence divine ne peut
» rien contenir qui ne soit éternel et im-
» muable comme elle-même, etc. (1). »

Dans le livre des *Rétractations*, S. Augustin modifie quelques-unes des opinions de ses premiers ouvrages, composés dans sa jeunesse et avant son baptême. C'est ainsi qu'il modifie ce qu'il avait dit des sens, en reconnaissant qu'il y a aussi un sens intérieur, *un sens de l'âme;* « ce sens intérieur pré-
» side à tous les autres sens et les rappelle
» à l'unité; il voit les objets que ne peuvent
» saisir les sens externes, dans une sorte de
» lumière incorporelle. » C'est ainsi qu'il modifie encore la distinction qu'il avait établie entre le monde visible et le monde

---

(1) *Quæst. octoginta* : quæst. 46.

intelligible, empruntant les expressions de Platon et des Platoniciens, plutôt que celles des livres sacrés, quoiqu'en reconnaissant, qu'au fond, la pensée de Platon peut être en accord avec le dogme religieux (1).

S. Augustin est persuadé que les philosophes avaient sur la religion des idées plus élevées et plus justes que celles dont ils faisaient une profession ouverte et publique (2); mais que la prudence les forçait à envelopper ces notions des voiles du secret. « Si les philosophes, si les Platoniciens en
» particulier, ont enseigné des choses vraies
» et qui s'accordent avec la foi, non-seule-
» ment nous ne devons point les redouter,
» mais nous devons les réclamer pour notre
» usage et les retirer en quelque sorte à
» d'injustes possesseurs. C'est ce qu'ont fait
» un grand nombre de nos fidèles, déta-
» chant l'or et l'argent mêlés à des alliages
» impurs dans les doctrines philosophi-
» ques (3). (J) »

---

(1) *Retract.*, pag. 1, 2, 3.
(2) *De vera religione*, § 1 à 6.—*De libero arbitrio*, lib. II, cap. 3.— *De civitate Dei*, lib. IX, cap. 28. — *Retract.*, §§ 1, 2, 3.
(3) *De Doctrina Christ.*, lib. II, § 39.

S. Augustin nous apprend que, de son temps, il ne subsistait guère que deux sectes philosophiques : les Cyniques et les Platoniciens, si toutefois on pouvait donner alors aux premiers le titre de philosophes ; car, « ils s'attachent, dit-il, à cette doc-
» trine, parce qu'elle les fait jouir, dans la
» vie, d'une liberté qui va jusqu'à la li-
» cence (1). »

On ignore quelle est l'époque précise à laquelle vécut Némésius, auteur d'un traité de psychologie supérieur en mérite à celui de S. Augustin, dont nous venons de parler, et qui mérite certainement d'occuper un rang distingué dans l'histoire de cette science (2). Cet ouvrage est le même que les *huit livres sur la philosophie* faussement attribués à S. Grégoire, évêque de Nysse. On sait que Némésius était évêque et philosophe platonicien, et qu'il était né à Emèse, ville de Phénicie. On peut conjecturer, d'après le contenu de son traité, qu'il

---

(1) *De Academ.*, lib. III., cap. 18.
(2) *De natura hominis.* — *Bibl. Max. Patrum*, Lyon, 1677, tom. 8, pag. 619.

l'écrivit entre la fin du quatrième siècle et le milieu du cinquième. Il y fait preuve d'une étude approfondie de la philosophie des anciens; il y présente un résumé rapide et lumineux de leurs opinions sur les facultés de l'âme. Véritable Eclectique, s'il cite Pythagore, Platon, Aristote, les Stoïciens, les nouveaux Platoniciens, c'est toujours en les jugeant, souvent en les réfutant; il pense constamment d'après lui-même. Il adopte l'hypothèse de Platon sur la préexistence des âmes, hypothèse qui avait été reproduite par Origène, et qui fut condamnée, en 551, par le concile de Constantinople. Si, avec Porphyre et Platon, il suppose que la transmigration des âmes s'opère d'homme à homme seulement, et non de l'homme aux animaux, c'est en s'appropriant ces idées par des motifs qui lui sont personnels, et non par une déférence aveugle pour l'autorité d'aucun maître. Il rejette le système de Plotin, qui avait distingué l'âme, de l'intelligence. Il définit l'âme, « une subs- » tance intelligente à laquelle le corps sert » d'instrument (1). » A une érudition peu

---

(1) *De natura hominis*, cap. 4.

commune il joint un mérite plus rare encore à cette époque, et spécialement chez les écrivains ecclésiastiques, celle de l'anatomie et de la physiologie; il professe une haute admiration pour Galien, ce qui ne l'empêche pas de modifier quelquefois les vues de ce célèbre médecin. Ce traité commence par une belle exposition de l'harmonie qui préside à l'ensemble des œuvres du Créateur, et de cette échelle progressive qui, partant de la matière brute, s'élève insensiblement, de règne en règne, par tous les degrés de l'organisation jusqu'à la plus parfaite des créatures. On voit, par ce qu'il dit sur les propriétés de l'aimant, qu'il n'était point étranger à l'observation des phénomènes de la nature, quoiqu'on retrouve souvent en lui les erreurs attachées à l'imperfection dont étaient atteintes de son temps les sciences physiques. « L'homme qni siége au sommet
» de cette échelle, placé comme sur les
» confins de deux régions, participe à la
» fois de l'une et de l'autre, et leur sert
» de lien commun. L'homme est comme un
» miroir où se peint en petit l'univers en-
» tier. Tout ce qui est privé de raison
» doit être au service de la raison. » Né-

mésius compare et discute les opinions des principaux philosophes sur la nature de l'âme; il montre qu'elle est immatérielle, qu'elle n'est point le résultat de l'organisation, qu'elle n'est point une simple habitude, qu'elle n'est point une entéléchie comme l'avait prétendu Aristote. « L'âme » est unie au corps, mais non confondue » avec lui. » Il réfute l'opinion d'Apollinaire qui avait supposé pour les esprits une génération semblable à celle des corps, l'opinion des Manichéens qui, d'après les traditions orientales, admettaient une âme unique et universelle répandue dans tous les êtres (1).

« L'imagination est une faculté de l'âme, en tant qu'elle est privée de la raison, faculté qui s'exerce à l'aide des sens; l'image est pour elle ce que la sensation est relativement aux sens; les affections s'éveillent dans l'âme lorsqu'elle conçoit, comme dans le siége des sens, lorsqu'elle éprouve des sensations extérieures. Une partie des facultés de l'âme est destinée à servir, une autre à commander; les organes des sens, les mouvemens,

---

(1) *Ibid.*, cap. 2 et 3.

les appétits appartiennent à celles-là, la raison à celles-ci (1). »

Némésius donne une théorie entière de la sensation, pleine d'observations judicieuses; il y rapproche les phénomènes physiologiques, des phénomènes intellectuels; distingue les sensations reçues, des jugemens qui les accompagnent, et montre que l'erreur s'attache seulement à ceux-ci. Il fait voir que l'intervention de la mémoire et du jugement est nécessaire pour concevoir toute notion de nombres supérieurs à l'image que le regard peut discerner d'un seul coup d'œil. Il rejette l'opinion de Porphyre, qui, d'après Plotin, prétendait que l'âme, dans la sensation, ne fait que se voir elle-même, parce qu'elle renferme tout en elle-même (2). « La mémoire conserve les perceptions ob-
» tenues par les sens; la pensée combine,
» élabore les matériaux livrés par la sensation
» et la mémoire (3). »

Cependant Némésius distingue avec Platon

---

(1) *Ibid.*, cap. 6.
(2) *Ibid.*, cap. 7.
(3) *Ibid.*, cap. 13.

les simples perceptions obtenues par les sens et les notions qui appartiennent à l'intelligence. « Les premières ne forment que des opinions ; les secondes seules composent la science. Celles-ci ne dérivent point d'une imagination antérieure, elles sont le produit de l'instruction ou le résultat d'une lumière naturelle. Nous appelons notions naturelles, celles que tous les hommes possèdent sans le secours d'aucune instruction, comme celle de Dieu par exemple (1). « Nous pouvons
» savoir l'existence de choses que nous som-
» mes inhabiles à déterminer ; ainsi la raison
» reconnaît l'existence de la mer et du
» sable, quoiqu'elle ne puisse fixer les limites
» de la mer et le nombre des grains de
» sable. Nous concevons alors l'ensemble,
» sans pouvoir faire le dénombrement des
» parties (2). »

Il distingue avec soin les déterminations volontaires et involontaires, les caractères propres à chacune ; il fait voir comment

---

(1) *Ibid.*, *ibid.*
(2) *Ibid.*, cap. 44.

certaines déterminations que la réflexion peut rendre volontaires, sont souvent involontaires par le seul fait de notre ignorance ; comment ce qui est l'objet de l'examen, diffère de ce qui est l'objet de la délibération. « La science est la matière de l'examen ; l'art » est celle de la délibération. Nous nous trou- » blons souvent, dit-il, parce que nous con- » fondons ces deux ordres de choses (1). »

La psychologie de Némésius est généralement fondée sur l'observation et l'expérience ; il semble s'être proposé de prendre Galien pour modèle et pour guide, avec la seule différence que Galien avait essentiellement pour but d'étudier l'organisation physique, et n'observait la nature morale que d'une manière occasionelle et dans ses rapports avec celle-là ; tandis que Némésius, au contraire, se propose essentiellement pour but l'étude de la nature morale, et n'observe l'organisation physique qu'en vue des instrumens qu'elle offre à l'exercice des facultés intérieures. Ce trait caractéristique distingue Némésius de tous les philosophes qui ont

---

(1) *Ibid.*, cap. 34.

paru sur la scène depuis les Antonins jusqu'à Roger Bacon, et lui assigne un rang à part. On ne peut assez s'étonner de le voir apparaître ainsi seul au milieu d'une longue suite de siècles, marchant sur les traces d'Hippocrate et d'Aristote (1). On ne s'étonne pas moins de remarquer qu'il ait obtenu si peu d'attention; on ne le trouve cité par aucun écrivain de cet âge; il est à peine soupçonné des modernes; aucun historien de la philosophie n'a jusqu'à ce jour résumé son traité *de la nature de l'homme*, et ne paraît même en avoir pris connaissance (K).

La plupart des écrivains ecclésiastiques qui se sont montrés favorables à Platon, l'ont vu au travers du prisme créé par l'école d'Ammonius Saccas et par les nombreux commentaires que cette école avait produits; Némésius est le seul qui ait saisi les différences caractéristiques des deux systèmes. Cependant, à mesure que le nouveau Platonisme se développait à l'école d'Alexandrie et d'Athènes, il semblait s'accréditer aussi de plus en plus par une sorte d'ému-

---

(1) La dernière édition de Némésius est celle de Mathæi.

lation dans quelques écoles chrétiennes. Du sein de ce même foyer, que nous avons vu se perpétuer à Alexandrie après Ammonius, et d'où était déjà sorti Origène, sortit encore au cinquième siècle, Synésius, païen d'abord, converti au Christianisme par le patriarche Théophile, élevé ensuite, malgré ses longues résistances, au sacerdoce et à l'épiscopat, conservant cependant, dans ces fonctions nouvelles, un goût prononcé pour la culture des sciences morales et mathématiques et même un attachement étonnant, sous plusieurs rapports, pour ses anciennes opinions. Disciple de Théon, de Pappus, d'Héron, il recueillit surtout les leçons publiques de la célèbre Hypathie, fille du premier de ces géomètres alexandrins. Il professa pour elle la plus haute admiration et la plus vive gratitude. Géomètre lui-même, philosophe et poète tout ensemble, il obtint les succès les plus éclatans et fut rangé parmi les écrivains les plus élégans de son siècle. Il nous a donné dans son Dion l'histoire de ses propres études, et s'est justifié du reproche qui lui était adressé, de se livrer à des exercices oiseux. L'indépendance d'opinions qu'il conserva au milieu des dignités ecclésiastiques peut étonner ; car on ne peut admettre avec Baltus qu'il les ait abdiquées dans ses nouvelles fonctions (1); ses écrits suffisent pour nous attester le contraire. On voit qu'il croyait pouvoir concilier le fond du Christianisme avec le système des nouveaux Platoniciens, que peut-être il croyait pouvoir, en distinguant le domaine de la foi et celui de la raison, accorder au premier une assez grande étendue (L).

Ses *hymnes* sont une exposition brillante et animée du nouveau Platonisme; on pourrait l'appeler l'Orphée de cette nouvelle école; il y célèbre l'émanation universelle, l'unité primordiale et absolue; quelquefois il emprunte les expressions d'Apulée. « Tu es le germe des choses
» présentes, passées et futures, de tout ce qui
» existe; tu es le père, la mère, la voix, le silence,
» la nature fécondante! Salut, ô centre perpé-
» tuel des êtres! unité des nombres divins,
» unité antérieure à toute unité, semence des
» êtres, âme éternelle, flambeau universel,
» source des sources, principe des principes!
» Tu es le nombre des nombres, un et tout,
» un de tout, un avant tout, un en toi-même,
» un en toutes choses, âme mystique, intelli-

---

(1) *Défense des SS. Pères.*, liv. II, chap. I.

» gente et intelligible ! Tu es ce qui engendre,
» ce qui est engendré, ce qui éclaire, ce qui est
» éclairé ! elle te célèbre, cette heureuse nature,
» elles te célèbrent, ces productions de la nature,
» qui ont découlé des canaux par lesquels se ré-
» pand ta céleste influence. Tu la vivifies, tu
» réfléchis en elle l'image de ta propre immor-
» talité (1) ! » Le Verbe divin est revêtu par lui
des propriétés attribuées au *Demiourgos* par les
Gnostiques. « Le Père Suprême lui a confié la
» production des mondes, afin qu'il imprimât
» aux êtres les formes empruntées aux types
» intelligibles (2). L'âme du monde remplit
» l'Univers de son effusion ; pénétrant en tout
» lieu, elle anime les cieux, elle préside au
» monde, conserve, distribue sous des formes
» diverses. De cette âme du monde sont émanées
» les âmes humaines. L'âme est un écoulement
» de l'esprit qui réside dans les régions in-
» tellectuelles, qui, sans se diviser, s'est ré-
» pandu sur la matière ! » Il invoque « cette
» source ineffable de vie et de lumière, afin
» que, par son inspiration, l'âme, purifiée de la

---

(1) *Synésius*, hymn. III et V.
(2) Hymn., VI.

» matière, puisse remonter à son origine, et
» se confondre de nouveau dans cet océan
» dont elle est sortie (1). » Il fait aussi de fréquentes allusions à la théorie Platonique des *idées*. « Je te vénère, ô terme de la nature qui engendre, et des natures engendrées ! Je vénère
» en toi l'ordre mystérieux des intelligibles...!
» Eclaire mon âme de ta lumière intellectuelle..! Jette un regard sur cette âme qui te
» supplie du sein de son séjour terrestre, et
» qui aspire à s'élever jusqu'à la région de
» l'Idéal (2). » Synésius écrivit encore un traité *des Veilles Platoniques* qui a été commenté par Nicéphore, et un traité *Polymatique*, où la Rhétorique, la Philosophie, la Théologie, se trouvent associées, ornées de tous les charmes du style, et traitées avec une élégance peu commune dans son siècle.

L'affinité qu'on découvre entre les idées de Synésius et les écrits faussement attribués à S. Denis l'Aréopagite ont persuadé à quelques savans et entre autres à Lacroze (3), que Syné-

---

(1) *Hymn.*, V, vers. 78, 259, etc.

(2) *Hymn.*, III, p. 51, 80, 88, 94, édit. d'Henri Etienne.

(3) *Hist. du Christian. d'Ethiopie*, liv. I.

sius pouvait en effet en avoir été l'auteur, mais Brucker a réfuté solidement cette supposition (1). On peut encore moins admettre l'opinion de ceux qui ont prêté ces ouvrages à S. Appolinaire. L'auteur, quel qu'il soit, paraît devoir appartenir au 5e et au 6e siècle. Le système des nouveaux Platoniciens, tel qu'il s'était développé dans les derniers temps et spécialement dans l'école d'Athènes, respire tout entier dans ces ouvrages. Il y est joint à une exaltation mystique et poëtique portée au plus haut degré ; on serait porté à croire que leur auteur a voulu transférer ce système tout entier dans le sein du Christianisme, et même lui subordonner les dogmes de celui-ci, ou du moins les commenter dans l'esprit de ces doctrines nouvelles. Telle est du moins la tendance du traité qui porte pour titre : *Théologie Mystique*. Dans son traité *des noms divins*, il imagine certaines substances qui dérivent de Dieu indépendamment de ses attributs, substances détachées des choses particulières, qui sont les exemplaires des êtres sensibles, et dont ceux-ci tirent leur existence par la participation qu'ils

---

(1) *Hist. crit. phil.*; tome VI, pag. 507.

ont avec elles. L'essence et les propriétés de toutes les perfections, sont, à ses yeux, la nature et la substance de la Divinité, en tant qu'elles résident en elle; mais en tant qu'elles en dérivent, elles forment entre le créateur et la création une sorte de milieu qui communique avec l'un et l'autre : ces exemplaires ont été créés de toute éternité par Dieu même. « Les » principes de l'être, dit-il, communiquent » l'existence; c'est parce qu'ils possèdent l'exis- » tence par eux-mêmes qu'ils deviennent des » principes. Si le principe de la vie qui respire » dans les animaux, est une vie essentielle, *la* » *vie par elle-même* (αυτοζόη); si le 'prin- » cipe de la ressemblance, autant que les choses » se ressemblent, est une similitude essen- » tielle, de même, en chaque chose, tout ce » qui est communiqué dérive d'une propriété » essentielle (1). Ces principes, ces propriétés » fécondes découlent de la Divinité même et en » sont produites; ils sont des êtres, ils sont vi- » vans et divins (2). » *La participation,* μετοχη, μετουσία, le mode suivant lequel elle s'opère, le rapport qu'elle établit entre la cause et son

---

(1) *De Divin. Nominib.*, cap. V, § 5, pag. 691, édit. d'Anvers.

(2) *Ibid.*, cap. XI, § 6, pag. 849. *Voyez* aussi le

effet, sont le pivot de ce système; c'est encore l'émanation, mais l'émanation dépouillée de la forme allégorique, et réduite à son abstraction la plus sévère. S. Maxime, moine et martyr, essaya de donner à cette doctrine un commentaire dont, certes, elle avait grand besoin; mais il n'eut pas le bonheur d'en saisir exactement le sens. Les exemplaires du Pseudo-Denys furent à ses yeux certaines substances excellentes, le premier ordre des créatures intelligibles, auxquelles il identifia, sous le nom d'*idées*, les décrets de la volonté divine qui destinent l'existence aux créatures. S. Maxime s'était proposé d'expliquer les notions obscures et ambiguës de ce transcendantalisme mystique; mais il en accrut encore l'obscurité, s'il était possible. De la doctrine contenue dans ces écrits apocriphes, de celle de St. Grégoire de Nysse, du système des nouveaux Platoniciens, et de la Théologie chrétienne, il composa un mélange dans lequel ces notions disparates sont moins réunies que contraintes à se rapprocher(1). Les ouvrages attribués à S. Denys

---

P. Petau: *Theol. Dogmat.*, tome. I, lib. I, cap. II, pag. 83.; cap. X, §§ 293, etc.

(1) *S. Maximi scholia in Gregorium, Theol.*,

l'aréopagite furent envoyés, en présent, à Louis le Débonnaire, au 9ᵉ siècle, par un empereur d'Orient, présent funeste, nous ne craignons pas de le dire; car, reçus et accrédités comme authentiques, traduits par Jean Scot Erigène, et livrés ainsi à la philosophie inexpérimentée du moyen âge, ils exercèrent long-temps sur la direction des idées une singulière influence, ainsi que nous le verrons par la suite.

Ænée de Gaza, disciple d'Hiéroclès, converti ensuite au Christianisme, se proposa dans son dialogue intitulé, *Théophraste*, de combattre celles des opinions de Platon et des nouveaux Platoniciens sur la nature et la destinée de l'âme, qui ne pouvaient se concilier avec sa nouvelle croyance; mais il ne fut pas toujours heureux dans l'exécution de ce dessein. On croit retrouver quelquefois en lui plutôt le disciple de Platon lui-même ou celui d'Hiéroclès, que le docteur ecclésiastique (1). Il admet du reste

---

avec la tradition de Jean Scot Erigène. — *Epistola ad Thomam de diversis quæst. ex S. S. P. P. Dyonisio et Gregorio petitis*, avec la trad. de Th. Gale. Oxford, 1681, à la suite du traité de Jean Scot Erigène, *sur la division de la nature.*

(1) *Ænææ Gazæi Theophrastus*, *Bibl. Max. Patrum*, tom. VIII, pages 659, 662.

avec l'école de Jamblique, que Platon a puisé sa philosophie dans les traditions des Chaldéens et des Égyptiens (1).

Zacharias le Scolastique qui enseigna successivement la jurisprudence à Alexandrie et à Beryte, écrivit deux livres *sur les Principes contre les Manichéens*, et un dialogue contre les philosophes qui admettent l'éternité de la matière; quoiqu'il s'y propose de réfuter quelques uns des nouveaux Platoniciens, il subit lui-même l'influence de leurs systèmes.

Aux trois grandes branches que nous avons cru devoir assigner dans le chapitre précédent à l'école des nouveaux Platoniciens, on pourrait donc en ajouter une quatrième dont Origène serait considéré comme le premier auteur, qui se distinguerait essentiellement des trois premières, en ce que cette dernière secte aurait tenté, avec plus ou moins de succès, d'introduire la doctrine de cette école parmi les philosophes Chrétiens, en l'accommodant à la croyance religieuse de ceux-ci, et quelquefois en altérant cette croyance même, par les efforts qu'elle faisait pour concilier l'une avec l'autre.

---

(1) *Ib.*, *Ibid.*, pag. 651, lettre E.

La préférence qu'accordèrent à la philosophie de Platon la plupart des écrivains ecclésiastiques, s'explique naturellement soit par le concours des causes générales que nous avons indiquées au commencement du chapitre 19ᵉ, par la tendance qui régnait, par la direction que suivaient les idées à cette époque, soit aussi par la juste faveur que méritait à Platon auprès des docteurs du Christianisme, la pureté de sa morale, l'élévation de ses vues, les nobles idées qu'il s'était formées de la Divinité et de la destinée de l'homme. Épicure surtout dut être frappé d'une défaveur d'autant plus inévitable, qu'il se discréditait par l'abus que ses propres disciples faisaient alors de ses principes, abus qui avait inspiré aux plus sages des Païens, de si fortes préventions. S. Clément d'Alexandrie a exprimé avec énergie ces arrêts sévères que reproduisirent après lui contre Épicure, Lactance, S. Ambroise, S. Augustin (1). « Je n'ai
» point blâmé, dit-il, toute philosophie, mais
» bien et spécialement celle d'Épicure, qui re-
» jette la Providence, qui érige la volupté
» même au rang des dieux, qui ne reconnaît

---

(1). *Voy.* leurs passages dans Gassendi et les observations de celui-ci: *de Vita Epicuri*, lib. III, cap. 2.

» point de cause efficiente aux élémens qu'il » met en jeu, et dont les regards même ne » peuvent reconnaître le Suprême Ouvrier (1). » La doctrine du Portique portait une atteinte directe et trop grave à la doctrine de la simplicité et de l'immortalité de l'âme, accordait trop d'empire à la matière, pour pouvoir être accueillie par le Christianisme. Aristote même fut long-temps et souvent l'objet des censures des écrivains ecclésiastiques ; on trouve à la suite des œuvres de S. Justin martyr, publiées par les Bénédictins de la congrégation de S. Maur, un traité dont l'auteur est inconnu aux premiers siècles de l'Eglise, et qui, sous le titre de *Réfutation de certaines Propositions d'Aristote*, est spécialement dirigé contre les *Livres Physiques* et les *Livres du Ciel*. On condamnait surtout son hypothèse de l'éternité du monde et les étroites limites dans lesquelles il avait prétendu renfermer l'action de la Providence divine. On attribuait les écarts auxquels avaient été entraînés les Hérétiques à l'influence de la dialectique subtile instituée par le fondateur du lycée, et les longues controverses

---

(1) *Stromat*, lib. I, pag. 295; II, pages 365, 425; IV, pag. 532; V, pag. 604; VI, pag. 609, etc.

auxquelles l'Arianisme donna lieu durent singulièrement confirmer cette disposition des esprits.

Aristote, quoique jugé avec la plus extrême rigueur par un grand nombre d'écrivains ecclésiastiques, trouva cependant parmi eux quelques protecteurs et quelques apologistes. Il fut surtout considéré avec moins de défaveur lorsque les nouveaux Platoniciens eurent entrepris de le réconcilier lui-même avec Platon, et l'eurent présenté comme l'introducteur à la vraie doctrine de l'ancienne Académie. Déjà, vers la fin du troisième siècle, Anatolius, évêque de Laodicée, accéda aux vœux de la ville d'Alexandrie, en se chargeant d'occuper une chaire de Péripatéticisme. Il rétablit, avec cette chaire, la considération du Stagyrite. Doué lui-même, au rapport d'Eusèbe et de S. Jérôme, des plus vastes connaissances, et d'une éloquence peu ordinaire, il donna à ses leçons une grande autorité. Il était particulièrement versé dans l'étude des sciences mathématiques; il composa dix livres *des Institutions Arithmétiques* dont Fabricius nous a conservé quelques fragmens ; mais il ne nous reste rien de ses travaux sur la philosophie.

Ce fut d'abord en Occident qu'Aristote com-

mença à obtenir de nouveau quelque faveur, et seulement au 5.e siècle, lorsque les invasions des barbares menaçaient déjà les sciences et les arts d'un anéantissement total. Claudien Mamert, prêtre, ensuite évêque de Vienne en Dauphiné, avait associé l'étude d'Aristote à celle des autres philosophes de l'antiquité. Claudien Mamert était l'un des hommes les plus éclairés de son siècle. Dans son traité *sur l'État de l'Ame*, il témoigne lui-même combien le rapprochement et la comparaison des opinions diverses est utile à la découverte de la vérité. « La lumière, dit-il, sort de ce con-
» traste lui-même, et le vrai brille d'un nouvel
» éclat en présence de l'erreur. Plus la vérité a
» coûté d'efforts, et plus l'esprit humain s'y
» attache ; il est donc dans l'ordre des choses
» qu'on n'y parvienne que d'une manière lente
» et progressive. Les philosophes ont été
» conduits par cette voie, et préparés gra-
» duellement à une connaissance plus par-
» faite (1). » Il entreprit cet ouvrage pour réfuter l'évêque Faustus qui avait avancé qu'à l'exception de la Divinité, il n'y a point de

---

(1) De Statu Animæ, lib. II, cap. 1, *Bibl. Max. Patrum*, tom. VI, pag. 1059.

substance incorporelle, et que l'âme, par cela seul qu'elle est enfermée dans le corps, qu'elle occupe un lieu déterminé, a nécessairement une analogie avec le corps. La doctrine des nouveaux Platoniciens considérait toute localisation comme incompatible avec la nature des intelligences ; Faustus opposait à cette opinion les témoignages de l'expérience ; Claudien Mamert, en le réfutant, se range lui-même sous les bannières du nouveau Platonisme. Il s'attache à prouver que l'âme n'occupe aucun lieu. Avec les nouveaux Platoniciens, il s'empare des *raisons séminales* du Portique, et les convertit en puissances et substances immatérielles.

« Les germes des plantes, par exemple, ren-
» ferment une sorte d'énergie, de vie incor-
» porelle, principe duquel dérive leur orga-
» nisation, leur développement (1). »

On voit tout ensemble dans ce docteur, et combien la philosophie des nouveaux Platoniciens avait déjà pénétré chez les écrivains ecclésiastiques, et quelle autorité Aristote commençait à obtenir particulièrement en Occident. Il reproduit les idées des philosophes de la Grèce et de Rome sur la simplicité et sur l'im-

---

(1) *Ibid.*, pages 1054, 1056.

mortalité de l'âme, objet principal des trois livres qu'il a composés, et qui lui ont obtenu de si grandes éloges de Sidoine Apollinaire. Ces livres renferment aussi quelques vues psychologiques ; le prêtre viennois démêle fort bien l'erreur de ceux qui ont personnifié les facultés de l'âme, et montre qu'elles ne sont que l'âme elle-même considérée dans ses divers modes d'action (1). « L'âme, dit-il, voit, par » l'intermédiaire du corps, les choses maté- » rielles, et, par elle-même, les choses imma- » térielles. » Il tâche d'expliquer et de justifier cette proposition par des exemples tirés de la géométrie, de l'arithmétique et de la dialectique (2). « L'entendement est l'intuition de » l'âme ; les corps sont sentis et ne peuvent » être compris (3). »

Au moment où d'épaisses ténèbres vont couvrir notre occident, où l'astre de la philosophie va disparaître de notre horizon, ses rayons semblent se ranimer un instant, et briller à leur déclin d'un éclat plus pur que jamais. Il paraît cet illustre Boëce, la gloire de Rome aux jours

---

(1) *Ibid.*, lib. I, cap. 24.
(2) *Ibid.*, cap. 28, 25.
(3) *Ibid.*, lib. II, cap. 9.

de sa décadence, ce rejeton de l'antique race des Aniciens, qui honora la dignité consulaire bien plus qu'il ne fut honoré par elle, qui sembla recueillir en lui l'héritage de toutes les grandeurs de sa patrie, en réveiller tous les souvenirs ; il paraît debout sur les ruines du Capitole; nous le saluons avec un sentiment profond de douleur, d'admiration et de respect ; nous contemplons en lui le successeur de tout ce que Rome eut de plus distingué dans la carrière des sciences, dans celle de l'éloquence, dans les fonctions publiques et dans l'exercice des vertus utiles à l'humanité ; nous admirons surtout en lui le modèle du philosophe chrétien, le héros au sein de l'adversité. Ses conseils eussent pu conduire Théodoric à accomplir une restauration que ce prince n'était point indigne de concevoir. Pourquoi la délation et l'envie entraînèrent-elles Théodoric à se souiller par la captivité et la mort du plus grand homme de son siècle ? Boëce avait été envoyé, dès sa plus tendre enfance, à Athènes, et y avait cultivé dix-huit ans, sous les maîtres les plus célèbres, toutes les études libérales ; il y entendit probablement Proclus qui y enseignait à cette même époque. « Je me suis complu à faire de
» ton âme une bibliothèque vivante dans la

« quelle j'ai placé, non les livres eux-mêmes, « mais les maximes qu'ils contiennent. » Ces paroles, qu'il met dans la bouche de la philosophie (1), peignent l'education qu'il se donna et l'Eclectisme raisonné dont il fit profession : comme une abeille diligente, il puisa le suc de sa philosophie dans Pythagore, Platon, Aristote, Zénon, Plotin, Porphyre. Il s'était proposé de traduire en latin les ouvrages entiers de Platon, d'Aristote, et de montrer la concordance de ces deux grands maîtres ; mais il ne put qu'ébaucher un si vaste dessein ; il donna du moins à Rome une traduction des Catégories d'Aristote, de quelques-uns de ses traités de dialectique, et des commentaires de Porphyre, en les commentant à son tour ; c'est à ses soins que l'Occident fut redevable de conserver, au milieu des plus épaisses ténèbres du moyen âge, quelques notions de la doctrine du Lycée, et l'usage des lois que son fondateur avait imposées à l'art du raisonnement ; mais, élevé lui-même dans l'école du nouveau Platonisme, il recommande surtout d'étudier Aristote dans Porphyre, il explique Aristote dans l'esprit de Proclus.

---

(1) *De Consolat. phil.*, lib. I.

C'est Boëce surtout qui paraît avoir jeté les fondemens de l'immense autorité qu'Aristote exerça dans les âges suivans, en lui prêtant celle de son propre nom. C'est également lui qui a essentiellement contribué à y faire, dès l'origine, de la philosophie péripatéticienne, une forme extérieure dont Platon est la substance secrète, que Platon anime, meut et vivifie. Avec les nouveaux Platoniciens, Boëce refuse toute qualité à la matière, et suppose qu'il peut y avoir des êtres privés de qualités, transportant ainsi dans la réalité les distinctions que l'esprit établit par l'abstraction entre ses propres notions (1). Il distingue, d'après la même manière de voir, *l'unité* de la *simplicité*. « L'unité
» réside aussi dans les objets complexes, elle
» forme le lien qui tient leurs parties combinées
» ensemble ; mais, dans les êtres simples, l'u-
» nité est identique à l'être (2). » Le divin Platon revit dans le nouveau et dernier commentateur d'Aristote, il revit au milieu de Rome dégénérée, à la veille des jours de la bar-

―――――――――――

(1) Boethius, *in Prædicament.*; *Aristot.*, lib. II, pag. 144.

(2) *An omne quod sit, bonum est*, pages 1181, 1182.

barie, tel qu'il brillait à Athènes, et se montrant peut-être, quoique sans rien perdre de son élévation, quoique dégagé de quelques erreurs, plus accessible au commun des hommes, mieux accommodé à la condition humaine. L'obscurité qu'engendre trop souvent dans Platon l'extrême subtilité des abstractions, a disparu; la substance même de sa doctrine se montre seule pleine de vie, de jeunesse et de beauté. Les sommets de sa philosophie se découvrent hors des nuages qui les environnaient, entourés d'un nouvel éclat, et, sans s'abaisser, paraissent devenir plus accessibles. La fin du dernier livre de ce beau traité qu'il a légué aux infortunés, et dans lequel la philosophie, remplissant sa plus digne mission, apporte à l'homme des consolations sublimes, est un résumé lumineux de la philosophie entière de Platon; il faut le rapprocher de l'hymne sur la puissance de la nature, et de la belle invocation qui se trouvent au milieu du troisième livre. C'est avec Platon que Boëce assigne les rapports des sens avec l'intelligence, marque l'étendue des deux domaines, pose les limites qui les séparent. Avec Platon, il considère la science comme une réminiscence; il suppose que l'âme renferme en elle-même le germe de toutes les vérités, que l'étude ne sert qu'à le faire éclore. Avec Platon, il érige les *idées* en archétypes, et les prête à l'auteur de toute chose comme les modèles d'après lesquels il a ordonné l'univers. Avec Platon, il assigne les fonctions du *Demiourgos* dans l'immense gouvernement de l'univers. Avec Platon enfin, il vivifie la nature par une âme puissante, universelle, il la peuple d'une hiérarchie d'intelligences. C'est ensuite le Platon nouveau, tel qu'il ressuscita dans Plotin et son école, qui le dirige à la recherche de l'unité absolue, parfaite et primordiale, recherche à laquelle Boëce a consacré un traité spécial sous le titre de : *De unitate et uno*. L'essence de la doctrine de Plotin, qui consiste à identifier avec cette unité absolue, le souverain bien et la perfection suprême, revit, se déploie, s'anime dans Boëce, mais devenue familière et prochaine, si l'on peut dire ainsi, par sa clarté, devenue féconde par l'utilité, comme par la grandeur de ses applications, parée de tous les charmes de la poésie, parée des charmes bien supérieurs de la morale la plus touchante et la plus pure. Ceux qui désirent connaître la substance de cette doctrine si ardue, si mystérieuse dans son auteur, qui veulent du moins en apprécier l'esprit, en juger le but, peuvent se dispenser d'étudier avec effort les obscures et prolixes Ennéades, les immenses commentaires des nouveaux Platoniciens. Ouvrez Boëce, vous retrouverez l'abrégé et le choix de tout ce que la nouvelle école a emprunté de plus précieux à l'héritage de son antique instituteur, de tout ce qu'elle y a ajouté de plus estimable; vous possédez la fleur du Platonisme, vous en respirez le parfum !.. Honneur à cet Othon III qui par un monument élevé à Pavie consacra la mémoire de ce dernier des philosophes, de celui qui semblait représenter toute la philosophie de l'antiquité, de celui qui presque seul fit pénétrer encore, par l'influence qu'exercèrent ses écrits, quelques lueurs de la science auguste de la sagesse au travers des temps malheureux qui affligèrent notre belle Europe ! Mais, le traité de la *Consolation de la Philosophie* est le vrai monument qui doit éterniser sa gloire.

Cassiodore, contemporain, compatriote de Boëce, qui reçut après lui les faisceaux consulaires, et dont Théodoric eut le bon esprit de rechercher les conseils et l'assistance, Cassiodore, écrivain fécond, mais déjà atteint de la rouille de son siècle, abrégea Boëce, s'unit à lui pour faire connaître la logique d'Aristote aux Latins, et publia entre autres un traité de *l'Ame*, deux livres sur les *Institutions aux Lettres Divines*, et quelques traités élémentaires sur la théorie de la grammaire et les arts libéraux. Il ne faut point y chercher d'idées qui lui appartiennent en propre et qui sortent de la sphère commune. Ce qui assigne à Cassiodore un rang assez important dans l'histoire de l'esprit humain, c'est que ses écrits furent long-temps le seul manuel des écoles de l'Occident et le type d'après lequel se forma l'enseignement scolastique ; c'est que le premier, ou l'un des premiers du moins, il fonda dans le monastère qu'il avait érigé en Calabre, l'un de ces ateliers littéraires qui ont seuls conservé les débris des richesses de l'antiquité ; il y réunit une grande bibliothèque, et commença, par son exemple et par ses soins, l'exécution de ces longs travaux qui ont multiplié les copies des écrits sauvés du naufrage. La logique d'Aristote avait tracé, aux yeux de Cassiodore (1), le cercle dans lequel est nécessairement et à jamais renfermé l'esprit humain, opinion qui fût aveuglément admise dans les siècles suivans.

---

(1) Cassiodorus, *De Dialectice*, Op. tom. II, pag. 558.

Martien Capella, quoique antérieur d'environ un demi-siècle à Cassiodore, doit lui être associé dans l'histoire de la philosophie, comme il lui fut associé dans les écoles du moyen âge, auquel l'un et l'autre fournirent le type et, si l'on peut dire ainsi, le manuel de l'enseignement ordinaire. Comme Cassiodore, Martien Capella atteste le dernier degré de la décadence, et déjà son style porte les empreintes de la barbarie. Il était Africain, et cette circonstance explique aussi la rudesse de son langage. Les deux premiers livres de son *Satyricon* portent le titre : *de l'Hyménée de la Philosophie et de Mercure*, et sont consacrés l'un à la mythologie, l'autre aux neuf Muses. Les sept autres ont pour objet les sept arts libéraux qui composèrent ensuite le *trivium* et le *quatrivium*, ces deux cadres des deux degrés du moyen âge : la Grammaire, la Dialectique, la Rhétorique, la Géométrie, l'Arithmétique, l'Astronomie et la Musique. C'est un bizarre et confus amalgame de notions élémentaires empruntées aux traditions, aux sciences, aux arts des Grecs et des Romains ; et, quoiqu'il ne renferme de ces notions que ce qu'il y a de plus familier et de plus commun, il n'a pas même le mérite de la clarté. La dialectique de Martien Capella est un résumé informe des règles instituées par Aristote et par les Stoïciens.

Les travaux dont Aristote devint l'objet depuis le 5° siècle jusqu'au 7°, donne lieu à deux considérations essentielles, dont les conséquences exercèrent une grande influence sur les siècles suivans.

Aristote, remis en honneur par l'école des nouveaux Platoniciens, n'obtint cette faveur qu'en se réconciliant avec Platon, et qu'à la charge de lui servir d'introducteur. Dès lors sa métaphysique ne fut conçue et interprétée que d'après les points de vue fournis par la doctrine du fondateur de l'Académie; elle dut en prendre l'esprit; elle fut nécessairement altérée. Aristote dut sacrifier ou rétracter ces objections si fréquentes et si puissantes qu'il avait élevées contre la théorie des *idées*. Les *formes* péripatéticiennes ne furent plus que les *idées* platoniques. L'hommage qu'Aristote avait rendu à l'autorité de l'expérience fut oublié ou méconnu; cette belle et féconde portion de la philosophie que l'expérience avait éclairée, fut couverte d'un voile, négligée, abandonnée; sa physique seule trouva grâce aux yeux de ses nouveaux disciples, en tant qu'elle n'était elle-même qu'un corollaire de sa métaphysique.

Mais, la métaphysique d'Aristote, quoique ainsi dénaturée, ne parvint même pas aux premiers siècles du moyen âge, du moins dans notre occident. La dialectique, seule, telle qu'elle subsistait assez grossièrement résumée, et sous une forme abrégée dans les traités attribués à S. Augustin, dans Martien Capella, dans Boëce, dans Cassiodore, traversa seule les premiers temps de cet âge ténébreux; ces écrivains constituèrent le seul anneau par lequel la chaîne de l'enseignement du moyen âge vint se rattacher à celle des doctrines de l'antiquité.

Les écrivains ecclésiastiques, n'ayant étudié la philosophie que d'une manière occasionelle, sous un point de vue secondaire et subordonné à l'objet principal qui les occupait, ont en général, et à un petit nombre d'exceptions près, négligé la logique, l'art des méthodes et toute la portion de la philosophie qui se réfère par ses applications aux sciences positives: quelques-uns d'entre eux, tels que Lactance, ont même témoigné contre la dialectique des préventions excessives. La seule branche de la philosophie qui entrât dans l'ordre essentiel de leurs travaux, était la métaphysique, en tant qu'elle embrassait l'origine et la nature de l'âme, son immortalité, le libre arbitre, les attributs divins, la création, la providence, l'origine du mal; en tant aussi qu'elle apportait à la théologie, soit des secours, soit des commentaires, ou même en tant qu'elle lui offrait des erreurs à combattre. La psychologie seule leur a été redevable de quelques progrès et de recherches assez étendues, dans ses rapports avec les grandes questions de la simplicité et de l'immortalité de l'âme et à celle de la liberté des déterminations. Encore à l'exception de Némésius, ne l'ont-ils guère traitée d'après la méthode expérimentale; le profond mystère de l'union de l'âme avec le corps a été le principal objet de leurs spéculations.

Indépendamment de ceux des pères de l'Église dont nous avons indiqué les travaux, on trouve encore quelques vues psychologiques éparses dans un grand nombre d'autres. S. Athanase distingua l'esprit, πνευμα, de l'âme, νους; l'esprit de l'homme, suivant lui, est découlé de la Divinité; il est une émanation de l'essence du créateur; l'âme ne peut avoir la même source, puisqu'elle est tour à tour guidée par la raison, ou livrée à l'égarement (1). Cette idée est analogue à celles des Platoniciens. S. Ma-

---

(1) *De definitionibus*, tom. II, p. 51.

caire (1), S. Hilaire, empruntent à la religion des considérations, élevées sur la nature de l'âme; S. Cyrille de Jérusalem établit entre toutes les âmes une égalité parfaite; S. Jean Chrysostôme montre une connaissance approfondie du cœur humain; Philastrius, dans son traité des hérésies, réfute certaines opinions des écrivains hétérodoxes sur la préexistence de l'âme, telle qu'elle était supposée par Platon, sur son origine, en tant qu'on la considérerait comme une inspiration émanée de Dieu, sur sa ressemblance avec le principe qui respire dans les animaux; sur sa matérialité et sa production des seuls développemens de l'organisation corporelle; sur une transplantation naturelle des âmes; sur la transmigration des âmes des méchans dans le corps de certains animaux, etc.

L'étude de la philosophie morale a pris naturellement chez les docteurs chrétiens, et par l'effet des mêmes causes, un caractère à peu près semblable à celui de la psychologie. Il suffisait à leur but de fonder la morale pratique sur la législation divine, de lui imprimer la sanction des récompenses et des peines futures,

---

(1) Voy. en particulier sa 46ᵉ Homélie.

et de lui donner pour principe vital ce sentiment sublime qui rapporte l'âme à Dieu comme au terme de toutes ses affections, comme au modèle suprême de toute perfection. Dès lors, ils avaient rarement l'occasion de continuer les recherches spéculatives des philosophes sur le fondement naturel de l'obligation morale, sur le caractère du vrai bien, sur les rapports de la morale privée avec les principes des institutions sociales. Toutefois, cette remarque demande quelques exceptions mémorables : Synésius traita les sciences politiques, assemblant dans un même foyer les lumières versées sur ces sciences par Platon et par Aristote, étonnant un siècle asservi et corrompu, par les maximes empruntées à ces nobles et généreuses théories, osant censurer les vices des princes et des courtisans dans un langage libre et prudent tout ensemble, et traçant le modèle d'une sage et bonne administration; Zacharias le scolastique associa l'étude de la jurisprudence à celle de la philosophie; S. Ambroise, dans son *Traité des Devoirs*, semble se proposer pour modèle les ouvrages des Stoïciens et particulièrement le *Traité des Offices* de Cicéron, mais en accommodant la doctrine des sages de l'antiquité à l'esprit du Christianisme. « La dénomination de *devoirs*, dit-il,

» n'appartient pas seulement aux écoles des
» philosophes; elle appartient aussi à l'ensei-
» gnement du christianisme, avec cette seule
» différence que les philosophes puisent dans
» la vie civile la raison et la règle des actions
» utiles et honnêtes, tandis que les Chrétiens
» mesurent la vertu sur l'avenir plutôt que sur
» le présent, et ne reconnaissent d'utile que
» ce qui se lie aux intérêts de la vie éter-
» nelle (1). » L'Enchyridion d'Épictète fut introduit dans l'église et accommodé à ses préceptes par un auteur chrétien qu'on a supposé être Nilus, moine Égyptien.

Les travaux des pères de l'Église et des docteurs chrétiens se recommandent essentiellement aux moralistes, par l'admirable développement qu'ils ont donné au principe fondamental de toute moralité, à cet empire de l'homme sur lui-même que fonde l'emploi du libre arbitre, le généreux désintéressement de toute vue personnelle, le détachement de tous les objets extérieurs, de tous les plaisirs sensibles, comme aussi par la lumière abondante qu'ils ont répandue sur la pratique des devoirs. Le philo-

---

(1) S. Ambroise, *De Officiis*, lib. I, cap. 8.

sophe leur doit surtout un juste tribut d'éloges pour le prix éminent qu'ils ont attaché à la véracité, à cette vertu qui, commandant à la fois d'être vrai envers soi-même envers les autres, devient une sorte d'exercice habituel pour l'éducation de la raison elle-même, favorise et seconde la propagation des lumières, et fonde la sécurité des relations sociales, en même temps qu'elle ennoblit le caractère individuel : ces éloges sont dus spécialement au savant évêque d'Hyppone (1), justement considéré comme le premier des moralistes chrétiens.

Enfin, nous ne craignons pas de reproduire encore ici une considération qui ne peut être assez méditée. Le sentiment religieux lui-même est comme un principe de vie pour la moralité humaine, principe dont l'énergie et la pureté donnent à cette moralité le plus haut degré de développement ; le sentiment religieux, l'ordre des devoirs qui s'y rattachent, sont une portion essentielle de la morale naturelle ; ils composent son plus beau domaine, et sous ce rapport, les docteurs Chrétiens ont

---

(1) S. Augustin, *De Libero Arbitrio*, lib. I, cap. 6; lib. II, cap. 9 et 19; *Contra mendacium*, cap. 15, 18.

rendu sans doute d'éminens services à la philosophie morale; ils l'ont épurée, ennoblie, perfectionnée, sous mille rapports. Ils ont entretenu, encouragé tous les exercices pratiques qui introduisent l'homme à la connaissance de lui-même; ils ont développé au plus haut degré la puissance de la méditation, et s'ils n'ont point dirigé les esprits sur le grand théâtre de l'observation, sur les phénomènes de la nature, ils ont du moins rappelé énergiquement la réflexion dans ce sanctuaire intérieur où réside le foyer de la lumière qui doit, en dernier résultat, éclairer la région tout entière des connaissances humaines.

Si la philosophie n'occupa et ne put occuper, dans les méditations des Pères de l'Église, qu'un rang secondaire; si dans ce rôle purement relatif elle perdit naturellement son indépendance, elle obtint aussi, par l'effet même de cette association intime avec le Christianisme, une sorte de consécration, si l'on nous permet cette expression; elle fut admise à participer à l'élévation de sentimens et d'idées qui caractérisaient le culte le plus parfait qui ait embelli et consolé la terre; elle en reçut un code admirable de maximes pratiques; elle lui emprunta de vives lumières pour la connaissance du cœur humain ; le sentiment moral s'épura à cette source, acquit une énergie toute nouvelle. De même que l'on doit aux livres de l'ancien testament les modèles de la poésie sacrée, c'est-à-dire de la plus magnifique alliance entre les tableaux de l'imagination et les idées de la morale, et l'exemple de l'élan du génie vers les régions de l'infini, de même aussi, les pères de l'Église ont créé un genre d'éloquence jusqu'alors inconnu, celui qui admet les beautés les plus sublimes, l'éloquence sacrée. L'art oratoire put s'emparer des plus profondes affections de l'âme, d'une sphère d'intérêts bien supérieurs aux intérêts passagers de la terre, des immenses contrastes entre le temps et l'éternité, entre la faiblesse naturelle de l'homme et ses hautes destinées ; elle traita les images de la perfection et de la Toute-Puissance comme des idées familières ; elle révéla les desseins de la Providence sur l'univers ; elle étala tous les trésors de la bonté infinie répandus sur la création. Ainsi fut réalisé, sous un rapport, le vœu presque unanime que formaient les hommes éclairés ; ainsi fut satisfait le besoin général qui s'était manifesté dans la société humaine (1). La plus

---

(1) Voy. ci-dessus, chap. XX, pag. 296 et suiv.

noble portion de la philosophie, celle qui s'exerce sur la destination future de l'homme, sur les rapports de l'homme avec son auteur, obtint tout ensemble, et une grandeur singulière dans ses vues, et une majesté éclatante dans ses formes. Ce n'est pas tout; des notions jusqu'alors renfermées dans le cercle étroit des écoles philosophiques, furent mises ainsi à la portée de tous les hommes, devinrent en quelque sorte populaires, parce qu'elles s'identifièrent avec les exercices religieux, et exercèrent ainsi une influence plus directe et plus universelle à la fois sur la vie humaine.

Enfin, il est un dernier service rendu par ces écrivains à la philosophie, dont l'historien impartial et équitable doit surtout leur tenir compte. Si, à plusieurs égards, les sciences philosophiques se trouvèrent dans leurs écrits trop étroitement liés à des vues d'un ordre supérieur, et perdirent ainsi, avec leur caractère profane, l'indépendance nécessaire à leurs investigations; d'un autre côté, si on porte ses regards sur les circonstances des temps, et sur les événemens qui se succédèrent pendant plusieurs siècles, on reconnaîtra que cet asservissement momentané des sciences humaines fut précisément ce qui en sauva le germe et les conserva pour des générations plus heureuses. Le culte religieux survécut seul et se maintint dans ce déluge universel d'ignorance qui vint couvrir la terre ; avec lui furent préservés ces mêmes germes qu'il avait en quelque sorte recueillis dans son sein ; toutes les études profanes avaient cessé, et c'en était fait pour jamais peut-être des lumières et de la civilisation, si elles n'avaient trouvé un asile sous cet abri tutélaire. Lorsque plus tard des influences favorables se firent sentir, ces germes se ranimèrent avec une énergie toute nouvelle, et les sciences, redevenues assez fortes pour exister par elles-mêmes, reprirent leur essor avec une rapidité inespérée. La chaîne entre les temps anciens et les temps modernes ne fut point rompue, ou fut renouée. Les écrivains ecclésiastiques furent comme l'anneau qui servit à en rattacher les deux termes l'un à l'autre (M).

Si l'impartialité de l'histoire doit rappeler ces différens services rendus par les écrivains ecclésiastiques aux sciences philosophiques, et d'autant plus qu'ils n'ont pas toujours été assez justement appréciés, elle doit reconnaître aussi deux dommages considérables qui furent alors portés à ces mêmes sciences par la direction que prirent les idées. D'une part, on vit disparaître pour long-temps ce doute méthodique, ces investigations critiques qui, en soumettant à une épreuve et à un contrôle sévères les systèmes accrédités, en préparaient la réforme, le perfectionnement, pouvaient en prévenir les écarts; d'un autre côté, les sciences naturelles, et en général tout ce qu'on appelait les études profanes, tombèrent dans l'oubli, devinrent même l'objet d'une prévention défavorable. Ainsi, pendant que les habitudes de la méditation silencieuse et solitaire, recevaient le plus beau degré de développement, les recherches de l'observation, les lumières de l'expérience, étaient graduellement abandonnées. Des deux sources des connaissances humaines, l'une se trouvait tarie, pendant que l'autre s'écoulait sans lit, sans rivages, sans digues; les exercices contemplatifs s'enrichissaient même des pertes que faisaient l'ordre des connaissances positives, et c'est à cette cause, sans doute, que l'on doit attribuer l'invasion progressive des systèmes mystiques des nouveaux Platoniciens parmi les derniers écrivains ecclésiastiques. L'équilibre était rompu, l'harmonie était détruite; le principe qui avait prévalu devait exercer une domination exclusive, et son essor ne pouvait plus connaître de limites.

Deux motifs nous commandaient de donner quelque étendue aux aperçus qui font l'objet de ce chapitre. La philosophie des pères de l'Église et des docteurs chrétiens n'ayant été considérée en général que dans ses rapports avec la théologie, il nous a paru digne d'intérêt de l'envisager sous un aspect presque nouveau jusqu'à ce jour, relativement à l'influence qu'elle a exercée sur la marche de la science envisagée en elle-même et dans le seul domaine de la raison et de l'expérience. D'ailleurs la philosophie des pères de l'Église est la clé de celle qui a régné dans le moyen âge, elle est venue s'y combiner avec la doctrine d'Aristote, elle explique d'avance l'esprit de la philosophie scholastique, comme la doctrine d'Aristote en exprime la forme. Nous étant essentiellement proposé pour but dans cette histoire la recherche et l'investigation des causes qui ont déterminé la direction des idées et les révolutions qu'elles ont éprouvées, nous devions donc étudier d'avance la philosophie scolastique dans les sources principales dont elle tient son origine. On verra bientôt combien ces corrélations sont étroites, importantes. La philosophie scolastique a en quelque sorte remonté, par une marche rétrograde, la suite des écrivains que nous venons de parcourir, bornée d'abord à la seule étude de Cassiodore, Boëce, Martien Capella, puis revenant aux pères des beaux siècles de l'Église, et se remettant enfin en communication avec les génies immortels de la Grèce et de Rome.

NOTES

DU VINGT-DEUXIÈME CHAPITRE.

(A) En lisant les écrivains ecclésiastiques, il importe de remarquer que le nom de la philosophie est souvent employé par eux en des sens très-divers, et de se tenir en garde contre les équivoques auxquelles la diversité de ces acceptions pourraient donner lieu. Quelquefois ils comprennent exclusivement, sous la dénomination de philosophie, une notion purement religieuse et l'ordre des vérités qui se rapportent à la connaissance et au culte du Créateur, à l'influence pratique de cette connaissance sur la vie humaine. Quelquefois, au contraire, ils entendent par philosophie une science purement profane et mondaine, dont l'empire ne peut s'étendre que sur l'univers matériel et terrestre, et dont les recherches ne peuvent s'élever à la dignité et aux natures intellectuelles. On trouve des exemples de la première acception, notamment dans S. Grégoire, évêque de Nysse (*Gregorii Thaumaturgi*); S. Chrysostôme (*Homel.* 64.); Eusèbe (*Præp. evang.* XIV, c. 22; *Chronic.* l. 1, p. 69); Isidore Pelussiote (1. *épist.* lib. I., etc.). On trouve des exemples de la seconde dans Tertullien (*de Præscript.* c. 7); Salvien (*de Gubern. Dei. præfat.*) ; Lactance, (*divin. inst.* l. I, c. 1 ; l. III, c. 1 ; l. V, c. 1.). Voy. Jonsius (*de Scrip. hist. phil.*, tom. III, c. 4); Heumann (*Acta phil.*, tom. I, pag. 79, 314), Tennemann (*Hist. de la phil.* tom. VII, p. 101.). La première même de ces deux acceptions varie encore, suivant que les écrivains l'appliquent ou à la théologie naturelle en même temps qu'au Christianisme, ou au Christianisme seul; suivant qu'ils l'appliquent, ou au Christianisme en général, ou seulement à un degré plus élevé d'instruction dans la doctrine qui en compose la croyance, ou enfin à la vie du Chrétien, ou à l'exercice des vertus ascétiques.

(B) Le point de vue que nous croyons devoir écarter de nos recherches a exercé un grand nombre de savans; il est même celui qui a à peu près exclusivement occupé jusqu'à ce jour les historiens de la philosophie. Celui dans lequel nous nous proposons de nous renfermer est au contraire presque entièrement neuf, sous ce rapport du moins que l'on n'a guère cherché à déterminer le mérite précis des services que les écrivains ecclésiastiques ont pu rendre à la philosophie envisagée comme une science purement profane et rationnelle, et qu'on n'a point séparé leurs travaux sur ce sujet, des questions théologiques qui formaient l'objet essentiel de leurs méditations. Nous nous sommes donc attachés à opérer, autant qu'il est possible, ce départ de deux élémens d'une nature essentiellement différente;

et la nouveauté de cette recherche nous a contraints d'entrer dans des détails plus circonstanciés.

La savante dissertation de Mosheim, *de turbata per Platonicos recentiores Ecclesia*, a été la principale occasion qui a fait éclore les nombreuses controverses élevées parmi les érudits, relativement à l'influence qu'a exercée la philosophie des Grecs sur la théologie, pendant les premiers siècles de l'ère chrétienne. Battus, en combattant les observations de Mosheim, a poussé l'exagération jusqu'à vouloir nier toute espèce d'influence semblable. Les bénédictins de Saint-Maur ont discuté ces questions dans leurs savantes préfaces. (Voy. notamment la deuxième partie de la préface, en tête des œuvres de saint Justin, pag. 10 et suiv.)

Thomasius (*Origin. hist. eccles. et phil.*, p. 87), a soutenu l'opinion de Mosheim de la manière la plus positive. Voyez aussi Huet, évêque d'Avranches (*in Origenia*); Jean Clerc (*in Bibl. select.*, tom. XIII, p. 309). Brucker a résumé ces controverses, et les a éclairées avec cette impartialité et cette bonne foi scrupuleuse qui le caractérisent, dans son chapitre intitulé : *De philosophia veterum christianorum præcipuè ecclesiæ doctorum in genere considerata.* (*Hist. crit. phil.*, tom. III, p. 269 à 366).

Parmi les pères de l'Eglise qui ont rapporté à l'influence de la doctrine platonicienne, l'origine des hérésies qui ont affligé l'Eglise dès son berceau, on peut citer Tertullien (*de præscript.* c. 7, *de carne Christi*, p. 61); Isidore (*de Vir. illust.*). Consultez surtout l'auteur du *Platonisme dévoilé*, p. 1, ch. 8, 17.

(C) S. Justin, outre son *discours aux Grecs*, son *Exhortation aux Grecs*, ses *deux Apologies*, son *Dialogue avec le Juif Triphon*, son *Epître à Diognote*, avait écrit divers ouvrages de controverses contre les hérétiques, et notamment contre Marcion. Eusèbe nous apprend aussi qu'il avait composé « un livre sur l'âme, dans lequel il avait exposé les » divers sentimens des philosophes païens sur les di- » verses questions qui se rattachent à ce sujet, en pro- » mettant de les réfuter dans un autre ouvrage, et de » développer à cet égard ses propres opinions. » Ce traité, qui eût été fort précieux pour l'histoire de la philosophie, ne nous est pas parvenu.

(D) Il paraît que les erreurs reprochées à Tatien avaient beaucoup d'affinité avec les systèmes des Gnostiques, et dérivaient en particulier de celui de Valentin. La secte dont il fut l'auteur, et qui paraît s'être fort étendue, se soudivisa à son tour en plusieurs autres.

Indépendamment de son discours contre les Grecs, il avait composé un livre *sur les Animaux*, qui n'est point arrivé jusqu'à nous, et il avait promis un traité « dirigé contre les écrivains païens qui avaient parlé » témérairement des institutions de Hébreux et des « Chrétiens. »

(E) Dans le grand nombre de livres apocriphes que les docteurs chrétiens ont admis avec trop de confiance, on doit compter au premier rang les prétendus oracles de la Sybille dont ils ont fait un si fréquent usage. Saint Théophile est, si nous ne nous trompons, le premier qui les ait cités. Il suffit de jeter les yeux sur ces oracles prétendus pour reconnaître qu'ils dérivent des mêmes sources qui ont produit toutes les doctrines mystiques de cette époque. *Theophili ad Antolycum*, lib. II, p. 375.

(F) Rien ne confirme mieux l'explication que nous avons donnée plusieurs fois de l'accusation d'athéisme dirigée contre plusieurs des philosophes de l'antiquité, que de voir cette même accusation reproduite aussi contre les Chrétiens, et les pères de l'Eglise mettent tous leurs soins à la détruire. Il suffisait, pour s'exposer à une accusation semblable, de rejeter les divinités mythologiques; et le théisme, par cela même qu'il reconnaissait l'unité de Dieu, qu'il concevait l'intelligence suprême dégagée de toutes les formes matérielles, était traité d'impiété par les aveugles partisans des superstitions vulgaires. Athénagore, en particulier, s'attache à justifier les Chrétiens de l'imputation qui leur était faite. (*Legatio pro Christianis*, pag. 4, 6, 7, etc.).

(G) On peut voir dans le premier volume de l'histoire ecclésiastique de l'abbé Fleury un résumé fort bien fait des écrits de Saint-Clément. Ses *Stromates* méritent d'être étudiés comme l'un des monumens les plus curieux de cette époque; ils fournissent de nombreux documens à l'histoire de la philosophie; ils respirent une modération, une tolérance, un amour de la vérité qui doit servir de modèle à tous les apologistes éclairés de la religion. Qu'on nous permette d'en citer encore quelques passages :

« Il y a trois degrés d'instruction pour l'homme : l'art, la science et la foi... Ceux qui ont été justifiés par la philosophie ont trouvé en elle comme un trésor caché. Avant la venue du Seigneur, la philosophie était nécessaire au salut ; maintenant elle est utile pour conduire au culte de Dieu et à la piété, ceux qui appuyent la foi sur la démonstration. On peut donc rapporter à la Providence divine la sagesse des Grecs, comme la nôtre ; car Dieu est l'auteur de tous les biens ; il conduit les uns directement par les livres saints, les autres par les déductions tirées de la philosophie ; Dieu l'a donnée aux Grecs pour les diriger avant de les appeler au Christianisme ; il les enseignait lui-même par cette voie comme il éclairait les Hébreux par sa loi. La philosophie est donc une préparation qui ouvre la voie achevée par le Christ. De même que les arts conduisent à la philosophie qui domine sur eux en souveraine, de même la philosophie conduit à la vraie sagesse. L'emploi des démonstrations donne une conviction entière des vérités qu'elles établissent ; la philosophie avec leur secours pénètre la vérité et la nature des choses existantes ; les méthodes exercent l'entendement, excitent l'esprit, et donnent une disposition favorable pour parvenir à la doctrine céleste. Les Grecs et les barbares ont eu de cette doctrine une sorte de connaissance anticipée, en ont d'avance possédé une partie. Repousser l'étude des sciences profanes, c'est condamner l'homme à descendre au rang

» des brutes. » (*Stromat.* liv. IV, p. 282, 284, 285, 298, 316; liv. IV, pages 636, 656, 659, etc., etc.

(H) On peut voir dans le traité de Lactance intitulé: *de Opificio Dei*, combien il ignorait les premiers élémens de la physiologie. Il va jusqu'à supposer que les lumières de l'homme ne peuvent découvrir l'utilité des membranes, des reins, de la bile, du foie, du cœur, etc. (cap. XIV). On y trouve aussi sur l'âme du monde des idées analogues à celles des Stoïciens. Cave, dans son *Histoire des historiens ecclésiastiques*, a essayé d'excuser les nombreuses erreurs de tout genre accumulées par Lactance; Brucker a trouvé ces excuses peu admissibles, et a fait voir combien Lactance était peu exercé dans l'étude de ces philosophes qu'il juge avec tant de sévérité. (*Hist. crit. phil.* tome III, page 466 et suivantes).

(I) Le passage suivant nous paraît suffire pour justifier l'analogie que l'on aperçoit souvent entre la philosophie de saint Augustin, et celle de Plotin: « Hunc igitur ordinem tenens anima jam philosophiæ tradita, primo seipsam inspicit; et cui jam illa eruditio persuasit, aut suam, aut seipsam esse rationem, in ratione autem aut nihil esse melius et potentius numeris, aut nihil aliud quam numerum esse rationem; ita secum loquetur: Ego quodam meo motu interiore et occulto, ea quæ discenda sunt possum discernere et connectere, et hæc vis mea ratio vocatur. Quid autem discernendum est, nisi quod aut unum putatur et non est, aut certe non tam unum est quam putatur? Item cur quid connectendum est, nisi ut unum fiat, quantum potest?

Ergo et in discernendo et in connectendo, unum volo, et unum amo. Sed cum discerno, purgatum; cum connecto, integrum volo. In illa parte vitantur aliena, in hac propria copulantur, ut unum aliquid perfectum fiat. Lapis ut esset lapis, omnes ejus partes, omnisque natura in unum solidata est. Quid arbor, nonne arbor non esset, si una non esset ? Quid membra cujuslibet animantis ac viscera, et quidquid est eorum e quibus constat ? Certe si unitatis patiantur divortium, non erit animal. Amici quid aliud quam unum esse conantur ? et quanto magis unum, tanto magis amici sunt. Populus una civitas est, cui est periculosa dissensio. Quid est autem dissentire, nisi non unum sentire ? Ex multis militibus fit unus exercitus, nonne quævis multitudo eo minus vincitur, quo magis in unum coit ? unde ipsa coitio in unum, cuneus nominatus est, quasi conneus. Quid amor omnis, nonne unum vult fieri cum eo quod amet, et si ei contingat, unum cum eo fit ? Voluptas ipsa non ob aliud delectat vehementius, nisi quod amantia sese corpora in unum coguntur. Dolor unde perniciosus est ? quia id quod unum erat, dissiscere nititur. Ergo molestum et periculosum est, cum eo unum fieri quod separari potest » (S. Aug. de Ordine, lib. II, cap. 17).

(J) Saint-Augustin nous apprend dans ses *Retractations*, (lib. I, cap. 6), qu'il avait écrit des traités sur la grammaire et sur la dialectique. Mais on voit par ce passage lui-même, qu'il avait traité la logique à la manière des Platoniciens, c'est-à-dire, en cherchant à tracer la voie qui, des choses matérielles, peut conduire, par la contemplation, aux régions intellectuelles. C'est donc avec fondement que les savans éditeurs de ses œuvres ont considéré comme apocryphes les traités qui portent son nom et qui renferment un abrégé de la dialectique d'Aristote et des Stoïciens, soit que ces écrits aient eu un autre Augustin pour auteur, soit que celui qui les a composés ait voulu leur prêter l'autorité d'un nom aussi révéré ; et en effet ils ont joui dans le moyen âge d'une haute considération, et ils n'ont pas peu contribué à introduire et à accréditer la dialectique d'Aristote dans les écoles.

(K) Nous pensons qu'on lira avec quelque intérêt le passage suivant d'un philosophe si peu connu, et qui fait aussi bien connaître l'esprit de sa doctrine : « Quis ergo hujus animalis nobilitatem digne admirari possit? quod in seipso mortalia cum immortalibus copulat, et ratione utentia cum rationis expertibus conjungit : quod in sua ipsius natura omnium rerum creatarum speciem gerit, qua de causa parvus mundus dictus est : cui tam egregie Deus consuluit, cujus gratia omnia et præsentia, et futura sunt, cujus causa etiam Deus homo factus est : quod immortalitatem effugit et ad immortalitatem tendit, in eaque acquiescit : quod ad imaginem, et formam Dei factum, imperat cœlorum orbibus : cum Christo beatam vitam ducit : Dei filius est, omnipotestati et dominatui præest. Quis hujus animantis præstantiam, et ornamenta quibus cætera vincit animalia, oratione consequatur? Maria transmittit, animi contemplatione cœlos peragrat, cœlorum cursus, et intervalla, et magnitudines intelligit : terra et mari potitur, feras et cete contemnit : omnem scientiam, omnem artem, omnem doctrinam rectissime tractat : absentes quos vult, nihil impediente corpore, per litteras, convenit : prædicit futura : omnibus imperat : omnibus dominatur : omnibus fruitur, cum angelis et Deo colloquitur : cæteris rebus creatis mandat quæ vult : dæmonibus imperat : rerum naturam indagat : Dei essentiam studiose investigat : domus et Dei templum fit, et hæc omnia per virtutes et pietatem adipiscitur. Sed ne videamur aliquibus inepte hominis laudes pertexere, neque solam ejus naturam exponere, quod nobis erat propositum, hic orationem terminabimus : et si maxime, dum ejus præstantiam explicamus, ipsam naturam exponimus. Proinde excellentiæ naturæ nostræ conscii, et stirpem nos esse cœlestem quamdam scientes, ne dedecoremus naturam, neque tantis muneribus indigni judicemur, aut pro caduca, et brevi voluptate, ad omnem æternitatem duraturam lætitiam projicientes : tanta nos potestate, tanta gloria, tanta beatitudine spoliemus, imo potius per honestas et cum virtute conjunctas actiones, per fugam vitiorum, per propositum et voluntatem bonam, quam inprimis Deus adjuvare solet, et per preces, et nobilitatem, et dignitatem nostram tueamur. (*Nemes. de Nat. Homin.* cap. 1.)

Brucker et Tennemann se bornent à peu près à citer le titre de cet ouvrage; la plupart des autres historiens ne l'ont pas même nommé. Il est singulier que les deux seuls philosophes qui pendant une si longue suite de siècles aient traité la psychologie d'après une méthode vraiment expérimentale, Galien et Némésius, aient été enveloppés dans le même oubli.

P S. Depuis que ce chapitre a été livré à l'impression, nous avons eu connaissance d'un ouvrage posthume du professeur Carus, sur l'histoire de l'*Étude de l'homme et la Psychologie en particulier* (Leipsick 1808), et nous y avons trouvé un extrait de la psychologie de Némésius.

(L) Brucker adopte à cet égard une supposition plus hardie. Voici un passage de la lettre que Synésius, déjà prêtre, écrivait à son frère, quand il fut appelé à l'épiscopat : « Difficile est, vel fieri potius nullo pacto potest, ut quæ dogmata scientiarum ratione ad demonstrationem perducta in animum pervenerint, convellantur. Nostis autem philosophiam cum plerique ex pervulgatis iisce decretis pugnare. Etenim nunquam profecto mihi persuasero, animum originis esse posteriorem corpore : mundum cæterasque ejus partes una interire nunquam dixero. Tristem illam ac decantatam resurrectionem sacrum quidpiam atque arcanum arbitror, longeque absum a vulgi opinionibus comprobandis. Animus certe quidem philosophia imbutus ac veritatis inspector mentiendi necessitati nonnihil remittit : lux enim veritati, oculus vulgo proportione quadam respondent et oculus ipse non sine damno suo immodica luce perfruitur. Ac uti ophthalmicis caligo magis expedit, eodem modo mendacium vulgo prodesse arbitror, contra nocere veritatem iis, qui in rerum perspicuitatem intendere mentis aciem nequeunt. Hæc si mihi episcopalis nostri muneris jura concesserint, subire hanc dignitatem possim, ita ut domi quidem philosophar, foris vero fabulas texam, ut nihil penitus docens, sic nihil etiam dedocens, atque in præsumpta animi opinione manere sinens. Sin ita etiam movere se oportere dixerint, ac episcopum opinionibus esse popularem, ego me illico manifestum omnibus præbebo. Vulgo enim cum philosophia quid commune esse potest? divinarum quidam rerum veritatem occultam esse convenit, vulgus alio modo affectus esse debet. Rursum ego et sæpius dicam, cum nulla necessitas cogat, neque arguere, neque argui sapientis esse dico. Sed si ad episcopale munus vocar, nolo ementiri dogmata. Horum Deum, horum homines testes facio. Affinis est Deo veritas, apud quem criminis expers omnis cupio. Dogmata porro mea nequaquam obtegam, neque mihi ab animo lingua dissidebit. Ita sentiens itaque dicens placere me Deo arbitror. » (Synes. epist. 105.)

(N) Nous eussions pu étendre beaucoup encore ces recherches sur la philosophie des docteurs chrétiens ; mais, nous avons pensé qu'il suffirait de détacher d'un si vaste sujet, les faits principaux qui servent à caractériser la direction générale des idées dans les écoles chrétiennes, pendant les six premiers siècles, et ceux dont les conséquences ont eu une influence plus sensible sur la marche de l'esprit humain pendant le moyen âge.

Nous aurions pu citer, par exemple, au nombre des apologistes de la philosophie, Minutius Felix, qui, après avoir exposé les opinions de presque tous les philosophes,

ajoutait : « Leur plus grande gloire est d'avoir reconnu
» l'unité de Dieu sous des noms divers, en sorte qu'on
» pourrait penser, ou que maintenant les Chrétiens
» sont des philosophes, ou que dès lors les philosophes
» étaient chrétiens. » (*in Octavio*, c. 20 pas. 1.)
Parmi ceux qui recommandèrent un Eclectisme approprié à l'esprit du Christianisme, S. Bazile, S. Salvian, Didyme, S. Grégoire de Nazianze, S. Jérôme,
S. Ambroise, etc. Parmi ceux enfin, qui exprimèrent des préventions contre Aristote, et qui appréhendèrent en particulier les dangers qui pouvaient naître
de l'emploi de sa dialectique : Théodoret (voyez
sermo V. *de Natura hominis*); saint Grégoire de Nazianze (voy. Orat. 33); saint Epiphane (*Panar.*
l. II, *hær.* 69) Sidoine Apollinaire, (lib. IX, cap. 9), etc.
Le savant Launoi a rassemblé leurs passages dans le
chapitre 3° de son ouvrage intitulé ; *de varia Aristotelis in Academia Parisiensi fortuna*. (Paris, 1662,
in-8°.)

Brucker, qui a traité avec beaucoup de soin l'histoire
littéraire de cette portion de l'histoire de la philosophie, n'a donné qu'un fort petit nombre de résumés
des doctrines des écrivains ecclésiastiques; Tiedemann
s'est borné à rapporter quelques-unes des idées de saint
Justin martyr, de saint Augustin, de Claudien Mamert, de Boëce, d'Ænée de Gaza, de Cassiodore. Tennemann a consacré le septième volume de son histoire
de la philosophie à la doctrine des pères de l'Eglise ;
mais, il l'a traitée sous des rapports généraux, sans
s'attacher à présenter une suite de tableaux particuliers de chacune de ces doctrines. Voici comment il

résume son jugement sur l'ensemble de cette branche de l'histoire de la science.

« La philosophie fut considérée d'abord comme un
» moyen de recommander et de défendre le Christia-
» nisme vis-à-vis des Grecs éclairés, ensuite comme un
» moyen de combattre les hérésies, enfin comme un
» moyen de développer, de déterminer et d'étendre
» l'instruction religieuse, plutôt cependant sous le
» rapport du dogme que sous celui de la morale. Au
» milieu de ces variations, le rapport de la philosophie
» à la théologie continua de se maintenir, de manière
» que la seconde fût envisagée comme la plus haute et
» la seule vraie philosophie, relativement à l'objet et
» à la source des connaissances, et que la première fût
» envisagée seulement comme exerçant un office su-
» bordonné et presque servile. Le point de vue fonda-
» mental des Pères de l'Eglise, est plus ou moins un
» *rationalisme mêlé de supernaturalisme*, etc., etc. »
(*Grundriss der Geschiohte der philosophie*, 1816,
p. 172). Cet ouvrage est un abrégé de l'excellente histoire que nous devons à cet estimable professeur, abrégé qu'il a publié lui-même pour l'instruction de ses élèves.

Parmi les nombreux écrits auxquels les doctrines philosophiques des Pères de l'Eglise ont donné lieu, mais qui, ainsi que nous l'avons remarqué, considèrent presque exclusivement ces doctrines dans leur rapport avec la théologie, on peut indiquer : Jean-Baptiste Crispo, *de Ethnicis philosophis caute legendis*, (Rome, 1594), ouvrage loué par le père Mersenne, et Brucker; Souverain, *Le Platonisme dévoilé* (Cologne 1700, in-8°); Baltus, *Défense des saints Pères* (Paris, 1711, in-4°). *Jugemens des saints Pères sur la morale de la philosophie païenne* (Strasbourg, 1719, in-4°); Barbayrac, *Traité de la morale des Pères de l'Eglise* (Amsterdam, 1728, in-4°.); Cellier, *Apologie de la morale des Pères de l'Eglise* (Paris, 1718, in-4°); Eberhard, *Esprit du Christianisme primitif*, en allemand (Halle, 1808, 3 vol. in-8°); Roessler : *de Originibus Philosophiæ ecclesiasticæ* (Tubingen, 1781, in-4°); voyez aussi dans le tome 4 la *Bibliothèque des Pères de l'Eglise*, une dissertation sur le même sujet ; Staudlin, *Progr. de Patrum Ecclesiæ doctrina morali.* (Gœttingue, 1796).

CHAPITRE XXIII.

Quatrième période. — Causes générales de la décadence des études philosophiques. — Destinées de la Philosophie chez les Grecs du Bas-Empire.

SOMMAIRE.

Causes de l'extinction des lumières à la fin du 6ᵉ siècle. — Causes spéciales de l'extinction des études philosophiques, —Communes à l'Orient et à l'Occident : —Influence exercée par diverses causes extérieures à la philosophie ; — Par diverses causes inhérentes et propres à la philosophie ; — Différences entre les circonstances qui ont accompagné cette décadence en Orient et en Occident ; —Pourquoi elle a été plus rapide et plus complète sur ce dernier théâtre.

Destinées de la philosophie en Orient pendant le cours du moyen âge ; — Trois divisions principales : les Grecs du Bas-Empire, les Arabes et les Juifs.

Philosophie des Grecs du Bas-Empire.—Edit de Justinien; ses effets. — Révolution dans les idées et les études. — Quelles sont les doctrines qui se perpétuent. — Déclin du nouveau Platonisme, — Et de l'influence de Platon. — Préférence accordée à Aristote.

Jean Philopon ; — Il combat les nouveaux Platoniciens et remet Aristote en honneur ; — S. Jean Damascène ; — Son influence sur les études du moyen âge ; — Classification des sciences ; — La théologie revêt les formes scientifiques ;—Logique de S. Jean Damascène ;—Sa psychologie.

Ténèbres qui se répandent sur le Bas-Empire jusqu'au 10⁰ siècle. — Résurrection du nouveau Platonisme ; — Michel Psellus l'ancien ; Léon le philosophe ; Photius ; l'empereur Léon le sage. — Nouveaux commentaires d'Aristote ; — Et de Platon ; — Michel Psellus le jeune.

Caractères généraux de la philosophie des Grecs du Bas-Empire.

La période qui s'ouvre devant nous est de toutes la plus stérile pour l'histoire de l'esprit humain ; cependant, au milieu du spectacle affligeant qu'elle présente sous tous les rapports qui se lient aux grands intérêts de la civilisation et des lumières, elle peut offrir encore quelques instructions utiles. Il est nécessaire d'apprécier l'influence des causes qui, à la suite des siècles illustrés par tant de génies immortels, commencèrent à replonger la société dans les ténèbres de l'ignorance et retardèrent son réveil ; de reconnaître comment les germes des sciences se conservèrent plus ou moins ensevelis en diverses contrées ; d'observer comment un petit nombre d'hommes laborieux, d'esprits supérieurs à leur âge, préparèrent dès-lors un meilleur avenir ; comment enfin, au travers de tant d'obstacles, les sciences et les arts parvinrent, par de lents et pénibles efforts, mais par des progrès successifs, à cette brillante résurrection qui signala le 15° siècle. Il importe aussi de rechercher si, pendant le cours de ce long sommeil de la raison, quelques vues dignes d'un temps plus heureux n'ont pas été conçues, quoique sans recevoir leur développement et leur application, et de les détacher, s'il est possible, de la région de ténèbres où elles seraient restées ensevelies.

Si les destinées de la philosophie continuent à subir simultanément, en Orient et en Occident, l'influence des causes communes ou semblables sous plusieurs rapports, elles ressentent aussi, sur ces deux théâtres, les effets de circonstances différentes.

Il suffit de jeter les yeux sur le spectacle qu'offrit l'empire d'Orient pendant le cours du 8° et du 9° siècle, pour reconnaître que, si l'invasion des barbares et les désastres qui l'accompagnèrent durent accélérer l'extinction des lumières en Occident et la rendre plus complète et plus absolue, le cours naturel des choses eût amené dans cette portion du globe un résultat presque aussi funeste, quoique plus lent, mais aussi plus irrémédiable, alors même que ces violentes catastrophes ne se fussent pas accumulées sur notre Europe. La décadence générale des lumières, interrompue seulement par le beau siècle des Antonins, n'avait pas cessé depuis cette époque, de se manifester d'une manière toujours croissante; elle s'accéléra d'une manière sensible à dater de la translation du centre de l'empire à Constantinople, et l'Occident éprouva les effets de cette translation d'une manière encore plus marquée. Ce grand et triste phénomène de l'histoire de l'esprit humain, résultat inévitable des institutions et des mœurs, a exercé les méditations de plusieurs hommes de génie et a été trop bien developpé par eux, pour qu'il soit possible d'ajouter aujourd'hui quelques traits au tableau qu'ils en ont dressé (A). Nous nous contenterons de remarquer que, si la philosophie devait nécessairement partager la destinée de toutes les autres branches de culture intellectuelle, elle devait aussi, sous quelques rapports qui lui sont spécialement propres, ressentir avec plus de force et d'étendue les funestes conséquences des causes qui pesaient sur le monde civilisé.

La période précédente avait été à peu près stérile en recherches originales ; elle n'avait été féconde qu'en combinaisons plus ou moins malheureuses, en commentaires souvent infidèles. On avait contracté l'habitude de ne penser, de ne juger, que d'après l'autorité des maîtres : les rapprochemens des doctrines avaient eu pour objet et pour résultat, non d'éclairer l'examen et de guider la critique par les comparaisons, mais de confondre et d'amalgamer par des associations forcées les notions les plus hétérogènes. Les nombreuses paraphrases qui étaient venues se joindre à des textes déjà si nombreux, avaient moins multiplié les moyens d'instruction, que les obstacles aux découvertes ; on s'égarait dans ce labyrinthe ; on succombait sous le poids de tant d'érudition ; il en fallut en quelque sorte oublier, pour devenir vraiment capable d'apprendre.

Aucun intérêt puissant, général, ne recommandait plus l'étude des sciences philosophiques considérées comme sciences profanes ; elle ne se liait à rien dans l'état de la société ; elle n'excitait aucunement la curiosité. La jurisprudence elle-même était en quelque sorte livrée aux compilateurs. Les controverses théologiques absorbaient exclusivement l'attention, captivaient seules les esprits.

La philosophie avait perdu son indépendance, n'occupait plus qu'un rang secondaire, n'était plus, ni cultivée pour elle-même, ni considérée dans les principes qui lui appartiennent en propre. On lui avait emprunté les secours dont on espérait quelque utilité ; il paraissait désormais sans objet, il paraissait même dangereux de lui laisser tenter des investigations nouvelles.

L'art des méthodes, déjà imparfaitement traité par les anciens, avait été presqu'entièrement négligé, abandonné. Il suffit de jeter les yeux sur les travaux des nouveaux Platoniciens et sur la compilation des lois romaines, exécutée par les ordres de Justinien, pour juger à quel point les règles d'une exacte coordination des idées étaient alors inconnues, ou combien du moins leur observation était indifférente : ainsi, alors même qu'il eut encore existé des motifs assez puissans pour encourager à tenter les découvertes, alors même que les esprits eussent conservé l'énergie nécessaire pour se livrer à leur poursuite, on eût ignoré les voies qui pouvaient y conduire.

Les connaissances positives étaient frappées d'un discrédit universel et déjà invétéré. S'il appartient à la philosophie de seconder puissamment les progrès de cet ordre de connaissances, lorsqu'elle est elle-même bien dirigée, elle est appelée à recevoir aussi d'abondans avantages des communications qu'elle entretient avec lui. Elle était privée de ces alimens ; elle ne pouvait s'éclairer par les exemples, s'éprouver par les applications. De quelque côté qu'elle portât ses regards, l'expérience ne s'offrait plus pour être son auxiliaire et son guide.

Si, pendant quelque temps, les spéculations rationnelles avaient excité une sorte et d'enthousiasme exalté, et s'étaient soutenus à leur tour par cette disposition des esprits, l'enthousiasme s'éteignait, comme il arrive toujours, par la conséquence même de l'exagération à laquelle il s'était abandonné, des écarts auxquels il s'était livré. Toute cette énergie contemplative s'était en quelque sorte épuisée, elle avait fait place à la lassitude, à l'abattement des esprits. L'exaltation ne se soutient qu'autant qu'elle peut trouver des alimens nouveaux; elle s'épuise par l'intensité de ses efforts; c'est une sorte de crise morale qui a son terme, et à la suite de laquelle l'esprit retombe dans une profonde léthargie. On avait placé le but trop haut pour que la pensée pût s'y maintenir : de frivoles subtilités, des disputes de mots, signe évident de la stérilité, avaient remplacé les élans de l'extase. Les idées religieuses avaient réclamé, elles absorbaient ce qui restait encore d'ardeur dans les esprits; la religion d'ailleurs commençait à dégénérer elle-même de sa splendeur première, dans son enseignement et dans sa pratique. Les premiers Chrétiens et les Pères de l'Eglise ne trouvaient plus de successeurs de leurs vertus, d'héritiers de leurs lumières.

La décadence des lettres et des arts d'imagination, réagissait sur la philosophie en vertu de cette sympathie naturelle qui existe entre les divers modes de culture de l'intelligence. Ils avaient cessé ces nobles exercices qui attestent et qui entretiennent la jeunesse de l'esprit, l'activité et l'énergie de la pensée, la fécondité des combinaisons. Le charme de la nouveauté ne se reproduisait plus sous aucune forme; tous les symptômes de la décrépitude, tous les signes de l'aridité se manifestaient à la fois. Les désordres qui accompagnèrent les controverses relatives aux Iconoclastes, entraînèrent la destruction d'une foule de chefs-d'œuvre des arts, éteignirent toute émulation pour les imiter et les reproduire.

Les beaux idiomes de la Grèce et de Rome perdaient leur grâce, leur pompe, leur majesté, et jusqu'à leur clarté elle-même. Le goût, cette faculté ingénieuse, qui suppose un sentiment délicat, une observation attentive, une analyse judicieuse, avait fait place à une recherche affectée ou à une rudesse grossière.

De même que l'invention appelle l'invention, qu'un perfectionnement conduit à un autre perfectionnement ; le mouvement rétrograde, une fois commencé, devait se prolonger d'autant plus inévitablement, que l'action d'aucun principe vital ne venait l'arrêter dans son cours.

Mais, de toutes les causes qui contribuèrent à accélérer la décadence des études philosophiques, la plus puissante et la plus directe peut-être, parce qu'elle portait sur le centre même de la sphère d'activité, fut la cessation de toute rivalité entre les diverses écoles, et surtout la cessation de cette critique sévère et constante que le Scepticisme avait exercée sur les systèmes dogmatiques. La fusion de toutes les doctrines, la clôture des écoles profanes, firent disparaître les termes de comparaison ; elles demeurèrent suspendues, ces discussions savantes, si propres à faire jaillir la vérité ; l'émulation ne fut plus entretenue ; on ne songea point à tenter les recherches hors de la voie unique et vicieuse qui restait encore ouverte. Cette défiance salutaire que le doute méthodique devait sans cesse réveiller, ne fit plus sentir son aiguillon, lorsque la présomption introduite par le nouveau Platonisme le rendait plus nécessaire que jamais; il n'y eut plus de révision, de contrôle, de censure; les erreurs furent sans remèdes. Il ne pouvait plus y avoir de nouvelles investigations, puisqu'il n'y avait plus d'occasion pour la position de nouveaux problèmes.

En Occident, la chute fut plus rapide, l'extinction des lumières plus universelle, plus absolue. A dater de la fin du règne de Théodoric, l'Italie elle-même devint la proie de la barbarie et de l'ignorance; les invasions successives des barbares, les ravages qui en furent la suite, l'établissement de ces peuplades nouvelles dans nos contrées, l'oppression qui pesa sur leurs anciens habitans, firent disparaître toute culture intellectuelle, et le clergé, qui seul en conservait quelques débris, ne put se défendre long-temps de partager le sort de la société entière. Une circonstance particulière acheva de donner à ces tristes effets un caractère plus général et plus durable. La langue latine cessa d'être la langue usuelle : par là, toutes les traditions de la littérature et des sciences se trouvèrent interceptées pour la masse de la société; un mur de séparation s'éleva entre le petit nombre d'hommes qui continuaient à s'exercer dans quelques études et les autres classes ; ceux-là même, n'étant plus encouragés par un suffrage général, ne se trouvant plus en présence de l'opinion, exilés en quelque sorte au fond des cloîtres, se bornaient presque exclusivement au travail mécanique du dépouillement de la transcription des manuscrits. C'etait beaucoup qu'on pût sauver quelques restes des antiques trésors. On ne pouvait songer à les mettre en valeur.

Une circonstance essentielle dut, en Occident, nuire singulièrement aux études philosophiques chez le petit nombre qui les cultivaient encore. Nous avons vu que les Latins n'avaient étudié la philosophie que dans les doctrines grecques, et n'avaient pu se créer de systèmes originaux ; les philosophes mêmes qui avaient fleuri sous les Antonins, avaient généralement écrit en grec ; les Romains allaient encore s'instruire à Athènes jusque dans le cours du 6e siècle. Platon, Aristote, n'avaient point été traduits en latin, à l'exception d'un petit nombre d'écrits de ce dernier ; l'illustre Boëce avait bien senti de quel danger un tel état de choses menaçait l'Occident, au moment où il se séparait de l'Orient dans ses rapports politiques ; mais, il n'avait pu exécuter le dessein qu'il avait conçu pour prévenir les effets qui allaient en résulter.

A dater de l'époque où Constantin transféra à

Bysance le siége de l'empire, l'étude de la littérature grecque déclina chez les Latins; elle cessa même presque entièrement pour eux à l'époque de la chute de l'empire d'Occident. Ainsi, pendant que les Grecs continuaient à avoir sous les yeux les leçons de leurs premiers instituteurs, et pouvaient du moins les lire et les paraphraser, les Latins se trouvèrent privés du seul aliment qui avait nourri jusqu'alors leur instruction philosophique, et ne purent même, à défaut de méditations originales, conserver les traditions qu'ils avaient empruntées pendant plusieurs siècles, s'exercer aux travaux de l'érudition, et rester en possession des lumières puisées dans les modèles auxquels ils étaient redevables de leur éducation philosophique.

En Orient, la décadence se montre plus lente, mais elle continue d'une manière presque constante; la culture intellectuelle persévère encore jusqu'à la chute de cet empire, se resserrant avec son territoire, déclinant avec sa puissance, pendant l'intervalle qui sépare le règne de Justinien de la prise de Constantinople. Cette décadence se termine enfin par un anéantissement plus complet, plus irrémédiable; les restes d'une vie languissante ne se prolongent pendant quelques siècles que pour amener une léthargie totale.

Ainsi, à dater de Boëce, les deux régions se séparent sous les rapports scientifiques, comme dans leurs destinées politiques, et il devient nécessaire de considérer séparément la marche, ou plutôt la rétrogradation de l'esprit humain sur les deux théâtres différens que présentent désormais l'Orient et l'Occident.

Sur le premier de ces deux théâtres, une sous-division naturelle vient encore s'offrir à l'historien. Ici l'histoire de l'esprit humain se partage en trois branches distinctes : les Grecs du Bas-Empire, les Arabes et les Juifs.

L'empire des Césars, réduit aux contrées orientales, et voyant chaque jour ses limites se resserrer et sa puissance décroître, continue d'exploiter son antique héritage, quoique chaque jour il en recueille moins de fruits, jusqu'au moment où Constantinople succombe sous le fer des Ottomans.

A partir du commencement du 7e siècle, la nation conquérante, destinée à renverser le trône de Constantin, et qui déjà s'empare d'une portion de son héritage, en soumettant successivement l'empire grec à ses lois, conquiert une portion de ses antiques lumières, en occupant son territoire. Les Arabes recueillent les traditions que négligent les héritiers des anciens instituteurs de la Grèce ; ils cultivent les germes des sciences et des arts, avec ardeur et non sans quelque succès ; ils reportent même dans l'Occident, font briller en Espagne, le flambeau des sciences anciennes ; ils créent une sorte de canal par lequel l'instruction renaissante du moyen âge vient se remettre en rapport avec les sources primitives.

Les Juifs épars, errans, mais conservant seuls religieusement le dépôt de leurs traditions, comme les mœurs de leurs ancêtres, fidèles à leur discipline, quoique sans magistrats et sans chefs, deviennent une sorte d'intermédiaires pour le commerce des idées comme pour les échanges de l'industrie ; ils portent, reportent, transmettent quelques doctrines empruntées aux Grecs, aux Arabes ; ils y joignent les idées mystiques qu'ils ont puisées aux sources de la *Gnose*, dès le commencement de notre ère ; ils deviennent ainsi l'un des anneaux par lesquels la philosophie scolastique se rattache aux théories primitives, comme ils concourent à perpétuer les secrètes initiations du Mysticisme.

Jetons un coup d'œil rapide sur ces trois

divisions principales ; elles nous offriront peu de vues neuves dans les écrits que chacune d'elle a produits ; mais il est nécessaire d'étudier l'esprit dominant et caractéristique qui préside à chacune d'elles, et d'y démêler les causes dont le concours vint réagir plus tard et successivement sur la philosophie de l'Occident pendant le cours du moyen âge et à la renaissance des lettres.

L'édit de Justinien qui ordonna la clôture de l'illustre école d'Athènes, fit disparaître dans l'empire d'Orient le dernier vestige des études profanes ; cet édit dont nous ignorons la date, mais qui est rapporté par Procope, marque, pour l'empire d'Orient, l'époque précise à laquelle nous pouvons faire commencer la quatrième période de l'histoire de la philosophie. Dès lors cessa toute étude de la philosophie considérée comme science; Montesquieu a remarqué que les Grecs du Bas-Empire ne surent point fixer les limites qui séparent la puissance civile, de la puissance ecclésiastique, que la confusion qu'ils laissèrent subsister entre elles fut une des causes principales de leur ruine(1). Nous pourrions dire de même

___

(1) *De la grandeur et de la décadence des Romains*, ch. 22.

qu'ils ne surent point fixer les limites qui séparent le domaine de la raison et celui de la foi religieuse, et que cette erreur fut aussi l'une des causes essentielles de la décadence des sciences au milieu d'eux.

Cependant, si Justinien porta un coup fatal à la culture philosophique, par la destruction des écoles profanes, il exerça peut-être une influence non moins funeste en dirigeant toute l'activité des esprits sur les discussions les plus subtiles et les plus oiseuses, en faisant de ces interminables disputes l'affaire essentielle de son gouvernement, et sa propre occupation la plus assidue. Si, par la compilation des lois romaines, il éleva un monument majestueux à la science de la jurisprudence, on peut voir que tout ce qui, dans ce vaste édifice, appartenait en propre à son siècle, à lui-même, était déjà plutôt une corruption, qu'un perfectionnement de cette science. Plusieurs circonstances entretinrent encore quelques études parmi les Grecs; la culture intellectuelle y était plus généralement répandue que parmi les Latins; ils possédaient, dans leur langue, des trésors plus abondans, des modèles plus accomplis; cette langue elle-même était plus favorable aux exercices de l'esprit : la grammaire, l'histoire, la bibliographie continuèrent spécialement à occuper quelques hommes plus laborieux, il est vrai, que judicieux, et doués de patience plutôt que de génie, de talent et de goût. Les controverses religieuses, dont la Grèce fut le principal théâtre, quelque funestes qu'en furent les conséquences, attestaient cependant encore une sorte d'activité dans les esprits, contribuaient à l'entretenir.

Le nouveau Platonisme et la philosophie d'Aristote restreinte à la métaphysique et à la dialectique, continuèrent à régner exclusivement parmi les Grecs du Bas-Empire; mais ces deux enseignemens se séparèrent de nouveau, et dominèrent quelquefois successivement, quelquefois d'une manière simultanée. Le nouveau Platonisme acheva de s'égarer et de se corrompre, en se renfermant presque exclusivement dans les visions de la démonologie. Aux commentaires succédèrent bientôt les compilations : la sphère des idées se rétrécit de jour en jour; on se borna à copier, à extraire. Enfin, la philosophie fut absolument incorporée dans la théologie.

A la suite de l'édit de Justinien, sept philosophes, qui faisaient encore l'ornement de l'école d'Athènes, et qui y professaient le nouveau Platonisme, Diogène, Hermione, Eulalius, Priscius, Damascius, Isidore, Simplicius le célèbre commentateur d'Aristote, se réfugièrent en Perse auprès de Chosroës. Quoiqu'au rétablissement de la paix il leur fût permis de rentrer sur le territoire de l'empire, ils ne purent y reprendre les fonctions de l'enseignement. Le nouveau Platonisme, associé au Christianisme, mais en même temps à des doctrines hétérodoxes, avait cependant trouvé aussi un asile dans quelques monastères où se maintenaient les doctrines d'Origène, et où l'exaltation d'un mysticisme contemplatif leur conserva une certaine faveur.

L'antique doctrine de Zoroastre continuait aussi de subsister, quoique sous la nouvelle forme qu'elle avait reçue par son mélange avec le Christianisme, chez les Manichéens, la plus nombreuse, la plus persévérante des sectes dissidentes; elle se reproduisit encore plus tard chez les Pauliciens. Les anciennes écoles philosophiques s'étaient converties en sectes religieuses, et l'on peut voir, par la nature des questions agitées dans les controverses théologiques, que ces dissensions avaient ordinairement leur origine dans les notions empruntées aux diverses écoles de la Grèce.

C'est ainsi que, vers cette époque, Platon, par l'influence qu'il exerça sur les monophysites, et les partisans d'Apollinaire, perdit cette espèce de crédit qu'il avait encore conservé auprès des docteurs chrétiens dans les premiers siècles de l'Eglise. Il fut en quelque sorte condamné avec ces sectaires et atteint par la même sentence.

D'un autre côté, ces controverses elles-mêmes, qui se prolongeaient, se multipliaient chaque jour, l'ardeur des disputes qui s'était emparée des esprits, le goût des distinctions et des subtilités qui formait le caractère propre et distinctif de la nation grecque, et qui semblait avoir atteint son plus haut degré, enfin une certaine sécheresse d'idées qui avait succédé aux mouvemens de l'enthousiasme, aux jeux de l'imagination, assuraient dès-lors un succès naturel à la dialectique d'Aristote.

Ainsi s'explique cette révolution qui, vers la fin du 6ᵉ siècle, fit passer à Aristote l'autorité dont Platon avait joui presque exclusivement jusqu'alors. Deux hommes surtout contribuèrent à ce triomphe, mais par des voies différentes, Jean Philopon et S. Jean de Damas : le premier rompit, par un divorce éclatant, l'alliance contractée entre le nouveau Platonisme et

Aristote, compléta les commentaires grecs sur le texte du Stagyrite; le second résuma et simplifia Aristote, le mit à la portée de tous, et l'appliqua à l'enseignement théologique; tous deux l'introduisirent dans le Christianisme : le premier florissait vers la fin du 7e siècle; le second, vers le milieu du 8e.

Jean le grammairien reçut et mérita le beau nom de *Philopon* ou d'*Ami du travail*, par son infatigable ardeur pour les recherches philologiques et philosophiques. Ennemi déclaré des nouveaux Platoniciens, parce qu'il voyait dans leur doctrine de graves dangers pour la croyance chrétienne, il réfuta Porphyre et Proclus, quoique disciple lui-même d'Ammonius, fils d'Hermeas qui appartenait à cette école. Non-seulement il reprocha à Proclus de n'avoir pas compris Aristote (1), mais il l'accusa même d'avoir mal saisi la pensée de Platon, spécialement en ce qui concerne la théorie des *idées*; il fit voir combien les nouveaux Platoniciens faisaient violence au Stagyrite, lorsqu'ils prétendaient le mettre en accord avec le fondateur de l'Académie sur une hypothèse fondamentale (2). Mar-

---

(1) Voy. Photius, *Biblioth.*, cod. 215; Suidas *in Proclum*, tom. III.

(2) *Voy.* le Traité de Philopon contre la doctrine de

chant sur les traces d'Anatolius, il entreprit de réconcilier le Stagyrite avec les doctrines théologiques, ou plutôt d'approprier au service de ces doctrines l'arsenal des méthodes péripatéticiennes; ce fut dans cet esprit qu'il commenta les écrits *organiques* du fondateur du Lycée et quelques-uns de ses ouvrages de métaphysique; et il réussit, après tant d'autres, à y répandre encore de nouvelles lumières. Son affection pour Aristote ne le rendit point du reste injuste envers Platon : il lui consacra aussi des commentaires qui ne nous sont point parvenus; il inclina même en faveur de sa théorie des *idées* (1) (B). Jean Philopon jouit de la faveur d'Amrou, le célèbre conquérant de l'Egypte, et cette circonstance nous prépare d'avance à comprendre les succès qu'obtint bientôt le Péripatéticisme chez les Arabes.

S. Jean de Damas vécut aussi quelque temps au milieu d'eux; il succéda même à son père dans la fonction de conseiller ou de secrétaire du kalife; mais il se retira ensuite dans un

---

Proclus sur l'éternité du monde; 2ᵉ réponse ou 2ᵉ argument de Proclus, chap. 1, 2, 3, etc., etc. *Venise*, 1535, 1551.

(1) *Voy*. la réfutation déjà citée, ch. 2.

monastère, pour se livrer exclusivement à l'étude et aux exercices de la piété : il fut considéré comme la lumière de son siècle ; son éloquence lui valut le surnom de *Chrysorrhoas*; il reçut des Arabes celui d'*Almansor*. Ses trois écrits réunis sous le titre de : *Source de la science,* savoir : les chapitres *Philosophiques* ou *Dialectiques,* le Traité *des Hérésies,* et celui de la *Foi Orthodoxe* (1), ont été une sorte de manuel classique pour le moyen âge. C'est un exposé sommaire, remarquable par l'ordre et la clarté, des notions élémentaires de la logique, de la métaphysique, de la physique, de la théologie naturelle, de l'histoire philosophique et religieuse, et de la croyance catholique.

« La philosophie, dit S. Jean Damascène,
» est *la science des choses qui sont, en tant*
» *qu'elles sont* (C) : elle se divise en *spécula-*
» *tive* et *pratique* ou active. La philosophie
» spéculative comprend la théologie, la phy-
» siologie et les mathématiques ; la philosophie
» pratique comprend l'éthique, l'œconomique

---

(1) *Voy.* la belle édition des OEuvres de saint Jean Damascène, par Lequien. *Paris*, 1712, 2 vol. in-fol. tom. I.

» et la politique. La théologie a pour objet ce
» qui est immatériel : Dieu, les anges et les
» âmes. La physiologie est la connaissance des
» choses matérielles qui sont à notre portée,
» comme les animaux, les plantes, les miné-
» raux. Les mathématiques consistent dans la
» science des choses qui, bien qu'elles ne soient
» point corporelles elles-mêmes, sont considé-
» rées dans les corps, comme les nombres, l'har-
» monie, les figures, les révolutions des astres.
» La dialectique, ou l'art du raisonnement, est
» plutôt l'instrument de la philosophie qu'une
» de ses portions ; elle en est le préliminaire.
» Les Sceptiques se contredisent eux-mêmes,
» lorsqu'ils refusent à la philosophie le droit
» de connaître les choses (1). Il n'y a rien de
» plus excellent que la connaissance : elle est
» la lumière de l'âme raisonnable. Cherchons,
» explorons par des investigations persévé-
» rantes, consultons même les livres des sages
» païens ; nous y puiserons des vérités utiles,
» en les dégageant des erreurs qui peuvent s'y
» trouver jointes (2). »

---

(1) *Capita philosophica*, cap. III, pag. 9.
(2) *Ibid.*, cap. 1.

On voit que S. Jean Damascène considère, avec Aristote, la théologie comme une portion de la philosophie; il est, en effet, le premier des écrivains ecclésiastiques qui ait entrepris de lui donner les formes et le caractère d'une science, ou, pour mieux dire, qui l'ait soumise à l'appareil des règles didactiques; il donne pour base à cette science les démonstrations rationnelles de l'existence de Dieu, de son unité, de ses attributs; il essaie de distinguer, dans l'ordre des notions dont elle se composent, celles qui sont à la portée de notre entendement (1), et celles qui sont impénétrables pour notre esprit; il en classe les objets, il s'attache à en définir les termes.

L'ontologie se trouve réunie et confondue avec la logique, dans la dialectique de S. Jean Damascène, et se sépare ainsi de la métaphysique. Plus d'un métaphysicien pensera que le discernement de S. Jean avait replacé l'ontologie dans son rang naturel et légitime. Cette dialectique est d'ailleurs généralement empruntée à Aristote; les règles du raisonnement y sont réduites à une grande simplicité; on y dé-

---

(1) *De fide Orthodoxa*, lib. I, cap. 2.

couvre quelques vues neuves pour le temps. En s'attachant à définir les termes métaphysiques, S. Jean indique avec soin les acceptions qu'ils ont reçues chez les pères de l'Eglise; c'est ainsi qu'il fait observer, par exemple, que les pères de l'Église ont identifié les notions d'*essence*, de *nature* et de *forme* (1). C'est d'après Porphyre qu'il expose la théorie des *prédicables*. Ce qu'il dit des méthodes mérite d'être rapporté : « Il y a quatre méthodes dia-
» lectiques ou logiques : la première est la di-
» vision qui sépare le genre en espèces, par
» l'interposition des différences; la seconde est
» la définition qui définit le sujet par le genre
» et la différence qu'a distingués la première
» méthode; la 3e est l'analyse qui décompose le
» tout en ses parties; la 4e est la démonstration
» qui établit la preuve à l'aide du moyen
» terme. » Il distingue ensuite trois sortes d'analyse : « La première naturelle, la seconde,
» logique, la troisième, mathématique; la
» première décompose le composé en ses élé-
» mens; la seconde résoud le syllogisme en
» ses figures; la troisième consiste à supposer,

---

(1) *Capita philosoph.*, cap. 41.

» comme admis, ce que l'on cherche, jusqu'à
» ce qu'on soit parvenu à une proposition
» exempte de doute, qui serve à reconnaître
» ce qu'on s'était proposé. » Il montre, par un
exemple, que cette dernière peut s'appliquer
aussi aux sciences morales (1).

La psychologie de S. Jean Damascène est
encore aristotélique; mais elle respire souvent
l'esprit de Platon, et même celui des nouveaux
Platoniciens, quoique S. Jean rejette l'hypothèse
d'Origène sur la création antérieure de l'âme.
« L'âme est un *microcosme*, un monde en
» petit, à l'aide des relations qu'elle entretient
» avec l'univers (2). » Comme Platon, S. Jean
distingue dans l'âme, des facultés raisonnables
et des facultés *irraisonnables*. Il définit la sensation : « Cette faculté de l'âme qui perçoit ou
» juge les choses matérielles (3). » Il suppose que
la vue apprécie par elle-même la dimension,
la situation, la distance des objets; il mêle à
sa théorie des sensations, quelques notions imparfaites de physiologie; on voit que Galien lui

---

(1) *Ibid.*, cap. 58, sect. 2.
(2) *De fide Orthodox.*, lib. I, cap. 12.
(3) *Id.*, *ibid.*, cap. 18.

était inconnu. « L'imagination n'est, suivant lui, « qu'une faculté de la partie irraisonnable
» de l'âme, qui opère par les organes des sens.
» Lorsque l'âme perçoit les objets extérieurs
» par les organes des sens, elle se forme une
» opinion ; lorsqu'elle connaît, par la pensée,
» les choses qui appartiennent à l'entendement,
» elle conçoit une notion. Ces notions ne peu-
» vent provenir des sens ; elles ne peuvent être
» obtenues que par l'instruction. La mémoire
» est l'image qu'ont laissée les objets offerts aux
» sens, et saisis par l'action de l'âme, ou la
» conservation de ce qui a été perçu par les
» sens et par la pensée (1). »

Nous n'avons pas besoin de dire que la physique de S. Jean Damascène, empruntée à Aristote, partage toute l'imperfection de son modèle. Il suppose que l'apparition des comètes, que d'autres phénomènes célestes peuvent être de fâcheux présages; il accorde, avec les Pythagoriciens, une puissance de divination aux songes (2). Ses *Parallèles sacrés*, quoique sentiellement dirigés vers les notions théolo-

---

(1) *Ibid.*, cap. 17, 19, 20
(2) *Ibid.*, cap. 7, 17.

giques, contiennent cependant quelques documens précieux pour l'histoire de la philosophie. Théodote, son disciple, évêque de Cura, écrivit des ouvrages polémiques contre les Juifs, les Mahométans, les hérétiques, dans lesquels il montre une étude assez étendue des sciences philosophiques.

Depuis cette époque jusqu'au 10e siècle nous cherchons en vain, parmi les Grecs du Bas-Empire, quelques traces des investigations philosophiques. Une profonde ignorance couvre, pendant cet intervalle, les contrées qu'avaient éclairées les beaux génies de la Grèce. Paul Diacre nous raconte les persécutions que Léon l'Isaurien fit éprouver à tout ce qui restait d'hommes instruits, les supplices qu'il leur faisait subir. « Il éteignit, dit cet historien, il » éteignit, avec les écoles où se conservaient » les connaissances, cette instruction religieuse » elle-même qui s'était conservée depuis » Constantin (1). » Gonare, écrivain qui ne mérite, il est vrai, qu'une médiocre confiance, dit que ce farouche empereur détruisit le collége de savans qui était entretenu des fonds du

---

(1) Lib. XXI, cap. 19.

trésor public, ainsi que la riche bibliothèque qui y était jointe, et livra aux flammes les savans eux-mêmes avec les manuscrits, sur le refus que firent ceux-là de souscrire à ses opinions (1). Constantin Porphyrogenète essaya de réparer ces désastres, de restaurer la culture des sciences et des arts, et surtout l'étude de la philosophie, recherchant et rassemblant les documens épars, rétablissant les chaires publiques et leur donnant des professeurs (2).

La doctrine des nouveaux Platoniciens reparut alors sur la scène avec Michel Psellus l'Ancien. Psellus joignit à l'étude des ouvrages des anciens Grecs un goût et une élégance qui ne le rendaient point indigne d'être compté parmi leurs successeurs. Suivant Léon Allatius, il serait probable que ce Psellus fut le véritable auteur des écrits qu'on attribue ordinairement à l'écrivain du même nom qui vécut au 11ᵉ siècle, et spécialement du traité *sur les Démons* (3), et des paraphrases sur divers écrits

---

(1) *Ann.* tom. III, pag. 123.
(2) Comingius, *Ant. Acad. Supplem. XXIV*, pag. 258.
(3) Ce Traité est imprimé à la suite du *Traité des mystères*, attribué à Jamblique. *Lyon*.

d'Aristote. Le traité *sur les démons* respire le mélange des opinions des Platoniciens et des traditions orientales ; l'auteur expose les opérations des génies supérieurs, en déduit les pratiques superstitieuses de la magie.

Psellus eut pour disciple Léon le Philosophe, que quelques-uns ont confondu avec l'empereur Léon le Sage. Léon fut le restaurateur de l'enseignement classique dans l'empire de Byzance ; il acquit une grande renommée par l'étendue de ses connaissances, spécialement dans les études philosophiques et mathématiques. Zonare raconte qu'un autre disciple de Psellus ayant été fait prisonnier par les Sarrasins, et ayant résolu à la cour des kalifes un problème qui avait vainement exercé les savans Arabes, le kalife écrivit à Léon pour l'engager à se rendre auprès de lui.

Un disciple qui ne fit pas moins d'honneur à Psellus, fut le patriarche Photius qui joue un si grand rôle dans l'histoire ecclésiastique et dans l'histoire littéraire du Bas-Empire. Orateur et poète, Photius avait cultivé aussi la philosophie et la médecine ; il fut le principal restaurateur des études à Constantinople. Sa *Bibliothèque*, ou *Actes des Savans*, atteste l'immense étendue de son érudition ; elle est un trésor d'un grand prix pour l'histoire de la philosophie; elle nous a conservé les fragmens d'une foule d'écrits de l'antiquité, dont nous avons perdu les originaux (D). C'était le temps des compilations, et nous devons en quelque sorte nous féliciter qu'elles eussent eu lieu précisément à l'époque du grand naufrage qui nous a enlevé tant de richesses. Nous retrouvons aussi, dans Jean Stobée, une foule de passages extraits de divers ouvrages originaux des anciens, sauvés par lui de ce naufrage, classés avec méthode, quoique le choix n'en soit pas fait avec beaucoup de discernement. L'esprit qui a présidé à ce choix nous fait connaître que Stobée penchait vers le nouveau Platonisme.

L'empire grec, dans sa décadence, vit encore un philosophe revêtu de la pourpre, dans Léon fils du Macédonien Basile, et surnommé le Sage; il s'était formé à l'école de Photius. Au milieu des éloges que Zonare donne à l'étendue de ses connaissances, on remarque que cet empereur était livré aux superstitions de l'astrologie, et aux mystérieuses pratiques de la divination (1).

La succession des commentateurs d'Aristote

---

(1) Tom. III, pag. 141.

se prolongea pendant les derniers siècles du Bas-Empire : on compte dans leur nombre un David, qui n'est point le même que Nicétas David, disciple de Léon le Philosophe, qui traita de diverses *questions philosophiques*, des Catégories d'Aristote, et des Prédicables de Porphyre; un Eustrate, qui vécut sous Alexis Comnène, qui travailla sur les traités dialectiques et moraux, et qu'Anne Comnène n'a pas craint d'élever au-dessus des Stoïciens et des Académiciens, pour son talent dans les discussions philosophiques (1); un Nicéphore Blemmède, qui réunit l'étude de la philosophie profane à celle de la théologie, et qui rédigea, pour l'usage de Jean Ducas, des *Epitomés logiques et physiques* dans l'esprit du Stagyrite; un George Pachymère, dont nous avons un *Epitomé sur la philosophie d'Aristote*, et un *Compendium sur sa logique* (2), et qui paraît s'être exercé avec ardeur à la méditation contemplative; un Théodore Métochyte, célébré par ses contemporains pour son éloquence autant

---

(1) Alexiad. pag. 153.
(2) Publiés par Edouard Bernard, à Oxford, 1666, in-8.

que pour son érudition, qui fut la gloire de l'école de Constantinople, et dont nous possédons une paraphrase sur les livres d'Aristote, relatifs à la physique, à l'âme, au ciel, etc. Fabricius a donné les titres des chapitres qui composent ses *Mélanges philosophiques et historiques*, conservés en manuscrits dans plusieurs bibliothèques, et qui roulent presque tous sur l'histoire de la philosophie (1); Aristote en est le principal sujet; mais Théodore s'occupa aussi de Pythagore, de Socrate, de Platon, d'Hermogène, de Philon, de Synésius, etc. L'un de ces chapitres a pour objet de montrer que tous les philosophes, que Platon et Aristote en particulier, ont dédaigné l'autorité de leurs devanciers. C'est précisément le reproche contraire à celui que leur ont adressé tant d'autres érudits modernes.

Quelle que fût la préférence accordée, dans ces derniers temps, au fondateur du Lycée, Platon ne fut point entièrement négligé; mais il fut de nouveau associé à Aristote, et cette association fut généralement conçue d'après l'esprit de la nouvelle école. Ainsi, Magentin, qui emprunta à Ammonius les commentaires sur les livres de

---

(1) *Bibl. Græca*, tom. IX, pag. 218.

l'interprétation et sur *les premiers analytiques*, avait aussi travaillé sur Jamblique et sur les nombres pythagoriciens (1). George de Chypre, qui prit ensuite le nom de Grégoire, lorsqu'il fut porté au siége de Constantinople, et qui acquit, au 13ᵉ siècle, une assez grande renommée, cultiva à la fois les deux pères de la philosophie grecque ; enfin le second Michel Psellus, appelé *le Jeune*, sembla vouloir renouveler, au 11ᵉ siècle, sous Michel Ducas, l'école des nouveaux Platoniciens ; il rendit un moment quelque éclat aux sciences et aux lettres, dont le flambeau allait bientôt s'éteindre dans l'empire de Byzance. Il cultiva à la fois la philosophie, la médecine et les mathématiques, et obtint le titre pompeux de *Prince des Philosophes*. Il écrivit des paraphrases sur la logique et la physique d'Aristote ; un *Recueil de questions et de réponses* pour l'usage de Michel Ducas ; une *Exposition des Oracles chaldéens*; un *Traité des Facultés de l'âme*. En parcourant ces écrits, nous y reconnaissons l'empreinte du Mysticisme alexandrin, et les traces des doctrines orientales. Pensant, avec Platon,

---

(1) Fabricius, *ibid.*, tom. VI, pages 4, 7, 38.

que les princes ne peuvent bien gouverner les peuples qu'avec le secours de la philosophie, il entreprit de former à ses leçons l'empereur Michel Ducas; mais le témoignage des auteurs de l'histoire byzantine nous apprend que les résultats répondirent mal à une si haute espérance, et que Ducas, loin de trouver dans les théories spéculatives du Platonisme nouveau, les forces et le génie dont il avait besoin pour relever l'empire grec aux jours de sa décadence, ne fit qu'en accélérer la ruine, s'égarant lui-même dans de frivoles et subtiles abstractions, au milieu des dangers qui l'environnaient de toutes parts.

Nous nous réservons de rappeler les noms des illustres Grecs qui se réfugièrent en Occident à la chute de l'empire de Byzance, lorsque nous arriverons à la 5e période de cette histoire, dont ils occupent l'entrée. Au petit nombre de travaux que nous venons d'énumérer, se borne d'ailleurs toute l'histoire de la philosophie dans l'empire grec, pendant le cours de près de huit siècles, jusque vers l'époque de la prise de Constantinople par les Turcs. S'ils attestent une sorte de continuité dans l'enseignement et la culture des lettres, ils sont à peu près stériles pour la science, et l'on y cher-

cherait en vain quelques vues qui eussent pu contribuer à ses progrès ; ils caractérisent même plutôt une sorte d'érudition scolastique, que la culture de la philosophie proprement dite ; et comment s'en étonner ? Dans cette longue décrépitude de l'empire grec, les esprits étaient épuisés au même degré que les âmes étaient énervées ; les études étaient à peu près concentrées dans les monastères. La foule des moines, lorsqu'elle ne s'ébranlait pas pour prendre part aux révolutions politiques, ne savait occuper son oisiveté que par les discussions les plus subtiles et les plus oiseuses. L'abus de la dialectique avait remplacé tous les arts. Les sciences positives étaient à peu près abandonnées. Encore en possession de tous les ouvrages d'Aristote, les Grecs négligeaient précisément ceux qui eussent pu entretenir l'étude des phénomènes de la nature. Ainsi privée de l'appui qu'elle peut trouver dans les connaissances fondées sur l'observation, la philosophie était privée également du principe de vie qu'elle doit recevoir des affections généreuses et des influences morales. Les Grecs n'avaient plus ni institutions, ni lois, ni patrie ; une superstition puérile, d'oiseuses abstractions théologiques avaient même pris la place de la noble puissance qu'exercent les idées religieuses. On discourait encore, on discourait même à l'excès; mais on semblait laisser incultes tous les domaines de la pensée (D). Un seul trait qui a acquis une triste célébrité, suffit, parmi tant d'autres, pour peindre l'esprit du temps : Léon Allatius rapporte que les moines de Palamite, assis, immobiles, les yeux dirigés et attachés sur leur nombril, attendaient avec persévérance que les rayons de la lumière divine vinssent les éclairer (1). Tels étaient les exercices qui tenaient lieu des nobles travaux de la méditation!

---

(1) Lib. II, cap. 17.

NOTES

DU VINGT-TROISIÈME CHAPITRE.

(A) Voyez Montesquieu, Gibbon, Robertson, Voltaire, Hallam; voyez aussi Louis Vives : *De Causis corrupt. artium;* l'abbé Andrès, *Storia d'ogni letteratura;* Ginguené, *histoire littéraire d'Italie*, tome 1; Herder, *Idées pour servir à l'histoire de l'humanité*, Meiners, *Exposition historique des mœurs du moyen âge.* Gurlitt assigne les causes suivantes à cette décadence générale : l'invasion des barbares; l'ignorance des empereurs qui occupèrent le trône pendant cet intervalle; la destruction des chefs-d'œuvre des arts; les Iconoclastes; l'influence du climat, celle du gouvernement despotique; celle de la hiérarchie; la superstition; les fausses idées qu'on se forma de la piété. (*Abrégé de l'histoire de la Philosophie*, en allemand; Leipsick, 1786.)

(B) Voyez sur Jean Philopon, Fabricius (*Bibl. Græca* nouvelle édition, par Harles, liv. 5, ch. 37, 38; Brucker, tom. III, p. 529). Parmi les ouvrages de ce laborieux écrivain qui ont été livrés à l'impression, nous indiquerons les suivans ; *In analytica priora*, Venise, texte grec, 1536, *et posteriora*, Venise, texte grec, 1534, in poster.) ; version latine, Venise, 1560 ; *Commentarii in meteora Aristotelis*, lib. I, Venise, texte grec, 1551 ; version latine, Venise, 1567 ; *Contra Proclum, de mundi æternitate*, Venise, texte grec, 1535 ; version latine, Venise, 1551 ; *Comment. in prim. libr. physic. Aristot.*, Venise, 1535 ; version latine, par Dorothée, Venise, 1546 ; *Comment. in libr. Aristotelis de Anima*, Venise, 1535 ; *Comment. in 14 lib. metaphysic. Arist.* ; trad. par Patricius, Ferrare, 1583 ; *Idem. comment. in libr. de generat. et corrupt. Aristot.*, traduct. par Bagollini, Venise, 1543.

On a encore de Jean Philopon un commentaire fort curieux sur le premier chapitre de la Genèse, Vienne, 1630 ; texte grec et traduction latine, publiés par le jésuite Balthazar Cordier, professeur à l'université de Vienne. Quelques-uns lui attribuent un opuscule sur les différentes significations des mots grecs d'après les accens, publié par Schmidt, Vittemberg, 1615, que d'autres donnent à Cyrille. On lui attribue encore un autre opuscule sur les dialectes de la langue grecque, qui a été imprimé à la suite de plusieurs dictionnaires.

On trouve dans plusieurs bibliothèques un commentaire inédit de Jean Philopon sur l'introduction de Nicomaque à l'arithmétique.

(C) Saint Jean de Damas énumère six définitions différentes de la philosophie : « La philosophie est la

» connaissance des choses qui existent, en tant qu'elles
» existent; c'est-à-dire, la connaissance de leur
» nature. La philosophie est encore la connaissance
» des choses divines et humaines, c'est-à-dire, des
» choses qui s'offrent à nos regards, ou qui y échap-
» pent. La philosophie est la méditation de la
» mort, soit naturelle, soit volontaire. Car, il y a
» deux vies : l'une, naturelle, en vertu de laquelle
» nous respirons; l'autre, de notre choix, par la-
» quelle nous adhérons de notre propre affection à
» la première; il y a donc deux morts : l'une qui
» sépare l'âme du corps, l'autre par laquelle notre
» âme se détache elle-même de la vie présente, par
» le mépris qu'elle en conçoit, et en aspirant à un
» meilleur avenir. La philosophie est l'imitation
» de Dieu; or, nous imitons Dieu par la sagesse,
» c'est-à-dire, par la vraie connaissance de ce qui est
» bien; par la justice, qui ne fait aucune acception
» de personnes ; par la sainteté, par la bonté, qui est
» supérieure encore à la justice, et qui triomphe
» par ses bienfaits de ceux dont nous avons reçu
» quelque injure. La philosophie est l'art des arts,
» et la science des sciences; car c'est à elle que sont
» dues toutes les découvertes dans les unes comme
» dans les autres. Enfin, la philosophie est l'amour
» de la sagesse ; or, la vraie sagesse est Dieu même;
» la vraie philosophie est donc l'amour de Dieu. »
(*Dialectica*, cap. III.)

On voit par la fin du chapitre, que de ces six définitions saint Jean adopte la première. Dans son traité des hérésies, saint Jean de Damas rapporte aux Egyptiens, aux Perses, aux Phéniciens, l'origine des mythologies de la Grèce ; il est digne de remarque qu'il fait dériver de la même souche la secte des Samaritains parmi les Juifs, et c'est pourquoi il la classe au nombre des sectes Helléniques, quoiqu'il la regarde comme antérieure à Pythagore. Il en fixe l'origine à la captivité de Babylone. Il considère aussi les Esséniens comme une branche des Samaritains. (*de hæresib. S. Joannis Damasceni opera*, tome I, p. 74 à 77.)

(D) Voyez sur la philosophie des Grecs du Bas-Empire, Léon Allatius, *de Psellis et de Georgiis*, dans la bibliothèque grecque de Fabricius ; Patricius, *Discuss. Peripatetic.*, tome III, lib. 10 ; Humphredi Gody, lib. 2, *de Græcis illus͠ ibus*, etc., Londres, 1742, in-8° ; Morhoff, *Poly-histor.*, tome II, lib. 1, cap. 9 ; Harles, *Introd. in hist. linguæ græcæ*. Voyez aussi les auteurs de l'histoire Byzantine, Hanekius, l'histoire du Bas-Empire par Lebeau ; Gibbon, *Histoire de la décadence*, etc. ; appendice N° 1, *de l'Histoire littéraire du moyen âge*, par le révérend Jhon Berington, Lond., 1814, page 619.

CHAPITRE XXIV.

Destinée de la philosophie chez les Arabes et les Juifs pendant le cours du moyen âge.

SOMMAIRE.

Des Arabes; leurs arts et leurs mœurs à l'époque de leurs conquêtes. — Les Arabes comparés aux Grecs sous le rapport de la culture intellectuelle. — Caractères généraux de la philosophie des Arabes ; — Préférence donnée à Aristote; — Motifs et effets de cette préférence ; — Influence exercée par les nouveaux Platoniciens sur les Arabes. — Deux sortes de philosophie chez les Arabes : Philosophie rationnelle et péripatéticienne; philosophie mystique.

Origine et naissance des études philosophiques chez les Arabes. — Part qu'y ont eue les Chrétiens ; — Historiens de la philosophie.

Alkendi; — Alfarabi; — Sa philosophie générale; — Facultés de l'âme ; — Principes des connaissances ; — Des formes ; — De l'entendement actif ; — Avicena ; — Sa logique ; — Sa psychologie ; — Traité des sensations ; — Des sens intérieurs ; — Hypothèse physiologique ; — Opérations de l'entendement ; — De la connaissance ; — Théorie de la cause. — Métaphysique d'Avicena.

Algazel ; — Sa critique du Péripatétisme et du Néoplatonisme. — Il combat la notion de la causalité; — But singulier de son scepticisme ; — Sa logique ; — Sa métaphysique ; — Sa psychologie ; — Hypothèse sur les idées. — Nouvelles recherches sur les principes des choses. — Du livre *de Causis;* — Substance de ce livre; — Idéalisme transcendantal; — Origine de l'art combinatoire.

Avicebron : *la source de la vie;* — Averrhoës; — Ses travaux sur Aristote; — Il mêle au Péripatéticisme les vues des nouveaux Platoniciens; — Sa théorie des sensations; — Des formes; — Son hypothèse de l'entendement matériel; — Son hypothèse d'un entendement unique et universel; — Sa métaphysique; — Caractère essentiel de la philosophie d'Averrhoës. — Influence exercée par la manière de philosopher propre aux Arabes.

Doctrines mystiques : leur origine chez les Arabes. — Théologie des Sabéens. — Le livre *du secret de la créature.* — Thophaïl, *philosophus autodidactus;* — Roman philosophique; — Substance de cet ouvrage; — De l'intuition et de l'extase.

Des Sofis de Perse; — Source et origine de leurs doctrines mystiques; — Esprit de ces doctrines. — Livre *des Conseils.* — Mysticisme pratique.

Sectes parmi les Arabes. — Secte des *parleurs;* — Particularités propres à ces doctrines. — Philosophie morale des Arabes; — Les sciences naturelles cultivées et corrompues.

Philosophie des Juifs pendant le moyen âge; — Etude d'Aristote. — Doctrines mystiques. — Aben-Esra, Moyse Maimonide. — Nouveaux développemens de la cabale; — Exposition sommaire de son objet; — Ses rapports avec les systèmes des Gnostiques et des nouveaux Platoniciens; Diverses espèces de cabale; — Caractère général de cette tradition mystérieuse.

Cependant un peuple nouveau, s'élançant du sein des déserts, sous la conduite d'un chef entreprenant et farouche, fort de son courage, de sa pauvreté et de son ignorance elle-même, avait envahi successivement les contrées si long-temps enrichies de tous les bienfaits de la civilisation. L'Orient, étonné de la présence de Mahomet, éveillé et surpris au sein du luxe et de la volupté, se courbait sans résistance sous les lois de l'Islamisme. Pendant quelque temps, les Arabes ne parurent sur la scène que comme nation conquérante; ils dédaignaient les arts de la civilisation; le fanatisme religieux qui fondait leur puissance, prolongeait leur éloignement pour les lumières de la philosophie. Quelques fables ingénieuses, quelques chants consacrés à la mémoire de leurs héros, quelques adages moraux, quelques notions traditionnelles d'astronomie, tenaient lieu aux Arabes de littérature et de sciences. Cependant, au commencement du 9° siècle, lorsqu'ils furent devenus paisibles possesseurs des belles contrées qu'avait si long-temps ornées, en les éclairant, l'antique génie de la Grèce, lorsque le sceptre de Mahomet passa aux mains des Abassides, une ère nouvelle commença pour les Arabes, et ce peuple, sortant de la barbarie, fier de ses exploits, déploya une sorte de jeunesse intellectuelle, une ardeur pour les études libérales, dont le développement ne fut pas sans éclat et sans fruit, et qui contrasta d'une manière frappante avec la lente défaillance du vieux empire des Césars. Ce fut une sorte de météore inattendu, brillant, mais passager, sur le théâtre du monde. La description de ce météore singulier, l'histoire de la littérature, des arts, des sciences et de la philosophie, chez les Arabes, serait un sujet intéressant, et demanderait à être plus approfondi qu'il ne l'a été jusqu'à ce jour. Mais les documens nécessaires à consulter pour exécuter convenablement ce travail, sont généralement peu connus; un petit nombre seulement d'entre eux ont vu le jour par l'impression; la plupart sont encore ensevelis dans nos collections de manuscrits. Essayons d'esquisser rapidement la portion de ce tableau qui se lie à l'histoire de la philosophie : il nous suffira d'une exposition sommaire; car, si les Arabes ont eu le mérite de recueillir, de conserver, de transmettre, ils ont peu ajouté à la masse des découvertes; et, par la nature même de leurs travaux, l'influence qu'ils ont exercée sur les âges suivans a été, sous plusieurs rapports, peu favorable à l'esprit d'invention et aux progrès réels des connaissances humaines.

Il y eut, entre les productions philosophiques des Arabes et celle des Grecs, la même différence ou plutôt le même contraste qui existait entre les productions littéraires, entre le génie, les mœurs, les institutions des deux peuples. La philosophie des Grecs avait quelque chose de brillant, de gracieux, d'animé, comme les beaux sites de l'Attique et de l'Asie-Mineure ; celle des Arabes avait quelque chose de sérieux, d'uniforme et d'aride, comme les déserts dont ils étaient sortis. Pleine de charmes, même dans ses erreurs, la première excitait un enthousiasme semblable à celui qui l'avait inspirée; la seconde, sombre, triste, même lorsqu'elle s'emparait de la vérité, respirait l'habitude de la résignation, et l'influence du fanatisme. La première attestait un essor facile et spontané de la pensée, mais une certaine mobilité de l'esprit: la seconde attestait une longue patience, et portait l'empreinte de formes rigoureuses. Les Grecs se complaisaient surtout dans les coordinations harmonieuses; les Arabes, dans les combinaisons compliquées. Le génie de la poésie semblait présider encore aux méditations philosophiques des Grecs ; les lois du calcul à celles des Arabes. Les Grecs imaginaient, inventaient, créaient la matière ; les Arabes élaboraient une matière donnée, et lui imprimaient la forme. Les lumières s'étaient produites chez les Grecs comme par une sorte d'enchantement ; elles furent chez les Arabes le fruit d'une pénible conquête.

La philosophie des Grecs était, si l'on peut dire ainsi, essentiellement libérale ; celle des Arabes fut tout artificielle.

La littérature des Arabes a non-seulement son génie propre, mais un caractère et une physionomie entièrement à part, qui la distingue de celles des autres nations anciennes ; et cependant les Arabes n'ont point eu de philosophie indigène. Les Arabes étaient passionnés pour la poésie, et paraissaient s'être exercés de bonne heure dans ce genre de productions ; et cependant l'esprit d'invention, les conceptions originales, ont entièrement manqué à leurs travaux philosophiques. Ces deux contrastes étonnent au premier abord ; ils s'expliquent cependant par diverses circonstances.

La langue des Arabes n'avait point reçu les élaborations nécessaires pour lui donner un caractère philosophique ; leur littérature ressemble à la parure des nouveaux riches ; on y remarque le luxe, l'exagération, mais on n'y trouve point cette simplicité qui est le cachet d'une certaine justesse d'esprit ; elle descend souvent au familier, mais elle ne connaît pas le naturel; l'imagination y brille souvent d'un vif éclat, mais elle est rarement accompagnée de ce jugement sain et délicat, qui marque la mesure et apprécie les convenances.

On a remarqué que les Arabes n'ont traduit en leur langue aucun des poètes grecs; ils n'ont donc eu en poésie d'autres maîtres qu'eux-mêmes. L'inverse eut lieu en philosophie : c'est par les traductions des ouvrages grecs qu'ils apprirent à étudier cette science. Il leur arriva donc, sous ce rapport, ce qui arrivera toujours à une nation qui, sortant de la barbarie, se trouvera subitement et immédiatement initiée à la culture des peuples exercés par une longue éducation intellectuelle. Ils reçurent le dépôt des notions philosophiques, sans être convenablement préparés à se l'approprier, et sans avoir passé par ces gradations successives qui sont nécessaires pour que ces connaissances deviennent fécondes; on ne perfectionne bien qu'autant qu'on est encore sur la trace des inventeurs; une science qu'on reçoit toute faite, devient, pour l'esprit, plutôt une chaîne qu'un aiguillon ; et, plus cette science est avancée, plus elle asservit ceux qu'elle surprend au milieu des ténèbres de l'ignorance.

Cet effet devient plus sensible surtout, lorsque l'appareil des règles didactiques s'offre le premier aux nouveaux initiés; en trouvant les méthodes toutes tracées, on se croit dispensé de tenter les voies d'une investigation spontanée; on s'attache essentiellement aux formes de la science; et c'est là encore ce qui arriva aux Arabes. Aristote fut leur premier instituteur, ou plutôt fut presque leur seul instituteur. Le hasard voulut que ses ouvrages fussent long-temps la principale conquête qu'ils firent sur la philosophie des Grecs: ils y trouvaient un cadre des connaissances humaines dessiné d'une manière vaste, mais positive; c'était une sorte d'encyclopédie qui convenait parfaitement à une nation encore si reculée, mais empressée de s'instruire à la hâte; ils y trouvaient une terminologie, des nomenclatures, des lois pour le raisonnement et la discussion, et tout ce qui semble dispenser l'entendement d'un effort propre et des conceptions originales.

Aristote, d'ailleurs, sympathisait singulièrement avec le génie de cette nation, et devait naturellement obtenir près d'elle une préférence exclusive. On peut en juger par l'analogie frappante qui existait entre l'esprit de cette philosophie et le caractère qu'eurent généralement les productions des arts chez les Arabes ; l'un et l'autre présentent un mélange de hardiesse et de subtilité, de sécheresse et de patience, dont le mérite consiste essentiellement dans le soin donné aux détails, et dans la difficulté vaincue.

Les mœurs des Arabes, leurs institutions politiques et religieuses, en les rendant capables d'une activité soutenue et d'une longue persévérance, leur interdisaient tous les genres d'indépendance intellectuelle et morale. C'était toujours en obéissant qu'ils savaient agir : l'Alcoran était la règle de leur foi ; la volonté de leurs chefs, la règle de leurs actions ; il leur fallait des préceptes précis, positifs ; leur énergie individuelle, instrument aveugle de l'autorité, semblait avoir besoin de l'impulsion de l'autorité pour se produire. Cette disposition ne leur permettait guère de se former des doctrines originales ; elle devait achever de les rendre encore favorables à Aristote. La faveur qu'obtint le stagyrite auprès d'eux fut moins encore une adhésion raisonnée et réfléchie, qu'une sorte de superstition ; elle en eut tous les caractères et toutes les suites. Il leur fallait, en philosophie, moins d'exemples, de guides, qu'un maître et même une sorte de despote ; ils le trouvèrent dans Aristote, et dès lors ils lui furent asservis comme ils l'étaient à leurs kalifes.

Les autres anciens philosophes de la Grèce, Platon lui-même, le vieux Platon, le disciple de Socrate, n'obtinrent point la faveur des Arabes, ne purent l'obtenir. Les mœurs rudes et farouches des sectateurs de Mahomet, l'esprit du Coran, repoussaient ces doctrines conçues au sein de la liberté, qui en respirent le sentiment et l'amour; ces doctrines qui élèvent si haut la dignité de la nature humaine, qui invoquent l'essor spontané de la raison, qui présentent plutôt des questions à résoudre que des solutions accomplies; ces doctrines dont le charme, se composant de toutes les images de l'harmonie et du beau, ne pouvaient être dignement senti que par un peuple exercé dans les jouissances les plus délicates des arts d'imagination; celles de ces doctrines surtout qui, respirant une sensibilité exquise, un enthousiasme doux et pur, une bienveillance aimable pour les hommes, se trouvaient peu en accord avec les sombres idées de la prédestination et du fatalisme.

Les philosophes grecs, d'ailleurs, avaient fait jouer un rôle, dans leur philosophie, à la mythologie païenne. L'aversion prononcée des musulmans contre tout ce qui portait l'empreinte du Polythéisme et de l'Idolâtrie, dut les prévenir contre toutes celles des doctrines grecques qui en conservaient quelques vestiges, et qui, tout en admettant la notion d'un Dieu unique au sommet de la hiérarchie des intelligences, ne la rendaient point assez accessible pour ces peuples encore grossiers et barbares. Les mêmes considérations nous expliquent pourquoi les Arabes, repoussant les traditions mythologiques des Égyptiens, des Chaldéens, des Persans, n'accueillirent point les doctrines qui en étaient dérivées; ils rejetaient, avec une sorte d'horreur, tout ce qui se liait à des cultes que Mahomet s'etait proposé de détruire.

Mais, si Épicure, Zénon, si le Platon primitif lui-même, ne purent être accueillis par les Arabes, il n'en fut pas de même du Platon de Plotin, de Porphyre et de Proclus : celui-ci avait plusieurs titres à la recommandation des Arabes; il favorisait au plus haut degré les dispositions contemplatives naturelles à ce peuple comme à tous les Orientaux; il déployait une longue suite d'abstractions subtiles, conformes à leurs goûts et à la tournure de leur esprit; il dégageait la théologie naturelle, des vestiges du Polythéisme, et se conciliait ainsi avec le dogme fondamental de la croyance des musulmans. Déjà les doctrines de la nouvelle école avaient été portées en Perse par les disciples de Proclus; elles avaient pénétré chez les Juifs qui entretenaient des relations étroites et fréquentes avec les sectateurs de Mahomet. Elles avaient rencontré, chez les musulmans eux-mêmes, une théosophie mystique qui, dans quelques sectes, se produisait sous des formes semblables, et qui, si elle n'avait la même origine, avaient avec elles du moins une étroite affinité. Enfin le nouveau Platonisme avait envahi la philosophie d'Aristote; il l'avait compénétrée, si l'on peut dire de la sorte. Aristote, dans les mains des derniers commentateurs, et tel qu'il parvint aux Arabes, était devenu comme un vêtement destiné à envelopper l'Idéalisme mystique; il donnait à ces systèmes un corps, des formes extérieures; il leur prêtait un langage : de même que Platon avait conduit l'école de Plotin au Lycée, pour y chercher des instrumens, Aristote à son tour reconduisit les écoles de Bagdad et de Cordoue auprès des nouveaux Platoniciens, pour leur demander des interprétations. Peut-être l'influence de l'antique

Idéalisme de l'Orient se fit-elle encore sentir à cette époque, et concourut-elle à la faveur que ces interprétations obtinrent auprès des nouveaux conquérans de l'Asie.

Les Arabes, en s'emparant d'Aristote, ne surent donc ni l'embrasser tout entier, ni le conserver dans sa pureté primitive : ils s'attachèrent surtout à sa métaphysique, à sa logique, et plus particulièrement encore à la dernière ; ils donnèrent moins d'attention à sa morale et à ses recherches sur les phénomènes de la nature. Ne l'étudiant point sur les originaux, mais dans des traductions plus ou moins défectueuses, ils méconnurent souvent sa véritable pensée; ils voulurent le plier aux sentences du Coran, dans tous les points où sa doctrine se trouvait en contact avec elles, l'employer comme une sorte d'instrument pour interpréter et commenter leur code sacré, et des efforts qu'ils tentèrent pour introduire sa philosophie dans leur théologie, naquirent les diverses sectes qui bientôt les divisèrent, et qui se livrèrent à de si vives controverses.

Les Arabes associèrent l'étude des mathématiques et de la médecine à celle de la philosophie; ils unirent même assez étroitement ces deux dernières sciences entre elles. Ce n'est pas seulement dans la même nation, c'est chez les mêmes individus, que cette réunion des diverses connaissances se fait constamment remarquer; la division du travail y était en quelque sorte inconnue pour les exercices de l'esprit. Il n'est aucun philosophe arabe qui n'ait été en même temps médecin, géomètre, physicien, astronome, et la plupart d'entre eux ont été aussi poètes, ou du moins ont écrit sur l'art poétique. On reconnaît encore à ce trait une éducation péripatéticienne, si l'on nous accorde cette expression. On doit reconnaître que, si la philosophie éprouva parmi eux le grave inconvénient d'être privée du principe vital des conceptions originales, elle trouva cependant quelques avantages dans cette alliance avec deux branches d'études, dont l'une exerçait l'esprit aux combinaisons rationnelles, aux abstractions méthodiques, dont l'autre excitait l'esprit d'observation, et fixait particulièrement l'attention sur ceux des phénomènes matériels qui se lient de plus près à ceux de l'intelligence.

Pendant qu'un grand nombre d'érudits musulmans élevaient ainsi une suite de constructions sur le sol des sciences rationnelles ou positives, d'autres, comme nous l'avons indiqué tout à l'heure, se livraient aux spéculations de l'idéalisme mystique, et les associaient à la théologie du Coran. La philosophie des Arabes se partage de la sorte en deux branches principales, dont l'une comprend spécialement la logique et cette portion de la métaphysique, qui appartenait en propre à Aristote, dont l'autre se rapporte à la théologie mystique adoptée par certaines sectes, et spécialement par celles qui suivirent le parti d'Ali. Nous traiterons séparément de ces deux branches distinctes, après avoir jeté un coup d'œil sur les origines générales des études parmi les Arabes, nous bornant toutefois, en ce qui concerne la seconde, à examiner, conformément au plan que nous nous sommes tracé, l'influence qu'elle exerça sur les théories fondamentales de la connaissance humaine.

Trois kalifes préparèrent successivement, accomplirent cette éducation intellectuelle des Arabes, et firent éclore au milieu d'eux les premières lueurs des lettres et des sciences : Almansor, Alrashid, Almamon. Almansor, prince sage, prudent, expérimenté, d'un caractère doux et bon, au rapport de l'historien Elmacin (1), fut le premier, dit Albufarail,

_____
(1) *Hist. Saracen.* lib. II, p. 102.

qui s'occupa des sciences. Il associa l'étude de la législation à celle de la philosophie et de l'astronomie. Sous son règne, les esprits furent éveillés de leur sommeil léthargique (1); il fit traduire en syriaque et en arabe plusieurs des chefs-d'œuvre de la littérature grecque. Alrashid, prince bienfaisant autant que courageux, et dont les mahométans louent la piété, avait un goût prononcé pour la poésie; il se faisait accompagner, dans ses fréquens voyages, par un nombreux cortége d'érudits, avec lesquels il aimait à s'entretenir (2). Almamon acheva, au commencement du 9ᵉ siècle, l'ouvrage de ses prédécesseurs : plus libéral encore et surtout plus tolérant que son père Alrashid, il n'examina point si les hommes qui secondaient ses desseins professaient un autre culte que l'Islamisme; il rassembla de toutes parts les écrits qui renfermaient le dépôt de l'antique sagesse des Chaldéens, des Perses et des Grecs; il appela à lui les érudits capables d'enseigner les doctrines qui y étaient contenues, il en fit faire des traductions; mais il eut le tort, par un

---

(1) *Dynast.* IX, p. 160, 246.
(2) Elmacin. *Hist. Saracen.* lib. II, cap. 6.

zèle aveugle pour sa langue nationale, de faire livrer aux flammes les originaux grecs, après qu'ils furent traduits, tort dont les suites ont été d'autant plus graves, que la plupart de ces traductions étaient très-imparfaites. Auprès de chaque temple s'éleva bientôt une école publique; celles de Bagdad et de Bassora acquirent surtout une grande renommée. Bientôt l'Egypte crut voir renaître les beaux jours des Lagides. Près du Caire s'élevait, dit Benjamin de Tudèle (1), un gymnase magnifique, décoré de colonnes de marbre, où la philosophie d'Aristote était enseignée dans vingt écoles à la fois. Tunis, Tripoli, Maroc même, au témoignage de Léon l'Africain, virent s'élever dans leurs murs des académies florissantes (2). Enfin, les Maures, passant en Espagne, y raniment le goût de l'instruction qui s'était éteint chez ses anciens habitans; Cordoue, Grenade, deviennent comme autant de métropoles des sciences. On s'étonne, en parcourant le catalogue que Casiri a publié des manuscrits arabes conservés encore

---

(1) *Itinerar.* p. 121. — Voyez aussi Léon l'Africain: *Hist. africa.* lib. V, VIII, p. 267.

(2) *Ibid.* lib II, p. 60.

aujourd'hui dans la bibliothèque de l'Escurial, du nombre prodigieux d'ouvrages qu'il renferme sur toutes les branches des connaissances humaines ; on y compte, sur la philosophie seule, près de deux cents écrits, qui ont exclusivement pour objet la métaphysique et la logique, et spécialement cette dernière (1). Mais, la puissance des princes, leurs encouragemens, leurs faveurs, donnaient seuls la vie à ces grands établissemens ; les études n'étaient qu'un bienfait du pouvoir despotique. L'exemple des Ptolémées, des Antonins, était imité par les kalifes ; l'action des mêmes causes ne put avoir que des résultats semblables.

De même que les Arabes s'approprièrent les travaux des Grecs, ce fut à des Chrétiens qu'appartint l'honneur d'être les premiers instituteurs des Arabes ; ils entreposèrent ainsi, si l'on nous permet cette expression, chez les Musulmans, les connaissances que ceux-ci devaient restituer plus tard aux nations chrétiennes. Déjà nous avons vu l'estime qu'accordèrent les con-

---

(1) *Biblioth. Arab. Hispanica*, Madrid, 1740, tome 1⁰ʳ, pages 178 à 208. Voir les numéros 607 à 705.

quérans à un Jean Philopon, à un S. Jean de Damas. Des médecins chrétiens appelés auprès des kalifes pour leur porter les secours de leur art, accréditèrent la science auprès d'un peuple qui l'avait jusqu'alors dédaignée, en la justifiant par ses applications. Jean Mesueh et son fils Gonain, jouèrent le rôle principal dans le début de cette grande et difficile éducation; le premier servit d'instrument au kalife Almamon pour la création de ses établissemens; le second donna des traductions faites immédiatement sur le Grec.

Il est à remarquer que déjà, dans le 6ᵉ siècle, un Syrien, Uranus, encouragé par l'amour que Cosroës témoignait pour la philosophie, avait traduit en persan quelques-uns des écrits d'Aristote; Sergius, vers le même temps, en avait donné aussi quelques traductions en syriaque. Dans le 7ᵉ siècle, Jacob d'Edesse traduisit également en Syriaque la dialectique du Stagyrite, en l'accompagnant de remarques; ces travaux s'étaient multipliés; les premières traductions arabes des écrits d'Aristote furent exécutés sur ces textes syriaques ou persans, et le sens des originaux dut nécessairement en être altéré.

Les Arabes ont cultivé l'histoire, du moins celle de leur nation, non-seulement avec soin, mais avec un zèle qui était l'effet de leur enthousiasme pour leurs institutions, et de la fierté que leur inspiraient de glorieux souvenirs; ils ont même écrit l'histoire de leur propre philosophie (A).

On regrette que la *Bibliothèque des Philosophes arabes*, qui existe en manuscrit à l'Escurial, et dont Casiri a cité quelques passages, n'ait point été traduite et publiée. Cependant, quels que soient les éloges pompeux que prodiguent à leurs philosophes les écrivains de cette nation, nous pouvons, à quelques égards, apprécier ceux qui ne nous sont pas connus par ceux dont les ouvrages sont encore sous nos yeux; car, c'est un caractère propre aux philosophes arabes qu'ils appartiennent à peu près à la même école, et qu'ils se répètent en général et se commentent les uns les autres. Essayons du moins de donner quelque idée de ces écrits dont les textes, jusqu'à ce jour, n'ont point encore été produits dans notre langue, en leur conservant, autant qu'il est possible, leur physionomie propre, et empruntant quelquefois même leur langage. L'influence qu'ils ont exercée sur la philosophie scolastique exige qu'on leur accorde quelque attention. On n'a publié, depuis la découverte de l'imprimerie, qu'un très-petit nombre de ceux qui faisaient le sujet des lectures ordinaires dans le moyen âge; encore, mis au jour dans le 15ᵉ siècle et au commencement du 16ᵉ, ils sont promptement tombés dans l'oubli (B).

A la tête de cette succession de philosophes d'un ordre nouveau, paraît Alkendi, appelé aussi Alchindius, Alcindi et Alkindi, qui vécut probablement à la cour d'Almamon, et que Cardan n'a pas craint de placer parmi les douze premiers génies qui ont éclairé la terre. Il donna aux Arabes l'exemple d'un culte aveugle pour Aristote, et commenta ses livres organiques; il écrivit aussi une *Exhortation à l'étude de la Philosophie*; un *Traité de la Philosophie intérieure*; des *Questions logiques et métaphysiques*, et quelques ouvrages de physique; il professait une haute estime pour les sciences mathématiques qu'il cultivait lui-même avec ardeur, et il composa un écrit sur la nécessité de cet ordre de connaissances pour l'intelligence de la philosophie, écrit qui a reçu beaucoup d'éloges. Il était aussi livré à la médecine, et son livre *Sur la composition des médicamens* a obtenu plusieurs éditions. Des notions hétérogènes, empruntées à des ordres de connaissances étrangers les uns aux autres, sont réunies et confondues dans ces ouvrages, confusion naturelle à ceux dont les études se composent d'emprunts faits au hasard. Le même Syncrétisme présida sans doute à ce *Traité des arts magiques* qui sortit encore de la plume féconde d'Alkendi, et qui l'a fait accuser de magie : c'était probablement un recueil des procédés empiriques qui, dans cette enfance des sciences physiques, enseignaient seuls à opérer sur la nature.

الفارابي

Disciple de Jean Mesueh, et lecteur assidu d'Aristote, Alfarabi fut la gloire de l'école de Bagdad; il embrassa à la fois les mathématiques, l'astronomie, la médecine et la philosophie; né dans un rang élevé et en possession d'un riche patrimoine, il mena une vie austère et se dévoua tout entier aux travaux de l'étude et aux exercices de la méditation. « Il pénétra, dit Albufarage, dans les secrets les plus profonds de la logique; mais en s'efforçant de les révéler il les rendit difficiles à saisir; il y répandit des vues ingénieuses, mais subtiles; il compléta les recherches d'Alkendi sur l'art analytique et les méthodes (1). A l'exemple de celui-ci, il commenta les ouvrages d'Aristote sur

---

(1) *Dynast.* IX, p. 208.

l'art de penser, et fit aussi connaître sa rhétorique aux Arabes.

Nous avons d'Alfarabi deux petits traités ; le premier *sur les Sciences*, le second *sur l'entendement* : le premier est une sorte de classification méthodique des connaissances humaines, exposée avec assez de lucidité, dans laquelle les conditions fondamentales de chaque science, ses définitions, ses principes, les rapports qu'elle entretient avec les autres, sont déterminés dans l'esprit de la philosophie d'Aristote. Au sommet de la science naturelle il place la science divine ; il lui assigne trois divisions, dont la dernière comprend les substances immatérielles. « Cette science, dit-il,
» établit que ces substances, dans leur multi-
» tude, s'élèvent graduellement jusqu'au som-
» met de la perfection ; l'échelle ascendante
» se termine au premier principe antérieur à
» toutes choses ; c'est l'unité primordiale qui
» confère à tout ce qui existe, et l'existence et
» l'unité : la vérité réside en lui comme dans
» sa source (1). » Dans son traité *sur l'Entendement*, Alfarabi s'attache à distinguer l'ac-

---

(1) *Alfarabi, de scientiis*, Paris 1638, p. 35.

ception que reçoit cette faculté dans le langage ordinaire, et dans la bouche du vulgaire, du sens scientifique qu'il reçoit dans la philosophie d'Aristote ; il s'applique spécialement à développer celui que le Stagyrite lui a donné dans le traité *sur l'âme*. Cette paraphrase d'un texte obscur n'y ajoute guère de clarté ; elle renferme le germe de la théorie développée plus tard par Averrhoës, et porte comme elle l'empreinte sensible du nouveau Platonisme (1). Tentons de pénétrer ces épais nuages, et de démêler les germes qui se sont développés dans les écoles des Arabes.

Aristote, dans son 3ᵉ livre de son traité *de l'Ame*, avait distingué l'*Entendement en puissance*, l'*Entendement en acte*, et l'*Entendement actif* qui, après la conversion du premier dans le second, semblable, disait-il, à la lumière, qu'il fait ressortir, rend visibles et réelles les couleurs qui jusque-là n'existaient dans les objets que d'une manière virtuelle (2).

―――――――――

(1) *De intellectu et intellecto*, à la suite du précédent. — Voyez aussi dans les OEuvres d'Averrhoës, édition de Venise, 1560, tome II, p. 380.

(2) *De anima*, lib. III, cap. 3.

Voici maintenant la théorie qu'Alfarabi tire de ces notions combinées avec la métaphysique du Stagyrite : « L'entendement, tel que le conçoit
» Aristote, dit-il, est cette faculté de l'âme
» par laquelle l'homme acquiert la certitude
» des propositions universelles, vraies, néces-
» saires, non par le raisonnement, non par la
» méditation, mais par une propriété même de
» sa nature et dès son enfance, de sorte qu'il
» ne remarque point d'où, ni de quelle ma-
» nière il l'acquiert... L'entendement *en puis-*
» *sance* est la faculté de détacher les *formes*
» des *matières* dans lesquelles elles résident,
» pour le transporter en lui-même : ces formes
» se distinguent des formes corporelles, en ce
» que celles-ci ne s'impriment que sur la sur-
» face, et que les autres pénètrent toute la
» substance et la profondeur des choses. L'en-
» tendement, en recevant les formes, devient
» l'entendement *en acte*, et ces formes sont
» *perçues en effet* (*intellecta in effectu*); elles
» deviennent les formes de cet entendement
» lui-même; elles ne sont qu'un avec lui. Dans
» ce nouvel état, et ainsi perçues, ces formes
» ne sont plus entièrement telles qu'elles étaient
» lorsqu'elles résidaient dans leurs matières; là,
» elles étaient liées à certaines conditions qui

» disparaissent maintenant; ici, elles sont con-
» sidérées sous de nouveaux rapports; reçues
» dans l'entendement *en acte*, elles entrent
» dans l'universalité des choses qui existent et
» qui sont du domaine de l'intelligence. Lors-
» que donc l'âme embrasse, par une vue de
» l'entendement *en acte*, toutes les choses in-
» telligibles, elle se perçoit elle-même, elle
» perçoit sa propre action, elle perçoit sa
» propre essence : en cela elle n'acquiert rien
» du dehors, elle se réfléchit sur elle-même.
» Alors l'âme devient à son tour un objet de
» l'entendement *en acte ;* mais cet objet diffère
» de celui que lui offraient les formes emprun-
» tées au dehors. Ici commence l'exercice de
» *l'Entendement acquis;* il perçoit des formes
» qui ne résidaient point dans une matière, qui
» n'en ont point été détachées, mais qui sub-
» sistent telles qu'elles ont toujours été.

» Ces formes nouvelles, qui n'ont point de
» matière extérieure, ne peuvent être perçues
» d'une manière parfaite que lorsque la totalité
» des objets *perçus en acte*, ou du moins le
» plus grand nombre, auront été offerts à l'es-
» prit; elles deviennent les formes de l'*Enten-*
» *dement acquis* qui en est comme le sujet,

» comme l'*Entendement en acte* est lui-même
» le sujet de l'*Entendement acquis*.

» De là les formes commencent à des-
» cendre aux *formes corporelles idéales* ;
» de là aussi elles commencent à s'élever
» en se séparant graduellement des matières.
» L'échelle descendante arrive jusqu'aux for-
» mes des élémens qui sont les plus viles.
» L'échelle ascendante s'élève jusqu'au pre-
» mier ordre de ce qui est séparé de toute
» forme. Dans cet ordre, le premier rang ap-
» partient à l'entendement actif dont la faculté
» essentielle consiste à s'assimiler à l'enten-
» dement acquis, dont l'action s'exerce comme
» celle des rayons du soleil dans le phénomène
» de la vision.

» Or, *les formes* qui sont au-dessus de l'en-
» tendement acquis, ces formes séparées de
» toute matière, sont en lui depuis le commen-
» cement ; elles y résident incessamment et sans
» fin ; elles y résident d'une manière beaucoup
» plus élevée ; nous les percevons en nous
» exerçant à nous détacher des choses moins
» parfaites pour atteindre à celles qui le sont
» davantage, c'est-à-dire en tendant du connu
» à l'inconnu ; car, ce qui est le plus parfait

» est aussi le plus éloigné de notre connais-
» sance.

» L'entendement *actif* perçoit ce qu'il y a
» de plus parfait; il possède en lui, d'une ma-
» nière abstraite, les formes qui sont aussi
» dans les matières, non qu'elles résidassent
» d'abord dans les matières, et qu'elles en
» aient été détachées ; mais, en pénétrant la
» matière et toutes les natures, l'entendement
» *actif* leur imprime lui-même ces formes telles
» qu'elles étaient en lui par l'effet de leur ab-
» straction des matières ; ces formes sont indivi-
» sibles. L'entendement *actif se substantialise*
» *dans l'homme ;* son essence, son action, son
» effet sont identiques ; il n'a point besoin d'une
» matière comme le corps ; il n'a besoin du se-
» cours d'aucun organe corporel ; il n'a be-
» soin ni des sens, ni de l'imagination ; son
» action, du reste, embrasse les corps, et les
» forces qui se manifestent dans les corps,
» qui lui prêtent les sujets sur lesquels il
» agit et s'exerce. Or, toute force suppose un
» moteur qui appartient nécessairement à l'or-
» dre des intelligences ; remontant donc de
» sphère en sphère, nous arrivons jusqu'au
» premier moteur à la cause première ; ce
» moteur, ne résidant point dans la matière,

» réside nécessairement dans sa propre na-
» ture. »

» L'intelligence perçoit donc sa propre es-
» sence, et l'essence de la cause qui est son
» propre principe à elle-même (1). »

On excusera peut-être ces citations littérales, si l'on considère qu'elles nous font connaître le point de vue dans lequel les Arabes et les scolastiques après eux se sont placés pour envisager la philosophie d'Aristote.

Le célèbre Avicena (Ebn Sina), l'Hippo- crate, l'Aristote des Arabes, et l'homme le plus extraordinaire certainement que cette nation ait produit, au milieu d'une vie troublée par une longue suite de malheurs et d'orages, absorbée plus d'une fois par de grandes fonctions politiques, et trop souvent distraite par les plaisirs, réussit cependant à exécuter des travaux qui furent long-temps révérés comme une sorte de code scientifique. Ses écrits sur la médecine en particulier, quoique ne renfermant guère qu'une compilation d'Hippocrate et de Galien, remplacèrent l'un et l'autre, même dans les universités d'Europe, et furent étudiés comme

---

(1) *Alfarabi opera*, Paris, 1638, p. 43 et suiv.

des modèles à Paris et à Montpellier jusqu'à la fin du 17ᵉ siècle, époque à laquelle ils sont tombés dans un oubli presque complet. Vattier, médecin et professeur d'arabe, à Paris, avait eu la patience de traduire en entier les œuvres de ce médecin philosophe; mais la logique seule a été livrée à l'impression (1), et le reste du manuscrit de cette traduction s'est perdu.

Quoique la philosophie d'Aviçena soit essentiellement aristotélique, on y trouve une foule d'aperçus neufs qui avaient jusqu'alors échappés aux Péripatéticiens, et qui mériteraient peut-être d'être signalés avec quelque détail par les historiens de la science. « On trouve, dit le judicieux Tiedemann (2), dans les vues d'Aviçena une clarté et une précision remarquables; dans ses raisonnemens beaucoup de pénétration; dans ses pensées, un étroit enchaînement. » Ce philosophe était fort religieux; il se préparait à la méditation par la prière, et nous avons encore les hymnes qu'il a composés.

---

(1) A Paris, 1658, in-8°.
(2) Esprit de la philosophie spéculative, tome IV, sect. 4, p. 111.

En lisant ses écrits, on ne peut s'empêcher de reconnaître, dans ce fécond et infatigable écrivain, un esprit étendu et méthodique. Il se plaît à rapprocher entre elles les diverses branches des connaissances humaines, à marquer leurs affinités, à poser les limites qui les séparent, à les classer, à les coordonner. La logique est à ses yeux leur commun préliminaire; il traite cet art d'après les principes et les règles d'Aristote : cependant, quoiqu'il l'ait abrégé et simplifié, il l'a perfectionné sur quelques points ; il en a déterminé d'autres avec plus de précision et de netteté. « Toute connaissance con-
» siste en représentation et en conviction ; on
» se représente fort bien les choses, sans se les
» persuader : la représentation s'acquiert par
» la définition ou quelque chose de semblable ;
» la conviction par le raisonnement (1). » C'est le point de départ d'Aristote; mais Avicéna établit d'une manière plus expresse et plus positive qu'Aristote qu'il est certaines représentations primitives dont on ne peut donner de définition. « Toute représentation et toute

---

(1) Logique d'Avicène, trad. par Vattier, pages 1, et 183.

» conviction s'obtient par quelque recherche,
» ou s'offre spontanément... Il est des choses
» qu'on se représente immédiatement et sans
» le secours d'aucun milieu (1). La notion de
» l'*être*, par exemple, est une notion simple
» qui n'est pas susceptible de définition. » Il
en est de même, suivant Avicena, de celles du
nécessaire, du *possible*, de l'*impossible* (2). Cette
remarque sur la *notion* de l'être est neuve ;
celles sur les autres notions est inexacte ; mais
Avicena relève avec fondement l'inexactitude
des définitions qu'on avait jusqu'alors essayé
d'en donner. Il distingue aussi plus nettement
qu'Aristote les jugemens de fait, des jugemens
abstraits, quoiqu'il ne porte pas dans cette distinction toute la lumière désirable. « Un homme
» connaît quelquefois la chose par une notion
» qui n'est pas particulière à cette chose, mais
» commune, pendant qu'il l'ignore en ce qui
» lui est propre et particulier. Pour savoir que
» tout ce qui est *deux* est *pair*, il ne sait pas
» tout ce qui est *deux*. Il peut même se faire
» qu'on sache la chose ou *puissance*, et qu'on

---

(1) *Ibid*, p. 184.
(2). *Métaphys. trait*. II, cap. 1.

» l'ignore *en effet* (1). Les choses sensibles
» sont celles que les sens persuadent con-
» jointement avec la raison; voici comment
» cette persuasion a lieu : lorsque les sens
» apercevant plusieurs fois l'effet d'une chose
» en une autre, comme les mouvemens des corps
» célestes, cet effet se présente plusieurs fois
» à notre mémoire, il résulte de là une expé-
» rience par le moyen d'un raisonnement dont
» la mémoire est le lien, et qui se fonde sur
» ce que si cet effet était fortuit et accidentel,
» et non de l'exigeance de la nature de la chose,
» il n'arriverait pas ainsi constamment sans
» manquer (2). La fausseté ne se trouve que
» dans les choses qui ne sont pas sensibles
» elles-mêmes, mais plutôt principes des choses
» sensibles. La *pensée imaginative*, dans les
» choses sensibles et dans les propriétés qu'elles
» ont en tant que sensibles, persuade, et la
» raison la suit, ou plutôt elle sert elle-
» même d'instrument à la raison dans les choses
» sensibles; mais, dans celles qui ne le sont
» pas, il faut la diriger vers quelque effet sen-
» sible (3)... Les notions simples qui servent

---
(1) *Ibid*, p. 170.
(2) *Ibid*, p. 185.
(3) *Ibid*, p. 190.

» d'élément au raisonnement, sont prises, soit
» à l'aide des sens et de l'imagination, soit au-
» trement. Les sens aident à former l'idée du
» tout, du plus grand, de la partie; mais la
» conviction de la vérité des rapports est pri-
» mitive (1). »

La lutte de l'imagination et de la raison, les écarts auxquels entraîne la première, la nature des raisonnemens fondés sur l'induction, l'artifice des raisonnemens conditionnels et des raisonnemens réduplicatifs, sont un complément ajouté par Avicena à la logique d'Aristote; il a obtenu la réduction, vainement tentée par Aristote, du raisonnement fondé sur l'absurdité de la conséquence, à l'argument catégorique (2). Il a distingué avec plus de précision en quoi une proposition absolue diffère d'une proposition infaillible; il a rectifié aussi, en quelques points, les règles posées par le Stagyrite qu'il désigne constamment par la dénomination du *Philosophe*; exemple qu'ont suivi nos scolastiques.

« L'homme doit se considérer comme étant

___

(1) *Ibid*, p. 198,
(2) *Ibid*, p. 129, 164. Voyez aussi sur ce sujet les deux remarques de Vattier à la suite de la logique.

» créé parfait, mais comme ayant un voile
» devant les yeux, suspendu dans l'air, n'étant
» en contact avec aucun objet sensible. Dans un
» semblable état, il affirmerait sa propre exis-
» tence; mais il ne pourrait connaître aucune
» chose extérieure, il ne connaîtrait pas même
» ses propres organes externes ou internes(1).»

Comment parviendra-t-il à la connaissance? Voici la théorie d'Avicena :

Avicena, en distinguant avec Aristote l'âme végétative, l'âme sensible, l'âme raisonnable, a cependant le soin de remarquer que cette distinction indique plutôt trois modes d'action que trois substances différentes. « L'âme végétative a trois facultés : nutritive, augmentative et génératrice. L'âme sensitive a deux facultés : la faculté motrice et la faculté d'appréhension : la faculté motrice commande au mouvement, ou le produit; la première consiste dans les appétits; la seconde leur prête son secours, et met en jeu les muscles par une force répandue dans les nerfs. La faculté d'appréhension est double; elle s'exerce au dehors et au dedans. On compte ordinairement cinq sens extérieurs, mais on peut en compter huit; car le tact se

---

(1) *De Anima*, § 1er, cap. 1, p. 2.

soudivise en quatre autres, dont le premier discerne le froid et le chaud; le second, le sec et l'humide; le troisième, le dur et le mou; le quatrième, les aspérités et le poli des surfaces (1). » Avicena expose et décrit avec détail les opérations qui appartiennent aux divers ordres de sensations; il y joint de nombreuses observations physiologiques; des vues sur les sons, sur la lumière, sur les couleurs, accompagne ces recherches de réflexions judicieuses, et s'attache surtout aux phénomènes de la vision. Il distingue l'accident de la coloration dans les corps, et la perception de la couleur dans le sens de la vue (2). « Percevoir, c'est détacher *les formes* des objets : cette opération a divers degrés, suivant qu'elle est plus ou moins complète, qu'elle sépare des objets leurs qualités essentielles, et les divers accessoires qui viennent s'y joindre (3). »

» La faculté d'appréhension intérieure se divise à son tour en deux autres : l'une perçoit les formes des objets sensibles, l'autre leurs

---

(1) *Ibid*, cap. 5.
(2) *Ibid*, pars II, cap. 3, et suiv., cap. 4.
(3) *Ibid*, pars II, cap. 3.

propriétés. Elle se soudivise encore en ce que quelquefois elle perçoit et agit tout ensemble, et quelquefois elle perçoit sans agir. Elle se soudivise enfin en ce qu'elle perçoit d'une manière principale ou secondaire. La faculté de percevoir les formes des objets sensibles se distingue de celle de percevoir leurs propriétés, en ce que la première perçoit à l'aide des sens extérieurs et des sens intérieurs tout ensemble, ceux-là transmettant à ceux-ci l'impression qu'ils ont reçue, tandis que la seconde ne s'exerce qu'à l'aide du sens intérieur : c'est ainsi que la brebis reconnaît le loup, et reconnaît ensuite le danger que sa présence peut lui faire courir. La faculté d'appréhension est inactive quand elle se borne à recevoir la description de l'objet existant; elle devient active, quand elle combine ou sépare les formes et les qualités. Elle perçoit d'une manière principale, quand elle acquiert les notions directement d'après la chose elle-même, et d'une manière secondaire, quand elle l'acquiert par induction à l'aide d'une autre chose. »

» L'appréhension intérieure se compose de cinq sens intérieurs : la première est une sorte de vision (*fantasia*), ou le *sens commun*, qui réunit et concentre les perceptions reçues des sens extérieurs; la seconde est une sorte d'*imagination*, qui conserve ces perceptions ainsi reçues et réunies ; la troisième est une faculté qui reçoit le nom d'*imaginative*, par rapport à l'âme vitale, et de *cogitative*, par rapport à l'âme humaine; son caractère propre est de composer, avec les élémens reçus du dehors, diverses combinaisons artificielles, au gré de l'esprit; la quatrième est la faculté *estimative*, qui perçoit, non pas les qualités immédiatement senties dans les objets, mais leurs propriétés réelles qui échappent aux sens; la cinquième est la *mémoire*, qui conserve les notions obtenues par la précédente (1) ». Avicena assigne à chacun de ces cinq sens intérieurs une loge, une cellule spéciales, dans les cavités du cerveau, et semble ainsi préluder aux vues exposées depuis peu par de célèbres anatomistes de notre temps (B).

« Les facultés de l'âme raisonnable se divisent en faculté de connaissance et en faculté d'action. La seconde préside la faculté active de l'âme sensitive, en règle et en gouverne les mouvemens; elle est guidée, elle est mue par la faculté contemplative; elle a en quelque sorte

---

(1) *Ibid*, § 1er, cap. 5.

deux faces, l'une, tournée vers le corps, qui ne reçoit cependant point de perception d'une nature corporelle; l'autre, tournée vers ces principes élevés, qui lui servent de flambeau. La faculté de connaissance se dirige aux intelligibles du premier ordre et du second (1). Or, voici comment l'entendement se forme et se développe. La première chose que l'entendement humain aperçoit dans les formes est ce qui leur est essentiel et accidentel, en quoi elles diffèrent ou se ressemblent. Mais, les qualités par lesquelles elles se ressemblent ne composent dans l'entendement qu'une seule et même idée; au contraire, la perception des qualités par lesquelles elles diffèrent créent dans l'entendement autant d'idées diverses. L'entendement a donc le pouvoir de rendre multiple ce qui est un, et de ramener à l'unité ce qui est multiple. La réduction du multiple à l'unité s'opère de deux manières : 1° lorsque des idées qui diffèrent par les dimensions et par les images, sont rappelées à l'unité parce qu'elles ne diffèrent pas par les définitions, c'est-à-dire lorsqu'en les analysant on retrouve en elles le même genre et la

---

(1) *Ibid, ibid.*

même différence, en séparant l'essence de l'accident; 2° lorsque des idées distinctes par leurs genres et leurs différences, il s'en forme une seule par la définition, c'est-à-dire lorsque, par une plus haute généralisation, on les réunit sous une classe supérieure. La transformation de l'unité en multiple s'opère par une opération contraire. Or, ces opérations appartiennent à l'entendement. Car, nos autres facultés prennent les objets tels qu'ils sont, prennent pour multiple ce qui est multiple en effet, pour un ce qui est un; elles ne peuvent séparer l'accident de l'essence. Mais, lorsque les sens représentent une forme à l'imagination, que l'imagination la transmet à l'entendement, que l'entendement en reçoit une idée; si ensuite une forme de la même espèce est reproduite à l'imagination, de telle sorte qu'elle ne diffère de la première que numériquement, l'intelligence ne peut acquérir par cette perception une idée nouvelle, à moins que cette seconde forme n'ait un accident qui lui soit propre, et que l'entendement perçoive alors comme accident. Si l'entendement ne peut pas s'élever jusqu'au dernier terme de l'intelligibilité, qui est l'entière abstraction de la matière, l'obstacle n'est point dans l'essence de l'objet abstrait, ou dans la nature même de l'entendement ; c'est que l'âme est embarrassée dans les liens de ce corps dont elle a presque toujours besoin, et qui l'éloigne de sa plus grande perfection. Si l'œil ne peut pas contempler le soleil, la cause n'en est pas dans la nature du soleil ou dans son absence, mais dans la faiblesse de l'organe. L'entendement de l'âme deviendra plus parfait et plus pur lorsqu'elle sera dégagée de ces liens et de ces obstacles. Le mode suivant lequel se forme l'entendement diffère suivant la nature des objets ; car il ne peut saisir ceux qui lui échappent par leur subtilité ; il ne peut saisir les privations, d'une manière directe et absolue, mais seulement par comparaison avec les puissances ; il ne saisit le mal que par sa comparaison avec le bien (1). »

» L'âme connaît parce qu'elle perçoit en elle-même la *forme* des objets connus, dépouillée de la *matière*. Mais, si cette forme est ainsi dépouillée, c'est que l'entendement la détache, ou qu'elle est en elle-même détachée de la matière : or, cette séparation n'est pas l'ouvrage de la nature. Mais l'âme se connaît elle-même, et d'après cette connaissance elle connaît qu'elle

---

(1) *Ibid*, § 5, cap. 5.

est à la fois le sujet intelligent, et la chose connue, et l'idée qui s'en forme. Il n'en est pas ainsi pour les autres formes; car elles résident toujours dans les corps. Je ne partage point, ajoute Avicena, l'opinion de ceux qui pensent que l'âme, dans l'acte de la connaissance, s'identifie à l'objet connu; car je ne comprends pas comment une chose peut en devenir une autre. Mais je conçois que les formes des choses sont reçues dans l'âme, la décorent et l'enrichissent par le secours de l'*entendement matériel*. Lorsque l'entendement perçoit les notions intelligibles, cette opération a quelque analogie avec celle qui détache la forme de la matière; mais il y a cette différence que, dans la dernière opération, l'âme reçoit des impressions, que dans la seconde, elle est un principe actif et créateur. Or, il y a pour l'âme deux degrés ou deux modes suivant lesquels elle peut parvenir à s'unir à cet entendement actif et pur; l'un par l'instruction, l'autre sans aucun secours et par l'inspiration du génie; le dernier est le plus relevé; c'est une faculté à laquelle on peut donner le nom de *sainte* (1). »

» On ne peut parvenir à la connaissance des

---

(1) *Ibid*, cap. 6.

choses soumises à de principes que par la connaissance des principes eux-mêmes. Les phénomènes de la nature étant soumis à des principes ou à des causes, la science naturelle ne peut donc acquérir de certitude qu'autant qu'on découvre ces principes et ces causes. Or, nous devons connaître les principes communs avant les principes particuliers, et les principes les plus généraux avant ceux qui le sont moins (1). »

» Les notions les plus générales sont aussi les mieux connues, mais seulement dans leur rapport avec notre raison, non dans leur rapport avec la nature ; car la nature ne se produit que sous les formes particulières, sauf les objets individuels. Les hommes s'accordent à peu près relativement aux notions générales ; ils diffèrent dans leur application aux spécialités. »

» La première image qui est tracée dans l'esprit d'un enfant est la forme spéciale d'un homme ou d'une femme ; mais il ne distingue point encore entre l'homme qui est son père et celui qui ne l'est pas ; entre sa mère et une étrangère. Cependant il arrive bientôt à saisir cette différence et à discerner successivement les

---

(1) *De Sufficentia*, lib. I, tract. I, cap. I.

objets particuliers. Dans le premier moment il n'a encore qu'une notion individuelle, vague et non déterminée.

» Il y a deux sortes de causes; les unes qui font partie de l'effet, et sont aperçues, conjointement avec lui; c'est ainsi que le bois, par exemple, qui sert à former un lit, est considéré comme la cause de ce lit; les autres, éloignées et déduites; tel est l'ouvrier qui a travaillé ce bois. Ces dernières se divisent encore en deux classes : les effets sensibles ont des causes sensibles et des causes supérieures aux sens; dans le premier cas, la cause n'a aucune priorité sur son effet; dans le second, la cause pourra être connue avant l'effet; car la raison procède de la cause à l'effet. Quelquefois, cependant, on remonte de la connaissance de l'effet à celle de la cause, et on redescend ensuite de celle-ci à la connaissance d'un autre effet; alors on considère la cause suivant l'ordre de la nature. Les sens saisissent ce qui est composé, avant de discerner ses parties; l'entendement, les élémens simples avant d'embrasser l'ensemble. »

« Le mérite et l'utilité de la métaphysique

---

(1) *Ibid, ibid.*

consiste donc, suivant Avicena, en ce que cette science fonde les principes sur lesquels reposent toutes les autres. Elle traite d'abord du possible, du nécessaire et du contingent; ensuite de la réalité, de la substance, de l'accident, du genre et de l'espèce; ensuite de la cause, de l'action, de la modification passive, de l'unité, de l'uniformité, de la contradiction; enfin des principes de tout ce qui existe, et du premier principe (1). L'*être* est l'objet propre de cette science, car l'*être* est l'élément primitif et universel de toutes les notions philosophiques; de cette notion générale la métaphysique descend à ses diverses branches, jusqu'à ce qu'elle ait rencontré ces propriétés déterminées, qui sont l'objet des sciences naturelles, c'est-à-dire à celle de l'être soumis au changement et au repos; ou encore celles desquelles résulte l'objet des sciences mathématiques, c'est-à-dire la mesure des quantités; en un mot, jusqu'à ce qu'il ait fixé les principes de toutes les sciences spéciales et par conséquent limitées, comme dérivant nécessairement des principes universels; elle recherche aussi les dernières causes de ces

---

(1) *Ibid*, cap. 3 et 5.

transformations et celles de l'être lui-même (1). »
Aristote avait indiqué vaguement qu'il est des notions dont on ne saurait donner la définition. Avicena reconnaît expressément ce caractère dans les notions simples ; comme celles de l'*être*, du *nécessaire*, du *possible*, de l'*impossible*, parce que la définition supposant déjà la connaissance de la chose définie, ne serait qu'une pure autologie (2). »

» L'être nécessaire n'a point de cause ; car, puisqu'il est nécessaire, il tire son existence de sa propre essence. Ce qui n'est que possible a nécessairement une cause qui le détermine à être ou à n'être pas (3). L'être nécessaire est par là même éternel (4). »

» Le sujet est ce à quoi vient se joindre une autre chose, mais non comme la partie à son tout (5). »

Avicena détermine la notion des corps ; comme l'ont fait plus tard les Cartésiens, par

---

(1) *Ibid*, *ibid*, cap. 2.
(2) *Ibid*, lib. II, tract. I, cap. I.
(3) *Ibid*, cap. 2.
(4) *Ibid*, cap. 3.
(5) *Ibid*, tract. II, cap. 1.

la seule étendue à trois dimensions, sans y joindre la solidité. « Mais cette notion ne constitue encore qu'un corps *possible*, et le sujet de cette possibilité, adapté à recevoir cette forme (*substantia adaptata*) est la matière. On ne peut concevoir les corps que revêtus de cette forme (1). »

» Les nombres existent à la fois dans l'ordre de l'entendement et dans celui de la réalité : ils ne sont qu'un être idéal, en tant qu'ils ne sont point rapportés à un objet ; ils deviennent réels, dès qu'ils s'appliquent à des êtres multiples. Il en est de même de toutes les relations : elles sont en partie le produit de l'entendement, en partie fondées dans les réalités (2) ».

On doit remarquer que la philosophie d'Avicena est encore exempte du Mysticisme qui s'introduisit dans les systèmes des Arabes, et qu'elle n'emprunte point en général au nouveau Platonisme les développemens qu'elle donne à la doctrine péripatéticienne. Nous allons voir bientôt ce mélange s'opérer, et les nouveaux élémens acquérir la prééminence ; mais la phi-

---

(1) *Ibid*, cap. 2 et 3.
(2) *Ibid*, 3, 5. Tract. III, cap. 10.

losophie d'Avicena continue à servir de type et de patron à la logique et à la métaphysique des Arabes, autant qu'elles se dirigent d'après les règles et les principes de la raison.

الغزالي

Voici maintenant un philosophe arabe qui s'élève contre les systèmes nés de l'alliance du Péripatéticisme et du nouveau Platonisme, contre Aristote lui-même, et qui s'annonce comme le *destructeur* des doctrines accréditées ; c'est Algazel ou Algazali, qui enseignait avec éclat, dans le onzième siècle, à Bagdad et à Alexandrie. Il se livra spécialement à la théologie, et porta dans cette étude un esprit d'indépendance et de critique, qui attirèrent une condamnation sur ses écrits ; il cultiva, dit-on aussi, la poésie avec quelque succès. Son traité des *Sciences Religieuses* a joui d'une grande célébrité en Orient. Il avait beaucoup lu, et ce qui est plus rare, surtout dans ce siècle et chez cette nation, il avait lu avec quelque discernement, et même avec une disposition de critique.

Dans son ouvrage *sur les Opinions des Philosophes*, il discuta ces opinions particulièrement en ce qui concerne les principes des sciences naturelles. Nous ne connaissons l'ouvrage qu'il composa dans le même but, et sous le titre de *Destruction des Philosophes*, que par la réfutation qu'en a faite Averrhoës (1); cette réfutation, intitulée à son tour : *Destruction des Destructions de la Philosophie d'Algazel*, renferme, il est vrai, ou le texte des objections de celui-ci, ou leur résumé; mais les objections, comme la réfutation, sont à peu près inintelligibles, soit à raison de l'extrême subtilité de l'argumentation, soit parce que le Juif Calo Calonymos, qui a prétendu les traduire en latin, les a en effet revêtues du jargon le plus barbare. Ce singulier ouvrage, dirigé à la fois contre Aristote, Avicena et les nouveaux Platoniciens, se rapporte essentiellement à la théologie naturelle. Algazel emprunte en partie à Jean Philopon les raisonnemens qu'il oppose à l'hypothèse de l'éternité du monde, et combat les systèmes des nouveaux Platoniciens sur l'émanation universelle, sur l'identité absolue, sur l'unité parfaite, sur la non-réalité de la matière, sur les migrations des âmes. Il attaque la notion fondamentale de cette école qui, pour conserver au premier principe

---

(1) *Averrhois opera*, Venise, 1560, tome IX, folio 8.

la simplicité la plus entière, lui refusait toute espèce d'attributs. Avec Avicena, il rejette encore cette proposition des nouveaux Platoniciens, « que l'intelligence ne peut connaître qu'elle-même (1). » Il essaie de détruire la proposition d'Avicena sur l'impossibilité d'admettre deux êtres nécessaires. Nous n'avons pu entrevoir, au travers des nuages qui enveloppent le texte, que quelques distinctions plus ou moins ingénieuses, particulièrement sur la notion de *l'unité*, qui avait donné lieu à tant d'équivoques dans l'école du nouveau Platonisme, et dont il cherche à différencier les diverses acceptions.

Le Scepticisme critique d'Algazel s'étend jusque sur la relation des causes et des effets. Il soutient du moins qu'il n'y a entre la cause et l'effet aucune connexion nécessaire. Il ébranle ainsi dans ses bases toute la métaphysique d'Aristote. Mais le but qu'il se propose dans la *destruction* de ce principe fondamental, est très-curieux et fort éloigné de celui qu'on soupçonnerait au premier abord. « Ce but, il le déclare expressément lui-même,

---

(1) *Voyez* Averrhoës, *Destructio destructionum, disput.* IV, folio 25.

» ce but est de fonder et même d'étendre la
» *théorie des miracles*, en faisant disparaître
» les obstacles que lui opposeraient les lois de
» la nature, si elles étaient reconnues immua-
» bles par la physique. Les philosophes ont
» restreint, ajoute-t-il, cette théorie, dans
» des limites trop étroites, lorsqu'ils l'ont ré-
» duite à trois branches : *les prédictions*, qui
» sont le résultat de l'énergie de l'imagination;
» l'*illumination* ou l'extase, résultat de l'é-
» nergie de la faculté de connaître; et les arts
» magiques, résultat de la puissance produc-
» tive de l'âme ». Dans le dessein de laisser un
libre champ à un nouvel ordre d'opérations qui
altère la marche ordinaire de la nature, il
veut donc faire disparaître toute notion de
cause. Du reste, ses objections ne se dirigent
que contre la notion d'une connexion métaphysique entre la cause et son effet; il s'attache à montrer que cette connexion ne peut
être établie logiquement et *à priori*, préludant
ainsi à la célèbre argumentation de Hume (1).
En général, son Scepticisme paraît avoir essentiellement pour objet de détruire tout système
de théologie rationnelle, afin d'ouvrir une car-

---

(1) *Id. ibid.*, *disputatio* 1, folios 58, 56.

rière indéfinie, non-seulement à la foi guidée par la révélation, mais même à la libre exaltation de l'enthousiasme mystique. Algazel propose une classification des sciences naturelles, d'après les principes d'Aristote, les distinguant en *racines* et en *branches* : les premières comprennent les connaissances théoriques; les secondes, au nombre de sept, comprennent les arts pratiques, parmi lesquels figurent la *physionomique*, l'art d'interpréter les songes, celui d'apprécier l'influence des astres, et l'alchimie.

La logique d'Algazel est à peu près calquée sur celle d'Avicena. Cependant, en reconnaissant avec celui-ci que « la science qui s'obtient » par l'investigation, n'acquiert sa vérité qu'à » l'aide d'une connaissance primitive et im- » médiate », il fait consister uniquement celle-ci dans les premières notions « qui sont, dit- » il, fixes et stables dans l'entendement, sans » le secours de l'examen et de la méditation. » L'âme, dit-il encore, est comme un mi- » roir dans lequel se peignent les formes de » toutes choses, lorsqu'elle a été purifiée de » toutes les habitudes vicieuses (1). »

---

(1) *Logica et philos.* Algazelis Arabis, Cologne, 1506, folios 2 et 3.

Nous avons encore d'Algazel plusieurs traités de philosophie. Le premier a pour objet la classification des connaissances humaines. « Il y a trois branches de sciences pratiques ; la première a pour objet l'art de discourir : la seconde, l'économie domestique ; la troisième, la morale. Il y a également trois ordres de sciences spéculatives : la théologie, les mathématiques, l'histoire naturelle. Car la science s'occupe ou des choses qui sont entièrement placées hors de la matière ; ou de celles qui peuvent être conçues, mais non exister réellement, hors de la matière ; ou enfin de celles qui n'ont d'existence réelle que dans la matière. La première traite de la cause, de l'universalité des êtres ; car les êtres se divisent en causes et en effets ; cette science s'attache donc à l'unité de l'être, elle en démontre la nécessité ; elle fait voir comment de cette unité primordiale dépend tout le reste de ce qui existe, comment tout en est découlé ; c'est la science divine, la science de la puissance. Les sciences mathématiques sont le moins sujettes au doute ; les sciences naturelles sont les plus éloignées de la certitude, à cause de la mobilité continuelle des objets

» qu'elles embrassent (1). » Le reste de ce traité est une sorte de nomenclature ontologique qui renferme neuf distinctions de l'*être*.

Quelle que soit l'ardeur avec laquelle Algazel ait attaqué, dans ses Destructions, la doctrine des nouveaux Platoniciens et celle d'Avicena, il les reproduit assez fidèlement dans ses divers traités de métaphysique. Il s'attache à montrer, d'après Avicena, que le mouvement ne peut être propre et inhérent à la matière, qu'il dérive nécessairement d'une cause étrangère à la matière, d'une intelligence; voici comment il en explique l'origine: « L'image ou l'idée de la beauté est la cause » de l'amour qu'elle inspire; cet amour dé- » termine la recherche de l'objet; cette re- » cherche détermine le mouvement (2). »

Avec Aristote et Avicena, Algazel a reproduit les distinctions de trois âmes : végétative, animale et intelligente ; il distingue les sens extérieurs et les sens intérieurs. Pour établir la certitude des perceptions que les pre-

---

(1) *Ibid.*, *Op. phil.* lib. I, tract. I, cap. 1.
(2) *Ibid.*, *ibid.*, lib. II, tract. I, *de modis intelligendi.*

miers nous transmettent, il reproduit l'hypothèse de certaines formes intermédiaires qui résultent d'un concours, d'une *coaptation*, entre la faculté sensitive et les propriétés des objets. « Ces perceptions ne sont donc ni l'effet de la simple impression produite par les objets eux-mêmes, ni celui de la simple action des sens ; c'est un résultat mixte, effet combiné de l'un et de l'autre; dans la vision, par exemple, c'est un miroir dans lequel se retracent les couleurs (1). » En cherchant à développer ainsi une hypothèse vaguement exposée par Aristote (2), sur le phénomène de la sensation, Algazel donne une figure et une sorte d'expression matérielle à cette explication, qu'un préjugé aussi constant que général a perpétuée jusqu'à nos jours, et qui fait supposer entre l'esprit et les objets certaines images intermédiaires qui, à le bien prendre, sont sous d'autres termes les *idées* de Locke lui-même (*D*).

Algazel reproduit le système d'Avicena sur

---

(1) *Ibid.*, *ibid.*, tract. IV, cap. 3, *De sensibus exterioribus.* — Cap. 5. *De Anima hum.*
(2) Voyez ci-devant, tom. II, p. 336.

les sens intérieurs et les cinq cellules réservées dans le cerveau pour les organes qui leur sont affectés, avec quelques légères différences qui ne roulent guère que sur les expressions et avec des détails plus circonstanciés (E).

« L'âme humaine, dit encore Algazel, a
» deux faces : l'une par laquelle elle porte ses
» regards sur la région immense des choses
» supérieures, et y puise la lumière de la science,
» et dont le caractère propre est de recevoir les
» émanations de cette lumière ; l'autre par la-
» quelle elle se dirige vers la partie inférieure
» et gouverne ses propres organes. La sensi-
» bilité et l'imagination ne peuvent s'exercer
» que sur les objets matériels ; elles ne peuvent
» saisir que des individus ; elles les perçoivent
» ou les conçoivent soumis à certains accidens
» de temps, de lieu, de figure. La faculté esti-
» mative dépend encore de la matière et des
» choses extérieures, puisqu'elle leur emprunte
» les perceptions sur lesquelles elle s'appuie.
» Mais il y a en nous aussi une faculté qui saisit
» les caractères essentiels (*quidditates*) des
» objets dépouillés de tout accident, d'une ma-
» nière générale et par conséquent abstraite.
» Cette faculté est différente des précédentes ;
» c'est l'entendement ; elle s'élève par des de-

» grés successifs, et se développe en s'exer-
» çant (1).» Algazel trace avec assez de netteté
les neuf conditions qui, suivant lui, distinguent
les opérations des facultés sensibles et imagi-
natives, de celles de l'entendement; plusieurs
de ces conditions sont déduites d'observations
judicieuses : « L'entendement se perçoit lui-
» même; il perçoit même sa perception; il
» perçoit ce qu'il produit; il passe du fort au
» faible; de ce qui est obscur à ce qui est lumi-
» neux, sans en être altéré ; il se fortifie sou-
» vent au lieu de s'affaiblir avec les années.
» L'affaiblissement des organes corporels peut,
» il est vrai, réagir de deux manières sur les
» facultés intellectuelles; d'abord en occasio-
» nant une distraction à l'esprit, s'il est ac-
» compagné de douleur ; ensuite en privant
» l'esprit des secours qu'il peut emprunter
» aux organes pour l'investigation des choses
» extérieures. Mais la puissance intellectuelle
» peut, par sa propre énergie, s'affranchir de
» cette double dépendance (2). »

Algazel fut aussi théologien. Il écrivit une

---

(1) *Ibid.*, *ibid.*, cap. 5. *De Anima hum.*, et
ejus potentia.
(2) *Ibid.*, *ibid.*

interprétation de la profession de foi des Orthodoxes, qui a été publiée en arabe et en latin (1), dont le but principal est de faire ressortir l'unité et la simplicité de la nature divine. « Dieu n'est point une substance ; rien n'existe en lui comme dans son sujet ; il n'existe point non plus dans les autres êtres d'une manière semblable. Son existence se manifeste à l'intuition de l'entendement. »

C'est ici, sans doute, le lieu de parler du célèbre livre *de Causis*. Car nous voyons dans Guillaume, évêque de Paris, que le Juif David résuma, pour le composer, les traités d'Alfarabi, d'Avicena et d'Algazel (F), quoique ce livre ait été rapporté aussi, du moins en partie, à Aristote, quoiqu'il ait été rapporté encore à Proclus, opinion que S. Thomas-d'Aquin a, si nous ne nous trompons, exprimé le premier, frappé sans doute de l'analogie qu'il présente avec le système néoplatonicien.

Ce livre extraordinaire, dont le sujet traite les plus hautes questions de toute philosophie transcendentale, et qui a exercé certainement une influence remarquable dans le moyen âge,

---

(1) Pocock: *Specimen hist. Arabum*, p. 274.

se compose du développement de 32 propositions présentées selon la méthode des géomètres.

« La cause première agit sur l'effet avec une
» plus grande puissance que la cause univer-
» selle, mais secondaire, et continue d'agir sur
» cet effet, alors même que celle-ci vient à
» cesser.

» La cause première est antérieure à l'éter-
» nité, au-dessus de l'éternité ; l'intelligence
» est contemporaine de l'éternité, supérieure
» au temps.

» Toute âme d'une nature noble s'exerce par
» trois opérations : l'une animale, l'autre in-
» tellectuelle, l'autre divine. La dernière est
» l'exemple, la forme des deux autres ; la
» seconde est l'intermédiaire, l'instrument de
» la troisième.

» La première des choses créés est l'*être*;
» l'être est au-dessus des sens et des âmes, au-
» dessus de l'intelligence; il porte le caractère
» d'une plus étroite *unité*, parce qu'il est placé
» plus près de l'être incréé, du principe pur, un
» et vrai qui renferme en lui la multitude des
» modes divers. Cet être créé, quoiqu'il soit
» *un*, quoiqu'il soit créé simple, se multiplie, se
» compose de fini et d'infini. Au-dessous de la
» cause première est l'intelligence qui ren-

» ferme en elle la plus haute puissance et toutes
» les autres perfections. Toute intelligence est
» pleine de formes ; mais l'intelligence supé-
» rieure ne contient que des formes univer-
» selles ; les intelligences secondaires contien-
» nent des formes particulières. La première
» renferme les formes universelles avec la plus
» grande étendue, la plus grande universalité.
» De la forme *une* qui se diversifie, provient
» dans le monde la multitude des individus. La
» forme ne se divise pas, quoique les individus
» se séparent; elle est *la multitude dans l'u-
» nité.* Les premières intelligences influent sur
» les intelligences secondaires, répandent sur
» celles-ci et sur les derniers degrés de leur
» hiérarchie la puissance et la perfection
» qu'elles ont reçues de la cause première.

» Les intelligences supérieures impriment
» les formes fixes et immuables ; les secondes
» intelligences impriment les formes mobiles
» et passagères. Plus les intelligences se rap-
» prochent du principe *un*, pur et vrai, plus
» elles sont réduites en quantité, étendues en
» puissance ; en recevant les formes des intel-
» ligences placées au-dessus d'elles, les intel-
» ligences secondaires les divisent et les mul-
» tiplient.

» La cause première est au-dessus de toute
» définition ; elle ne peut être décrite qu'à
» l'aide des causes secondes qui sont éclairées
» par sa lumière, lumière pure et originelle.
» Aucune chose n'est connue que par sa cause.
» La distinction n'a lieu qu'à l'aide du langage ;
» le langage se forme par le secours de la com-
» préhension ; la compréhension par la pensée ;
» la pensée par la méditation ; la méditation
» par les sens.

» La multitude n'existe dans l'intelligence
» que sous le sceau de l'unité. Quand elle em-
» brasse la connaissance d'un objet corporel,
» l'intelligence ne s'étend point avec elle.

» Toute intelligence connaît ce qui est au-
» dessus et au-dessous d'elle, mais d'une ma-
» nière différente. Elle connaît celui-ci, parce
» qu'elle en est la cause, celui-là, parce qu'elle
» en reçoit ses propres perfections ; elle con-
» naît tous deux, par son propre être et sa pro-
» pre substance. Les choses inférieures, dans
» l'intelligence, prennent le caractère de notions
» intelligibles ; elles ne sont point des impres-
» sions ; c'est l'intelligence elle-même qui est
» leur cause.

» La détermination et l'essence de l'intelli-
» gence proviennent de la perfection pure qui

» est la cause première. Cette cause régit et
» comprend tout, par sa forme divine, ce qui
» est au-dessous d'elle, parce qu'elle comprend
» l'âme, comme l'âme comprend la nature,
» comme la nature comprend toute génération.
» Elle est la force des *forces substantielles*;
» elle comprend donc les choses engendrées,
» et la nature, et l'*horizon de la nature*,
» *c'est-à-dire*, *l'âme*. La cause première est
» au-dessus de l'intelligence, de l'âme et de la
» nature; la science divine n'est donc point
» semblable à la science intelligible, ni à la
» science animale (la science de l'âme).

» Toute intelligence conçoit les choses éter-
» nelles, qui ne peuvent être détruites, qui ne
» tombent pas sous le temps; car elles les con-
» çoit par son être propre, qui est éternel lui-
» même.

» Toute intelligence comprend sa propre
» essence; car, en elle, le sujet et l'objet sont
» identiques. Elle connaît dès-lors les choses
» au-dessous d'elle, puisque celles-ci existent
» par elle. L'intelligence et les choses com-
» prises sont donc également identiques.

» L'âme, placée entre les choses sen-
» sibles et les choses intelligibles, connaît
» celles-là dans leur exemplaire, celles-ci en

» elle-même ; elle imprime ces exemplaires
» sur les corps; elle est la cause des corps
» comme elle est l'effet des intelligences supé-
» rieures. L'âme est une force spirituelle agis-
» sant sur les corps. Les choses sensibles et
» les choses intelligibles sont à la fois dans
» l'âme; mais les premières y arrivent pour
» s'unir, les secondes pour se diviser.

» La science est l'action de l'être intelligent ;
» il se comprend donc en se réfléchissant sur
» lui-même.

» La diffusion qui part de la cause première
» est infinie dans son étendue progressive.

» La force croît en raison de l'unité ; elle
» s'affaiblit en se divisant. Dans une plus par-
» faite elle acquiert donc plus d'énergie; elle
» produit des opérations plus vastes, plus no-
» bles, plus admirables.

» L'intelligence donne la vie par la création,
» et la science par la forme. L'intelligence
» donne la science à tout ce qui est son effet.

» La cause première régit toutes les choses
» créées, en se mêlant à elles, sans cependant
» rien perdre de son unité ; elle se communi-
» que à elle suivant des degrés divers, et par
» une sorte d'expansion progressive. Elle les
» régit par son être, et non par un instrument.

» La bonté, la force, l'être, sont en elle identi-
» ques ; car, elle est simple, d'une simplicité
» infinie. Tout ce qui est composé est atteint
» d'indigence; la richesse est dans l'unité.

» Entre la chose dont la substance et l'ac-
» tion sont dans l'éternité, et celle dont la sub-
» stance et l'action sont dans le temps, se trouve
» un terme moyen dont la substance est dans
» l'éternité et l'action dans le temps.

» Le principe dans lequel est l'unité fixe qui
» ne dépend de rien autre, est *l'un*, primordial
» et vrai; ce qui ne possède que l'unité em-
» pruntée dérive de ce premier principe. Toute
» autre unité est donc dérivée, acquise, pro-
» duite. *Le premier principe est la cause des*
» *unités* (1).

Le principal objet, l'objet constant de l'investigation des philosophes grecs, avait été
d'atteindre à la source primitive des choses, au
principe des êtres, et d'y découvrir le secret
de l'unité du système qui embrasse la nature
entière. Les philosophes arabes, en suivant la
même direction, crurent trouver la solution
de ce grand problème dans la distinction fon-

___

(1) *Liber de Causis*, prop. 1 à 18, 20, 21, 23, 31, 32.

damentale introduite par Aristote entre la *matière* et la *forme*, entre la *puissance* et l'*acte*; en s'attachant à ces distinctions, les philosophes arabes se flattaient d'assister en quelque sorte comme témoins à la génération mystérieuse par laquelle ce qui n'appartient encore qu'à l'ordre des possibilités passe dans la région positive de la réalité; ils se persuadèrent que l'élaboration logique des notions qui constituent pour notre esprit les divers phénomènes de l'existence, représente exactement une sorte d'alchimie métaphysique, si l'on nous permet cette expression, dont résulterait, dans le domaine de la nature réelle, la production de ces mêmes phénomènes. De là ces subtiles et interminables dissertations qui remplissent les écrits des métaphysiciens arabes, et qui, à leur exemple, ont si long-temps exercé les scolastiques.

Avicebron porta au plus haut degré ce genre de recherches, autant que nous en pouvons juger du moins par quelques passages d'Albert-le-Grand, de S. Thomas d'Aquin et de Guillaume de Paris; car, nous n'avons aucun des ouvrages de ce philosophe arabe, et nous ignorons même les circonstances de sa vie (G).

« Avicebron, dit Albert (1), saisit un point de vue étonnant relativement au principe de l'existence de l'univers. Il tente l'investigation de ce qui est propre à la *matière première* et à la *première forme* qui se reproduisent en toutes choses. Le propre de la *matière première* est de recevoir, d'être le premier sujet, de contenir en soi la forme, d'exister par elle-même, c'est-à-dire, de ne point exister dans un autre. Le propre de la *forme première* est d'être dans un autre, de donner à la *matière* l'actualité, de déterminer sa *puissance*, et d'être avec elle une portion de l'existence réelle, de la substance composée. Avicebron donne en conséquence à la notion de *matière* la valeur la plus étendue et la plus générale; il la fait résider dans les choses intellectuelles, comme dans celles qui sont soumises à la quantité, au mélange, au contraste. Il prétend prouver par une suite d'argumens que cette *matière première* est en conséquence spirituelle, puisqu'elle doit expri-

---

(1) *De causis et proces. universitatis*, tract. I, cap. 5, dans les œuvres d'Albert-le-Grand, tome V, pag. 532.

mer le plus haut des genres, dans le sommet des abstractions, après avoir élagué toutes les variétés des formes. Il la distingue cependant du premier agent, de l'agent suprême. « Car, » le premier agent n'est point dans un genre, » il est isolé et au-dessus de tout genre. »

« La *première* forme est *l'intellectualité*. Car, l'intelligence occupe le premier rang dans l'ordre des êtres ; elle-même est composée de *matière* et de *forme ;* sa forme préside donc à toutes les autres. La *première forme* est celle qui impose les limites les moins étroites aux possibilités de la *matière ;* telle est *l'intellectualité*, puisque l'intelligence comprend toutes choses ; c'est d'elle que découlent toutes les formes qui se produisent dans le ciel et dans les élémens. »

« Ces deux premiers principes ainsi donnés, Avicebron cherche à les féconder. Ici paraît le *premier agent*. Son acte est la lumière constituant l'intelligence. Il réside *dans la fin de la simplicité*, c'est-à-dire, sans doute, dans le terme de l'unité absolue. Mais, il ne peut agir immédiatement : la volonté est son moyen d'action ; renfermant en lui-même la raison, *le verbe* de tout ce qui peut exister ; il choisit par la volonté, dans ces trésors, les types de ce qu'il opère ; il détermine la *matière première*, il lui imprime le premier acte qui est la lumière intellectuelle, lumière multiforme, suivant la diversité des types qui sont en lui; il produit ainsi par degrés la matière soumise à la quantité, au mélange, à la contrariété. C'est ainsi que par la volonté tout procède de l'unité ; car, l'intellectuel pénètre toutes choses par sa simplicité même. Toute forme est dans le premier auteur comme dans son archétype : toute *puissance* est dans la *matière première*, et dans le sujet qui la reçoit sur le sol de l'exitsence. Tout composé résulte d'unités : toutes formes rapportées aux substances simples sont rapportées à l'unité, ou multipliées dans la substance (1). » Albert remarque avec raison qu'Avicebron se rapproche ici de Platon et de S. Augustin. Il eût pu ajouter que le philosophe arabe se rapproche surtout des nouveaux Platoniciens.

Avicebron se trouve ainsi conduit à une sorte d'idéalisme transcendantal. « La *matière première* s'identifie à ses yeux avec ce qu'il appelle, avec les péripatéticiens, *l'entende-*

---

(1) *Ibid., ibid.*, tract. II, cap. 4, p. 459.

ment possible, c'est-à-dire, l'entendement non encore réduit en acte. Cette *puissance* qui réside dans l'entendement s'étend à tout ce qui n'est pas l'intellectualité elle-même ; à mesure qu'elle reçoit les diverses formes moins générales, elle se restreint graduellement, elle devient *puissance* relativement aux corps à leurs différentes espèces (1).

Ces passages sont tirés de l'écrit d'Avicebron, qui portait pour titre : *La source de la vie.* Guillaume de Paris en cite un autre sous le titre de *la source de la sagesse,* si toutefois ce sont deux ouvrages différens : l'un et l'autre occupèrent beaucoup les scolastiques ; on rapporte aux doctrines qu'ils contenaient l'origine des hérésies d'Amaury et de David de Dinant, dont l'apparition au 12e siècle est un phénomène si remarquable.

Naudée (2) suppose qu'un Arabe, Abenez-

---

(1) *Id.*, *de Anima*, lib. III, tract. II, cap. 7 ; œuvres d'Albert-le-Grand, tome III, pag. 140 ; S. Thomas, *de Ente et essentia*, cap. 5 ; tome IV de ses œuvres, pag. 604.

(2) *Apolog. magiæ accusator*, cap. 14, p. m. 265. Il se fonde sur le témoignage de Pierre Montanus (*de unius Legis veritate*, livre V , cap. 53) ; Morhoff et

rou, qui paraîtrait être le même qu'Avicebron, aurait été le premier auteur de cette méthode figurative que Raymond Lulle développa au 13ᵉ siècle, à laquelle il donna le nom de *grand art*. Il ne serait point étonnant que l'emploi de l'algèbre dans les sciences du calcul, eût suggéré aux Arabes l'idée de cette espèce d'algorithme logique appliqué aux nomenclatures péripatéticiennes. Mais nous manquons de documens pour vérifier ce point curieux de l'histoire des méthodes. Il nous paraît certain du moins que la combinaison artificielle qui représente par des figures symboliques toutes les évolutions des propositions abstraites, formait l'une des deux branches de la cabale judaïque, telle qu'elle se développa au 10ᵉ siècle sous l'influence des emprunts faits à la philosophie des Arabes.

Suivons maintenant les Maures dans cette Espagne qui dut à leur présence non-seulement le bonheur d'échapper à la barbarie qui pesait alors sur le reste de l'Europe, mais le privilége de devenir même, pour un temps,

---

Brucker rejettent cette supposition, mais sans en donner de motifs valables.

le foyer presque unique des sciences et des arts en Europe. Parmi les savans qui l'illustrèrent à cette époque, nous nous bornerons à citer Averrhoës, appelé ainsi par corruption de Ebn Roshd, son nom véritable, cet Averrhoës, la gloire de Cordoue, le guide de nos scolastiques, philosophe qu'ils mirent au niveau, si ce n'est au-dessus d'Aristote, qui, s'il ne contribua que trop à donner aux scolastiques une fausse idée de la philosophie du stagyrite, concourut du moins si puissamment à leur inspirer pour l'autorité de leur maître le respect aveugle dont lui-même étoit pénétré. Nous possédons une collection volumineuse des écrits de ce philosophe ; mais, quelle que soit l'immense renommée dont il a joui pendant plusieurs siècles, nous y cherchons vainement aujourd'hui des titres suffisans pour la justifier, et des vues assez neuves assez importantes, assez justes, pour lui accorder dans l'histoire de la philosophie, relativement au mérite de ses travaux, un rang qui corresponde à celui que lui assigne l'influence prodigieuse qu'il a exercée.

Averrhoës a traduit Aristote, mais sur une première traduction du syriaque ; il n'avait pu lire le texte grec ; il n'avait pu étudier

les originaux. Il avait du moins consulté les commentaires de Themistius, d'Alexandre d'Aphrodisée, de Nicolas de Damas, d'Avicena, d'Alfarabi. Lui-même n'a prétendu qu'au titre de *commentateur*, et ce surnom lui est demeuré dans les âges suivans. A l'entendre, Aristote a porté les sciences au plus haut degré de perfection possible ; il en a mesuré l'étendue tout entière ; il en a posé les limites, et cette assertion fut malheureusement adoptée aveuglément, d'après lui, dans les écoles de l'Occident. Après une telle assertion, on devrait supposer qu'il a servilement, mais, du moins fidèlement copié et paraphrasé son maître. Il n'en est point ainsi. Les systèmes du nouveau Platonisme ont beaucoup influé sur les nombreuses modifications qu'il a portées dans le péripatéticisme. Il suffit, pour le reconnaître, de jeter les yeux sur l'Epitome qu'Averrhoës a joint au commentaire sur le quatrième des livres métaphysiques d'Aristote. On y trouvera l'hypothèse de la hiérarchie des intelligences et de l'émanation universelle ; « le mouvement ne peut être
» imprimé que par l'intelligence ; tout mou-
» vement supposant un motif qui appartient à
» l'ordre spirituel, les sphères célestes ont leurs
» intelligences propres qui découlent du mo-

» teur suprême, du premier principe. Ce
» mouvement se communique de proche en
» proche dans toutes les régions, dans tous les
» degrés du monde, jusqu'au monde sub-
» lunaire, conduit et transmis par une suc-
» cession d'âmes intelligentes (1). » On le
reconnaît encore en ouvrant son Traité *du
Bonheur de l'âme*, dont le titre seul, lorsqu'on le compare à l'objet qu'il s'y propose,
annonce plutôt le disciple de Proclus que
celui d'Aristote. « Le but essentiel du philo-
» sophe, dit-il, est la *haute ascension*, c'est-
» à-dire, cette tendance qui perfectionne et
» ennoblit son esprit, de manière à ce qu'il
» s'unisse à *l'entendement abstrait*, se con-
» fonde avec lui, ne forme qu'un avec lui,
» ce qui est certainement le dernier degré
» auquel il doive parvenir. Car, tous les êtres
» sont contenus sous trois genres : le pre-
» mier, le plus ignoble, le plus infime, com-
» prend la matière et ce qui est engendré; au-
» dessus siége celui des corps sphériques, dont
» la forme est fixe, dont les élémens sont in-

---

(1) *Averrhois Opera*, Venise, 1560, tome VIII,
p. 184.

» variables ; le degré suprême et glorieux est
» celui que nous appelons des *entendemens*
» *abstraits*, qui comprend les formes des-
» quelles dérivent la perfection, formes qui
» n'existent point dans le sujet. Le philosophe
» aspire donc à contempler dans ces formes
» l'essence de l'être pour y découvrir les racines
» de la vérité (1). » Cependant Averrhoës n'admet point, avec Platon, que *les formes intelligibles* aient une existence hors de l'âme ; fidèle à Aristote, il ne leur accorde d'existence que dans l'âme seule; il combat même expressément la théorie de Platon : « ces formes rési-
» dent essentiellement dans l'esprit ; elles y
» expriment *la science en puissance* (2). »

Dans sa paraphrase du Traité d'Aristote, *sur les sens et les choses sensibles*, Averrhoës essaie d'emprunter à la physique et à la physiologie, pour expliquer les phénomènes de la sensation, quelques explications qui ne se ressentent que trop de l'extrême imperfection dans laquelle étoient encore alors ces deux sciences. Il a entrevu que la diversité des

---

(1) *Tract. de Animæ Beatitud.*, *Averrhoïs Opera*, tom. IX, folio 64.
(2) *Ibid.* cap. 3, n. 30. cap. 4, n. 60.

couleurs provient de la diverse manière dont la lumière se comporte ; mais il explique la variété des couleurs en supposant deux espèces de lumière, l'une blanche, l'autre noire, et une variété indéfinie d'espèces intermédiaires. Il donne ensuite à l'hypothèse d'Aristote, reproduite par Algazel, un développement qui nous paraît assez curieux pour être rapporté ; c'est l'exposition la plus complète, si nous ne nous trompons, de cette opinion qui fait résulter la sensation de certaines images intermédiaires. « Quatre opinions, dit-il, ont
» été proposées par les anciens sur la manière
» dont s'opère la perception des objets sen-
» sibles : la première consiste à supposer que
» *les formes* des objets sensibles existent dans
» l'âme, qu'elle ne les acquiert point du
» dehors ; que les objets externes les excitent
» seulement ou les réveillent par leur pré-
» sence ; tel fut, ou à peu près, le système
» de Platon. La seconde consiste au con-
» traire à supposer que l'âme acquiert ces
» formes du dehors, et celle-ci est divisée en
» deux : les uns prétendent que l'âme acquiert
» des formes corporelles et non spirituelles,
» parce que ces formes conservent le carac-
» tère qu'elles ont hors de nous ; d'autres pré-

» tendent que ces formes sont spirituelles, et
» ces derniers se divisent encore : quelques-
» uns soutiennent que, dans cette perception,
» l'âme n'a besoin d'aucun intermédiaire,
» qu'elle se porte directement sur l'objet, l'at-
» teint, le saisit, et que la vision, par exem-
» ple, s'opère par des rayons qui partent de
» l'œil et frappent l'objet aperçu; d'autres, au
» contraire, admettent un intermédiaire qui est
» transmis, suivant eux, au sens commun,
» soit que cet intermédiaire consiste dans un
» instrument ou dans un corps. » Averrhoës
expose et discute les raisonnemens employés
par les partisans de ces diverses opinions. Il
adopte l'opinion de la spiritualité de la perception; il ajoute ensuite : « Les sens ne per-
» çoivent les qualités sensibles que détachées
» de la matière; cette perception est donc spi-
» rituelle; quelques-unes de ces qualités sont
» universelles, c'est-à-dire, appartiennent à
» l'ordre des intelligibles; d'autres sont parti-
» culières et sensibles. Or ces deux sortes de
» qualités ne sont pas perçues de la même ma-
» nière. L'esprit saisit les premières par une
» perception qui ne communique aucunement
» avec la matière; il n'a donc besoin d'au-
» cun intermédiaire pour les obtenir. Il per-

» çoit au contraire les qualités particulières à
» l'aide de quelque chose qui communique
» avec la matière, et par conséquent par des
» intermédiaires, sans quoi il ne saurait les
» distinguer des universelles. La nature des
» *formes*, dans cet intermédiaire, tient le
» milieu entre le corporel et le matériel; elles
» sont matérielles dans les objets, spirituelles
» dans l'âme; elles sont d'une nature mixte dans
» l'instrument interposé. Car, ces intermédiai-
» res sont les instrumens des sens, instrumens
» dont n'a pas besoin la perception des qualités
» universelles. Puisque la perception des objets
» particuliers devient spirituelle dans l'âme,
» il est évident qu'elle ne peut s'opérer que
» par un terme moyen; car, la nature ne
» procède du contraire au contraire que par
» l'interposition d'un moyen terme. La per-
» ception est d'autant plus parfaite que cet in-
» termédiaire est plus subtil. Voici mainte-
» nant comment cette opération a lieu dans la
» vue, l'ouïe et l'odorat (car, Averrhoës n'étend
pas son hypothèse au goût et au toucher):
» l'air, à l'aide de la lumière, reçoit les
» formes des objets, et les transporte sur la
» surface de la rétine; de là elles sont
» transmises au *sensorium* commun qui con-

» çoit ainsi la forme de la chose ; celui-ci les
» communique à l'imagination ; celle-ci à son
» tour lui donne un caractère nouveau, plus
» spirituel encore. Il y a donc trois ordres
» successifs dans les *formes* : le premier est
» corporel ; le second réside dans le sens
» commun ; le troisième est dans la faculté
» imaginative. Le second est spirituel, le
» troisième plus spirituel encore ; voilà pour-
» quoi l'imagination n'a pas besoin de la
» présence des objets externes pour que cette
» forme lui soit présente à elle-même. C'est
» ce qu'Aristote veut indiquer par la compa-
» raison d'un miroir à double face. Si le spec-
» tateur place ce miroir vis-à-vis de lui, sur l'une
» de ses faces, il y verra sa propre image ;
» s'il place le miroir de manière à ce que l'i-
» mage qu'il retient se réfléchisse sur la surface
» de l'eau, il apercevra une seconde image
» semblable à la première. Or, la *forme* per-
» çue dans la sensation est comme l'image du
» spectateur, le miroir est comme l'air qui
» transmet cette forme ; l'eau est comme l'œil
» ou le sens ; l'une des deux faces du miroir
» est la faculté sensitive ; l'autre est la fa-
» culté imaginative. Car, si le spectateur
» retourne le miroir de manière à n'en consi-

» dérer que la seconde face dont le reflet ne se
» porte point sur l'eau, il n'aura plus qu'une
» seule image et la conservera à volonté. Un
» phénomène semblable a lieu dans les percep-
» tions de l'ouïe et de l'odorat auxquelles l'air
» sert de milieu nécessaire. Mais cette faculté
» n'est point la même dans tous les animaux ;
» l'homme seul saisit les qualités propres des
» objets et leurs différences ; il les extrait
» comme le suc des fruits, tandis que les
» brutes s'arrêtent à l'écorce. La preuve en est
» que l'homme seul apprécie l'harmonie des
» sons et les autres accords semblables (1). »

Voici maintenant, comment, d'après Aristote, il déduit de la sensation, la formation des notions abstraites. « Ainsi, dit-il, dans le sens
» commun résident des images dont le carac-
» tère est semblable au mode des sens et des
» choses sensibles ; et le rapport de ces images
» à *l'entendement matériel* est le même que
» celui des choses sensibles au sens lui-même,
» ce qu'on comprend plus clairement encore,
» en disant que l'image est pour la raison ce

---

(1) *Comm. in Arist. De Sensu et Sensibil.*, tome VI, folio 193, p. 2, 3, 4, folio 194.

» que l'objet sensible est à la sensation. L'âme
» ne peut donc rien concevoir sans le secours
» de l'imagination, comme *l'entendement ma-*
» *tériel*, sans le secours de la sensation. En se
» trouvant ainsi associées aux images, les no-
» tions intelligibles se corrompent par une sorte
» de contagion et par l'effet de ce contact.

» Quant aux notions intelligibles, elles sont
» les qualités des *formes* de l'imagination, dé-
» tachées de la matière ; elles ont donc besoin
» de posséder une matière différente de celle
» qui appartient à ces dernières (1). »

Cet *entendement matériel* dont Averrhoës vient de parler, est une hypothèse nouvelle, ou, si l'on veut, une nouvelle expression qu'il a conçue, en continuant de développer la notion indiquée, ébauchée par Aristote, déjà élaborée par Avicena et par Algazel, pour expliquer les opérations de la connaissance humaine. C'est au fond *l'entendement passif* du stagyrite. Aver- rhoës, en lui donnant le nom de *matériel*, n'en- tend pas dire qu'il ait rien de corporel ; il lui impose cette dénomination par analogie avec la

---

(1) *Comm. in Arist.*, lib. III. *De Anim.*, *Ibid.*, folio 174, p. 1.

matière dans le sens des Péripatéticiens, c'est-à-dire, avec ce qui est encore vide et privé de *forme*. C'est donc dans cet entendement que viennent s'imprimer les formes des notions, comme dans les sens viennent se tracer celles des objets externes, comme la figure du sceau sur une tablette de cire. On sait que, dans la théorie péripatéticienne, il y a trois choses essentielles : la matière, la forme, et l'agent qui détermine la *sigillation*, si l'on nous permet ce terme, de celle-ci sur celle-là. C'est par un mécanisme semblable qu'Averrhoës explique les opérations de l'entendement.

« L'entendement matériel n'a point de ca-
» ractère propre et déterminé, si ce n'est celui
» d'une certaine virtualité, d'une certaine pré-
» paration ou disposition, quelque nom qu'on
» veuille lui donner, existant dans le sujet in-
» telligent, aussi long-temps qu'elle n'est au-
» cunement mêlée avec le caractère positif de
» quelque objet sensible. La faculté imagina-
» tive retient les formes qui ont été placées en
» elle ; ces formes sont transmises à l'entende-
» ment matériel, pour y devenir l'objet de la
» pensée ; mais un agent est nécessaire pour
» les imprimer sur ce dernier, et cette fonction

» appartient à l'entendement actif (1). Cet en-
» tendement matériel conçoit les notions abs-
» traites, en sorte qu'alors l'entendement abs-
» trait ne fait qu'un avec lui. Concevoir les
» notions abstraites, n'est autre chose que
» concevoir une chose qui subsiste par elle-
» même, savoir l'entendement actif. L'enten-
» dement spéculatif reçoit de même les formes
» des universaux; son objet est la notion des
» choses qui n'ont encore qu'une existence vir-
» tuelle; elle sort de la connaissance actuelle,
» quand elle rencontre un moteur suffisant
» pour l'en extraire. Il y a cette différence entre
» l'entendement abstrait ou spéculatif et la
» perception sensible, que celle-ci emprunte
» ses formes à des objets extérieurs, tandis
» que celui-là les puise en lui-même (2). »

Parmi les opinions d'Averrhoës, celle qui a fait le plus de bruit dans les temps postérieurs, est celle qui se rapporte à l'unité de l'entendement universel. On se rappelle qu'Aristote

---

(1) *Comment. in* lib. III *Arist.*, *de Anima*, ibid, tome VI, folio 169. — *Libellus de Connexione intellectus abstracti cum homine*, tome IX, folio 67.

(2) *Id.*, *ibid.* Voyez aussi *Tract. de Animæ Beatitud.*, tome IX, cap. 2, folio 65.

avait distingué dans l'homme un *entendement passif* et un *entendement actif*; ce dernier seul immatériel et immortel, suivant lui, n'est point essentiel à l'âme, mais descend en elle et lui communique la raison immortelle et céleste. Les commentateurs d'Aristote, cherchant à interpréter les expressions de son Traité sur l'âme où ces vues sont présentées, se partagèrent dans leur interprétation. On se demanda si cet entendement actif est une seule et même intelligence, numériquement unique, à laquelle tous les individus participent, si cette intelligence est la Divinité même, ou si elle est un principe inférieur et surbordonné. Alexandre d'Aphrodisée avait supposé que l'âme divine elle-même pénètre en quelque sorte dans l'homme et s'empare de ses organes, comme d'un instrument. Avicena, Avenpace, en admettant que l'entendement actif est dans l'homme une substance distincte, d'après Thémistius et Simplicius, n'avaient point déterminé d'où cette substance provient. Averrhoës, enfin, prétendit établir qu'il est pour tous les hommes un entendement commun, universel, existant à part, distinct de la divinité, occupant un rang inférieur à la divinité; que tous les hommes y participent et en reçoivent en quelque sorte les rayons. « Ainsi chaque individu humain n'a en propre que son entendement passif et mortel. » Il est facile de voir que cette hypothèse était suggérée à Averrhoës par les idées des nouveaux Platoniciens. Il n'ose point confondre cette intelligence générale avec la cause suprême ; il en fait une sorte d'agent, de *forme* subordonnée ; c'était, selon lui, l'intelligence des sphères sublunaires. Cette hypothèse lui paraissait indispensable pour expliquer en nous la présence des notions générales qui devenaient ainsi une sorte d'idées infuses et d'émanations célestes, autant qu'on peut du moins saisir le véritable sens de cette théorie, au travers des nuages dont le style barbare de son traducteur l'a encore enveloppée. (H)

Le principe de la contradiction qu'Aristote avait déjà invoqué, et que Leibnitz, dans les temps modernes, a environné d'une nouvelle lumière, est considéré par Averrhoës, comme le premier principe des connaissances, comme celui qui se suffit à lui-même, sans lequel non-seulement toute démonstration, mais même toute philosophie est impossible (1). Il rejette

---

(1) *Comm. in Metaph. Arist.*, lib. IV, cap. 2;

ainsi tout jugement de fait primitif, et n'accorde de valeur légitime qu'aux déductions abstraites ou logiques.

En adoptant la proposition des nouveaux Platoniciens qui reconnaît *l'être nécessaire* comme parfaitement *un*, et le considère non-seulement comme exempt de parties, mais encore comme ne comportant point la distinction de la matière et de la forme, il a introduit la dénomination *des formes substantielles* devenues si célèbres dans l'école : il a porté dans cette division fondamentale de *la forme* et de *la matière* une précision qui a servi de règle aux âges suivans. « La matière se conçoit en faisant abstraction de toute différence, et même de toute quantité; elle se distingue cependant de la simple privation ou du néant, en ce qu'elle est le *sujet* d'individus sensibles. Elle contient en elle toutes les formes, mais seulement d'une manière virtuelle (*in potentia*), jusqu'à ce que la cause efficiente puisse les extraire et les actualiser (*extrahere in actum*)(1). Cette grande

---

— *Præm. in Metaph.*, lib. XVI, tom. VIII, folios 35 et 137.

(1) *Comment. in Aristot. Metaph.* lib. V, cap. 4, 31. — XII, 14, 18, 24.

opération explique tout le système des êtres, tous les phénomènes de la nature, comme le secret des ressorts par lesquels elle s'exécute, constitue toute la science.

Averrhoës s'attache tellement à Aristote, qu'il le suit pas à pas; que, s'il propose une opinion, c'est moins, à ce qu'il semble, dans le but de chercher la vérité pour elle-même que dans l'intention de saisir la pensée de son maître. Il réunit, compare, discute, sur chaque passage, les interprétations des commentateurs qui l'ont précédé. Combien n'eût-il pas mieux mérité lui-même le titre qu'il a reçu, si, dans le choix de ces interprétations, il eut moins consulté les théories des nouveaux Platoniciens, s'il n'eût pas ajouté encore à l'obscurité d'un texte déjà si difficile, par la subtilité des abstractions dont se composent ses paraphrases!

Averrhoës a essentiellement contribué à asseoir, à consolider cette autorité despotique qu'Aristote ainsi dénaturé a exercé sur les âges suivans; il a surtout achevé et consommé l'alliance du nouveau Platonisme et du Péripatéticisme. Les *formes* d'Aristote étaient purement inactives; celles des nouveaux Platoniciens étaient tout actives; c'était la vie même; Averrhoës, à l'aide du système des émanations et par ses idées sur le principe du mouvement, a ramené les premières à se confondre avec les secondes.

Il faut suivre dans les philosophes arabes eux-mêmes les développemens qu'ils ont donnés aux théories d'Aristote, sur la *matière* et la *forme*, sur la *substance* et l'*essence*, les *quiddités*, les *formes substantielles*, etc., l'application qu'ils en ont faite à la métaphysique, à la psychologie. Il faut y voir le soin avec lequel ils ont élaboré toutes les formes du syllogisme, toutes les règles de l'argumentation, les divisions et sous-divisions et distinctions qu'ils ont multipliées à l'infini. C'est dans les philosophes arabes qu'on trouvera le type de l'enseignement des scolastiques et la source de laquelle sont dérivées toutes les questions que ceux-ci ont si long-temps agitées (I). On ne peut assez s'étonner de voir jusqu'à quel point les Arabes ont porté la subtilité des abstractions, lorsqu'on considère combien était récente chez eux la culture intellectuelle, et de quelle vivacité d'imagination ils étaient naturellement doués, vivacité que l'influence du climat devait naturellement entretenir; cette subtilité est telle qu'il est difficile encore aujourd'hui de les suivre dans leurs investigations métaphysiques. Il faut sans doute l'attribuer en partie à cette persévérance singulière qui formait un des traits distinctifs de leur caractère; mais, il faut reconnaître aussi qu'ils y furent conduits par l'étude continuelle qu'ils firent des écrits d'Aristote, et par le goût prononcé qu'ils montrèrent pour les sciences mathématiques. Cette disposition fut encore favorisée en eux par les habitudes contemplatives et par un penchant marqué pour les spéculations mystiques.

Cette dernière circonstance est un phénomène intellectuel et moral qui mérite encore de fixer notre attention dans l'étude de l'histoire de l'esprit humain.

On sait que les Nestoriens, persécutés par les empereurs d'Orient, s'étaient réfugiés sous la protection des kalifes; ils avaient insensiblement propagé leurs doctrines philosophiques chez un peuple disposé à les accueillir. Les Arabes se trouvèrent placés dans des circonstances à peu près semblables à celles qui produisirent le mysticisme des nouveaux Platoniciens; ils eurent en leur pouvoir les mêmes élémens qui avaient été amalgamés par ceux-ci; ils purent les combiner comme eux, et le dogme fondamental de l'unité de Dieu se prêtait facilement à cette alliance; les idées religieuses exerçaient sur eux un grand empire. Lorsqu'ils furent initiés aux doctrines philosophiques des Grecs, ils se trouvèrent donc disposés à saisir les points de vue qui pouvaient favoriser l'alliage des unes et des autres. Les systèmes du nouveau Platonisme avaient été introduits en Perse, du temps de Chosroës, par les disciples de Proclus, fugitifs d'Athènes; il est même probable que le germe de ces doctrines existait déjà chez les Perses avant la conquête des Arabes; ceux-ci ont donc pu les puiser aussi à cette source. Il est digne de remarque que c'est surtout dans les régions orientales du vaste empire des Musulmans, et spécialement parmi les sectateurs d'Ali, que ces systèmes se sont propagés avec plus de succès. Du reste, il est hors de doute que les Arabes eurent entre leurs mains, du moins par des traductions, les écrits des nouveaux Platoniciens; Plotin lui-même et Porphyre ne leur furent pas inconnus, comme nous allons bientôt le voir; enfin, les commentaires d'Aristote, qui firent l'objet principal de leurs études, étaient empreints de l'esprit de ce système.

Déjà, avant l'établissement de la religion de Mahomet, la théologie confuse des Sabéens atteste un mélange aveugle des idées répandues chez les Perses, les Chaldéens, et les autres nations orientales, de celles des Gnostiques, des Juifs, des Egyptiens; elles attestent des emprunts faits à la Cabale et au Christianisme lui-même; amalgame auquel l'ignorance grossière des Arabes joignit des fables absurdes et de nombreuses superstitions. Le but principal du Sabéisme est l'union intime avec la Divinité par la médiation des génies célestes et des puissances divines (1). Il anime les astres, leur prête des intelligences dont l'influence se répand sur le monde sublunaire. Il distribue l'action de ces puissances, la coopération de ces médiateurs, la soumet à des règles, lui fournit des instrumens, l'appelle à purifier l'âme humaine. On y reconnaît un mysticisme qui provient de sectes diverses, qui appartient à une civilisation plus avancée, mais qui s'est dégradé, altéré, en se transmettant à une nation encore inculte. C'est sans doute ce qu'indique Alfarabi quand il dit que les dogmes des Sabéens ont une affi-

---

(1) Voyez Alfarabi, *Vie de Thabet ebn Korra*, cap. 1, § 12. — Sharestan, dans Pocock: *Specimen*, p. 139.

nité marquée avec les doctrines des philosophes.

La propagation des doctrines mystiques parmi les Arabes, la faveur que lui prêtèrent les idées religieuses de ce peuple, achèvent de nous expliquer comment Aristote se montra à leurs yeux sous la forme nouvelle dont le Néoplatonisme l'avait revêtu. Nous avons vu que leur métaphysique se référait presqu'entièrement à la théologie, et en recevait sa direction. Il leur fut donc facile de concilier leur philosophie avec le système de l'illumination et de l'extase.

Lorsqu'après le triomphe du Coran, la théologie scolastique se fut introduite chez les Musulmans, lorsque les Arabes eurent pris connaissance de la philosophie grecque, le mysticisme repullula sous une forme nouvelle plus régulière, plus systématique. Nous en avons un monument remarquable. Un manuscrit arabe de la bibliothèque du Roi, dont M. Sylvestre Sacy a donné, dans les notices (1), l'extrait accompagné de remarques, et qui porte pour titre : *Le Livre du*

---

(1) Notices et Extraits des Manusc., tom. IV, p. 107.

Secret de la Créature, par le sage *Belinous*, nous montre tout ensemble et le rapport qui s'établit entre les idées contenues dans les deux traités que nous venons de citer et l'esprit de ces doctrines; il confirme aussi que ces idées ainsi combinées se propagèrent parmi les Arabes. L'auteur de ce manuscrit cite trois philosophes dont l'un est Porphyre (1), et dont il nomme un autre Platon l'*Egyptien* (2); à ces indications, on ne peut méconnaître une dérivation de l'école des nouveaux Platoniciens d'Alexandrie. Il cite encore un livre d'Hermès : Albufarage, plus tard, a aussi parlé d'un livre semblable; ce livre paraît être le *Pimander* (3). L'auteur du livre *du Secret de la Créature* paraît même lui avoir emprunté quelques passages. Ainsi, les Arabes auraient aussi puisé aux mêmes sources que cette école.

Mais la consanguinité se manifeste plus évidemment encore par l'esprit même de la doctrine. Nous voyons reparaître dans le livre *du Secret de la Créature*, au-dessous de la cause pre-

---

(1) *Ibid.*, p. 129, 132.

(2) M. Sylvestre de Sacy pense qu'il a pu désigner Plotin; nous avons peine à adopter cette supposition.

(3) *Ibid.*, p. 113.

mière, la parole de Dieu, sa première production, immédiatement produite d'elle, leur servant d'instrument pour la création de l'univers, forme générale des opérations subséquentes de la création. Nous y voyons reparaître l'hyménée de la cause productrice, la distribution de toutes les créatures en couples; la matière y est définie comme une simple privation; les choses sensibles y sont distinguées de celles qui ne peuvent être perçues que par les sens intérieurs, la pensée, la réflexion, l'intelligence, l'esprit et le jugement. La théorie mystique des causes est ensuite appliquée aux phénomènes de l'univers, dans l'esprit des traditions hermétiques. L'auteur recommande de garder ces doctrines sous le sceau d'un secret inviolable; « car Hermès, notre père » dans la science, notre maître, le chef des » sages, a caché ce secret, lui qui était ins- » truit des plus sublimes sciences. »

La même doctrine se reproduit dans les *Poëmes Mystiques* de Ibn Ahmed Busiride, l'Égyptien; dans les *Opuscules allégoriques de l'amour de Dieu*, par Omar Ibn Phared, dans *le Commentaire sur le Grand Poëme*, par Olwan; dans le traité sur l'*Amour de Dieu*, par l'Égyptien Ibn Phared.

Vers le même temps parut à Séville l'auteur du *Philosophus Autodidactus*, Thophaïl, médecin et philosophe. Ce livre célèbre et singulier a eu plusieurs éditions (1); il a été traduit en latin en Angleterre, en Hollande, en Allemagne; il a obtenu un succès considérable, non-seulement chez les Arabes et les Juifs, mais encore dans les temps modernes, et particulièrement en Angleterre; les Quakers en particulier, l'ont beaucoup goûté. Le grand Leibnitz lui-même déclare qu'il l'a lu avec une extrême jouissance, et prétend qu'on peut conclure de cet excellent ouvrage, que les pensées des philosophes arabes, sur la grandeur de Dieu, ne le cèdent en rien à l'élevation des philosophes chrétiens (2). Cette espèce de roman philosophique repose en effet sur une conception ingénieuse, qui depuis a été plus d'une fois reproduite, et que Buffon a imitée peut-être à son insu. Il suppose un homme jeté dès son enfance dans une île déserte, qui s'y élève sans le secours d'une éducation étrangère et artificielle, par le seul développement graduel de sa raison,

---

(1) Oxford, 1671, 1700; in-4. Londres, 1701,
(2) *Leipsiniana*, p. 30, 38.

par les seuls efforts de la méditation solitaire, parvient à la connaissance des choses naturelles et surnaturelles, à celle de son âme, à celle de Dieu, à la félicité suprême que procure la contemplation et l'union avec Dieu ; il développe cette conception, sinon d'une manière conforme à la vraisemblance, du moins avec une élégance peu commune.

Thophaïl, dans son introduction, attribue aux inspirations de l'extase les lumières qui ont éclairé les sages les plus distingués de sa nation; tels que les Alfarabi, les Avicena, les Avenpace, et Algazel lui-même, qui, suivant lui, ont goûté les bienfaits de cette haute illumination (1). »

« L'homme a trois ordres de rapports de similitude ou d'affinité : l'un avec les animaux, le second avec les corps célestes, le troisième avec l'être nécessaire et divin. À ces trois ordres de rapports correspondent trois modes d'action; le premier, qui s'exerce par les organes matériels, le second par *l'esprit vital*, le troisième par sa propre essence. »

---

(1) Thophaïl, *Philosophus Autodidactus*, édition Pocock, p. 4 et suivantes.

» Le premier mode d'action ne se dirige que sur les choses sensibles; loin d'y acquérir la véritable instruction, il n'y rencontre que des obstacles; car les objets sensibles sont un voile qui lui cache la science. Le second mode ne lui procure encore qu'une intuition imparfaite et mélangée; il le dirige cependant sur sa propre essence et lui en donne la connaissance. Par le troisième, enfin, il acquiert l'intuition complète; son attention est absorbée dans la vue de l'être nécessaire, il s'anéantit lui-même, il s'évanouit en quelque sorte; sa propre essence, toutes les essences disparaissent devant celle de l'être qui seul est à la fois un, vrai, grand, élevé et puissant. Sa félicité consiste à percevoir tellement dans cette contemplation, que son regard ne s'en détourne pas un seul instant (1) ».

» Les corps célestes ont trois genres d'attributs; l'un par lequel ils répandent la lumière, la chaleur et la raréfaction dans les substances inférieures; le second relatif à eux-mêmes, leur éclat, leur pureté, leur transparence, leur mouvement circulaire; le troisième relatif à l'Etre suprême dont ils exécutent la vo-

---

(1) *Ibid.*, p. 136 à 147.

lonté, dont ils reconnaissent la puissance, dont ils ont même une vision perpétuelle. L'homme doit imiter ces trois genres d'attributs. Pour se conformer au premier, il doit étendre une protection bienfaisante sur les animaux, sur les plantes, les conserver dans leur état de perfection ; pour se conformer au second, il doit se préserver de toute souillure, recourir aux ablutions, entretenir la propreté de son corps et de ses vêtemens, s'exercer aussi dans des mouvemens et des courses circulaires, jusqu'à ce qu'il soit saisi par le vertige ; pour se conformer au troisième, il doit écarter tous les empêchemens des objets sensibles, fermer ses yeux, ses oreilles, interdire même tout essor à son imagination, réduire toutes ses facultés à une extrême langueur, jusqu'à ce qu'il soit réduit à l'état de la pensée pure (1). »

« Parvenu à cette haute intuition, l'homme comprend que sa propre essence ne diffère point de celle de l'Etre suprême, qu'il n'y a réellement aucune autre essence ; que cette essence divine est comme les rayons du soleil qui se répandent sur les corps opaques, et qui nous paraissent pro-

_____

(1) *Ibid.*, p. 145 à 151.

venir d'eux, quoiqu'ils ne fassent que se réfléchir sur leur surface. Tous les êtres distincts de la matière, qui participent à cette connaissance, sont identiques avec l'essence divine ; car la connaissance n'est autre que l'essence elle-même ; ces êtres ne sont donc point multiples ; il ne sont qu'un. La multiplicité, la collection, le plus et le moins n'appartiennent qu'aux corps (1). »

« Le monde sensible est l'ombre du monde divin (2). »

« Les élémens se transforment les uns dans les autres ; ils ont donc certaines propriétés communes, indépendantes de celles qui leur sont spéciales et caractéristiques ; or, ce qui subsiste, après avoir séparé ces derniers par l'abstraction, c'est l'étendue à trois dimensions ; cependant elle ne peut subsister par elle-même ; il y a donc quelque chose de substantiel ; c'est là ce qui constitue proprement la *matière* dépouillée de toutes *formes*, qui subsiste dans toutes les figures possibles (3). » C'est ainsi que

---

(1) *Ibid.*, p. 155 à 163.
(2) *Ibid.*, p. 174.
(3) *Ibid.*, p. 91.

Thophaïl a complété la notion d'Aristote, par une dernière analyse.

» Les propriétés des corps, leurs forces, sont donc des *formes ;* les formes sont donc les principes de toute activité ; mais ces formes sont nécessairement d'une nature spirituelle ; car elles sont indépendantes de la matière ; » idée, pour le remarquer en passant, qui a obtenu l'assentiment de Leibnitz. « Plus l'organisation des êtres est complète, plus ils ont d'activité; car ils ont alors plus de *formes*, plus de principes de vie. Le principe vital est un mélange qui tient le milieu entre les quatre élémens ; semblable à la forme des corps célestes, il donne aux animaux la respiration, la mobilité, la sensibilité physique. Son siége est dans le cœur; le cerveau le reçoit et le transmet dans tout le corps par certains vaisseaux (1). » N'est-ce point ici le germe du système moderne sur les esprits vitaux ? « Cet esprit vital émane de Dieu même comme de sa source inépuisable.

« En considérant le nombre de ses organes, la variété de leurs fonctions, l'homme paraît un être composé ; mais, en considérant le nœud

---

(1) *Ibid.*, p. 64, 68, 131, 135.

secret qui unit ces organes, le principe de leur action, l'homme se montre véritablement un. Cette unité provient de l'unité même du principe vital. Or, il en est de même de la variété des animaux, des plantes; chacun d'eux respire, agit le même esprit vital; de là les analogies qui se manifestent entre eux; tous ces êtres ne sont donc qu'un en réalité (1). »

Le philosophe *Autodidactus* (auquel Thophaïl donne le nom de Hai ebn Yockdahn) vit, dans l'une de ses extases, la sphère suprême et céleste dont l'essence est immatérielle, dont la splendeur, l'éclat et la beauté sont au-dessus de toute expression, où réside le plus haut degré de la joie et de la volupté. Il y aperçut un être spirituel qui n'est ni le premier des êtres, ni cette sphère elle-même, sans cependant être différent de l'un et de l'autre; c'était comme l'image du soleil reproduite dans un miroir, qui n'est ni le soleil lui-même, ni ce miroir. Il vit encore, dans la sphère inférieure des étoiles fixes, un autre être spirituel, également distinct, mais non différent du premier être et de cette sphère; c'était comme l'image du soleil

---

(1) *Ibid.*, p. 72, 80.

réfléchie d'un premier miroir sur un second (1). »
Ainsi s'explique l'accord de la variété et la multiplicité apparentes de l'être pensant, avec l'unité de la substance.

Thophaïl s'était beaucoup exercé sur Aristote ; il avait entièrement consulté les nouveaux Platoniciens ; on le voit assez par le caractère de sa doctrine ; mais il a ajouté aux uns et aux autres ; il a poussé plus loin encore et les analyses de celui-là, et les spéculations de ceux-ci.

Peu après l'époque à laquelle la théosophie mystique se produit chez les Maures d'Espagne, nous la voyons apparaître vers les confins de l'Orient, chez les Sofis de la Perse, au commencement du treizième siècle. « La commune
» opinion, dit Chardin (2), marque la nais-
» sance de cette secte à l'an 200 de l'Hégyre,
» la rapporte à un cheic Abusahid, fils d'Aboul-
» kheir qui eut beaucoup de sectateurs et de
» disciples, parce qu'il était grand philosophe,
» homme fort austère, et qui prétendait à une

---

(1) *Ibid.*, p. 165.
(2) *Voyage de Chardin*. — Edition de M. Langlès, vol. IV, p. 553.

» plus étroite observation de la religion maho-
» métane que tous les autres docteurs. »

Comment se fait-il que les mêmes doctrines mystiques, fondées sur un idéalisme exalté, qui portent la contemplation jusqu'à l'extase, qui font dériver de l'union intime avec la divinité, la source de toute lumière, se retrouvent à la fois, à la Chine, dans la philosophie de Lao-Tseu et celle des sectateurs de Fohi, dans la théologie indienne, chez les Mages, chez les Gnostiques, chez les Juifs, à Alexandrie, à Rome, à Athènes, chez les Arabes, et reparaissent encore chez les Sofis de Perse? Cette consanguinité dans les idées provient-elle de ce que les mêmes causes ont conduit les hommes en différens lieux, en différens temps, aux mêmes spéculations? ou bien provient-elle de ce qu'une théorie primitive s'est répandue, perpétuée, par des canaux divers, à l'aide des communications que les peuples ont eues entre eux? Et alors où en était la source primitive? Ce singulier phénomène a exercé et exerce encore les recherches de plusieurs savans distingués. Quelques-uns ont pensé que l'Inde pourrait avoir été le berceau de l'idéalisme mystique qui se répandit plus tard chez les Perses, soit qu'il eût passé directement chez eux, soit qu'il eût déjà pénétré antérieurement aux conquêtes des Arrabes ; d'autres supposent qu'il a pu avoir sa racine dans la théologie même des Musulmans; suivant d'autres, son origine dérive du Platonisme emprunté aux Grecs. M. Malcolm adopte cette dernière hypothèse, et remarque que les livres des sofis sont remplis de citations de Platon (1). M. Tholuck croit, au contraire, que les Arabes n'ont connu, en fait de philosophie grecque, que celle d'Aristote et de ses commentateurs (2). M. Sylvestre de Sacy estime que les doctrines mystiques étaient déjà naturalisées en Perse avant la conquête des Arabes (3). L'exposition sommaire que nous venons d'offrir de la philosophie des Arabes réfute suffisamment l'opinion de M. Tholuck. Nous n'hésitons point à penser que les Perses eurent connaissance du nouveau Platonisme dès le temps de Chosroës, par les philosophes fugitifs de l'école d'Athènes; mais nous remarque-

---

(1) *The Hist. of Persia*, tome II, p. 424.

(2) Voyez dans le Journal des savans, décembre 1821, et janv. 1822, une notice de M. Sylvestre de Sacy sur l'ouvrage de M. Tholuck, p. 9.

(3) *Sufismus, sive Theosophiæ Persarum Pantheistica*. Berlin, 1821, cap. 2, p. 38 et suivantes.

rons que les nouveaux Platoniciens eux-mêmes, que les Gnostiques avant eux, avaient puisé dans les doctrines orientales le germe des doctrines mystiques, et que les traditions de Zoroastre en particulier furent l'un des élémens dont se composa le syncrétisme qui donna naissance aux systèmes dont Alexandrie fut le berceau (1). Thophaïl, dans son *Philosophus autodidactus*, a lui-même donné le nom de *Philosophie orientale* à la doctrine de l'union intime de l'âme avec Dieu.

Il convient de noter aussi qu'il y eut chez les Mahométans des sectes analogues à celles des Esséniens et des Thérapeutes, et qu'ainsi ils peuvent recevoir des Juifs quelques élémens de mysticisme.

Vers le milieu du 3ᵉ siècle de l'hégyre, cette doctrine, en se développant chez les Sofis de Perse, y donna lieu à la naissance de deux sectes, dont l'une eut pour chef Bustami, et l'autre Dschuneid. Le premier ne craignit point d'identifier l'homme avec Dieu (2). Cet état de l'extase auquel Philon donnait le nom

---

(1) Voyez ci-devant tome III, chap. XX, p. 287, 302 et 316.

(2) Voyez le passage cité par M. Tholuck, *ibid*, p. 60.

de *catalepsie intellective*, Plotin, celui de *réduction à l'unité* (απλωσις, ενωσις), Porphyre, celui d'*élancement vers les intelligibles*, Proclus, celui de *foi*, s'appelle proprement chez les Arabes *l'état* ou *l'état présent* (1). L'action de la Divinité, ou l'influence que produit cette extase, est désignée par les Sofis par les noms d'*émanation*, d'*appel*, de *proclamation*, d'attraction. « La voie qui
» conduit à Dieu, dit Ghazaïl, est le com-
» mencement de celle qui introduit dans le sein
» de Dieu même, et qui fait jouir de la véri-
» table absorbtion ; d'abord elle traverse une
» région qui éblouit la vue par la foudre et
» les éclairs ; enfin, lorsque l'esprit a persé-
» véré par des efforts continus, il pénètre
» dans ce monde sublime où se manifeste l'es-
» sence la plus pure, il s'y remplit du type
» du monde intellectuel, pendant que la ma-
» jesté divine se déploie et se révèle. En pre-
» mier lieu se montrent à lui les anges, les
» génies, les prophètes, les saints, quelquefois
» enveloppés du voile de je ne sais quelles
» formes pleines de beauté, desquelles déri-
» vent certaines vérités subordonnées ; mais

---

(1) *Voy*. la notice de M. Sylvestre de Sacy, déjà citée page 17.

» peu à peu la vérité divine se découvre elle-
» même. Celui qui a pu parvenir à une telle
» contemplation, peut-il, lorsqu'il redescend
» aux choses inférieures, au milieu des souillu-
» res terrestres, pourra-t-il s'étonner assez de
» l'aveuglement de ceux qui, satisfaits des illu-
» sions du monde, ne tentent jamais de s'élever
» aux sphères les plus sublimes (1)? Il faut que
» celui qui aspire à la contemplation divine
» dépouille tout instinct de notre nature brute
» et animale, dit Gulschen (2), qu'il rejette
» même toute pensée pour devenir digne d'être
» attiré dans le sein des secrets sublimes de la
» Divinité, en sorte que toute distinction dis-
» paraisse entre le connaissant et le connu. »
On retrouve dans ces dernières expressions
l'idée fondamentale de Plotin. Voici maintenant
l'unité absolue : « Tout homme dont le cœur
» n'est agité d'aucun doute, dit le Gutschen-
» Raz, sait avec certitude qu'*il n'y a qu'un
» seul être. Le moi* ne convient qu'à Dieu.
» *Moi, nous, toi et lui* ne sont qu'une même
» chose ; car dans l'unité il ne saurait y avoir
» aucune distinction. » Le même auteur dé-

---

(1) *Ibid*, p. 107.
(2) *Ibid.*, p. 89.

finit Dieu comme les nouveaux Platoniciens :
« En Dieu il n'y a point de qualités (1). Pour
» mieux connaître cette pure essence, dit Dsche-
» laleddin, il est nécessaire que tu deviennes
» semblable à un miroir poli et sans taches,
» en te dégageant de toute modification. »
Dschelaleddin compare souvent ce monde terrestre à une prison, et gémit de sa captivité.
« Veux-tu jouir de la liberté ? dégage-toi des
» vaines illusions qui t'obsèdent, et réfugie-
» toi dans l'essence où réside exclusivement
» la vérité. » (2) On retrouve encore chez les
Sofis le système de l'émanation : « Cet univers
» est une goutte qui s'est écoulée de la pléni-
» tude de l'Océan de la beauté divine, dit
» encore le même auteur. » (3) On y retrouve
l'hypothèse de l'homme primordial, de l'A-
dam-Cadmon des Gnostiques et de la Cabbale.
Dschami intitule un de ses chapitres : « De la
» création d'Adam comme un miroir de l'es-
» sence du Créateur, et comme un exemplaire
» de tous les noms et de tous les attributs de

---

(1) *Ibid.*, voyez aussi la notice précitée de M. Sylvestre de Sacy, p. 19.
(2) *Sufismus*, par M. Tholuck, *ibid.*, p. 90 et 121.
(3) *Ibid.*, cap. 5, p. 158, 163.

» la Divinité (1) » Les nouveaux Platoniciens peignaient les illusions de l'homme entraîné par sa vanité dans les régions inférieures, dans la fable de Narcisse considérant sa propre image dans un miroir ; Attar, dans le Dschauer, emploie, dans la même vue, la fable d'un renard qui aperçoit sa propre image au fond d'un puits, s'y précipite et y périt (2).

Les Sofis, suivant le Dabistan, distinguent, dans la vie contemplative, sept degrés, dont le dernier est *la disparition de la disparition*, ou l'absorbtion parfaite ; c'est à la fois *l'anéantissement* et l'existence sans fin. Dans les divers degrés, le Sofi voit une lumière de couleur différente. D'après un commentateur du Gulschen-Raz, le même auteur distingue quatre espèces de manifestations de la Divinité. Dans la première, la contemplation voit *l'essence absolue* sous la figure de l'un des êtres corporels; dans le second, il la voit sous la forme de l'un de ses attributs d'action, comme *donnant la subsistance* ; dans la troisième, elle paraît sous la forme de l'un des attributs

---

(1) *Ibid.*, cap. 4, p. 114.
(2) *Ibid.*, p. 119.

qui constituent sa propre essence, comme *la science* ou *la vie* ; dans la quatrième, le contemplatif perd la conscience de son existence. « Le signe de la manifestation est l'anéantisse- » ment ou la science de l'objet manifesté. (1) » Enfin, l'auteur d'un petit traité sur les devoirs des Sofis, ne compte pas moins de quarante degrés pour atteindre cette haute perfection. Dans ces degrés on marque celui qui est appelé la *réalité*, et celui qui est appelé la *connaissance* ; le dernier de tous, la *réalité*, suivant MM. Graham et Malcolm, est une sorte de philosophie qui considère les choses dans leur essence ; c'est un état d'intuition, surnaturel et extatique ; la *connaissance* est l'union intime de l'âme avec Dieu, qui produit un quiétisme parfait (2). Les Sofis enveloppent ces idées mystiques d'une foule de fables et d'allégories, à la manière des Orientaux. Ils recommandent, pour seconder l'essor des exercices contemplatifs, les pratiques extérieures de l'abstinence, des veilles, de la retraite, du

---

(1) Dabiston, p. 490 à 492.
(2) Voyez la note de M. Sylvestre de Sacy, sur le chap. 41 du *livre des Conseils*, p. 167.

silence, du renoncement aux plaisirs, à l'amour de soi-même. Ils veulent que l'homme se réduise à un état d'apathie et d'insensibilité complète ; ils n'adoptent point cependant les absurdes tortures que les Théosophes musulmans veulent imposer au corps pour rendre l'âme capable de la céleste béatitude.

Le *Livre des Conseils* (1), par Ferideddin Attar, quoique essentiellement destiné à offrir un recueil de Préceptes moraux et de Conseils pratiques, renferme aussi quelques vues sur la connaissance de Dieu, suivant le langage des Arabes, sur la vie spirituelle et contemplative. « C'est en effet par la contemplation » que cette connaissance s'acquiert. Celui qui » connaît véritablement Dieu par la contem- » plation, est convaincu que la véritable » existence consiste dans l'anéantissement...... » Si tu connais bien son âme sujette aux » passions, tu connaîtras le Dieu Très-Haut » et véritable dans ses dons. Celui-là seul pos- » sède la science qui connaît Dieu. La con- » templation consiste à disparaître et à s'a- » néantir devant Dieu. La contemplation ne

---

(1) Traduit et publié par M. Sylvestre de Sacy. Paris, 1819, in-8, avec des notes.

» s'occupe ni de ce monde, ni de la vie
» future; toutes ses facultés sont absorbées
» dans le désir de son union avec Dieu. Ce
» monde est semblable à un fantôme qui voit
» un homme durant son sommeil; lorsqu'il
» est éveillé, il ne lui reste aucun profit de ces
» douces illusions (1) ».

Quoique cette théosophie mystique se soit particulièrement propagée dans les contrées orientales, nous la voyons se produire aussi parmi les Maures d'Espagne; elle trouve, au milieu du douzième siècle, un sectateur dans Ibn Baüah, que S. Thomas a appelé Avenpace, et qui est plus connu sous ce dernier nom. Avenpace, disciple du philosophe et médecin Avenyoar, avait écrit des lettres philosophiques et théologiques, au nombre desquelles il en est une *sur le détachement des choses humaines et l'union de l'amour avec Dieu* (2). Ses opinions lui attirèrent, de la part des docteurs musulmans, une accusation d'hérésie. Il avait cultivé les sciences mathémati-

---

(1) *Id.*, chap. LII, page 163.
(2) Publiée par Christ. Wolf. Voyez Gessner in *Bibl. Wolf*, p. 17.

ques; car il avait commenté Euclide. Il avait également travaillé sur Aristote; Averrhoës le cite souvent, et c'est par ces citations seules que nous connaissons aujourd'hui ses idées philosophiques. « Avenpace, dit Aver-
» rhoës, s'occupa beaucoup de l'entendement,
» et particulièrement dans la lettre qu'il inti-
» tula : *De la Conjonction de l'entendement*
» *avec l'homme*, et dans son traité *de l'Ame*.
» Voici le fondement qu'il établit : d'abord,
» il supposa que les intelligibles sont produits
» ou créés, que tout ce qui est produit a une
» *quiddité* (une qualité essentielle); que
» l'entendement est capable par sa nature de dé-
» tacher cette *quiddité*, qu'il en abstrait ainsi
» les *formes* des intelligibles, en quoi il con-
» corde avec Alfarabi. Il ajouta que les in-
» telligibles ne comportent point la pluralité,
» si ce n'est à raison de la réunion des *formes*
» *spirituelles* par lesquelles elles subsistent
» dans chaque individu; d'où il suit que l'in-
» telligible dépouillé de ces *formes*, est *un*
» pour tous les hommes. La *quiddité*, l'intelli-
» gible et sa forme n'ont point elles-mêmes
» *de forme spirituelle ;* elles ne subsistent
» dans aucun individu; elles ne sont point la
» *quiddité* d'un individu particulier; d'où

» il conclut encore que l'entendement est
» unique chez tous les hommes, et qu'il
» constitue une substance séparée et dis-
» tincte (1). »

La philosophie des Arabes, et particulièrement leurs doctrines mystiques, furent non-seulement subordonnées à l'autorité du Coran, mais employées à l'interpréter; de là résulta pour eux une confusion entre la philosophie et la théologie, également funeste à l'une et à l'autre; de là naquit cette multitude de sectes qui ne tardèrent pas à les diviser. Albufarage en compte six principales qui n'enfantèrent pas moins de soixante-treize ramifications (2). L'extrême subtilité des notions que les Arabes avaient empruntées aux Grecs, le caractère propre du Péripatéticisme, les armes qu'il fournissait pour la dispute, ne contribuèrent pas peu à une telle divergence d'opinions. Dans le nombre de ces sectes, il en est une qui mérite d'être men-

---

(1) *Averrhoïs Opera*, tome VI. In lib. III Arist., de *Anima*, p. 278.
(2) *Dynast.* IV, édition Pocock.

tionnée ici, qui a été considérée par quelques-uns, comme une école de sceptiques, ou plutôt comme ayant quelque analogie avec les sophistes des Grecs (1); par d'autres comme une école de dialecticiens exercés (2); mais qui eut peut-être une analogie plus marquée avec l'école Erectriaque des anciens Grecs, et qui nous paraît s'être essentiellement proposé de combattre le système des nouveaux Platoniciens : C'est celle qui reçut le nom de *secte des Parleurs*. Brucker considère ses sectateurs comme des Rationalistes (3). Ce qui a pu les faire ranger au nombre des Sceptiques, c'est qu'ils rejettaient le témoignage des sens (4). Les écrits de Jean Philopon contre Proclus déterminèrent la direction de leurs idées (5). Ils n'admirent point les formes préexistantes, ne reconnurent que des substances et des accidens, expliquèrent les phénomènes de l'univers par la composition et la décomposition mécanique, quoi-

---

(1) Le Rabbin Aben tibbon.
(2) Le Rabbin Jehuda Muscatus.
(3) *Hist. crit. phil.* tome III, p. 59.
(4) Moses Maimonides, *More Nevochim*, § 1, cap. 73.
(5) *Ibid.*, c. 71.

qu'en reconnaisssant, dans la Divinité, le principe créateur, ordonnateur et conservateur, qui produit ces combinaisons. Ils repoussèrent ouvertement le grand principe des Grecs: *Rien ne se fait de rien,* et lui opposèrent la notion de la création qui consiste précisément à tirer l'être du néant ; « cette création, disent-ils, a eu lieu dans le temps. » Ils admirent, comme principes élémentaires des corps, les atômes, ou plutôt les monades, et rejetèrent ainsi la divisibilité de la matière à l'infini. Leurs hypothèses se distinguent donc de celle d'Epicure, et se rapprochent davantage de celle qu'a plus tard conçue Leibnitz. Ils conclurent de l'existence du mouvement à l'existence du vide. Ils reconnurent qu'il n'existe aucun infini numérique ; « le mouvement lui-même a ses points de repos indivisibles ; le carré parfait du géomètre n'existe point dans la réalité; ainsi s'anéantit la preuve qu'on prétend donner de la divisibilité de la matière à l'infini, par l'incommensurabilité du rapport entre la diagonale et le côté du carré. La substance, disaient-ils, ne peut exister sans accidens; les atomes ont donc aussi leurs accidens, desquels dérivent les propriétés des composés. » Ils distinguèrent avec assez de netteté l'impossibilité absolue ou métaphysique et l'impossibilité physique (1). Enfin, ils semblent avoir aperçu que la possibilité n'est qu'un jugement de l'esprit, et lui avoir ôté ce caractère objectif que lui attribuait Aristote; car ils définissaient ce qui est *possible*, par *ce qui se conçoit*.

Il y eut aussi chez les Arabes quelques philosophes qui refusèrent aux notions générales toute existence réelle, et ne les reconnurent que comme de simples abstractions de l'esprit ; les universaux, disaient-ils, ne sont ni des *êtres*, ni des *non-êtres* (2); ils préludaient ainsi aux nominaux des scolastiques, et peut-être les ont-ils mis sur la voie ; ils préludaient aussi à la philosophie de Locke.

Les Arabes cultivèrent avec soin la morale ; mais ils ne la traitèrent point en général sous la forme d'une science et comme une déduction systématique fondée sur des principes rationnels. Ils ne s'occupèrent point de fixer et déterminer le principe des obligations. Ils ne su-

___

(1) *Moses Maimonides*, *ibid.*, c. 21.
(2) *Ibid.*, c. 74, 75, 76.

rent point rattacher à la morale les institutions sociales, fondement du droit public; disons mieux : les sciences politiques leur furent à peu près inconnues, et les formes de leur gouvernement établi sur une sorte de théocratie, ne permettaient guère qu'il en fût autrement. La morale fut considérée par eux seulement sous deux aspects : ou comme une dérivation, une application du culte religieux et positif, ou comme un recueil de préceptes pratiques et de conseils dictés par la prudence. Sous le premier rapport, la morale se confondit souvent parmi eux avec les doctrines mystiques, et dégénéra en exercices ascétiques. Sous le second rapport, elle fut réduite en formules, en sentences détachées, mais elle fut surtout déguisée sous le voile de ces apologues pour lesquels les Arabes avaient une prédilection si marquée, qu'ils ont su multiplier avec une si grande fécondité, et orner d'une si grande élégance.

Si on ne peut disculper les Arabes d'une excessive obscurité accrue encore par leurs traducteurs, d'un goût marqué pour les distinctions les plus subtiles, si on est en droit de leur reprocher un singulier esprit d'imitation, un respect aveugle pour l'autorité, un penchant à associer la théologie à la philosophie, qui devaient arrêter, l'essor des pensées originales ; on ne peut leur refuser du moins le mérite d'une méthode généralement assez sévère; l'étude des sciences naturelles les portait à se complaire dans les classifications et les nomenclatures ; l'étude des sciences mathématiques les disposait aussi aux coordinations systématiques. On reconnaît les services qu'ils ont rendus à ces deux ordres de connaissances, et à quelques branches de la physique rationnelle, comme l'optique, par exemple. Ils furent les créateurs de la chimie. Mais deux causes concoururent à corrompre parmi eux l'étude des sciences physiques dans sa source elle-même, et les tristes effets de cette corruption se sont propagés par eux en Europe jusqu'au 16e siècle : d'abord ils adoptèrent aveuglément les maximes d'Aristote, qui prétendait substituer un ordre de considérations métaphysiques et morales aux lois positives qui gouvernent la nature, expliquer les phénomènes et les soumettre au besoin, suivant l'exigence de ces intentions mystérieuses ; de plus ils permirent encore aux doctrines mystiques d'envahir la région qui semblait leur être la plus étrangère; ils essayèrent, à l'exemple des nouveaux Platoniciens, d'établir une corrélation étroite entre les opérations des agens physiques et l'influence des substances spirituelles ; c'est ainsi que l'astronomie avait dégénéré en astrologie, la physique en magie, et que la chimie, à sa naissance, ne fut en partie que l'alchymie. Le secret dont on enveloppait ces sciences occultes, achevait d'exalter l'imagination, et de repousser les épreuves d'une investigation sévère, d'une libre discussion.

Si les Arabes ont mal exécuté, s'ils n'ont rien achevé, ils ont beaucoup entrevu, et, au travers d'un amas d'erreurs et de subtilités frivoles, un œil attentif et investigateur, en étudiant avec soin leurs écrits, y découvre le germe d'un grand nombre de théories qui, dans les temps postérieurs, se sont présentés comme des découvertes. Nous en avons indiqué quelques-unes dans le domaine de la philosophie ; nous sommes portés à croire que, par de nouvelles recherches dans les manuscrits originaux, on en signalerait encore un plus grand nombre. Le mérite principal qui appartient aux Arabes dans la sphère des études philosophiques consiste, à notre avis, dans le soin avec lequel ils ont cultivé la psychologie, et spécialement dans l'attention qu'ils ont donnée aux phénomènes de la sensation, genre de recherches auxquelles ils ont été probablement conduits par la lecture de Galien, par la culture des sciences médicales, par l'alliance de ce genre de travaux avec la philosophie. Du reste, leur application aux sciences mathématiques, si elle a pu concourir à leur faire adopter des méthodes rigoureuses, a contribué aussi à les entretenir dans le goût des spéculations abstraites, et à leur faire espérer une trop grande efficacité des simples déductions logiques, dans un ordre de connaissances qui repose en partie sur l'observation, et l'abus qu'ils ont fait de la dialectique a rendu plus funestes encore les conséquences de la fausse direction dans laquelle ils étaient engagés.

L'essor que prirent, l'éclat qu'obtinrent parmi les Arabes la philosophie, les sciences et la littérature, ne furent qu'un phénomène passager, semblable à un météore qui se montre d'une manière inattendue, et disparaît de même après une rapide apparition ; les lumières qui s'étaient répandues chez ce peuple s'éclipsèrent promptement vers la fin du 12ᵉ siècle, à l'époque même où l'Occident sortait de son long sommeil.

Les Juifs, opprimés sous la domination des successeurs de Constantin, parurent pendant plusieurs siècles avoir abandonné la culture des sciences ; mais, lorsqu'ils eurent trouvé chez les Arabes une protection bienveillante, lorsqu'ils virent dans les ressources de l'instruction un moyen de rendre cette protection plus assurée et plus fructueuse, lorsque l'exemple des Arabes eux-mêmes vint réveiller leur émulation, ils reprirent avec ardeur les études qu'ils avaient long-temps interrompues. Dépositaires d'antiques traditions que respectaient à la fois les Chrétiens et les Musulmans, placés entre les Grecs et les Arabes, conduits des uns aux autres par les opérations du commerce, familiarisés avec les langues des deux nations, ils devinrent en quelque sorte les messagers de la science ; ils servirent d'intermédiaires pour l'échange des idées ; ils traduisirent, pour l'usage des Arabes, les écrits des philosophes de la Grèce, comme plus tard, ils traduisirent pour l'usage des Occidentaux, les écrits des Arabes, et le ministère qu'ils remplirent les conduisit à exploiter quelquefois par eux-mêmes les richesses qu'ils colportaient ainsi de région en région.

En Orient, dès le 17e siècle, ils rétablirent quelques-unes de leurs plus célèbres écoles ; mais ils ne s'adonnèrent guère, avec quelque ardeur, qu'à la médecine. Ils comptèrent cependant parmi leurs docteurs le rabbin Schériza Gaon, historien, et son fils le rabbin Kai, auteur d'un livre *sur les noms de Dieu*, et d'un commentaire sur le livre *Jézirath*. Ce fut en Espagne, et particulièrement sous le calife Haschen II, qu'ils purent se livrer avec quelque suite et quelques succès à des études plus étendues. Elles embrassèrent, outre la médecine, trois branches principales : l'interprétation du Talmud ou la théologie positive, la philosophie d'Aristote, et les doctrines mystiques. Bornons-nous à indiquer rapidement l'esprit de leurs travaux relativement aux deux dernières.

Le savant Buddée a donné une longue nomenclature des érudits rabbins qui s'adonnèrent à la philosophie aristotélique. Leurs travaux ont laissé peu de traces. Dans leur nombre cependant, nous distinguons le rabbin Chanania Ben Isaac, qui, dans ses *Institutions philosophiques*, a rassemblé un grand nombre d'apophthegmes des anciens sages de la Grèce. Ce ne fut pas sans éprouver de grands obstacles de la part des Juifs attachés à une orthodoxie sévère, qu'ils entreprirent de cultiver ainsi des doctrines profanes ; mais, la crainte des anathèmes ne refroidit point leur zèle; ils n'avaient point à redouter les entraves de l'autorité civile. Leur culte pour Aristote égala celui des Arabes; ils déclarèrent que sa philosophie est la perfection de la science humaine. Mais, ce peuple, par son caractère, ses mœurs, ses institutions, semblait être destiné à rester stationnaire. Un attachement excessif à leurs propres traditions dominait chez les Juifs tous les penchans de l'esprit: ils restaient presque étrangers aux progrès de la civilisation, au mouvement général de la société; ils étaient en quelque sorte moralement isolés, alors même qu'ils communiquaient avec tous les peuples, et parcouraient toutes les contrées. Aussi nous cherchons en vain, dans ceux de leurs écrits qui nous sont connus, non-seulement de vraies découvertes, mais même des idées réellement originales.

Deux philosophes obtinrent parmi eux une grande célébrité en Espagne, vers la seconde moitié du 12° siècle: le premier est le rabbin Abraham Ben Maïr, petit-fils d'Esra, appelé communément Aben Esra; le second est le rabbin Moses Ben Maïmon, appelé Moyse Maïmonide. Aben Esra était de Tolède; ses co-religionnaires lui donnèrent le titre de *Sage par excellence*, d'*Admirable*, et célébrèrent à l'envi son érudition: il embrassa dans ses écrits, la philosophie, l'astronomie, la médecine, la poésie, la grammaire, la théologie, l'interprétation des livres sacrés et la science cabalistique; mais la plupart, restés manuscrits, sont encore ensevelis dans les bibliothèques; nous en avons seulement les titres relevés par Wolf.

Moyse Maimonide était de Cordoue; il avait suivi les leçons de Thophaïl et d'Averrhoës; mais, lorsqu'il voulut exposer sa doctrine à ses correligionnaires, il excita parmi eux un grand scandale : on l'accusa d'avoir sucé le poison de l'Islamisme; il fut contraint de se réfugier en Égypte; il ouvrit au Caire une école où du moins il enseigna en paix et avec un grand concours d'auditeurs. Son livre, intitulé : *Le Docteur des incertains* (*Doctor perplexorum*) fut la principale occasion des controverses auxquelles il se vit exposé; mais si la foule s'éleva contre lui, il obtint le suffrage des hommes éclairés dans son propre culte. Albert le Grand, S. Thomas et d'autres théologiens ou philosophes chrétiens, l'ont lu et en ont parlé avec éloge. On reconnaît dans Moyse Maimonide une érudition peu commune; il s'attache surtout à Aristote, mais il cite souvent Platon; il avait lu Alexandre d'Aphrodisée, Thémistius, Jean Philopon; on trouve en lui des indications précieuses sur les destinées de la philosophie chez les Arabes. Le Péripatéticisme domine toute sa philosophie, mais le Péripatéticisme conçu dans l'esprit des Alexandrins : on voit qu'il était initié dans les mystères de la Cabale. Il a traité avec un soin particulier, et non sans succès, les preuves de l'existence de Dieu. Il établit, relativement à l'étude de la théologie, une maxime remarquable pour cet âge, nouvelle même peut-être à cette époque, et étonnante pour un mystique. « La théologie, dit-il, doit être précédée par l'étude des autres sciences philosophiques; car Dieu ne peut être connu que par ses œuvres, et l'investigation des lois de la nature est la route qui doit conduire la raison jusqu'à lui (1). » Son livre de l'*Etablissement des fondemens de la loi* n'est qu'une exposition de la philosophie d'Aristote, d'après Averrhoës (I).

L'origine de la Cabale a beaucoup exercé non-seulement les recherches des Juifs, mais celles des érudits du 15e, du 16e et du 17e siècle, comme aussi la question relative au mérite réel

---

(1) Moses Maïmonides, *more Nevochim*, pars 1, cap. 34.

de cette doctrine a fait naître de nombreuses et longues controverses. Nous aurons occasion de parler plus tard de l'accueil qu'elle obtint auprès des théosophes des temps modernes. En nous attachant, au travers de l'obscurité que présentent nécessairement les indications historiques, aux inductions les plus probables, à celles que présente l'analogie des idées, nous avons assigné à cette doctrine une origine semblable et à peu près simultanée à celle des autres systèmes mystiques qui se formèrent, vers le commencement de notre ère, par le mélange des dogmes religieux et des notions philosophiques; mais le secret lui-même dont elle se plaisait à s'entourer, et le défaut de monumens rapportés à une époque précise, ne permettent à cet égard que des conjectures plus ou moins vagues; du moins est-il certain qu'à dater du 10e siècle la Cabbale devint, chez les Juifs, l'objet d'une étude plus approfondie, qu'elle fut cultivée dès-lors avec une vive émulation, et qu'elle reçut de nouveaux secours des spéculations philosophiques. On cite une foule de rabbins qui s'y sont exercés à l'envi, et qui ont Moyse Maimonide à leur tête. Attachons-nous spécialement aux traits caractéristiques qui marquent son analogie avec les autres systèmes de mysticisme, ou les différences qui l'en séparent. (1)

» Rien ne se fait de rien ; tout dérive donc d'un seul principe, comme de la source d'une lumière éternelle ; ce principe est le mystère des mystères, duquel émanent les formes des *séphires*. La plénitude de cette lumière se répandit sur un voile et y dessina ces formes. »

» De là fut produit Adam Cadmon, l'homme primordial, modèle et type (*macroscomas*), qui manifesta le mystère, rempli lui-même de la lumière émanée, image de Dieu et qui occupe le premier rang après lui. »

« De ce principe découle la triade des principes ou des *séphires* (*sephiroth*) supérieures, la couronne, la sagesse, la prudence ; de ces séphires découlèrent les sept autres d'un ordre inférieur : les dix séphires sont des notions qui représentent la Divinité semblables aux

---

(1) Voyez Reuchlin, art. *Cabal.* liv. I, *Pistori script. Cabbal.* — Hottinger, *Bibl. orient*; c. 1, chap. 8. — Buddée : *Introd. in hist. phit. hæbr.* — Wolf : *Biblioth. Hæbr.* — Reimann : *Hist. Theos Judæor.* lib. I, cap. 15, p. 16, et Brucker : *Histor. crit., philosoph.*, tome II, p. 832 et suivantes ; tome VI, p. 453 et suiv.

rayons du soleil, qui en descendent sans s'en séparer. »

« Du vase des émanations divines, Adam Cadmon tira des génies qu'il chargea de présider aux mondes. »

« Le fleuve infini des émanations se distribua graduellement en fleuves moindres, et se répandit sur les mondes inférieurs; ainsi tout est émané de la lumière première, infinie et suprême. » Voilà le système des émanations. On reconnaît ici les OEones des Gnostiques. Voici aussi l'hyménée mystique : « l'une de ces *séphires* fut unie à Adam Cadmon. »

« La matière n'a aucune essence propre; le monde matériel ne s'est formé que par les ténèbres, résultant de la privation de la lumière. » C'est la définition de Plotin.

« Il n'y a donc réellement rien de matériel; tout est spirituel, tout est plein de Dieu. Il n'y a qu'une essence unique, l'essence divine, qui embrasse l'universalité des choses. » Voilà l'idéalisme.

« L'âme humaine dérive de l'entendement divin; elle peut, par les exercices ascétiques et par la méditation de la loi, s'élever graduellement de monde en monde jusqu'à la source suprême. Cette échelle a cinq degrés. » Voilà l'échelle ascendante de Plotin (1).

La cabbale se distingue essentiellement du nouveau Platonisme, en ce qu'elle ne paraît point admettre l'unité absolue et numérique du panthéisme. « L'essence divine n'est point indivisible; elle se partage en particules infinies (2). « Quoique l'unité de l'essence divine soit indivisible, les substances spirituelles qui s'en détachent, ou monades intelligentes, pénètrent dans toutes les régions et se combinent entre elles (3). L'essence de ces esprits est identique à l'essence divine, mais par l'identité du genre, non par celle du nombre. L'éveil, que les cabbalistes appellent la sécrétion des étincelles de la lumière, se compose d'un certain nombre de degrés d'ascension égal à celui de l'échelle descendante des émana-

---

(1) Voyez Basnage : *Cabbala denudata : Lexicon cabbalisticum.* — Irira : *Porta cœlorum*, etc.

(2) Morus, *Fundamenta philosoph., sive Cabbal. altopædomelissæ.*

(3) Helmont, *Dialogi cabbalistici.* Voyez Wachter, *Spinosism. in Judaism. detectus*, §. 11, p. 237.

tions, dont le sommet est l'union intime avec Dieu. »

Les cabbalistes enveloppent ces idées d'une foule d'allégories, de symboles et de formules géométriques ; ils donnent une grande extension à la puissance, à l'action, à la lutte de deux ordres de génies, les bons et les mauvais, et placent l'homme au centre de cette lutte.

« L'âme humaine, émanée de l'entendement divin, participe à sa nature ; indépendamment de l'esprit vital par lequel elle anime le corps et en dispose, il y a en elle un entendement spécial qui, par ses rapports avec l'entendement général et divin, conçoit tout à la fois dans un instant et toujours, et qui se réunit à sa source originelle, comme le rayon du cercle à son centre. L'âme possède la chaîne des causes et des effets, cette chaîne qui unit les mondes ; car, toute chose inférieure est le vase ou le réceptacle de celles qui sont placées au-dessus d'elle ; l'effet aspire à sa cause ; la cause attire à elle son effet. »

Les cabbalistes distinguent cinquante portes de la prudence, et trente-deux voies de la sagesse ; ce ne sont que des définitions ou des images diverses, reproduisant sous d'autres formes les attributs mystiques de la sagesse et les opérations de l'intelligence supérieure. Bornons-nous à citer les deux suivantes : « La sagesse est appelée l'*Intelligence introduisant l'amitié*, parce qu'elle est la substance de la gloire, et qu'elle accomplit la vérité des êtres particuliers et spirituels : elle est appelée l'*Intelligence imaginative*, parce qu'elle imprime le sceau de la similitude à tous les êtres créés dans des proportions harmoniques et sous des formes analogiques. »

Il y a du reste plusieurs espèces de cabbales. Elles se partagent d'abord en deux grandes branches : la cabbale théorique, et la cabbale pratique. La première s'empare du domaine de la spéculation et de la méditation : elle explique le sens des écritures sacrées à l'aide des traditions secrètes ; elle expose les dogmes les plus relevés sur la Divinité, les esprits et les mondes; elle en déduit une métaphysique, une pneumatologie et une physique entièrement mystiques. La seconde constitue un art occulte qui, par l'application des noms divins et des paroles des écritures sacrées, combinées suivant des règles diverses, a le pouvoir de produire des effets supérieurs à l'ordre accoutumé de la nature, d'en intervertir les lois, comme de guérir les maladies, de conjurer les malins esprits, d'éteindre les incendies, et d'exposer au choc des armes sans en recevoir de blessures, etc. La cabbale théorique à son tour se soudivise en *littérale* et *philosophique*. La première est un mode d'explication artificielle et symbolique des livres sacrés, qu'on prétend avoir été transmis par la tradition, et qui consiste dans un certain artifice pour transposer les lettres, les syllabes, les mots, et en faire jaillir de nouveaux sens pour l'intelligence du texte : elle se compose de trois méthodes, dont la première est entièrement géométrique et a même emprunté des Grecs le nom analogue qu'elle porte chez les Juifs, celui de *gématrie*, dont la seconde porte un nom dérivé des Latins, *Notarikon*, signes évidens de l'origine récente de ce système et des emprunts qu'il a faits aux nations étrangères. La cabbale philosophique ou réelle se compose de deux ordres dont l'un spécule sur les émanations supérieures dans Adam Cadmon et les *séphires*, dont l'autre s'occupe des émanations inférieures jusqu'au monde matériel, si du moins nous en croyons au *lexique cabbalistique* inséré dans la *cabbale révélée*.

Les formules symboliques employées par la cabbale pour exprimer la génération métaphysique des êtres devait conduire naturellement à imaginer cet *art combinatoire* qui exprime dans des formules semblables les évolutions logiques des idées. Philon raconte que « les » Esséniens et les Thérapeutes avaient une » méthode très-ancienne de philosophie à » l'aide de symboles et d'allégories (1). » Aussi Raymond Lulle déclare-t-il expressément que son *grand art* n'est autre que la cabbale des Juifs. « Ce qui signifie, dit-il, la réception de la vérité de toute chose révélée par Dieu à l'âme raisonnable (2). » Tel est également le témoignage de Pic de la Mirandole, celui de Valerius de Valeriis (3), celui de Paul Scalichius (4). Voici donc encore l'un des anneaux qui rattachent à ces traditions antiques les systèmes qui se sont produits dans le moyen âge. (5)

---

(1) *Quod omnis probus sit liber*, pages 877 et 895.

(2) Au commencement du livre : *De auditu cabbalistico, sive cabbala.*

(3) *Opus aureum, præfat. ad Fuggerum.*

(4) *De revolutione alphabetaria*, etc.

(5) *Voy.* ci-après, chap. 27, ce que nous disons de *l'art combinatoire* de Raymond Lulle.

La cabbale, autant qu'il nous est possible de la juger avec certitude au travers des nuages amoncelés qui l'enveloppent, consiste donc essentiellement dans une doctrine d'idéalisme mystique environnée d'une extrême complication de formes symboliques. On s'étonnera moins du singulier respect qu'elle a inspiré, non-seulement aux Juifs eux-mêmes, mais à une foule de modernes supérieurs au vulgaire, et de la curiosité qu'elle a si long-temps excitée, si l'on réfléchit que par ce double caractère elle flattait à la fois deux dispositions dominantes de l'esprit humain, le penchant pour les spéculations abstraites et pour la contemplation d'un monde intellectuel, la faculté à se laisser séduire par le prestige attaché à un appareil de signes allégoriques, et à leur prêter une valeur d'autant plus précieuse que leur forme est énigmatique et plus obscure. A la suite de la cabbale, comme à la suite de la plupart des systèmes de mysticisme, se produisirent ces pratiques superstitieuses décorées du nom d'arts merveilleux, qui, supposant une corrélation étroite et une influence directe entre le monde des intelligences et le monde matériel, empruntent au premier la puissance d'agir sur le second, d'expliquer, de gouverner, de changer même les lois de la nature, arts qui, à la faveur d'une telle origine, n'ont obtenu que trop de faveur auprès de la crédulité humaine. (K.)

NOTES

DU VINGT-QUATRIÈME CHAPITRE.

(A) Léon l'Africain cite Ibnu Guilgiul comme l'auteur d'une *Histoire et d'une Biographie des philosophes*. Dans le catalogue des manuscrits de la bibliothèque de Leyde, on indique plusieurs ouvrages du même genre. Suivant Hottinger, Iben Casta a écrit une *Histoire des Sages, des Philosophes et des Mathématiciens arabes*. Aripherge, dans la *Bibliothèque arabe*, a donné le catalogue des livres sur la philosophie, les mathématiques et la médecine, qui ont vu le jour chez la même nation, du 7° au 12° siècle. Les *Dynasties* d'Albarafage fournissent aussi quelques documens sur ce sujet. Muhamed Ben Isaac a donné le catalogue des commentateurs arabes du texte d'Aristote, catalogue déjà publié par Hottinger. (*Bibl. or.* cap. 2, p. 119.)

(B) Nous entendons faire allusion ici, moins encore à la célèbre hypothèse du docteur Gall, qu'aux recherches curieuses et récentes de M. Flourens, qui ont été dernièrement l'objet d'un rapport fait par M. Cuvier à l'Académie royale des Sciences.

Le rapprochement des idées d'Avicena sur ce sujet avec les résultats des investigations de ce physiologiste, qui occupent en ce moment l'attention des savans, nous a paru assez curieux pour rapporter ici textuellement le passage d'Avicena, que nous avons analysé dans ce chapitre ; nous le donnons tel qu'il est imprimé dans la traduction latine par *Cecilius Fabrianensis*, chanoine régulier, sans indication de lieu, ni d'année, qui existe à la bibliothèque royale.

« Virium autem apprehendentium, occultarum, vitalium prima est fantasia quæ est sensus communis, quæ est vis ordinata in prima concavitate cerebri recipiens per seipsam formas omnes quæ imprimuntur quinque sensibus et redduntur ei. Post hanc, et imaginatio vel quæ est etiam formans, quæ est vis ordinata in extremo anterioris concavitatis cerebri retinens quod recipit sensus communis a quinque sensibus et remanet in ea post remotionem illorum sensibilium. Post hanc, est vis quæ vocatur imaginativa comparatione animæ vitalis et cogitativa imaginatione animæ humanæ, quæ est vis ordinata in media concavitate cerebri ubi est nervus et solet componere aliquid de eo quod est in imaginatione cum alio et deinde aliquid ab alio secundum quod vult. Deinde est vis estimativa quæ est vis ordinata in summa media concavitate cerebri apprehendens intentiones non sensatas quæ sunt in singulis sensibilibus sicut vis quæ est in ove dijudicans quod a lupo fugiendum est ; videtur etiam hæc vis operari in imaginatis compositionem et divisionem. Deinde est vis memorialis et reminiscibilis quæ est vis ordinata in posteriore concavitate cerebri retinens quod apprehendit vis æstimationis de intentionibus non sensatis singulorum sensibilium. » *De Anima*, pars 1, cap. V, fol. 5.

(C) Voici le développement qu'Avicena donne à ces vues; nous transcrivons littéralement le texte qui nous paraît assez obscur pour mettre le lecteur à portée de juger par lui-même de l'esprit propre à la théorie de ce philosophe sur la connaissance humaine, théorie dont ce passage est l'un des pivots essentiels.

« Omnis apprehensio intelligibilis est similitudo aliqua ad formam separatam a materia et ab ejus accidentibus, materialibus, sed anima habet hoc ex hoc quod est substantia recipiens impressa ab eo ; intelligentia vero habet hoc ex hoc quod est principium et substantia agens et creans.

Quod autem scire debet de dispositione formarum quæ sunt in anima hoc est quod dicemus scilicet quod imaginem et quæcumque adhærent eis, cum anima avertitur ab eis sunt reposita in virtutibus conservativis eorum quæ vere non sunt apprehendentes et conservantes simul; sed sunt thesaurus ad quæ cum convertit se virtus apprehendens, judicans imo estimatio, aut anima, aut intellectus inveniet ea jam haberi. Si autem non invenerit ea, necesse habebit redire ad perquirendum et reminiscendum.

Discere non est nisi acquirere perfectam aptitudinem conjungendi se intelligentiæ agenti quousque fiat ex ea intellectus qui est simplex a quo emanent formæ ordinatæ mediante anima in cogitatione. Aptitudo autem quæ præcedit discere est imperfecta;

postquam autem discitur est integra. Cum enim transit in mente ejus qui discit id quod cohæret cum intellecto inquisito et convertit se anima ad inspiciendum; ipsa autem inspectio est conversio animæ ad principium dans intellectum; cum enim anima conjungitur intelligentiæ emanat alia virtus intellectus simplicis quam sequitur emanatio ordinandi. Dum autem anima generaliter est in corpore non potest subito recipere intelligentiam. Ita cum dicitur Plato est sciens intelligibilia, hic sensus est, ut cum voluerit, revocet formas ad mentem suam. Cujus etenim sensus est, ut cum voluerit, possit conjungi intelligentiæ agenti. Ita ut ab ea in ipsum formetur ipsum intellectum. Et hæc virtus est intellectus in effectu scilicet quod est perfectio; sed formatio imaginabilum est respectio animæ ad thesauros sensibilium. Sed primum est inspicere quod est superius, hoc autem quod est inferius. Cum autem anima liberabitur a corpore et ab accedentibus corporis tunc poterit conjungi intelligentiæ, et tunc inveniet in ea pulchritudinem intelligibilem in delectationem perennem.

Dicitur deinde quod qui conjungi potest intelligentia agenti per seipsum sine doctrina habet ingenium, supra quod est subtilitas et supra subtilitatem. Anima ita cohærens principiis intelligibilibus ut accendatur ingenio ad accipiendum omnes quæstiones ab intelligentia agente, aut subito, aut pene subito firmitas impressas. Hoc est altior gradus in virtutes humanas quem vocat virtutem sanctam. » (*Ibid, ibid,* cap. 6.)

(D) Voici comment Algazel développe cette hypothèse.
« Sensus tactus manifestus est qui est virtus diffusa

per omnem cutem et carnem : per quam apprehenditur calor et frigiditas, humiditas et siccitas : durities et mollities ; asperitas et lenitas ; et gravitas et levitas. Et hæc virtus pertingit ad partes carnis et cutis mediante corpore subtili quod est vehiculum ejus quod dicitur spiritus ; et discurrit per compagines nervorum ; quibus mediantibus pertingit ad partes carni et cutis : et hoc corpus subtile non acquirit nec haurit virtutem hanc nisi a corde et cerebro sicut postea dicitur. Nisi aut convertatur qualitas cutis in limite apprehensi sive in frigiditatem vel caliditatem vel in cæteris earum non fieret apprehendens. Et ideo non apprehenditur nisi id quod calidius est frigidius eo. Id autem quod est tale non agit in agentem. »

Il applique une théorie semblable aux autres nerfs.

« Scias quod sensus interiores quinque sunt, scilicet sensus cordis, et virtus imaginativa, et fantasia, et virtus æstimativa, et virtus memorialis.

Æstimativa et memorialis sunt in posteriore parte cerebri. Cordis vero et imaginativa sunt in anteriore parte cerebri. *Fantasia* vero est in medio cerebri. Cujus est movere non apprehendere. Perquirit enim nunc de his quæ sunt in arca formarum, nunc de his quæ sunt in arca intentionum. » (*Philosophia Algazelis*, tract. III.)

(E) « Quum fixa est inter eas et operatur in his duabus componendo et dividendo tamen, imaginat non aliquando hominum cum duobus capitibus vel aliquid cujus medietas sit forma equi, et medietas forma hominis et alia hujusmodi. Non est autem ejus adinvenire formam absque præcedenti extraneo; sed ea quæ disjuncta sunt in fantasia conjungit, et conjuncta disjungit; hæc autem in homine solet vocari cogitativa. Cogitativa autem super veritatem est ratio; sed fantasia instrumentum est cogitationis. Non quod ipsa sit cogitativa. Sicut ejus aptæ sunt caveæ quibus possit moveri oculus in sua concavitate ad partes diversas. Ut per hoc expendatur visus ad inquirendum oculum et per nasum; similiter aptatæ sunt caveæ quibus acquiruntur intentiones quæ sunt depositæ in duabus arcis. Nam igitur hujus virtutis est moveri; nec cessat etiam indormiendo et de natura habet velociter moveri, ad id quod est sibi contendibile vel propter similitudinem vel propter contrarietatem, vel propter hoc quod jam erat adjunctum ei casualiter quum venit in fantasiam, et de natura habet formari et gesticulari. Quoniam non intellectus dividitur in partes. Hoc assimilat arbori habenti multos ramos. Sed quando tuus intellectus ordinat gradatim, ipsa assimilat rebus arduis et scalis. Per hanc recordatur homo oblitorum. Hæc enim non cessat perquirere de formis quæ sunt imaginativa, et movetur de forma ad formam propinquam quousque offendit in formam propter quam apprehenditur : intentio oblita qua mediante recordatur ejus quod oblitum fuerat. Comparatio autem illius formæ ad præsentandum id quod est propinquum et pendet ex eo, est sicut comparatio medii termi ad conclusionem. Quo mediante, aptatur homo recipere conclusionem. Hæ sunt igitur virtutes exteriores et interiores, et omnes istæ sunt instrumenta. Quum virtus motiva non est nisi ad inquirendum quod prodest et ad repellendum quod abest. Apprehendentes vero non sunt nisi exploratores inquirentes quod deficerit. Et imaginativa et memorialis sunt ad retinendum ea quæ referuntur. Fantasia vero est ad repræsentandum ea, postquam absentata fuerint. Necesse est igitur esse aliquam radicem cujus hæc omnia sunt instrumenta et in qua conjungantur et cui subjecta et per quam habent esse. Et hæc radix dicitur anima quæ non est corpus. Est enim membrum corporis et est instrumentum aptatum propter intentionem animæ ad quam recurrit. Igitur necesse est esse anima cajus sunt instrumenta hæ virtutes et hæc membra. » (De Anima humana, tract. IV, *De Sensibus interioribus.*)

Averrhoës, en adoptant la même hypothèse physiologique, réduisit à trois le nombre des sens intérieurs.

(F) Le livre *De Causis* se trouve dans le tome VII des œuvres Averrhoës, fol., 115. Il y porte le titre suivant : *De Causis libellus*, *Aristoteli seu Avenpace, Alpharabio aut Proculo adscriptus;* etc. On lit dans une note marginale : *Liber iste ex Hæbræo in latinum conversus, ex libro desumptus creditur.* Mais le témoignage d'Albert-le-Grand mérite d'autant plus de confiance, que ce scolastique, en racontant que le juif David l'a extrait d'Alpharabi, d'Avicena et d'Algazel, donne le titre des traités de ces trois Arabes dans lesquels il avait été puisé, et même un extrait sommaire de chacun de ces traités. Ces traités méritent d'être lus; ils respirent tout l'esprit de la philosophie néo-platonicienne. On les trouvera dans le 48ᵉ Specimen que M. Jourdain a annexé à ses *Recherches critiques sur les traductions latines d'Aristote*. (Paris 1819), p. 497. Le livre *De Causis* est aussi imprimé dans les œuvres de S. Thomas, accompagné d'un commentaire de ce docteur.

(G) Nous avons vainement cherché les deux écrits d'Avicébron dans toutes nos bibliothèques publiques. Les scolastiques l'ont souvent cité ; Guillaume de Paris en particulier fait plusieurs fois mention du *Fons sapientiæ*; voici l'idée qu'il nous en donne.

« Natura spiritualium substantiarum non facile innotescere hominibus tam brevis intellectus, quia etiam sapientes ad modicum penetraverunt illam, et nondum profundaverunt in ea nec tractatum aliquem de ea scripserunt, qui ad nos pervenerit, excepto solo Avicebron, qui esse multa sublimia et longe à vulgari intellectu de eis et scripserit, multo ampliora tamen dicenda de eis, et scribenda reliquit et scientiam de his, licet aliquatenus inchoatam, procul tamen à complemento et perfectione demisit (tome I, p. 84). Avicebron autem et theologus nomine et, ut videtur, Arabs, istud evidenter apprehendit, cum et de hoc in libro quem vocat *Fontem sapientiæ* mentionem expressam faciat, et librum singularem de Verbo Dei agente omnia scribat. Ego autem propter hoc puto ipsum fuisse christianum, cum totum regnum arabum christianæ religioni subditum fuisse ante tempus non multum narrationibus historiarum manifestum sit. » Quoique notre célèbre et honorable ami M. Langlès ait bien voulu faire rechercher cet ouvrage parmi les manuscrits de la Bibliothèque du roi, il a été impossible de le découvrir. Nous croyons cependant qu'il en existe deux copies dans ce riche dépôt, et nous ne désespérons point de pouvoir le faire connaître un jour, grâce aux soins du savant conservateur. On cherche en vain le nom d'Avicebron chez tous les biographes arabes et Juifs. Son vrai nom était, si nous ne nous trompons, Abenezron, et malgré le témoignage des scolastiques, nous inclinerions à croire que c'était un rabbin juif et non un arabe. (Voyez Jourdain, *Recherches critiques sur la traduction latine d'Aristote*, note P, page 328.

(H) Voici quelques-uns des passages principaux :
« Scias quod certitudinis hujus rei cognitio existit in duabus radicibus. Una est speculatio inesse intellectus materialis, et hoc est fundamentum hujus quæstionis et non sunt diversificati philosophi in hoc, nisi propter diversitatem, quam habet in esse hujus intellectus. Secunda radix est speculatio in re, propter quam abstractus est causa reducendi intellectum materialem inesse actu intellectum, et hoc est scire, si est causa secundum modum efficientis, et motoris solum, sicut reperitur in motoribus naturalibus, aut per viam formæ, et finis, sicut faciunt abstracta in animalibus sphæricis. (Averrhoës, *Tract. de Animæ Beat.*, cap. 1, tome IX de ses œuvres, f° 64.)

« Et hic solutum est dubium supra monstratum, quod videlicet præparatio hæc, cum qua abstracta recipiuntur, est unum, quod accidit intellectui speculativo post perfectionem, ita ut hujus præparationis proportio ad intellectum adeptum completum, est sicut materialis intellectus ad animam. Vides namque post quamlibet formam novam particularem, generabilem, et corruptibilem quod accidit recipiendi impressio ad formam aliam, et quamvis procedat in infinitum, in præparationum fine, recipit formam unam non materialem. Quia vero est hoc, jam habes quod intelligibilia intellectus speculativi sunt scientiæ in potentia, cum sint scientiæ rerum quæ sunt in potentia. » (*Id.*, *ibid.*; fol. 65, al. 10.)

« Et jam diximus esse notum per se quod id, quod est in potentia, in aliquo genere, necessario exit ad actum in illo genere ex aliquo illius; sed scientiæ sunt in potentia, sunt intelligibilia; igitur necessario educuntur à scientiis, quæ sunt in actu, quando requirunt motorem efficere ea de potentia ad actum. Difficile est autem ei, qui non pervenit ad hunc gradum, concedere hoc, itaque dubitat sicut longe est ei, qui est in una ætate temporis, credere quod accidit sibi in futuris. » (*Id.*, *ibid.*, al. 30.)

« Et dicentibus nobis quod intelligere est simile ipsi sentire, non debes propter hoc credere quod hic intellectus est extra animam, sicut sensus est extra animam. Quia intelligibile, quod est comparatum intellectui materiali comparatione sensati ad sensum, est in anima, et sensatum est extra animam. Et propter hoc, non de necessitate est quod hæc intelligibilia sint separabilia, ut opinatus est Plato, et anima recipitur in definitione intelligibilium, speculabilium, sensus autem non. » (*Id.*, *ibid.*, cap. IV, f. 65.)

(I) On trouve, à la fin du tome I des œuvres d'Averrhoës, des fragmens qui appartiennent à plusieurs philosophes arabes, qui roulent presque exclusivement sur la logique, et qui ne sont guère que des remarques dans l'esprit de la philosophie péripatéticienne. Ils ne nous ont pas paru mériter une mention spéciale. Nous n'avons pas cru devoir nous arrêter aux détails qui appartiennent plutôt à la bibliographie et à l'histoire littéraire qu'à l'histoire philosophique proprement dite, parce qu'ils ne répandent aucune lumière sur la marche et la direction des idées. Mais nous avouons que nous éprouvons un vif regret de n'avoir pu, faute de connaître les langues orientales, exploiter les collections des manuscrits qui existent dans les dépôts publics, et qui peuvent servir à nous faire acquérir une notion exacte et complète sur la philosophie de ce peuple, si peu connue jusqu'à ce jour.

(J) Voici l'idée que Guillaume, évêque de Paris, avait conçue de la philosophie des Juifs :

« Postquam autem Judæi Chaldæis sive Babyloniis et genti Arabum commixti fuerunt, ea miscuerunt se studiis eorum et philosophiæ, et secuti sunt opiniones philosophorum, nescientes legis suæ credulitates et Abrabæ fidem contra disputationes eorum et nationes defendere. Hinc est quod facti sunt in lege erronei et in fide ipsius Abrahæ hæretici, maxime postquam regnum Saracenorum diffusum est super habitationem eorum. Exinde enim æternitatem mundi et alios

Aristotelis errores secuti sunt multi eorum. Hinc est quod pauci veri Judæi, hoc est qui non in parte aliqua credulitatis suæ Saraceni sunt aut aristotelicis consentientes erroribus, in terra Saracenorum inveniantur de his qui inter philosophos commorantur. » (*Tract. de Legibus*, in t. 1, opp., p. 25.)

Parmi les Juifs qui, au 13° siècle, défendirent la cause de la philosophie contre les sentences des synagogues, on distingue Palskira : *voy*. ses lettres (Prague, 1525, 1610); Jesaia (*voy*. dans les Manusc. de la Bibl. du Roi, coll. de l'Oratoire, son traité de l'*intellect* et de *l'imagination*); Abba Mori, etc. Cohen-Judas a donné une analyse d'Aristote.

(K) Indépendamment des auteurs que nous avons cités dans ce chapitre, on peut consulter *Georgii Elmazini, Historia Saracenica... Accedit Rod. Ximenez, Historia Arabum*. (Lugduni, 1625, in-4°.) Assermani, *Bibl. orient.*, Rome 1719, 1728. Lichom, (Gotha 1775.) Bayle, art. : *Alchabitius, Alchindus, Averrhoës, Almacin*. Peringer : *Historia linguæ et erudit. Arabum* (Alpini 1694). Ludovici ; *De Historia rationalis philosophiæ apud Arabos et Turcas*. Nagel : *De Studio philosophiæ græcæ inter Arabos*. Léon l'Africain : *De viris quibusdam illustribus apud Arabos* (dans la bibliothèque Grecque de Fabricius); Casiri et surtout la Bibliothèque orientale de D'Herbelot.

Brucker s'est borné à donner la substance de la théologie d'Algazel, du système mystique de Thophaïl, de la morale de l'Islamisme, quelques sentences et quelques proverbes des Arabes. Tiedemann et Tennemann ont présenté seulement un résumé succinct de la métaphysique de quelques philosophes Arabes; et ont à peu près négligé leur logique, leur psychologie et leurs doctrines mystiques. Cette portion de l'histoire de la philosophie demanderait à être traitée avec soin par un savant versé dans l'étude des langues orientales, qui aurait la patience de dépouiller les manuscrits. On peut dire avec vérité que nous n'avons point encore le tableau exact et complet de la philosophie des Arabes, et c'est le motif qui nous a engagé à l'ébaucher ici, du moins d'après le petit nombre de documens épars qui ont été livrés à l'impression.

Brucker a du moins donné avec un soin particulier la philosophie des Juifs, et a surtout donné le plus grand développement à l'histoire de la Cabbale et aux divers systèmes qu'elle embrassait; nous ne pouvons que renvoyer au tome II de son Histoire critique de la philosophie, où il a déployé sur ce sujet tous les trésors de sa vaste érudition, et où ceux qui voudraient approfondir une matière encore susceptible de quelques recherches, trouveront l'indication de toutes les sources. *Voyez* aussi Jacq. Thomasius, *Observat. select.*, t. I, §§ 1 à 16. Consultez spécialement pour la philosophie des Juifs au moyen âge : Bartolemi, *Bibliot. rabbinica*; Wolf, *Bibliot. hebraica*; De Rossi, *Dizionarit fegl autori Ebreis*, et le tome I de la *Bibl. espagnole* de Rodriguez de Castro.

CHAPITRE XXV.

Destinées de la philosophie en Occident, du 7ᵉ au 11ᵉ siècle. — Origine et premier âge de la philosophie scholastique.

SOMMAIRE.

Fruits qu'on peut espérer de l'étude de la philosophie du moyen âge; — Difficultés qu'elle présente. — Quatre époques principales dans cette histoire : circonstances qui les déterminent. — Caractères généraux de la philosophie scholastique. — Direction que suivit l'esprit humain pendant cette période. — Mode d'enseignement.

Premier âge de la philosophie scholastique. — But, esprit et limites des études. — Isidore de Séville. — Ecoles de Charlemagne; Alcuin. — Pourquoi les fruits de la restauration tentée par Charlemagne s'évanouirent promptement.

Jean Scot Erigène : — But qu'il se propose ; — Son livre de la division de la nature ; — il fait connaître les écrits apocryphes attribués à S. Denis l'aréopagite, et introduit le nouveau Platonisme en Occident; — Sa psychologie.

Gerbert ou Sylvestre II ; le moine Constantin ; autres docteurs.

Depuis que les illustres auteurs de l'Esprit des lois et de l'Histoire de Charles-Quint, ont ramené l'attention des hommes éclairés sur les origines des institutions qui gouvernent aujourd'hui l'Europe, l'histoire du moyen âge a excité les recherches de plusieurs savans distingués. Jusqu'alors l'histoire des peuples de l'antiquité avait absorbé presque exclusivement les travaux des érudits modernes, et une période de temps si voisine de nous était restée presque entièrement négligée. Mais, lorsque l'étude de l'histoire a été rappelée à son véritable but, lorsqu'on a enfin reconnu que cette étude avait essentiellement pour objet de recueillir les grandes leçons de l'expérience, de les mettre en valeur pour les intérêts de l'humanité, de les faire servir à préparer de nouveaux perfectionnemens, et de découvrir dans les faits moraux qui se développent sur la scène de la société humaine cette connexion des causes et des effets, que les sciences physiques cherchent à explorer sur la scène de la nature matérielle, on a compris qu'il fallait chercher dans le moyen âge les germes de la civilisation moderne et qu'il importait d'observer par quelle suite de circonstances ils s'étaient graduellement développés. Depuis quelques années, surtout, ce genre de recherches a été repris avec une émulation remarquable : les lois, le commerce, la littérature du moyen âge, les révolutions politiques qui s'y sont accumulées, sont devenues le sujet d'investigations judicieuses. Plusieurs de ces écrivains ont exprimé le vœu que la philosophie de cette même période de temps fût aussi arrachée aux ténèbres qui la couvrent encore, et plusieurs circonstances récentes semblent ajouter encore aux motifs de cette curiosité. Déjà le grand Leibnitz avait exprimé le soupçon que « des trésors » pouvaient être ensevelis dans le chaos impur » de la barbarie philosophique. » Des philosophes récens ont renouvelé ce soupçon, ont même annoncé des espérances encore plus positives, et assuré, quoique sans le prouver, que notre siècle se montrait injuste envers ceux qui avaient préparé son éducation.

Le temps semble venu de combler cette lacune, et d'apprécier avec équité le mérite réel des efforts qui ont été tentés pendant une si longue suite de siècles pour délivrer l'esprit humain des ténèbres dont il fut chargé à la suite de l'invasion des Barbares. Quel que puisse être en effet ce mérite, il est au moins d'un grand intérêt d'examiner quels furent les obstacles contre lesquels les progrès de la raison eurent si long-temps à lutter, les moyens par lesquels elle en triompha. On ne peut, sans doute, dans aucun cas, supposer qu'elles soient indignes de toute attention, les doctrines et les méthodes qui à diverses époques excitèrent dans les esprits une activité et une ardeur si étonnantes, et qui servirent à en diriger l'essor. Une aussi longue suite de générations n'a dû être certainement stérile en hommes doués de quelque génie ; elle en a produit surtout qui étaient doués d'une grande passion pour l'étude, d'une persévérance qui de nos jours serait rarement égalée ; il est curieux d'observer comment de tels hommes se sont comportés dans de telles circonstances, jusqu'à quel point ils ont pu succomber à leur influence, ce qu'ils ont pu tenter pour s'ouvrir une voie meilleure, s'ils ont pu parvenir aux découvertes modernes. Ajoutons que cet examen peut seul nous mettre en mesure de bien juger la réformation qui a succédé à cette longue domination des systèmes scholastiques et dont nous recueillons aujourd'hui les bienfaits.

Ne nous étonnons point, cependant, si ce sujet n'a jusqu'à ce jour donné lieu qu'à un petit nombre de recherches partielles ou de résumés sommaires. Indépendamment du discrédit dont la philosophie du moyen âge a été frappée à la suite d'un triomphe si absolu et si prolongé, indépendamment du dégoût que l'aridité de ses formes tend trop naturellement à exciter, de graves et nombreuses difficultés se présentent à l'entrée d'une semblable carrière. Les ouvrages des scholastiques forment à eux seuls une immense bibliothèque (A); les exemplaires en sont rares; la plupart ne se rencontrent plus que dans les dépôts publics; ils y sont épars; le savant Brucker même annonce qu'il n'a pu les consulter : ces ouvrages d'ailleurs sont d'une extrême obscurité; les notions philosophiques y sont noyées dans les dissertations théologiques, le plus souvent mêlées aux discussions les plus oiseuses. Il faut non-seulement un courage et une patience peu ordinaires pour s'engager dans une semblable perquisition; mais une sagacité peu commune pour démêler, au milieu de tant de nuages, les vues qui peuvent être encore de quelque prix.

Alors même qu'on aurait réussi dans ce travail, quelles difficultés encore pour en faire goûter le fruit au public, aujourd'hui principalement qu'avide de jouir, on veut avant tout la clarté dans les idées, l'élégance dans les formes, l'utilité des applications, c'est-à-dire précisément les trois choses qui manquaient le plus complètement à la philosophie des écoles !

Nous sommes loin de prétendre offrir ici le tableau complet et développé de cette portion de l'histoire de l'esprit humain. D'un côté, il n'entrait dans notre plan que de considérer les systèmes de philosophie relatifs aux questions fondamentales de la connaissance humaine ; et de l'autre, les limites que nous nous sommes imposées nous contraignent de renfermer cette exposition dans un cadre assez étroit. Toutefois, nous avons pris soin de ne rien présenter ici que nous n'ayons puisé directement dans les originaux, et nous croirons du moins avoir donné quelque utilité à ces recherches, si nous avons pu préparer les élémens de la décision impartiale qui pourra enfin être portée sur le mérite de la philosophie du moyen âge, décision que nous déférons aux bons esprits, et qui devra à son tour faire évaluer les avantages qu'on pourrait se promettre d'une investigation plus approfondie et plus étendue.

Le moyen âge se divise naturellement en deux grandes périodes, dont la première commence à la chute de l'empire d'Occident, dont la seconde commence vers le milieu ou la fin du 11° siècle, avec le pontificat de Grégoire VII, la conquête de l'Angleterre par Guillaume, distinction qui n'est pas moins marquée dans l'histoire politique, que dans celle de l'esprit humain. Nous avons un peu anticipé sur la première de ces deux périodes, pour recueillir les derniers rayons des lumières philosophiques en Occident, jusqu'à la fin de ce règne de Théodoric, qui, à plusieurs égards, répandit encore quelque éclat, et qui surpassa certainement le siècle qui l'avait précédé.

De ces deux périodes, la première est, sans comparaison, la plus stérile sous tous les rapports; le tableau affligeant qu'elle présente n'est interrompu que par l'influence trop passagère des institutions dues au génie et à la puissance de Charlemagne, influence très-bornée d'ailleurs en ce qui concerne l'état des sciences et la culture intellectuelle. Elle offre d'ailleurs un spectacle constamment uniforme relativement aux objets de l'enseignement, à la sphère qui lui était assignée, aux guides qui lui étaient donnés, aux formes extérieures auxquelles il était soumis.

La seconde période au contraire se soudivise en trois autres, dont la séparation est signalée par trois révolutions sensibles dans la marche de l'esprit humain, et par des époques mémorables relativement aux institutions et à la politique générale.

Le premier de ces trois âges se signala par un réveil subit et inattendu de l'esprit humain; par le retour d'un esprit de discussion encore timide; par la création des universités, l'enseignement de la jurisprudence; par l'origine de la célèbre dispute entre les Réalistes et les Nominaux, élevée par Roscelin. Cet âge comprend environ un siècle et demi; il voit les villes d'Italie conquérir une liberté orageuse; en France, les communes obtenir un affranchissement; il est témoin des cinq premières croisades; les trouvères et les troubadours créent en Europe une littérature passagère.

Le règne de Frédéric II détermine le commencement du second âge; Albert-le-Grand, S. Thomas d'Aquin, Roger Bacon répandent sur cette époque un éclat remarquable; la sphère des études s'étend; l'ensemble des écrits d'Aristote est connu aux modernes. C'est le règne de la chevalerie et le siècle du Dante. L'Angleterre obtient sa grande charte, la

France jouit de ses états-généraux, l'Espagne de ses cortès, l'Allemagne de son droit public. Cet âge comprend environ un siècle.

Le troisième âge comprend depuis le commencement du 14e siècle jusqu'à la prise de Constantinople par les Turcs ; c'est encore un siècle environ. C'est celui de Pétrarque, de Boccace. La dispute des Nominaux et des Réalistes se renouvelle avec plus de fruit et de succès, grâces aux efforts d'Ockam ; le Nominalisme triomphe ; on prépare la rénovation des études ; la naissance de la liberté helvétique, la rivalité de la France avec l'Angleterre, la translation du Saint-Siége à Avignon, remplissent cet intervalle ; les dissensions religieuses commencent à éclore au sein de l'Eglise romaine.

On a coutume de réserver spécialement le nom de *Philosophie scholastique* à celle qui domina pendant ces trois derniers âges. Cependant cette dénomination provient du titre affecté, dans les monastères de l'ordre de Saint-Benoît, à celui des moines qui était chargé des soins de l'enseignement ; ce titre fut également adopté dans les écoles fondées par Charlemagne. Il y a d'ailleurs entre les écoles de la première période et celle des trois âges suivans, certains caractères communs, et des liens de filiation, qui permettent de leur assigner, à quelques égards, une dénomination commune ; la direction continua d'être à peu près la même, quoique la sphère embrassée acquît progressivement plus d'étendue. Nous adopterons donc le langage de quelques écrivains qui attribuent le nom de *philosophie scolastique* à tout l'ensemble des études philosophiques pendant le moyen âge ; mais la première période, quoique d'une plus longue durée, offrant, même dans son ensemble, des résultats bien moins instructifs que chacun des siècles qui l'ont suivie, nous en composerons un seul et premier âge, qui sert de prélude et de lente préparation aux travaux des trois âges subséquens, plus dignes d'une attention sérieuse et plus féconds en résultats. On croirait, au premier coup d'œil, pouvoir considérer ces quatre âges comme l'enfance de la philosophie scolastique, son adolescence, sa jeunesse, son âge mûr ; car sa décrépitude appartient à des temps postérieurs ; elle est contemporaine à la renaissance des lettres ; elle a pu lui résister encore. Mais on s'aperçoit bientôt que cette assimilation, quoiqu'elle soit adoptée par quelques historiens, manquerait d'exactitude. En effet, le propre de la philosophie scolastique est d'avoir offert à son berceau toutes les rides de la vieillesse, et de s'être ensuite rajeunie, en quelque sorte, de jour en jour.

C'est assurément un phénomène bien remarquable que cette longue et constante existence d'un système de doctrine à peu près uniforme ; il fallait qu'elle portât en elle-même une constitution très-robuste, ou qu'elle trouvât des appuis bien puissans dans les circonstances extérieures et dans les formes dont elle était enveloppée. Ce phénomène s'explique cependant par quelques-uns des caractères qui étaient propres à la philosophie scolastique.

1°. Cette philosophie était fondée sur un principe d'imitation ; ses bases avaient été prises, en quelque sorte, au hasard parmi les débris de la philosophie ancienne ; si elles furent élargies, ce fut en y joignant d'abord, mais sans y porter plus de choix, les emprunts faits aux Arabes, en y joignant ensuite d'autres emprunts faits aux héritiers des Grecs. On continua à raisonner après ces principes, adoptés sans discussion : pendant long-temps on ne conçut pas l'idée de reprendre l'édifice en sous-œuvre ; on s'occupa non de creuser, mais de construire. On commenta, on disserta, on ne songea point à scruter ; on posa des thèses et non des problèmes.

2°. Cette philosophie s'était soumise au joug de l'autorité, et avait renoncé à toute véritable indépendance. Elle obéissait à la fois, et aux traditions reçues, et à l'empire dont les formes de l'enseignement travestissaient les maîtres, et à la puissance civile, et à la puissance ecclésiastique.

3°. Cette philosophie s'était non-seulement coordonnée, mais subordonnée à l'enseignement religieux ; elle s'était, comme nous l'avons vu, incorporée, dans sa racine même, à la théologie ; elle avait en celle-ci tout ensemble, sa matière, son but, sa règle, ses limites, jusqu'à son principe de vie ; elle acquit donc la même stabilité que les dogmes ; aussi les opinions philosophiques qui se hasardèrent d'essayer quelque divergence, furent-elles traitées non comme de simples erreurs spéculatives, mais comme de véritables hérésies.

4°. Et, par l'effet d'une circonstance qui se lie à la précédente, l'étude de la philosophie était exclusivement réservée au clergé et principalement aux ordres monastiques. Dès lors elle dut subir des résultats analogues à ceux que produisirent, chez quelques peuples de l'antiquité, les divisions des castes et le privilége de l'instruction concentré dans le sacerdoce; dès lors elle dut subir l'influence de la discipline intérieure à laquelle étaient soumis la hiérarchie ecclésiastique et les différens ordres monastiques. Aussi remarque-t-on que les progrès commencèrent à se manifester lorsqu'une sorte d'émulation et de rivalité s'introduisit soit entre le clergé régulier et le clergé séculier, comme il arriva dans l'université de Paris, soit entre les ordres monastiques eux-mêmes, comme il arriva entre les Franciscains et les Dominicains.

5°. Pour la première fois dans l'histoire de l'esprit humain, la philosophie commença par adopter une méthode, comme le préliminaire de toute doctrine positive. Cette marche est sans doute celle que conseille la raison. Mais cette méthode fut reçue et non choisie; elle devint une chaîne et non un guide; elle fut unique, exclusive. Malheureusement cette méthode était imparfaite, et de plus elle fut mal comprise; on en prit les abus plutôt qu'on n'en conçut le véritable esprit; elle servit de règle mécanique et non de lumière pour l'intelligence, et l'extrême sévérité de ses formes, la complication de son appareil ajoutèrent encore aux inconvéniens qui en résultaient, en rendant l'asservissement plus rude et plus absolu, en achevant d'embarrasser la raison dans d'inextricables liens.

6°. Un dogmatisme aveugle, absolu, fut la suite inévitable du concours de ces différentes causes. Les disputes mêmes eurent peu de fruit parce qu'elles n'étaient point inspirées par un esprit de recherche, parce qu'on disputait, non pour s'éclairer, mais pour montrer son habileté. Dans ce nouveau genre de controverse, aucun doute de critique n'ouvrit la voie à une réforme fondamentale.

7°. L'étude de la nature physique et celle de l'histoire morale furent également laissées dans l'oubli, ou si l'on parut vouloir les saisir, ce fut pour soumettre la première aux opérations superstitieuses qu'avaient engendrées les doctrines mystiques, et pour réduire la seconde à la stérilité des chroniques. Ainsi on dédaigna l'investigation des faits sur le double théâtre où ils se déploient. Ainsi fut écartée l'action vivifiante et féconde que l'esprit d'observation eût pu exercer sur le domaine de la science.

8°. Enfin, toute cette portion des facultés actives de l'esprit humain, qui se déploie dans les arts d'imagination, qui nourrit par les modèles du beau les inspirations du génie créateur, qui perfectionne par les habitudes du goût, demeura comme ensevelie dans un profond sommeil, où ne se réveilla que par intervalles, et chez un petit nombre d'hommes privilégiés.

En réfléchissant à ces quatre dernières circonstances, on est frappé d'un contraste singulier qui ne nous paraît point avoir assez attiré l'attention des historiens ; c'est que l'esprit humain, chez les modernes, a suivi, pendant le moyen âge, une route précisément inverse de celle suivant laquelle il avait procédé dans l'antiquité. Chez les anciens, l'essor de l'imagination, la poésie, les arts du dessin, avaient précédé les études sérieuses et les spéculations philosophiques ; la philosophie, dès son berceau, avait participé à la nature de ces brillantes productions ; elle s'était essayée d'abord par une foule de conceptions originales ; elle avait voulu embrasser à la fois le domaine entier de la science ; c'était seulement à l'âge de sa maturité que l'érudition était venue rassembler, comparer les trésors acquis ; la logique et la dialectique avaient été ses dernières créations. Les modernes, au contraire, ont commencé précisément, dans le moyen âge, par se renfermer dans cette même logique, dans cette même dialectique: c'est de là qu'ils sont partis, comme d'un centre, pour embrasser successivement les diverses branches d'études ; mais la première qui s'est offerte à eux a été celle des spéculations abstraites ; l'érudition en a étendu la sphère, elle a joint l'exercice de la mémoire aux distinctions métaphysiques ; et c'est seulement au dernier terme de ces progrès, que la poésie, les arts du dessin, la culture des belles-lettres, le sentiment du goût, l'enthousiasme pour le beau, sont venus rappeler l'esprit humain à toute l'énergie de la vie intellectuelle ; et voilà pourquoi nous disions tout à l'heure que la marche de la philosophie, dans le moyen âge, avait été une sorte de rétrogradation heureuse de la décrépitude vers la jeunesse. Ce qui achève de faire ressortir ce contraste, et ce qui concourt à l'expliquer, c'est que les seuls auteurs anciens qu'on continua à étudier furent précisément ceux des temps les plus récens, et que les derniers auxquels on revint, furent les modèles primitifs. On ne connut long-temps les Grecs que dans les traductions tirées même en partie de l'arabe. Les Scolastiques reçurent la doctrine des nouveaux Platoniciens par les écrits attribués à S. Denis l'Aréopagite, quatre siècles avant d'avoir possédé la métaphysique d'Aristote ; Aristote lui-même se montra à eux travesti par ses derniers commentateurs, long-temps avant de pouvoir être étudié dans sa pureté originale.

Une autre circonstance qui distingue les destinées de la philosophie dans le moyen âge, de celles qu'elle avait éprouvées chez les anciens, c'est que, chez ceux-ci, la philosophie avait été généralement enseignée et cultivée dans la langue vivante et nationale, tandis que chez les modernes, elle ne fut long-temps enseignée que dans une langue morte, langue encore mutilée et défigurée par un style plus ou moins barbare. Les Romains, parmi les anciens, forment seuls une exception sous ce rapport, et nous avons vu qu'ils en ressentirent les conséquences ; encore comptaient-ils quelques philosophes dans leur propre littérature ; ils en comptaient même parmi leurs plus grands écrivains. Pour surcroît de malheur, cette langue savante du moyen âge fut la langue latine, si peu propre aux besoins de la philosophie, et qui d'ailleurs elle-même ne possédait point en philosophie de modèles originaux. On ne peut assez déplorer que la langue grecque n'ait pas obtenu de préférence un honneur qui lui était dû à tant de titres ;

cette préférence aurait eu, pour les progrès du goût et des lumières, des résultats incalculables. Comment du moins les érudits du 14ᵉ et 15ᵉ siècle n'ont-ils pas reconnu et réparé cette fatale erreur? Félicitons-nous cependant de ce que la langue latine fut conservée pour le culte religieux; elle servit alors de sauve-garde aux débris de la littérature ancienne, et maintint, pendant cet intervalle, la chaîne des traditions scientifiques.

Nous ne mettons point, avec la plupart des historiens, la domination exclusive d'Aristote, prise dans un sens absolu, au nombre des traits caractéristiques qui appartiennent d'une manière générale et absolue à tout l'ensemble de la philosophie scolastique. On verra bientôt que Platon a été moins inconnu dans le moyen âge qu'on ne le suppose communément; on verra que du moins le mysticisme des nouveaux Platoniciens a presque partagé, à diverses époques, la préférence suprême dans nos écoles, avec le fondateur du lycée, et qu'Aristote lui-même n'a guère reparu au milieu d'elles que sous la forme qu'il avait reçue des commentaires de cette école. D'ailleurs les écrits d'Aristote, à l'exception de ceux qui roulaient sur la logique, ne furent connus qu'au commencement du

13. siècle; mais ce qu'on ne peut alléguer de la philosophie d'Aristote proprement dite, est vrai en ce qui concerne sa dialectique; elle présida dès l'origine, elle présida constamment aux études du moyen âge; elle en devint le pivot à mesure que leur cercle s'étendit; elle en détermina l'esprit, elle en marqua les formes, et cette circonstance est peut-être le caractère le plus général et le plus constant de la philosophie scolastique. Nous n'avons pas besoin de faire remarquer, au surplus, que les caractères généraux dont nous venons d'indiquer le principe, ne s'appliquent point dans le même degré aux divers âges que nous allons parcourir, mais se montrent plus ou moins prononcés aux diverses époques. Nous aurons soin de faire ressortir ces nuances avec les autres différences qui marquent la distinction de ces âges successifs.

Parcourons rapidement ces temps désastreux, qui offrent comme un vaste désert aux yeux de l'historien ami de l'humanité; détournons nos regards des dévastations qui l'affligèrent, de l'ignorance qui en fut la suite naturelle; bornons-nous à indiquer quelle fut en substance la marche des études, et à signaler le petit nombre d'hommes qui conservèrent quelques étincelles du feu sacré.

Les cloîtres qui heureusement se multipliaient de toutes parts, qui servaient d'asile contre les fléaux de la guerre, sans être cependant toujours respectés, recueillirent ces études expirantes, en les employant au but pour lequel ils étaient eux-mêmes institués. Là on enseignait, on recueillait les manuscrits, on les multipliait par les copies; là on enseignait le *trivium* et le *quatrivium*, ou les sept arts libéraux; on divisait cet enseignement en deux degrés. Mais ce n'était proprement qu'une instruction élémentaire; quelques fragmens des auteurs latins étaient les auteurs classiques qui servaient à former les élèves dans les lettres humaines, ou ce qu'on appelait alors *la Grammaire*, et servaient de texte à l'étude de la philosophie comprise essentiellement sous le titre de dialectique. On lisait les questions naturelles de Sénèque, le poëme de Lucrèce, quelques ouvrages philosophiques de Cicéron, les livres d'Apulée, les traductions des livres *organiques* d'Aristote par Victorin et Boëce, les dix *catégories* attribuées à S. Augustin, les écrits de Cassiodore, de Martian Capella; mais on se bornait à lire ces écrivains, on ne leur donnait point de successeurs. Il semble qu'au sein de ces paisibles et silencieuses retraites on eût pu voir revivre l'institut de Pythagore, que des hommes appliqués au travail, élevés par le sentiment religieux à de hautes pensées, ayant encore sous les yeux quelques fragmens des anciens modèles, devaient être portés à féconder, par les travaux de la méditation solitaire, les germes d'instruction qu'ils avaient reçus; il n'en fut rien. Peut-être l'austérité des règles monastiques ne permettait pas cet essor de la raison; peut-être il suffisait à l'esprit de ces institutions que ses membres rendissent à leur ordre les services qui leur étaient prescrits; d'ailleurs le génie de la méditation a besoin de trouver dans le commerce des hommes un premier aiguillon; il faut qu'il espère d'y verser, par des applications générales, le fruit de ses veilles laborieuses; mais, on devait être découragé par le spectacle presque désespérant que présentait l'état de la civilisation. L'influence d'une culture aussi restreinte, aussi concentrée, ne pouvait se faire sentir à la société.

Au 7º siècle, nous ne rencontrons que S. Isidore de Séville, dont les travaux conservent quelques titres au souvenir de la postérité. Ces travaux appartiennent spécialement à l'histoire ecclésiastique; cependant ses vingt livres sur *les Origines*, son *Etymologicum*, et son traité *de la Nature des choses ou du monde*, embrassent la dialectique, les mathématiques, la médecine, quelques branches de la physique, de l'histoire naturelle, de la géographie ; mais ce n'est en résultat qu'une compilation de passages des auteurs anciens, faite, il est vrai, avec assez de choix. Au 8e. siècle, les Iles Britanniques et l'Ecosse en particulier semblaient devenir le refuge de l'érudition, et leurs monastères en ranimaient encore les faibles rayons avec un zèle assez remarquable, pendant que d'épaisses ténèbres couvraient le reste de l'Europe, alors que les Lombards envahissaient l'Italie, que les Sarrasins ravageaient la France et l'Espagne. Théodore Cilyx avait apporté un recueil de manuscrits grecs et latins. Adhelène, à la suite de longs voyages entrepris par le zèle de l'étude, avait écrit sur la morale, sur la métaphysique, sur la logique, sur les doctrines des philosophes, sur les mathématiques, associant, suivant le témoignage de Bède, une grande élégance de langage à une érudition étendue, et la connaissance des lettres profanes à celles des lettres sacrées. Le vénérable Bède fit l'admiration de son siècle, et s'éleva certainement au-dessus de lui à une grande hauteur. Il puisa encore, et le dernier sans doute, dans les écrits originaux des anciens philosophes; il commenta Boëce; il composa des extraits d'Aristote et de Cicéron; il cultiva les sciences mathématiques et naturelles; telle était l'ignorance de son siècle qu'il fut soupçonné de magie, ainsi qu'il l'atteste lui-même, à l'occasion de son traité sur *les Phénomènes de la Foudre*. On ne peut guère, en lisant ses écrits, lui reconnaître d'autre mérite que celui de compilateur; mais il était considérable à une semblable époque. Bientôt l'Angleterre subit à son tour, par l'invasion des Danois, le même sort que le continent. Le commencement du 8° siècle fut l'apogée de l'ignorance dans le moyen âge (B).

Cependant le génie de Charlemagne sembla préparer à l'Europe de nouvelles et meilleures destinées : en reconstituant l'empire d'Occident, il rétablit, entre les nations soumises à sa puissance, des rapports réguliers; la sagesse de ses lois et de son administration fit succéder l'ordre à l'anarchie générale; il multiplia les écoles, les établit près des églises et des monastères; il les rendit publiques, y appella des séculiers, en ouvrit même une nouvelle pour les jeunes gens des premières familles de l'état, l'érigea dans son propre palais ; il réunit autour de lui les hommes les plus éclairés de son siècle ; il ne se borna pas à prescrire l'étude aux seigneurs de sa cour; il leur en donna l'exemple avec une ardeur qui étonne dans un prince chargé du poids d'un si vaste gouvernement, et engagé dans une longue suite d'expéditions guerrières (C).

Ne trouvant point de maîtres en France, Charlemagne eût le bonheur d'en rencontrer en Italie : un Pierre de Pise, qui enseignait à Pavie, Alcuin lui-même qui, quoique Anglais, se trouvait à Parme, Paul Warnefried, connu sous le nom de Paul Diacre, un autre Paul ou Paulin, qu'il éleva au patriarchat d'Aquilée; Théodulphe, qu'il appela à l'évêché d'Orléans. L'étude du grec n'avait jamais été entièrement abandonnée en Italie; Paul I, Etienne V, Léon IV, dans le 8e et le 9e siècle, avaient entretenu à Rome un monastère dont les moines devaient officier en grec ; les relations des Pontifes romains avec Constantinople demandaient des interprètes qui pussent leur prêter leurs services dans cette langue. On croit qu'elle était familière à Paul Diacre. Alcuin, auquel Charlemagne confia la direction de l'école palatine, occupait le premier

rang parmi ces savans, comme dans la confiance de l'empereur ; mais il n'était point pour cela un philosophe, il ne prétendait pas à ce titre, il n'était même qu'un très-médiocre théologien ; le cercle de ses idées paraît avoir été aussi étroit que celui de ses connaissances ; en dirigeant la création des écoles, il ne sut pas même les concevoir sur un plan plus large ; elles furent multipliées plutôt qu'améliorées : « On y ap-
» prenait, dit le judicieux abbé Andrès, à
» lire, à chanter, à compter, et presque rien
» de plus ; on établissait des maîtres ; mais il
» suffisait qu'ils sussent la Grammaire ; si quel-
» qu'un allait jusqu'à entendre un peu de ma-
» thématiques et d'astronomie, il était regardé
» comme un oracle. On recherchait des livres,
» mais seulement des livres ecclésiastiques.... ;
» si dans quelques écoles on s'occupait des arts
» libéraux, c'était uniquement pour aider à
» l'intelligence des livres sacrés (1). » Ce qu'on appelait les mathématiques et l'astronomie n'avait guère pour objet que de mettre en

---

(1) *Dell'Origine, progresso e stato att. d'ogni, letter.*, tom. I, c. 7. Voyez Ginguené, *Hist. litt. d'Italie*, ch. 2, p. 90.

état de connaître le Comput ecclésiastique. Telle est la juste idée que nous devons concevoir de ces célèbres écoles de Charlemagne. Elles avaient le même but que celles qui existaient déjà dans les deux siècles précédens, étaient soumises aux mêmes formes, dirigées dans le même esprit, renfermées dans les mêmes limites. On y recevait une instruction très-élémentaire ; on n'y devenait point capable de produire. Cette instruction devint un moment plus générale ; mais rien ne pouvait déterminer un progrès sensible de l'esprit humain. D'ailleurs, si les Capitulaires nous attestent les efforts répétés de Charlemagne pour engager les laïques des conditions supérieures à acquérir quelque culture, ils nous attestent aussi la résistance que lui opposèrent les mœurs et les préjugés de son siècle. Bientôt même les résultats qu'il avait obtenus s'évanouirent; ses faibles successeurs, Louis-le-Débonnaire et Charles-le-Chauve, se montrèrent amis des lettres ; mais ils furent sans ascendant, sans pouvoir pour triompher de l'ignorance et des habitudes. La naissance de la féodalité, le système qu'elle introduisit dans l'organisation sociale, en établissant la division des castes, en les séparant par des barrières immuables, en condamnant les unes à obéir, en vouant les autres au métier des armes, bannit de toutes et les moyens et le désir de la culture intellectuelle. Bientôt, le démembrement de l'empire, les guerres privées, l'anarchie générale, en renouvelant les dévastations sur la surface entière de l'Europe, en les perpétuant sur tous les points, achevèrent de dissiper les germes que Charlemagne avait semés. L'espèce d'érudition qu'il avait fait éclore n'était pas la lumière du jour ; c'était un de ces météores légers qui sillonnent un instant les ténèbres de la nuit, et qui disparaissent, après avoir répandu une lueur imparfaite et rapide.

La disette des livres, déjà extrême, s'accrut encore par la rareté du parchemin, par la nécessité où se trouvèrent les moines d'employer à d'autres usages celui qui formait le petit nombre de livres existans. On sacrifia les textes dont il était dépositaire, pour multiplier les livres destinés aux exercices religieux, et les historiens, les orateurs, les poëtes de l'antiquité disparurent pour faire place aux antiphonaires. Ceux des ouvrages des anciens qui échappèrent au naufrage, ne pouvaient d'ailleurs se suffire à eux-mêmes, et les notions clémentaires de philosophie qu'ils contenaient, empruntées aux écrivains des derniers âges, ne se présentaient que sous une forme imparfaite et confuse, alors qu'on ne pouvait ni remonter aux sources, ni étudier l'histoire de la science. Les écrits de Martian Capella, de Cassiodore, de S. Isidore, n'étaient proprement qu'une introduction aux arts libéraux; ils attendaient un développement, des commentaires, qu'on était hors d'état de leur donner. Ceux d'Apulée n'offraient qu'un syncrétisme aveugle. Ceux de S. Augustin, de Boëce, de Victorin, renfermaient un mélange des doctrines issues de Platon, d'Aristote, de Zénon et des nouveaux Platoniciens. Enfin, ceux qu'on attribuait à S. Denis l'aréopagite, et qui malheureusement s'accréditèrent à cette époque, achevèrent d'accroître ce chaos en y portant toutes les spéculations du spiritualisme mystique.

Jean, surnommé *Scot*, ou l'Écossais, du nom de sa patrie, et *Erigène*, du lieu de sa naissance, fut le principal auteur de l'influence qu'obtinrent ces derniers ouvrages. Il connaissait la langue grecque; mais, au lieu de choisir parmi tant d'auteurs admirables qu'il eût pu rendre à son siècle, il alla malheureusement s'attacher à des écrits apocryphes, où se reproduisaient tous les écarts des oiseuses spéculations enfantées dans la décadence de la philosophie; il les traduisit à la demande de Charles-le-Chauve; il traduisit aussi les *Scholies* de S.ᵗ Maxime, moine grec, qui avaient pour objet de lever les obscurités de ce système, et ne faisaient réellement que les accroître. Jean Scot s'exerça à son tour dans la même carrière, et cette circonstance du moins réclame pour lui une place spéciale dans l'histoire de la philosophie. Il est fort curieux sans doute de voir au milieu de cette ignorance générale, à une époque où la sphère des études était si étroite, un homme, un seul homme, pendant le cours de cinq siècles, s'élever au-dessus du vulgaire, s'élancer dans la plus haute région des spéculations abstraites; il est curieux de voir la philosophie du moyen âge débuter par une entreprise aussi hardie et par un ordre de conception aussi singulier. Jean Scot montre par son style qu'il n'était point étranger à l'étude des bons modèles; il ose penser d'après lui-même; il ne manque ni d'une certaine élévation dans les idées, ni d'une certaine méthode dans la manière de les déduire; l'apparition d'un tel homme, à une telle époque, est à tous égards un phénomène extraordinaire ; on croit rencontrer un monument de l'art debout au milieu des sables du désert : on regrette seulement qu'un esprit qui semblait capable de quelque énergie, ait pris une aussi fausse direction, et se soit égaré dans le labyrinthe des subtilités qui marquèrent le dernier degré de la décadence de la philosophie parmi les Grecs.

Ce rénovateur du nouveau Platonisme vécut long-temps à la cour de Charles-le-Chauve, passa ensuite à celle du grand Alfred, et présida à l'école d'Oxford. Son Traité de la *Division de la Nature* (1), auquel, d'après l'exemple des Anciens, il a donné la forme du dialogue, renferme la substance de son système. Le but essentiel qu'il se propose est d'identifier la philosophie à la théologie, mais de telle sorte que la seconde s'appuye sur la première ; car, Jean Scot, par une singularité dont il a seul donné l'exemple dans ces siècles, semble moins invoquer l'autorité, que l'interpréter à l'aide des déductions rationnelles ; et même, alors qu'il invoque l'autorité, les passages de Platon, d'Aristote, de

---

(1) Oxford, 1681, un vol. in-fol.

Cicéron, de Virgile même, viennent se joindre à ceux des textes sacrés, et des pères de l'Église. Platon est à ses yeux le plus *grand des philosophes mondains ;* Aristote le *plus habile des investigateurs de la nature parmi les Grecs ;* mais S. Maxime, le commentateur de Grégoire de Nysse et des écrits attribués à S. Denys l'aréopagite, reçoit de lui le titre de *Philosophe divin.* Le livre *de la Division de la Nature* est un traité d'ontologie transcendantale, dans lequel Jean Scot ne se borne pas à vouloir pénétrer la nature de l'être, mais ne prétend à rien moins qu'à expliquer en quelque sorte l'ineffable mystère de la création. La doctrine mystique des nouveaux Platoniciens, adaptée à la théologie chrétienne par l'auteur inconnu qui a usurpé le nom de S. Denys l'aréopagite, se trouve encadrée par Scot dans les formes de l'ontologie d'Aristote, et soumise à une sorte de méthode logique. « Tout ce qui peut être
» perçu par l'esprit, ou qui surpasse sa portée,
» se divise d'abord en *choses qui sont*, et en
» *choses qui ne sont pas ;* c'est ce qu'on comprend sous le nom commun de *nature.* La
» nature se partage encore en quatre genres : le
» premier, comprend la nature qui crée et n'est
» pas créée ; le second, celle qui crée et qui est

» créée tout à la fois ; le troisième, celle qui est
» créée et qui ne crée pas ; le quatrième, celle
» qui n'est point créée et qui ne crée pas da-
» vantage. Le premier représente la cause uni-
» verselle de tout ce qui est et de tout ce qui
» n'est pas ; le second, les *causes primor-*
» *diales*, les *prototypes*, les *idées ;* le troi-
» sième, les choses soumises à la génération,
» aux conditions du temps et de lieu (1). »
Qu'est-ce qui peut constituer le quatrième ?
Cette question embarrasse, dès le début, l'inter-
locuteur de Jean Scot, et nous partageons naturellement son embarras ; car, il n'est pas facile
de concevoir un semblable ordre de choses.
On est tenté de croire, au premier abord, que le
théologien philosophe y comprend ce qui est
impossible, ce qui répugne. Mais il n'en est
rien. Son quatrième ordre en effet est identique au premier ; l'un et l'autre ne sont que la
nature divine considérée sous deux différens
aspects. Le second et le troisième ordre sont
également identiques entre eux (2). Le foyer

---

(1) *De divis. naturæ*, lib. I, §§ 1 et 2 ; lib. II,
§ 2, pag. 47.
(2) *Ibid.*, lib. II, § 2, pag. 46.

des causes primordiales n'est autre que le *verbe divin ;* car, « les raisons de toutes choses sont
» connues dans la nature du verbe, qui est
» *superessentielle ;* elles sont éternelles comme
» lui ; il est lui-même la raison suprême de l'uni-
» versalité des choses produites. C'est pourquoi
» les Grecs l'appelèrent *logos*, c'est-à-dire,
» verbe, raison ou cause (1). » On s'étonne
également de lui voir comprendre le *non être*
dans la nature ; mais, cette singularité va
encore s'expliquer : « Tout ordre de la créature
» rationnelle et intellectuelle peut être consi-
» déré comme existant ou n'existant pas ; il est,
» en tant qu'il est connu de lui-même ou d'une
» intelligence supérieure ; il n'est pas en tant
» qu'il ne peut être connu par les êtres infé-
» rieurs. Tout ce qu'on connaît des causes dans
» la matière formée par l'intelligence, dans
» le temps, dans le lieu, selon la génération,
» reçoit le nom de l'*être* dans le langage ordi-
» naire de l'homme ; tout ce qui est encore
» renfermé dans le sein de la nature, sans se
» manifester dans les accidens du temps et

---

(1) *Ibid.* , lib. III , § 9 , pag. 106.

» du lieu, est de même appelé le *non-être*.
» Il y a donc l'être apparent et l'être réel (1).
» Quoique tout ce que nous concevons comme
» existant soit connu sous la double condition
» de l'espace et du temps, l'*essence* en est
» exempte; car, elle subsiste par elle-même;
» elle est exempte de tout accident dans sa
» propre nature. Elle seule jouit de la vraie
» existence; c'est ensuite par les accidens qu'elle
» se manifeste. Tout ce qui est perçu dans les
» créatures, soit dans le domaine des sens cor-
» porels, soit dans celui de l'entendement,
» n'est autre chose qu'une sorte d'accident
» d'une essence incompréhensible par elle-
» même, qui se donne à connaître par la quan-
» tité, la forme, le lieu et le temps, en sorte
» que nous savons non ce qui est, mais
» qu'une chose est (2).

» L'essence suprême se communique et se
» transmet par une suite de dérivations aux-
» quelles les Grecs ont donné le nom de *parti-
» cipation* (3). » Voici comme Jean Scot explique cette transmission : « Le fleuve entier

---

(1) *Ibid.*, lib. I, §§ 3 et 4.
(2) *Ibid.*, *ibid.*
(3) *Voy.* ci-dessus, chap. 22, pag. 89.

» découle de la source première ; l'onde qui
» en jaillit se répand dans toute l'étendue du
» lit de ce fleuve immense, et en forme le
» cours qui se prolonge indéfiniment. Ainsi
» la bonté divine, l'essence, la vie, la sagesse,
» et tout ce qui réside dans la source univer-
» selle, s'épanchent d'abord sur les causes pri-
» mordiales et leur donnent l'être, descendent
» ensuite par ces mêmes causes sur l'universa-
» lité de leurs effets, d'une manière ineffable,
» dans une progression successive, passant des
» choses supérieures aux inférieures ; ces effu-
» sions sont ensuite ramenées à la source ori-
» ginelle par la transpiration cachée des po-
» res les plus secrets de la nature. De là
» dérive tout ce qui est et ce qui n'est pas,
» tout ce qui est conçu et senti, tout ce qui
» est supérieur aux sens et à l'entendement. Le
» *mouvement immuable* de la bonté suprême
» et triple de la seule véritable bonté sur elle-
» même, sa *simple multiplication*, sa diffu-
» sion inépuisable qui part de son sein et y
» retourne, est la cause universelle, ou plu-
» tôt *elle est tout*. Car, si l'intelligence de
» toutes choses est la réalité de toutes choses,
» cette cause qui connaît tout, est tout ; elle
» est la seule *puissance gnostique* ; elle

» ne connaît rien hors d'elle-même; il n'y a
» rien hors d'elle; tout est en elle; elle seule
» est véritablement (1). » Qu'on compare ce curieux passage d'un philosophe du 9ᵉ siècle avec la doctrine de Plotin, avec le système des émanations! Aurait-on soupçonné que ces idées pussent se reproduire sous cette forme au milieu de la barbarie du moyen âge (F)?

La psycologie de Jean Scot est conçue dans le même esprit; il voit avec ses guides, dans l'âme humaine, l'image de la trinité divine : « car on dis-
» tingue en elle l'entendement, la raison et le
» sens; non le sens extérieur, mais le sens inté-
» rieur; le sens extérieur n'est que son lien avec
» le corps. Mais les diverses facultés, les di-
» verses opérations de l'âme ne sont que divers
» aspects, divers rapports d'un même principe,
» d'une même action. Les sens externes eux-
» mêmes, quoique distingués dans leurs effets
» en cinq espèces, ne sont qu'un, relativement à
» leur principe d'action dont le siége est placé
» dans le cœur. Ce principe est uniforme et
» simple. Il reçoit les similitudes des choses
» sensibles qui proviennent des qualités et des

---

(1) *De divis. naturæ*, lib. III, § 4, pag. 103.

» quantités du monde extérieur, par les cinq
» organes, comme par autant de portes d'une
» cité intellectuelle : ce sens les introduit en-
» suite, comme un portier ou un messager,
» et les présente au sens intérieur qui préside
» aux opérations. Il y a donc trois ordres dans
» les opérations : le premier, qui appartient
» à l'entendement ; le second, à la raison ;
» le troisième, au sens. Le premier s'élève
» au-dessus de la nature de l'âme, et ne peut
» connaître l'objet auquel il se dirige ; car,
» il a pour objet la Divinité, qui ne peut être
» définie à cause de son excellence, et dont on
» ne peut pénétrer l'essence. Le second recon-
» naît, dans la Divinité, la cause universelle ;
» il s'exerce dans la nature même de l'âme ; il
» dérive et naît du premier ; il découvre les
» raisons d'après lesquelles se forment toutes
» les choses naturelles, et en exprime lui-même
» la connaissance par l'opération de la science,
» c'est-à-dire, par la déduction des causes.
» Le troisième s'exerce sur les objets placés
» hors de nous ; l'âme, se mettant en contact
» avec eux par certains signes, rétablit en elle-
» même les raisons des choses visibles ; elle
» rappelle ainsi le composé au simple ; elle as-
» semble, divise, ordonne et distribue les

» images, et les ramène ensuite à leurs no-
» tions qui résident dans son propre intérieur;
» elle les dépouille de leur apparence sensible,
» les dégage, leur rend la pureté et la vérité.
» Il y a deux sortes d'images : la première
» réside dans les organes et résulte des impres-
» sions qu'a produites sur eux la nature sen-
» sible ; la seconde appartient au sens extérieur
» et résulte de la première ; c'est par ce canal,
» par ces transformations, que la sensation se
» convertit en notion. L'âme se replie ainsi par
» degrés sur elle-même, revient par degrés
» au second et au premier ordre d'opérations.
» Purifiée par les exercices salutaires, éclairée
» par la science, perfectionnée par la théolo-
» gie, remontant constamment vers l'auteur
» de toutes choses, elle se meut sans cesse au-
» tour de ce centre, à l'imitation des astres qui
» roulent dans les célestes orbites (1). Ainsi, la
» seconde opération de l'âme, renfermée dans
» les limites de la nature, connaît Dieu, en
» tant que cause universelle. De même qu'elle
» obtient la connaissance des choses sensibles
» par les images, elle obtient, par les notions

---

(1) *Ibid.*, lib. II, pag. 69, 70, 71.

» supérieures et les causes primordiales, ces
» *théophanies*, ou ces apparitions divines qui
» lui donnent une certaine connaissance de la
» Divinité. C'est en elle que consiste ce que les
» Grecs appellent le *logos*, ce que les Latins
» appellent *raison*, et qui constitue l'enten-
» dement. L'âme ressemble à l'artiste qui con-
» çoit d'abord en lui-même et par lui-même
» la notion de l'ouvrage qu'il veut exécuter,
» et les moyens qu'il emploiera pour l'accom-
» plir. De même que la cause universelle qui
» ne peut être connue ni par d'autres intelli-
» gences, ni même se connaître elle-même,
» selon sa nature propre, commence cependant
» à se manifester par ses théophanies, l'intel-
» ligence humaine, formée à l'image de la Di-
» vinité, ne peut être connue des autres, ne
» peut se connaître, dans ce qu'elle est, et
» commence seulement à se produire par ses
» œuvres (1).

» Ainsi tout est Dieu, Dieu est tout, Dieu
» est le seul être vraiment substantiel; la pro-
» cession divine en toutes choses s'appelle *réso-*

---

(1) *Ibid.*, *ibid.*, pag. 73, 74.

» *lution ;* le retour de toutes choses à leur
» source, *déification* (1). »

Cette idée principale est aussi comme le centre autour duquel gravite toute la philosophie de Jean Scot; elle est son point de départ et le terme auquel il revient.

Dans ces propositions fondamentales de Jean Scot, « qu'on ne peut connaître les êtres tels
» qu'ils sont en eux-mêmes, mais seulement
» tels qu'ils apparaissent, que la nature ne peut
» être conçue que dans le double champ du
» temps et de l'espace », ne croit-on pas entrevoir un germe du système de Kant ?

La définition qu'il donne des méthodes, d'après les Grecs, ne manque ni de précision ni d'élégance. « Il y a, dit-il, quatre procédés
» pour traiter les questions : la division, la
» définition, la démonstration, l'analyse : le
» premier sépare ce qui est un, en plusieurs
» parties; le second rassemble ce qui est com-
» mun à plusieurs objets; le troisième conduit
» à ce qui est caché par ce qui est manifeste;

---

(1) *Ibid.*, lib. I, pag. 27, 30, 34; lib. III, pag. 103, 121. *Voy.* la dédicace des *Ambiguorum* de S. Maxime, à Charles-le-Chauve, à la suite du traité *De la division de la nature.*

» ce dernier résout et compose en élémens
» simples (1) (G). »

Le philosophe écossais n'exerça pas et ne pouvait exercer un grand empire sur l'esprit de ses contemporains. La hardiesse de son entreprise la rendit d'ailleurs suspecte aux yeux de l'autorité ecclésiastique. Il fut contraint de quitter la France; mais il trouva dans Alfred-le-Grand un protecteur aussi éclairé que généreux. Plus tard, les doctrines dont il s'était rendu l'interprète se répandirent, accréditées par l'autorité de son nom; et nous devons rapporter à l'influence qu'il exerça l'une des principales causes de la résurrection du mysticisme dogmatique dans les siècles suivans.

Celui qui s'écoula après lui, le 10º siècle, fut, après le 8º et presqu'au même degré, le plus stérile de tous dans les annales de la littérature et de la science. Pouvait-on attendre un autre résultat de la situation dans laquelle se trouvait alors l'Europe, de cette anarchie féodale dans laquelle se combinaient à la fois tous les fléaux du despotisme et de la licence, qui multipliait en détail les uns et les autres sur tous

---

(1) *De Prædestinat. præmium.*

les points ; qui rendait l'oppression plus funeste en la rendant individuelle, qui rendait la licence plus cruelle en lui mettant les armes à la main, qui transformait la société en un théâtre de combats universels et continus, qui associait la plus grossière ignorance à la force et au pouvoir, qui associait enfin la corruption à la férocité? Cependant, vers la fin du dixième siècle, se montrèrent deux hommes extraordinaires, par leur caractère, leurs connaissances, comme par les circonstances de leur vie, et dont la carrière, quoique dévouée presque exclusivement à l'étude, tira sa singularité de cette étude elle-même : ce furent Gerbert et son ami le moine Constantin. Gerbert, qui de la condition la plus obscure, parvint au pontificat sous le nom de Sylvestre II, fut redevable de son élévation progressive à la renommée que lui acquit son érudition ; il avait été conduit en Espagne par son ardeur à s'instruire ; il avait peut-être puisé auprès des Maures quelques notions d'Aristote, comme semble l'annoncer son traité *des objets rationnels et de l'usage de la raison;* mais, il s'y était surtout exercé dans les élémens des mathématiques et de la géométrie ; on lui attribue l'introduction des chiffres arabes parmi nous. Constantin parcourut l'Orient, l'Egypte, et l'Inde même, recueillit partout les richesses scientifiques qui y circulaient encore, fut à son retour considéré comme un magicien, fonda la célèbre école de Salerne, ou du moins lui donna un tel éclat qu'elle parut être née avec lui.

On indique encore vers la même époque un Gunzo de Vérone, qui avait étudié les Latins et les Grecs, qui, sans oser décider entre Platon et Aristote, mit en regard leurs opinions contraires sur la réalité objective des notions générales; un S. Héraïque ou Hernique, qui, quoique s'attachant principalement à compiler les docteurs ecclésiastiques, parut ouvrir la voie à une sorte de scepticisme; un Nanno ou Channo qui commenta, dit-on, à la fois, les traités *des lois* et *de la république* de Platon, ainsi que l'éthique et la physique d'Aristote (1) (H). Vers le commencement du 11ᵉ siècle, Pierre Damien, en Italie, reproduisit dans le sein de la théologie quelques idées néoplatoniciennes. On remarque que ce docteur ne cite

---

(1) Pezii, *Thesaurus anecdotum*, tom. I, pars. 2. — D. Martenne et Durand, *Amplissima collect. monument. veter.*, tome. III, pag. 514.

jamais Aristote. On doit remarquer aussi que Pierre Damien, qui devint ensuite moine et cardinal du titre d'Ostie, acquit une grande fortune par le produit de ses leçons. On commençait dès lors à retirer un salaire de l'enseignement, circonstance qui annonce un changement dans le mode d'enseignement, et qui suppose que de simples particuliers pouvaient dès lors en exercer les fonctions comme une sorte d'industrie.

NOTES

DU VINGT-CINQUIÈME CHAPITRE.

(A) Les seules œuvres d'Albert-le-Grand forment 21 volumes in-folio; celles de saint Bonaventure 18, celles de saint Thomas 23; celles de Duns Scot 12. La bibliothèque royale de Paris renferme un grand nombre de manuscrits des scolastiques, encore inédits. Le fruit des immenses travaux qui ont exercé pendant plusieurs siècles une foule de docteurs, restera-t-il, doit-il rester perdu pour la postérité? Faut-il le laisser à jamais enseveli dans les dépôts de nos bibliothèques comme dans la tombe?... Nous croirions avoir rendu un service dans l'intérêt des lumières, si, d'après les indications que nous présentons ici, nos lecteurs peuvent mesurer du moins le degré d'utilité des recherches qui auraient pour objet de fouiller dans ces recueils, d'en extraire ce qui peut encore contribuer à l'instruction, et si nous pouvons fournir aussi quelques directions à ceux qui seraient capables d'entreprendre des recherches aussi pénibles.

Qui mieux en eût été capable que cet intéressant Jourdain, enlevé si jeune à la carrière de l'érudition, qui lui donnait de si précieuses espérances, qui fut atteint de la mort au moment où il venait de recevoir la couronne académique? Nous avons connu ce jeune savant si laborieux, si estimable ; nous avons siégé au nombre de ses juges, lorsqu'il remporta le prix proposé par l'Académie des Belles-Lettres sur l'introduction de la philosophie d'Aristote dans la philosophie scolastique, et nous aimons à saisir cette occasion pour payer un tribut à sa mémoire, pour exprimer les regrets que sa perte nous a fait éprouver. On a fait imprimer le mémoire qui remporta le prix sous le titre de *Recherches critiques sur l'âge et sur l'origine des traductions latines d'Aristote* : Paris 1819. Un volume in-8°. La rédaction en est restée imparfaite ; mais il renferme une foule de recherches curieuses. On regrette seulement que l'auteur n'ait pas donné plus d'étendue à ses explorations sur les écrivains du 12° siècle.

Les bibliothèques publiques de Paris sont, de toute l'Europe, les plus riches en ouvrages manuscrits ou imprimés appartenant à la philosophie scolastique ; nous devons témoigner ici notre profonde reconnaissance pour MM. les conservateurs de ces dépôts qui nous ont donné avec une complaisance inépuisable toutes les facilités pour y recourir.

(B) Brucker attribue l'une des causes de cette profonde ignorance à l'introduction du chant grégorien et aux efforts que fit le pape Grégoire pour en répandre l'usage. Dans l'état d'imperfection où étaient les signes de l'art musical, les moines consacraient une portion de leur vie à cette étude. (*Hist. crit. phil.*, tome III, p. 572.) Il y eut sous Charlemagne entre les chantres français et les chantres romains une violente querelle, qui sans doute ne fut pas soutenue comme celle qui occupa Paris vers la fin du siècle dernier, mais qui offre un caractère semblable.

(C) Charlemagne, au rapport d'Eginhard, apprit d'Alcuin la rhétorique, la dialectique, les mathématiques, l'astronomie (*Vita Car. Magni*: cap. 25). On a avancé que Charlemagne ne savait pas écrire, ni même signer son nom; Ginguené a fort bien montré qu'on a mal compris le passage d'Eginhard, et que cette assertion doit seulement s'entendre du grand caractère romain. Charlemagne écrivait dans la langue tudesque, et désira la répandre, la perfectionner. (Hist. litt. d'Italie, tome I, p. 80.)

(D) Rhabanus, surnommé *Maurus*, d'après l'usage qu'avaient les savans de cette époque, d'emprunter un surnom aux anciens, contribua principalement à répandre en Allemagne la culture intellectuelle qui était propre à son temps. Il était disciple d'Alcuin, et fut investi en 813 de l'office de scolastique de la célèbre abbaye de Fulde. On lui attribua des traités sur les *Vices et les Vertus*, sur *l'Ame et les Vertus*, qui ne sont point parvenus jusqu'à nous. (Pope Blount: *Censur. celt. auct.*, p. 346). Il recommandait l'étude des auteurs profanes comme une préparation utile à celle des lettres sacrées (Voyez Trithème: *In chronic. hist. anno* 813.)

(E) On attribue à Jean Scot Erigène des commentaires sur Martian Capella, des extraits de Macrobe, un traité *De Disciplina scholarium*, une traduction des livres moraux et de la politique d'Aristote, des commentaires sur les prédicamens du même philosophe, un recueil des opinions des philosophes, des paraphrases sur S. Denis l'Aréopagite, etc. Mais ces divers écrits ne nous sont point connus.

(F) Le passage suivant, en confirmant cette analogie, fera connaître la manière de ce philosophe du 9e siècle.

« Vides-ne quemadmodum totius universitatis conditor primum in divisionibus obtinet locum? Nec immerito, dum sit principium omnium, et inseparabilis ab omni diversitate quam condidit, et sine quo subsistere conditor non potes' In ipso enim immutabiliter et essentialiter sunt omnia, et ipse est divisio et collectio universalis creaturæ, et genus, et species, et totum, et pars, dum nullius sit vel genus, vel species, seu totum, seu pars; sed hæc omnia ex ipso, et in ipso, et ad ipsum sunt. Nam et monas principium numerorum est, primaque progressio, et ab ea omnium numerorum pluralitas inchoat, eorumdemque reditus atque collectio in ea consummatur. Si quidem omnes numeri universaliter et incommutabiliter in monade subsistunt, et in omnibus eis totum, et pars est; et totius divisionis primordium; dum sit ipsa in seipsa, neque numerus, neque pars ejus. Eadem ratio est centri in circulo seu sphœra; signi, in figura; puncti, in linea. Cum igitur totius universitatis divisio ab ipsius causa et creatrice incipiat, non eam veluti primam partem vel speciem debemus intelligere, sed ab ea omnem divisionem et partitionem inchoare; quoniam omnis universitatis principium est, et medium, et finis. » (Scot Erigène, *de Divis. nat.*, lib. III, p. 97).

(G) Toute la théorie des causes, telle que Jean Scot Erigène l'a conçue d'après les écrits attribués à saint Denis l'Aréopagite, se trouve résumée dans le passage suivant :

« Primordialium causarum seriem divinæ Providentiæ solers investigator sanctus Dionysius Areopagita, in libro de divinis nominibus, aptissime disposuit, summæ si quidem bonitatis quæ nullius particeps, quoniam per se ipsam bonitas est, primam donationem et partitionem asserit esse per se ipsam bonitatem, cujus participatione quæcumque bona sunt, varia sunt; ideoque per se ipsam bonitas dicitur, quia per se ipsam summum bonum participat. Cætera enim bona non per se ipsa summum et substantiale bonum participant; sed per quæ ea est per seipsam prima summi boni participatio. Hæc regula in omnibus primordialibus causis uniformiter observatur, hoc est, quod per se ipsas participationes principales sunt unius omnium causæ, quæ Deus est. Quoniam vera summæ ac veræ naturæ prima consideratio est, quæ intelligitur summa ac vera bonitas. Secunda vero quæ intelligitur summa ac vera essentia. Nec immerito primordialium causarum secundum locum obtinet per seipsam essentia, quæ cum summæ ac veræ essentiæ prima participatio sit, omnia quae post se sunt, sua participatione accipiunt esse, ac per hoc non solum bona, verum etiam existentia sunt. Tertia naturae divinae intentio est qua intelligitur summa ac vera vita, ideoque tertia in primordialibus causis per seipsam vita communeratur, quae summae ac verae vitae prima per se participatio subsistens, ut omnia post eam viventia participatione ejus viverent, creata est. Ejusdem naturae quarta theoria, qua summa ac vera ratio cognoscitur; hinc perspicitur quarta inter primordiales per seipsam ratio sessionem, omniumque post se rationabilium, hoc est rationis participantium possidere primordia. Divinae naturae quinta theoria in summa ac vera intelligentia versatur; intellectus enim est intelligens omnia priusquam fiant. Sexta contemplatio divinae naturae in vera summaque sapientia constituitur; hinc non immerito inter primordiales causas sexto loco per seipsam sapientia collocatur, quae est prima participatio summae ac verae sapientiae: participatione vero sui omnibus post se sapientibus sapiendi causa creata est. Verae ac summae septima contemplatio est, quae considerat summam ipsius ac veram virtutem. Octavus theoriae gradus est in quo mens pura summa veramque naturae divinae beatitudinem intuetur; cujus prima participatio est per se beatitudo, quam veluti octavam primordialium participant, beataque sunt quaecumque per se beata sunt omnia. Nona in ordine theoria divinae ac summae veritatis, cujus prima participatio per seipsam veritas, post quam et per quam quasi primordialium vera sunt quaecumque vera sunt omnia. Decima per seipsam ponitur aeternitas quæ prima participatio est summæ ac veræ æternitatis, et post quam et per quam æterna sunt quæcunque æterna sunt omnia; eadem ratio est de magnitudine, de amore, de pace, et de unitate et perfectione; per has enim primordiales causas a summa omnium causa descendunt quæcumque magnitudinis, amoris, pacis, unitatis, perfectionis, participantia sunt. Sufficiunt hæc, ut arbitror, ad ea quæ volumus manifestanda; prædicta si quidem theoria uniformiter in omnibus rerum omnium principiis, in infinitum progredientibus, mentis obtutibus deiformiter arridet, ubique sive intus quæ intelligi et nominari possunt, sive intus quæ solo intellectu percipiuntur, significationibus tamen deficiunt, sive in his quæ nec intellectu comprehenduntur, nec nominationibus exprimuntur, fugiunt enim omnem sensum omnemque mentis intuitum, nimia si quidem altitudinis sive claritate obscurantur. » (Scot Erigène, *De Divis.*, nat. lib. III, p. 98).

(H) *Voyez pour les sources à consulter et les guides à suivre, sur la philosophie scolastique en général, la dernière note à la suite du chapitre 29e, à la fin de ce volume.*

Pour l'intervalle du 6e au 11e siècle, l'histoire littéraire de France par les Bénédictins de Saint-Maur offre un vaste recueil de renseignemens; dans sa scrupuleuse fidélité, elle accuse mieux la triste et complète stérilité de cet âge que ne pourrait le faire tout autre témoignage. C'est là qu'il faut voir en quoi consistait la littérature et la philosophie du temps. Consultez aussi Launoi : *De celebrioribus Scholis* (Paris 1672, in-8º), Mabillon, les Annales des Bénédictins, les deux Histoires de l'université de Paris, par Duboullay et Crevier, les Annales d'Aventin, celles de Trithème, la Bibliothèque des auteurs ecclésiastiques de Dupin, et les historiens de Charlemagne.

CHAPITRE XXVI.

Second âge de la philosophie scolastique.

SOMMAIRE.

Mouvement général des esprits au commencement du 11e siècle; — Causes qui le déterminèrent ; — Direction qu'il suivit ; — Esprit de la philosophie de cet âge.

Bérenger. — Lanfranc. — S. Anselme de Cantorbéry. — Nouvelle alliance de la philosophie et de la théologie. — Hildebert de Lavardin.

Origine de la controverse entre les Nominaux et les Réalistes. — Jean Roscelin. — Abailard ; — Ses écrits ; — Sa vie ; — Influence qu'il exerca. — Gilbert de la Porée. — Pierre Lombard.

Diverses sectes de Nominaux et de Réalistes ; — Godefroi, chanoine de Saint-Victor.

Retour aux idées des nouveaux Platoniciens : Hugues de Saint-Victor. — Bernard de Chartres. — Guillaume de Conches. — Adelhard de Bath. — Richard de Saint-Victor. — Alain de l'Isle. — Amalrisc. — David de Dinant.

Jean de Salisbury. — Tableau et critique de la philosophie de cet âge. — Doctrine de Jean de Salisbury : — Son *Polycraticus.* — Son *métalogicus.* — Coup-d'œil général ; — Prélude à de nouveaux progrès.

Enfin, dans le cours du 11ᵉ siècle, un certain mouvement commence à se manifester dans les esprits; quelques signes favorables se produisent; on entrevoit le prélude d'une première rénovation. Il faut en chercher sans doute une cause générale dans le développement de ce principe de vie morale qui anime la société humaine. On a beaucoup dit quelle fut la barbarie de ces siècles de ténèbres que nous venons de parcourir, et certes on n'a rien dit de trop. Mais, si l'on considère comment la civilisation s'affaissait progressivement dans les portions de l'Orient encore exemptes de la conquête, on reconnaîtra peut-être que le mélange de peuples nouveaux avec les restes d'une société dégénérée, quoique signalé à son origine par les plus funestes ravages, eut pour effet lent mais réel de rendre à l'Occident une existence rajeunie, de faire circuler dans des membres épuisés une chaleur et une vigueur inconnue, et d'opérer ainsi à la longue une sorte de résurrection morale chez des nations épuisées. Il fallait que les caractères fussent retrempés, pour que les idées prissent quelque énergie. La renaissance se préparait en silence pendant cette profonde léthargie. Ainsi les semences déposées dans le sein de la terre germent en secret sous les frimats de l'hiver. Dès le 11ᵉ siècle une sorte d'inquiétude vague, de fermentation sourde s'annonce de toutes parts dans le sein de la société humaine; elle se produit par une foule de superstitions singulières, par une exaltation aveugle et désordonnée. A la fin du même siècle, elle se montre en quelque sorte par une explosion subite, générale, violente, par les Croisades. Ces entreprises gigantesques étaient bien moins le dessein conçu par quelques pontifes, la combinaison de quelques princes, que le mouvement universel et spontané de tous les peuples de l'Europe, de toutes les classes de la société. C'est l'Occident tout entier qui se précipite vers l'Orient. A la même époque, diverses sectes religieuses renaissent ou se montrent au jour, excitent dans les classes inférieures de la société un vif enthousiasme; elles se répandent en Allemagne, en Italie, en France.

L'excès des maux en amène ordinairement le remède. L'anarchie féodale fit naître, sous diverses formes, les associations nécessaires pour lui résister. Les villes s'environnèrent de remparts; on se réunit, on se confédéra pour défendre les personnes et les propriétés contre la violence de la tyrannie. Ainsi les rapports réciproques des hommes devinrent plus étroits; on commença à connaître des intérêts communs, à éprouver le besoin de l'ordre ; l'esprit d'association, ce principe si fécond et si salutaire, répandit une vie toute nouvelle; les premiers germes de l'industrie, du commerce et des arts se produisirent peu à peu et d'une manière progressive. Au 11e siècle, l'architecture essaye d'élever quelques monumens; au 12e elle prend ce caractère auquel nous avons donné le nom de gothique ; les villes de Flandres érigent leurs manufactures ; les navires de Venise et de Gênes sillonnent les mers.

D'ailleurs les nations de l'Europe se trouvaient en contact avec des peuples qui avaient conservé quelques lumières ou qui s'étaient éclairés depuis peu. La France communiquait avec ces Maures qui cultivèrent en Espagne les arts, la littérature et les sciences ; les pélerinages conduisaient un assez grand nombre de Latins auprès des Sarrasins qui occupaient la Palestine; les papes entretenaient quelques négociations avec les Grecs; le commerce maritime des villes d'Italie dans la Méditerranée multipliait ces relations; les Croisades leur donnèrent plus d'étendue; au milieu du tumulte des armes, les peuples qui se livraient une guerre acharnée ne purent rester étrangers les uns aux autres, et quel que fût le dédain avec lequel les Croisés virent les Grecs dégénérés du Bas-Empire, ils ne purent traverser fréquemment ce sol, encore couvert des monumens de la civilisation, sans y puiser, même à leur insu, quelques lumières qui devaient fructifier plus tard. Il était impossible que, dans de telles circonstances, l'amour de l'étude ne se réveillât pas chez quelques individus, qu'une sorte d'émulation ne commençât à s'établir, et qu'à défaut d'idées originales on ne cherchât à s'approprier celles qui régnaient encore chez les nations qu'on visitait.

Enfin, quoique la contagion de la corruption et de l'ignorance eût malheureusement atteint le clergé lui-même, quoiqu'elle eût pénétré jusque dans les asiles des monastères (et les témoignages de l'histoire nous font de cette invasion un tableau bien affligeant sans doute), néanmoins le clergé et les ordres monastiques composaient au sein de la société générale une société particulière, mais vaste, permanente, qui avait un autre esprit, une autre constitution, et qui tendait par sa nature à s'affranchir des liens par lesquels les autres conditions étaient enchaînées. Cette société avait un principe religieux et moral, un centre d'unité, une hiérarchie régulière, une discipline respectée, un code de lois équitables, une juridiction établie. Le droit canonique qui commençait à recevoir ses formes, préludait au droit civil, et en tenait lieu à quelques égards; le célèbre décret du moine Gratien lui donna au milieu du 12e siècle le corps de sa jurisprudence. A mesure que les abbayes se multiplièrent, une sorte de rivalité s'établit entre elles; chaque ordre religieux voulut obtenir la prééminence, en attirant à lui les sujets les plus habiles, en excitant l'ardeur de ses élèves ; on faisait voyager les jeunes moines qui donnaient le plus d'espérances; on les envoyait aux écoles les plus célèbres; on les exerçait à la polémique. Une émulation semblable se montrait entre les théologales des chapitres. De simples particuliers étaient autorisés à établir des chaires, et à retirer un émolument de leurs leçons, comme nous le voyons par l'exemple d'Abailard. Mais, surtout, le clergé et les ordres monastiques ne reconnaissaient guère les distinctions et les priviléges de naissance; ils ouvraient une carrière presque sans bornes au talent et à l'érudition; l'individu le plus obscur parvenait aux fonctions les plus éminentes par ses succès dans l'étude et dans l'enseignement;

et la part considérable que le clergé avait dans les affaires civiles, donnait encore à ces succès une plus haute importance. Le clergé montrait, il est vrai, un éloignement prononcé pour les sciences profanes et pour la littérature mondaine; mais cette ardeur qui animait un grand nombre de ses membres se dirigeait du moins vers les notions de l'ordre moral, et tendait à s'exercer sur une portion du domaine de la philosophie.

Celle dont on s'empara fut naturellement la région contiguë à la théologie; on ne sut pas même les distinguer, ou plutôt on continua à les confondre toujours plus étroitement. Mais, ce qui caractérise plus particulièrement cette époque, ce fut l'extrême faveur qu'obtint la dialectique; le *trivium* et le *quatrivium* furent presque oubliés; tous les autres arts cédèrent le pas à l'art de la polémique. Par une méprise qui s'explique assez facilement, le dialectique tint lieu de la philosophie entière, et l'instrument de la science fut pris pour la science elle-même. On croit voir dans les scolastiques de ce temps des artistes absorbés par la construction et le jeu des machines, sans songer à acquérir une matière sur laquelle ils puissent les appliquer; on croit voir un immense appareil de leviers se mouvant et s'agitant dans le vuide. L'emploi de ces procédés, si habilement tracés par Aristote, était pour les esprits comme une sorte d'exercice gymnastique continuel, qui se trouvait assez conforme aux goûts du temps. On ne savait d'ailleurs encore étudier que dans les livres, et le peu de livres philosophiques que l'on possédait se rapportaient aux méthodes tirées de l'Organon du Stagyrite.

Mais, la circonstance qui contribua le plus à concentrer dans la dialectique tous les travaux philosophiques de cet âge, fut le point de vue dans lequel on se plaça dès la reprise de ces travaux. En effet, la philosophie des anciens, telle qu'elle était dans son dernier état, telle qu'elle s'offrit aux Scolastiques, se résumait essentiellement dans une maxime principale, celle qui fait dériver des notions générales, ou *des universaux*, comme on disait d'après Aristote, toutes les sources de la science. Les universaux furent le point de ralliement entre l'Académie et le Lycée ; lorsque ces deux écoles furent réunies par les nouveaux Platoniciens, ils furent aussi le point cardinal sur lequel roula toute la philosophie scolastique. Une fois convaincu que tous les trésors de la vérité étaient contenus dans le sein de ces idées universelles, on devait naturellement faire consister exclusivement les exercices de la raison à exploiter cette mine inépuisable, à élaborer, transformer cette matière féconde. Or, ce travail appartenait en propre à la dialectique péripatéticienne, il en constituait l'essence. On possédait une sorte de pierre philosophale; il ne restait plus qu'à la mettre au creuset: aussi pourrait-on comparer la philosophie scolastique à une sorte d'alchimie qui emploie les universaux comme substance et la dialectique comme appareil.

Réciproquement, les passions que cet âge conçut pour les controverses de l'école dut à son tour confirmer l'idée que l'on avait conçue de la haute vertu, de la toute-puissance des universaux; car, on trouvait dans ce préjugé le moyen de donner à de telles controverses une extrême importance, et de les rendre en même temps interminables.

Cette considération, réunie à la confusion toujours plus absolue qui s'opéra entre la philosophie et la théologie, nous explique toutes les doctrines de cet âge. Il est digne de remarque que les universaux, en même temps qu'ils ouvraient une carrière indéfinie à la polémique des écoles, par la voie des subtilités abs-

IV.

traites, ouvraient aussi une sphère non moins vaste aux spéculations mystiques, en leur présentant les types primordiaux sur lesquels elles se plaisaient à s'exercer. Celles-ci s'en emparaient par la contemplation, comme celles-là par l'argumentation ; c'étaient deux modes, différens quoique parallèles, de traiter le même sujet. On conçoit dès lors comment ce double ordre d'exercices et de vues se propagea simultanément parmi les philosophes du moyen âge, et se réunit quelquefois chez les mêmes scolastiques. L'un et l'autre semblaient se prêter une confirmation mutuelle.

Ce nouvel esprit de la philosophie scolastique commença à se produire dans les controverses que fit naître l'enseignement de Bérenger (A). Bérenger était disciple de Fulbert de Chartres, qui lui-même avait reçu les leçons de Gerbert ; les contemporains l'appellent *un très-grand philosophe*, qui, suivant eux, possédait également ce qu'on appelait la *Grammaire*, la *philosophie* et la *nécromancie* (1) ; il excellait, dit-on, dans les subtilités de la

---

(1) Voyez leurs témoignages dans Launoi, *De celebrioribus Scholis*, cap. V, pag. 33, 34.

dialectique et dans l'art d'attribuer de nouvelles interprétations aux termes. Mais la manie du temps, qui était de faire servir exclusivement les spéculations rationnelles à l'explication des mystères de la foi, l'engagea malheureusement à disserter sur la transusbtantiation; une foule de docteurs s'élevèrent à l'envi contre la témérité de ses opinions. A leur tête se distinguèrent Lanfranc et S. Anselme de Cantorbéry. L'arsenal des armes que la dialectique pouvait fournir à ces discussions fut ouvert, et ces armes furent employées concurremment avec les autorités tirées de l'Ecriture et des Pères.

Le B. Lanfranc fut le maître de S. Anselme; tous deux étaient Italiens; tous deux enseignèrent en France; tous deux occupèrent tour à tour le siége de Cantorbéry. Le premier répandit un grand éclat sur l'école du Bec en Normandie; il montra, dit-on, une grande habileté dans la dialectique, et en inspira la passion à ses nombreux élèves (1). Mais, les écrits que nous avons sous les yeux roulent presque exclusivement sur des matières théologiques (2). S. Anselme con-

---

(1) Launoy. *Ibid*, cap. XLII, p. 157.
(2) Publiés par les bénédictins de Saint-Maur. Paris 1648, un vol. in-fol.

somma méthodiquement la fusion de ces deux ordres d'études. « Une pensée dominante, dit son biographe (1), s'était emparée de lui, le tourmentait nuit et jour, et s'attachait d'autant plus à lui qu'il faisait plus d'efforts pour la repousser ; c'était la possibilité de démontrer par un raisonnement unique et simple tout ce qu'on doit croire de la Divinité. Enfin, une nuit pendant qu'il était éveillé, cette solution tant desirée vint briller comme un éclair dans son entendement, et remplit son âme d'une joie immense. » Cette pensée paraît avoit servi de but à son *Monologicum*. Son *Proslogion* n'est qu'un résumé du précédent; on y trouve une démonstration de l'existence de Dieu analogue à celle que Descartes a rendue si célèbre et qu'il a déduite de l'idée de Dieu même (B). A la suite de cet écrit, on trouve dans le recueil des œuvres de S. Anselme une réfutation de ce mode de démonstration, que l'éditeur, d'après les indications que lui ont fournies quelques manuscrits, attribue à un moine d'ailleurs inconnu appelé

---

(1) Cadmer: *Vie de saint Anselme*, en tête des œuvres de saint Anselme, publiées par Gerberon, Paris 1675.

Gaunilon. S. Anselme réfute à son tour son adversaire, et essaie de justifier sa propre logique. Si l'argumentation du saint archevêque est subtile et ingénieuse, les objections du moine, présentées sous les formes les plus modestes, offrent une sagacité bien remarquable. Dans cet écrit, auquel il donne le nom de *Petit livre d'un sot*, il fait ressortir la distinction essentielle qui existe entre la vérité logique ou subjective, et la vérité objective et réelle, distinction à peu près inconnue dans cet âge; il fait voir qu'on ne peut conclure de l'une à l'autre, ni poser en principe que ce qu'on conçoit comme existant existe en effet par cela même qu'on l'a ainsi conçu (C) (1).

Dans les autres preuves de l'existence de Dieu, déduites par S. Anselme, on rencontre quelques vestiges du nouveau Platonisme; il déclare au reste qu'il a pris S. Augustin pour guide, qu'il n'a suivi que ce seul guide; mais cette circonstance explique et ne contredit pas la remarque que nous venons de faire.

S. Anselme fonde l'union de la théologie et

---

(1) *Liber pro insipiente advers.*, etc. Dans les œuvres de saint Anselme, p. 55.

de la philosophie sur ce principe, que la seconde doit s'exercer à nous faire comprendre ce que la foi nous a d'abord donné à croire; « car, dit-il, la foi occupe, dans les choses religieuses, le même rang que l'expérience dans les choses naturelles : il faut savoir qu'une chose est avant d'examiner ce qu'elle est, pourquoi elle est; et de même que la raison s'égare dans l'étude de la nature, si elle ne s'appuie sur l'expérience, elle s'égare dans l'étude de la religion, si elle ne s'appuie sur la foi (1). »

Peut-être les objections du moine Gaunilon laissèrent-elles cependant quelque impression dans l'esprit de S. Anselme; car, dans son dialogue sur la vérité, S. Anselme distingue à son tour la vérité *des Enonciations*, et la vérité qu'il appelle la vérité de l'opinion ou *de la pensée*. C'est au fond à peu près la distinction de la vérité logique et de la vérité réelle; il fait consister la première dans l'exactitude des définitions, la seconde dans ce qu'il appelle *la rectitude*; celle-ci consiste à concevoir ce qui existe ou n'existe pas effectivement; il lui donne le nom de *rectitude*, parce que la raison, dit-il,

---

(1) *Monologium*, *ibid.*, page 2.

reconnaît alors *ce qu'elle doit* reconnaître. Il suppose tacitement une sorte de loi qui lui serait imposée; aussi place-t-il encore une vérité dans la volonté elle-même : la volonté s'y conforme, quand elle se dirige comme elle le doit (1).
« Il y a aussi, continue-t-il, une vérité dans
» les sens; si le témoignage des sens paraît nous
» tromper, ce n'est pas le sens extérieur qui
» s'égare, c'est le sens intérieur qui lui prête
» sa propre faute (2). Il y a une vérité dans
» l'essence des choses; elle dérive de la vérité
» suprême; cette vérité est Dieu même; mais
» la vérité en Dieu n'est plus la conformité à ce
» qui *doit* être conçu; car Dieu impose la loi
» et ne la reçoit pas. La vérité n'a ni com-
» mencement ni fin (3). »

Le dialogue intitulé *le Grammairien*, est une très-faible esquisse de dialectique, conçue d'après les Catégories d'Aristote. Il suffira pour en donner une idée, de dire que S. Anselme commence par examiner sérieusement, et par discuter dans toutes les formes, la question de

---

(1) *Dialogus de Veritate*, cap. 2, 3, 4, 5. OEuvres de saint Anselme, p. 109 et suivantes.
(2) *Ibid.*, cap. 6.
(3) *Ibid.*, cap. 7, 10, 11.

savoir « si le grammairien est ou non une substance, s'il est une première ou une seconde substance; s'il y a un grammairien qui ne soit pas un homme, à prouver que l'homme n'est pas la grammaire, que le grammairien est celui qui sait la grammaire (1). »

Les écrits de ce docteur méritent cependant quelque attention, parce qu'il acheva de donner sa forme constitutive à la philosophie scolastique.

Bérenger eut aussi un disciple dans Hildebert de Lavardin, qui devint archevêque de Tours, qui célébra les vertus, la sagesse de son maître, mais n'imita point sa témérité, et montra au contraire un grand éloignement pour toute innovation. On remarque qu'il lisait Cicéron, Sénèque, Horace et Juvénal, chose en effet assez remarquable pour ce temps. Nous avons de lui un traité de théologie, dans lequel on trouve les deux propositions suivantes: « La foi est une certitude volontaire des choses
» absentes, placée au-dessus de l'opinion, au-
» dessous de la science. La révélation divine
» s'opère de deux manières : par l'aspiration

---

(1) *Ibid.*, cap. 1 ; voyez aussi le *Monologium : dialogus de Grammatica*, cap. 1, 9, 10, 11, 14. *Ibid.*, p. 143 et suiv.

» intérieure, et par l'instruction qui vient du
» dehors, c'est-à-dire, des faits ou des dis-
» cours (1). »

Cependant il s'élevait, dans le sein de l'école, une autre controverse qui ne touchait point, comme celle qu'avait excitée Bérenger, à la croyance religieuse, mais qui atteignait directement le pivot de la science philosophique, et dans laquelle toutefois la théologie se trouvait impliquée, par l'effet de l'étroite connexion que l'esprit du temps avait établie entre l'une et l'autre : c'est la célèbre dispute des Nominaux et des Réalistes. On a reconnu, depuis quelques années, que cette discussion méritait l'attention la plus sérieuse, et elle a excité en effet l'intérêt des historiens les plus récens. Il ne s'agissait de rien moins que de déterminer quelle était la valeur positive de ces mêmes universaux, que l'école reconnaissait comme la clé de la science ; c'était en d'autres termes la question fondamentale qui a occupé les plus grands philosophes des deux derniers siècles, Hobbes, Descartes, Leibnitz (2), Locke, Hu-

---

(1) *Hildeberti Tract. theol.*, cap. 1 et 2.
(2) Leibnitz, *Dissert. prelim. ad Marii Nizolii*

me, etc., et qui est encore agitée de nos jours. C'était la question relative à l'emploi et à l'utilité des notions générales, aux secours que l'esprit humain peut en tirer pour les connaissances réelles et objectives. C'était précisément la même question qui, renouvelée plus tard par Ockam et par Bacon, a déterminé la réformation de la philosophie. On ne pouvait attendre qu'au 11ᵉ siècle on en mesurât toute l'importance, qu'on pût en déduire tous les corollaires; il était même presque inévitable qu'elle fût étouffée à son origine; mais on ne peut du moins assez s'étonner qu'elle pût être élevée dès cette époque, et que la réalité des universaux, alors qu'ils étaient l'objet d'une si haute vénération et d'une sorte de culte, ait pu être mise en doute. C'était mettre en question la base de la philosophie du temps, et toute cette philosophie elle-même.

Il nous reste peu de documens originaux sur la manière dont cette controverse fut traitée pendant le 2ᵉ âge de la scolastique, et nous

---

librum de Veris Principiis, etc. — Voyez aussi Dugald Stewart (*Elements of the philosophy of the human mind*, chap. 4.)

devons réserver l'exposé des argumentations auxquelles elle donne lieu pour l'histoire du 4ᵉ âge, époque à laquelle elle fut reprise avec des développemens méthodiques. Mais il est curieux du moins de nous arrêter un instant à en étudier l'origine, à voir comment ses premiers promoteurs purent être conduits à un point de vue qui annonçait une sagacité peu commune.

Cette question tenait de près à celle de la vérité logique et de la vérité objective, qui avait été élevée par le moine Gaunilon; mais elle paraît avoir l'antériorité sur celle-ci, et peut-être contribua-t-elle à faire naître la seconde.

Du Boullay, dans son histoire de l'université de Paris (1), et Jalabert, dans sa *Défense des Nominaux* (2), rapportent la première origine du système des nominaux, à un certain Jean, d'après le témoignage de l'anonyme qui a écrit un fragment de l'histoire de France, depuis Robert jusqu'à Philippe Iᵉʳ; ce Jean aurait eu pour disciple un Robert de Paris, un Arnulphe

---

(1) Tome I, p. 443.
(2) *Præfatio*, § 6.

de Laon et Roscelin. Nous n'avons du reste aucune autre indication sur ce personnage. Aventin, S. Anselme de Cantorbéry, Abailard, Jean de Salisbury, Othon de Frisingue, ne font remonter qu'à Roscelin lui-même l'origine de ce système. Nous sommes réduits, pour connaître les idées de ce dernier, aux passages très-concis de ces divers auteurs, et aux réfutations non moins succinctes que lui opposèrent quelques-uns d'entre eux, particulièrement S. Anselme et Jean de Salisbury. « Roscelin, dit
» Aventin, fut l'auteur d'un nouveau ly-
» cée; il institua le premier une science des
» mots et une nouvelle manière de philoso-
» phe.... Les Nominaux reçurent ce titre, par-
» ce que, avares de choses, prodigues de noms
» et de notions, ils paraissent n'attribuer de
» force qu'aux termes seuls (1). » En faisant allusion à Roscelin, Anselme parle de « ces
» hérétiques dialecticiens qui ne font consister
» les substances essentielles que dans la parole,
» qui ne conçoivent la couleur que dans un
» corps, la sagesse que dans une âme...., chez
» lesquels la raison, qui devrait être le juge

---

(1) *Annales Bojor.* L. VI, p. 595.

» suprême, est tellement enveloppée par les
» images matérielles, qu'elle ne peut s'en dé-
» gager ni en discerner les choses qu'elle
» devrait contempler seule, pure de tout al-
» liage....; qui ne peuvent concevoir que plu-
» sieurs hommes, quant à l'individualité per-
» sonnelle, ne sont qu'un homme unique dans
» le genre (1). De tels hommes, conclut-il,
» doivent être exclus de toute discussion sur
» les questions spirituelles. » Abailard ne se
borne pas à se séparer de Roscelin, il le combat (2). Jean de Salisbury établit avec concision, mais avec peu de netteté, la différence de leurs opinions. « L'un, dit-il, ne fait con-
» sister les universaux que dans les termes,
» l'autre dans les discours (3). » Quelle était donc au fond la pensée de Roscelin ? était-ce le germe de la théorie que Condillac, de nos jours, a prétendu établir sur les signes, et de l'opinion qu'il a exprimée lorsqu'il a dit, que

___

(1) *De Fide Trinitatis*. Cap. 2.
(2) XXIe lettre d'Abailard, adressée à Gaufred, évêque de Paris.
(3) *Métalogic.*, lib. 11, c. 17.

la science n'est qu'une langue bien faite? Nous sommes réduits à cet égard à des conjectures (D). Il paraît qu'il n'accordait d'existence aux qualités que dans leurs sujets, aux genres que dans les individus ; et que, refusant une réalité objective aux notions générales, il ne les faisait reposer que sur les termes qui servent à exprimer les rapports communs aux objets réels. Peut-être fut-il mal compris de son siècle ; peut-être ne se comprit-il pas bien lui-même ; ce qu'il y a de certain, c'est que son siècle n'était guère, en effet, en mesure de comprendre le point de la question ; c'est que son opinion fût considérée comme une hérésie, et souleva tous les esprits ; c'est qu'il eut l'imprudence de l'appliquer à des matières religieuses ; c'est qu'il s'engagea spécialement dans des interprétations nouvelles sur l'un des dogmes fondamentaux du Christianisme ; qu'il s'attira une condamnation du concile de Soissons en 1092, et qu'il fut banni de France et d'Angleterre.

Jean de Salisbury annonce « que le Nomina-
» lisme s'évanouit à peu près avec son auteur.»
Cependant il eut un certain nombre de disciples, et nous apprenons par le fragment d'un poëme de Godefroy, que nous a conservé

l'abbé Lebeuf (1), que cette école se perpétua à Paris jusqu'à la fin du 12ᵉ siècle, ou même au commencement du 13ᵉ.

Aventin et Othon de Frisingue, ont rangé aussi Abailard au nombre des disciples de Roscelin; mais on conçoit à cet égard un doute fondé, lorsqu'on remarque qu'Abailard lui-même ne fait aucune mention de cette circonstance dans les détails qu'il nous a laissés sur sa vie; il reconnaît pour son maître ce Guillaume de Champeaux dont il fut bientôt le rival, contre lequel il lutta avec tant d'ardeur, et dont il triompha avec tant d'éclat. C'est à Guillaume de Champeaux qu'on fait commencer l'existence de l'université de Paris, ou plutôt la transformation de l'Ecole palatine qui, par le mode d'enseignement introduit à cette époque, par le concours d'une grande multitude d'élèves et par l'émulation des maîtres, prit en effet dès lors un caractère nouveau. Guillaume qui enseignait au prieuré de S.-Victor, et qui fut ensuite évêque de Châlons, passait pour être fort habile dans la controverse. Il avait traité

---

(1) Dissertation sur l'Histoire de Paris. 14 p. 255 et suivantes.

de l'invention, suivant Jean de Salisbury ; mais cette invention n'était autre que l'invention syllogistique « qui consiste à découvrir le » moyen terme pour en tirer un argument (1). » Il s'attachait essentiellement à la grande question des universaux, et prétendait établir que « toute essence est réellement dans chaque in- » dividu ; que les individus ne diffèrent entre » eux que par la variété des accidens (2). » Il partait de là pour fonder ces universaux *a parte rei*, qui ont obtenu depuis une si haute importance dans l'école. Bayle a cru pouvoir conclure de ce passage, que Guillaume de Champeaux avait adopté un système analogue au Spinosisme (3) ; mais cette induction est au moins hasardée. C'est sur ce point que s'éleva la longue et vive controverse d'Abailard contre son maître, controverse qui excita dans Paris une si grande rumeur. Il serait curieux de savoir de quelle manière elle fut soutenue de part et d'autre, mais nous ne connaissons guère d'une polémique qui fut si prolongée et si brillante, qu'un seul raisonnement d'Abailard, qui diminuera

---

(1) *Metalogicus*, lib. III, cap. 9.
(2) *Abailardi Epist.* I.
(3) *Dict. hist.*, art. *Abailard*, remarque C.

peut-être nos regrets sur l'ignorance où nous sommes à l'égard des autres. « Si toute l'essence » et la substance de la nature humaine, disait- » il, se trouvent dans chaque homme, Pierre, » par exemple, sera essentiellement et substan- » tiellement Jean, et Jean sera Pierre, ou plu- » tôt ni Pierre ni Jean ne seront plus hommes ; » car qui dit tout n'excepte rien. Ainsi, dans » la supposition que toute la nature humaine » se trouve être dans Pierre, il n'y a plus » rien pour Jean, et réciproquement. » Mais Guillaume modifia son opinion, après avoir été vaincu par son disciple ; c'est du moins ce que ce dernier nous assure (1) ; au reste, la modification qu'il y apporta n'est pas facile à comprendre (G).

La collection des écrits d'Abailard, qui a été publiée par l'impression, ne renferme guère que ses lettres, ses écrits ascétiques, théologiques et moraux ; c'est dans ses manuscrits encore inédits qu'il faut chercher sa philosophie rationnelle : ils sont presque exclusivement consacrés à la logique, et la traitent dans

---

(1) Abailardi *Historia calamit. introd. in theol. christ.* — Vie d'Abailard, Paris, 1790, tome I, liv. 1, p. 23.

l'esprit d'Aristote : on y trouvera des développemens particuliers sur les grandes questions des universaux (H).

« Abailard et ses disciples, dit Jean de Sa-
» lisbury, regardaient comme une absurdité
» qu'on affirmât un chose d'une autre chose »
(c'est-à-dire qu'on rangeât les attributs au nombre des réalités qui ont une existence propre),
» quoique cette absurdité ait eu Aristote pour
» auteur (1). » Cependant il ne les classe ni parmi les Nominaux proprement dits, ni parmi les Conceptualistes; car il distingue expressément trois opinions à ce sujet : « Les uns font
» consister les universaux dans les simples ter-
» mes; d'autres dans les discours; d'autres
» encore dans les notions de l'entendement,
» suivant en cela les traces de Cicéron et de
» Boëce. » Il attribue à Abailard le second de ces deux systèmes. Abailard n'adopta point le premier; c'est ce qu'on ne peut révoquer en doute, quand on le voit s'élever avec une sorte d'indignation contre les idées de Roscelin; mais en quoi le second de ces trois systèmes se distinguait-il en effet du premier? Probablement

---

(1) *Metal.* II, cap. 17.

Abailard entendait que les universaux, sans avoir une réalité objective, propre et indépendante, sont une conception de l'esprit ; mais que cette conception a besoin, pour être formée et soutenue dans l'esprit, de s'appuyer sur les signes du langage : il leur donnait pour pivot, non le terme simple, comme Roscelin, mais la proposition, parce qu'elle exprime le rapport et la connexion du sujet et de l'attribut tels qu'ils sont saisis par l'entendement ; et c'est ce qu'Abailard lui-même paraît faire entendre, lorsqu'en donnant de la Divinité cette belle définition qui se compose des trois attributs : « La suprême puissance, la suprême sagesse, la suprême bonté, » il ajoute : « Nous » considérons ces trois attributs, non comme » autant de choses, non comme autant d'es- » sences diverses ; mais comme autant de re- » lations diverses dans une même essence, qui » n'existent point en elles-mêmes, mais seule- » ment en Dieu et avec Dieu (1). »

Si les écrits du célèbre Abailard nous fournissent peu de lumières sur les vues qu'il avait

---

(1) Abailardi *Theolog. christ.* Lib. I ; p. 1157, 1158. — Lib. IV, p. 1341. Dans don Marténne : *Thesaurus novus anecdotum*, Tome V.

portées dans l'étude de la philosophie rationnelle, les circonstances de sa vie nous font du moins bien connaître quel était l'esprit du temps. Cette vie si orageuse, consacrée tout entière à l'étude, à l'enseignement, à la pratique des vertus religieuses, et troublée cependant par une suite non interrompue de persécutions, est comme une scène sur laquelle se montrent et les mœurs et les idées de ses contemporains. Nous y voyons que les maîtres autorisés à enseigner retiraient de leurs leçons des rétributions individuelles. Nous y voyons quelle était dès lors l'émulation qui se manifestait pour l'étude dans la jeunesse française, quel intérêt passionné excitaient les talens du maître et les controverses qui s'élevaient, quel caractère prenait la rivalité des chefs d'école. Des milliers d'auditeurs entourent le professeur, le suivent dans sa retraite, viennent camper pour l'entendre encore, jusque dans les forêts du Paraclet. Des théologaux, jaloux de ses succès, le traduisent devant un légat du pape, à plusieurs synodes, obtiennent sa condamnation. Des moines irrités de ses réprimandes, ou prenant l'exemple de ses vertus pour des reproches, ou révoltés par les réformes qu'il conçoit, le tourmentent, menacent sa vie par le poison et l'assassinat. Des monastères, des abbés, se disputent l'honneur de le posséder, afin de s'approprier l'éclat de son enseignement. La ville de Paris tout entière est émue de ses malheurs. Des princes cultivent son amitié. Les souverains pontifes se font rendre compte de sa doctrine. Une femme, objet de ses affections, première occasion de ses disgrâces, une femme qui le surpasse en sensibilité, en délicatesse, en vertus, semble presque l'égaler en connaissances et en talens. Elle a été son disciple; devenue abbesse du Paraclet, elle dirige ses jeunes compagnes dans les études les plus relevées. Les lettres d'Abailard et d'Héloïse, qui ont mérité d'être conservées à la postérité, et dans lesquelles les modernes ont trouvé tout l'intérêt du roman le plus attachant, sont, aux yeux de l'historien, un monument sérieux et instructif du développement qu'avaient acquis les idées et l'instruction, et de la direction qu'elles avaient suivie. Au centre de ce tableau se montre Abailard lui-même, supérieur à un siècle contre lequel il eut sans cesse à lutter, joignant à la tendre piété d'un Fénélon, une élévation, une indépendance qui étonnent à cette époque, allant jusqu'à déclarer que « le » Christianisme est une réformation de la loi » naturelle, que les philosophes de l'antiquité

» ont en quelque sorte pressenti l'Évangile,
» qu'ils ne s'éloignent point ou s'éloignent peu
» des Chrétiens, auxquels ils s'unissent par le
» lien de la morale (1). » Il marque avec précision les limites qui séparent le domaine de la foi et celui de la raison; il soumet le premier à l'autorité; il en affranchit le second (2). Il s'élève avec force contre les préjugés que les moines opposaient à l'étude de la philosophie, de la littérature profane (3). Il est assez singulier d'ailleurs, qu'en recommandant la lecture des anciens philosophes, il déclare lui-même n'avoir jamais lu les écrits d'aucun d'eux, et n'en avoir recueilli les idées que dans Augustin (4).

La carrière d'Abailard avait commencé par sa lutte avec Guillaume de Champeaux; elle se termina par une controverse plus sérieuse avec S. Bernard. Celle-ci offre quelques traits semblables à celle qui s'est élevée entre Bossuet et Fénélon. Abailard fut condamné comme Féné-

---

(1) Abailardi *Theolog. christ.* Lib. II, p. 1204, 1210, 1211. — Voyez aussi sa lettre 14ᵉ.

(2) *Theol. christ.* Lib. II, p. 1202, 1245, 1257.

(3) Lettre I. *Hist. calamitatum.* — *Prologus intr. ad Theolog.*

(4) *Theolog. christ.* Lib. II, p. 1202.

lon, et se soumit avec une docilité aussi exemplaire. Quel que fût le respect qu'il professât pour l'autorité dans les matières religieuses, les idées philosophiques qu'il tenta d'introduire dans la théologie l'exposèrent à ces censures. Mais il n'en conserva pas moins une grande autorité sur les esprits; il concourut à faire de Paris la métropole de la philosophie pendant cet âge; et l'émulation générale qu'il avait excitée pour l'étude de cette science, se perpétua après lui.

Abailard contribua plus qu'aucun autre à concentrer toute la philosophie dans la dialectique, ou du moins à subordonner entièrement l'une à l'autre. Il déclare lui-même qu'il considérait l'art de la dialectique comme l'*instituteur de toutes les sciences*. Cependant, indépendamment de ces docteurs, qui, suivant lui, n'en rejetaient l'emploi que parce qu'ils étaient incapables d'en apprécier le pouvoir (1), il se trouva parmi ses contemporains quelques bons esprits qui aperçurent l'abus et lui opposèrent dès lors des réflexions judicieuses. Adam, Anglais et péripatéticien, était de ce nombre, au

---

(1) Abailardi, Epist. IV.

rapport de Jean de Salisbury (1). Mais il n'osait s'affranchir de la méthode reçue, de crainte de perdre ses auditeurs; plusieurs partageaient encore l'opinion de ce dernier, mais n'osaient l'exprimer. « Guillaume de Soissons, suivant le même auteur (2), semble avoir entendu que le *principe de la contradiction*, établi par Aristote comme la clé de la science, ne peut engendrer de vérités positives; et que, de ce qu'il est impossible que la même chose soit et ne soit pas tout ensemble, on ne peut légitimement conclure l'existence réelle d'une chose quelconque. »

Gilbert de La Porée, évêque de Poitiers, contemporain d'Abailard, subit, comme lui, une condamnation rigoureuse, destinée qui fut commune, du reste, à la plupart des scolastiques de ce temps. Du Boullay, en le justifiant, explique cette sentence par la fausse interprétation que les Réalistes donnèrent à sa doctrine, en supposant que Gilbert attribuait une existence réelle et distincte à des notions qu'il avait seulement distinguées dans le domaine de

---

(1) *Metalogic.*, lib. III, cap. 3.
(2) *Ibid.*, lib. II, cap. 10.

l'abstraction intellectuelle (1). Nous avons de Gilbert de La Porée un traité intitulé des *Six Principes* ; ce n'est qu'un résumé fort médiocre des Catégories d'Aristote, dont il a voulu, sans en expliquer le motif, réduire ainsi le nombre (2). Ce qui est le plus important à remarquer, c'est que Gilbert commenta le livre *de Causis*, et l'un des livres attribués à S. Denis l'aréopagite.

Disciple d'Abailard, Pierre Lombard, l'auteur du *Maître des Sentences*, fut plus heureux, et appartint au petit nombre de ceux qui échappèrent aux censures ecclésiastiques. Il fut le prince des Réalistes. Son livre obtint des applaudissemens universels, devint en quelque sorte classique pour l'âge suivant, et exerça un grand nombre de commentateurs et d'interprètes ; c'est une sorte de collection de problèmes théologiques, dans l'exposition desquels Pierre présente tour à tour les argumens pour et contre, et donne ensuite la solution. Il mérite d'être noté, comme ayant contribué à déterminer la forme des discussions

---

(1) *Hist. univ. Paris*, tome II, p. 240.
(2) Imprimé dans les œuvres d'Aristote avec les commentaires d'Averrhoës : Venise, 1552, folio 31.

de l'école (1). Pierre était natif de Novarre, et devint évêque de Paris. On remarque qu'il ne cite jamais Aristote.

Pierre Lombard trouva cependant un adversaire dans ce Walter ou Gauthier, abbé de Saint-Victor, qui dans son livre des *Quatre Labyrinthes* attaqua à la fois Abailard, Gilbert de La Porée, Pierre Lombard, Pierre de Poitiers, et en général tous les docteurs qui s'efforçaient d'introduire la dialectique dans la théologie. Son entreprise, qui fut sans succès, qui a été blâmée par les historiens de la philosophie, et qu'il ne soutint pas par d'excellentes raisons, était cependant peut-être moins condamnable qu'on ne l'a pensé. Elle eût du moins épargné de nombreux écarts aux scolastiques. Il y a aussi un mérite très-réel dans sa réflexion sur la valeur des résultats qu'on peut attendre de la dialectique. « Cet art, dit-il, ne peut légitimer que la » forme des déductions; il ne peut fournir les » principes fondamentaux sur lesquels ces dé- » ductions doivent reposer. La déduction la » plus légitime peut conduire à une fausse con-

---

(1) Petri Lombardi *Sententiarum* libri IV. Paris, 1539, in-4°.

» séquence, si elle part d'un faux principe (1). »
Il eût pu faire reconnaître à son siècle l'erreur essentielle dans laquelle les esprits étaient engagés, lui montrer qu'il ne suffisait pas d'élaborer, qu'il fallait posséder avant tout une substance, une matière, si son siècle eût pu le comprendre, et ajoutons aussi, s'il se fût compris lui-même.

Parmi les commentateurs de Pierre Lombard se signala Alexandre de Hales qui, le premier des modernes, connut le traité de l'âme par Aristote, et essaya de l'éclairer par une glose.

Nous avons vu que Jean de Salisbury distingue trois opinions diverses parmi les Nominaux, celle qui faisait consister les universaux dans les termes seuls; celle qui les faisait résider dans les propositions; celle qui les plaçait dans les notions de l'entendement; qu'il attribuait la première à Roscelin, la seconde à Abailard. Il ne nous fait point connaître les partisans de la troisième; il se borne à nous dire « qu'ils
» avaient été conduits à l'embrasser par les
» écrits de Cicéron et de Boëce, qui fondaient
» cette doctrine sur l'autorité d'Aristote; car
» ils considèrent la notion comme la connais-

---

(1) Du Boullay, *Hist. univ.*, § 11, p. 645.

» sance de la forme perçue dans chaque objet,
» et détachée de cet objet par l'abstraction.
» C'est une conception pure de l'esprit. Elle
» renferme donc tout ce qu'il y a de plus uni-
» versel dans les choses. »

Les Réalistes, au rapport de Jean de Salisbury, se soudivisaient en six sectes différentes : la distinction qu'il établit entre elles peut paraître assez subtile : « la première, dit-il, sous la di-
» rection de Gautier de Mauritanie, prétend que
» les universaux sont identiques aux êtres par-
» ticuliers, quant à l'essence. La seconde em-
» prunte les *idées* de Platon, à l'exemple de Ber-
» nard, de Chartres, et ne reconnaît qu'en elles
» seules l'existence des genres et des espèces.
» La troisième, avec Gilbert évêque de Poitiers,
» suit les traces d'Aristote, attribue l'universa-
» lité aux formes naturelles, et s'évertue à en éta-
» blir la connexion. La quatrième, avec Gauslen,
» évêque de Soissons, accorde l'universalité à
» la collection de toutes choses réunies en un
» tout, et la refuse aux individus. La cinquième
» recourt à une langue nouvelle, n'étant point
» assez familiarisée avec le latin, et appelle les
» universaux les modes des choses (*manne-*
» *ries*). La dernière enfin s'attache aux *états* des

» choses, et y voit les genres et les espèces (1). »

On trouve à la bibliothèque du roi deux manuscrits de Godefroi, chanoine de S.-Victor, dont l'un est intitulé *Microcosmus* (2), et le second *Fons philosophiæ* (3). L'idée du premier paraît empruntée aux nouveaux Platoniciens, et offre en effet une teinte marquée de mysticisme. « Les philosophes, dit Godefroy, s'accordent avec » les théologiens à considérer l'homme comme » un petit monde ; de même que le monde » est composé de quatre élémens, l'homme est » doué de quatre facultés : les sens, l'imagina- » tion, la raison et l'intelligence. » Le second présente un tableau assez curieux des écoles de Paris, de l'enseignement qui y était donné, des doctrines qui y étaient professées. L'auteur déplore l'avilissement dans lequel étaient tombés les trois arts libéraux qui formaient le *trivium*. Il s'élève ensuite contre les Nominaux (I). Comme Jean de Salisbury, il distingue plusieurs sectes de Réalistes. Il blâme celle qui avait pour chef Gilbert de La Porée, et qui avait, dit-il, triplé le nombre des Catégories. Il traite d'in-

---

(1) *Métalogic.*, lib. II, cap. 17, pag. 99.
(2) Sous les numéros 733 et 913.
(3) Sous le n° 912.

sensés les disciples d'un Alberic qui était l'un des adversaires les plus ardens des Nominaux; il adresse enfin les plus fortes injures aux disciples de Robert de Melun, qui se réunissaient sur la montagne Sainte-Geneviève, et il justifie ces injures en remarquant qu'ils se rapprochaient des Nominaux, « ce qui suffit, dit-il, » pour qu'ils ne soient comptés pour rien (1). » Il accorde la palme aux *parvipontanis* (J), ceux de tous les Réalistes qui, suivant lui, avaient obtenu le plus de succès et de crédit (2).

La philosophie se trouve tellement entrelacée avec la théologie, dans les écrits des scolastiques de cet âge, qu'il n'est pas aisé d'en dégager, pour nous renfermer dans les limites de notre plan, ce qui appartient exclusivement à la première. En essayant cependant d'opérer cette séparation, nous commençons à découvrir dans les scolastiques du 12e siècle, quelques indices d'un commencement de communications avec les Arabes; nous découvrons aussi que pendant ce règne presque exclusif de la dialectique d'Aristote, la doctrine de Platon n'était point

---

(1) *Igitur pro nihilo licet hos censere.*
(2) Voyez *Histoire littéraire de France*, tome XV, p. 80 et suivantes.

entièrement inconnue, et que le Mysticisme des nouveaux Platoniciens continuait à exercer une haute influence.

Hugues de Saint-Victor, dans ses livres *didascaliques* (1) paraît donner à Platon la préférence sur Aristote. On peut douter qu'il eût reçu, par ce canal, quelques notions de la métaphysique des Arabes et de celle des Grecs; il donne à la matière le nom d'*yle*, d'après l'υλη des Grecs, probablement emprunté aux Arabes. Il avait également connu Galien, et sans doute par le canal des Arabes; car il reproduit quelques-unes de ses vues sur la physiologie; il reproduit même l'hypothèse singulière des différentes cellules du cerveau, affectées aux diverses facultés, qui, chez les Arabes, a déjà attiré notre attention. Hugues de Saint-Victor est le premier des scolastiques qui se soit expressément livré à l'étude de la psycologie; on doute toutefois que les quatre livres de son traité de *l'Ame* lui appartiennent en entier. On y retrouve les vestiges des nouveaux Platoniciens, et de S. Augustin; on y retrouve aussi des vues qui semblent appartenir à Avi-

---

(1) Hugonis *Eruditio didascalica*, lib. II, cap. 6.

céna et à Algazel. « Les facultés de l'âme sont les sens, l'imagination, la raison, la mémoire, l'entendement et l'intelligence. Les deux premières appartiennent à une substance composée d'air et de feu, dont le siége est dans le cœur, qui monte de là au cerveau, met en jeu les cinq sens dans leurs organes respectifs, et produit les sensations et les images; elle excite dans le cerveau l'éveil de l'imagination. « Le sens perçoit les
» formes dans la matière; l'imagination, hors
» de la matière. L'imagination se répand par-
» tout, se meut, s'agite, erre, crée à son gré.
» Elle ne sort point cependant d'elle-même ;
» mais elle parcourt en elle-même un immense
» espace; elle embrasse par la méditation toutes
» les œuvres de Dieu; par la contemplation,
» toutes les choses célestes. La raison perçoit les
» matières, les formes, les différences, les pro-
» priétés et les accidens des objets; elle détache
» les qualités des corps, non pas en action et
» en réalité, mais en abstraction, et par une
» vue de l'esprit. L'entendement est la faculté
» de l'âme qui perçoit les substances invisibles
» et spirituelles. L'intelligence est celle qui
» perçoit immédiatement la Divinité, car elle
» voit ce qui est le sommet de toutes choses,
» ce qui est vrai et immuable. L'intelligence

» ne se dirige que sur les principes des choses ;
» c'est-à-dire Dieu, les idées, la substance ; elle
» en prend une connaissance pure et certaine.
» Le génie recherche ce qui est inconnu ; la rai-
» son juge les découvertes du génie. La mémoire
» recueille ces jugemens, et conserve d'autres
» matériaux à des jugemens nouveaux. Ainsi
» se forme une espèce d'ascension et de pro-
» grès des choses inférieures aux choses supé-
» rieures ; celles-là dépendent de celles-ci.
» L'entendement est une sorte d'image de
» l'intelligence ; la raison, une sorte d'image
» de l'entendement, et ainsi de suite. Les sens
» forment l'imagination ; celle-ci la raison, et
» ainsi naît la prudence. La présence divine
» éclaire la raison, produit l'intelligence ; ainsi
» naît la sagesse. Il y a donc deux mouve-
» mens, et pour ainsi dire deux sexes dans
» l'esprit humain. Il y a un mouvement qui
» porte la raison aux choses célestes ; et c'est
» la sagesse ; un autre qui la fait descendre aux
» choses terrestres, et c'est la prudence (1). »

C'est ainsi que Hugues, à l'exemple des nou-

___

(1) Hugo : *De Anima*, cap. 6, 7. *Id.*, *Eruditio didascalica*, lib. II, c. 6.

veaux Platoniciens, construit son échelle d'ascension, qu'il appelle aussi l'*échelle du ciel*; déjà, avant lui, Honoré d'Autun en avait dressé une semblable pour conduire l'âme jusqu'à Dieu par les voies mystiques.

Hugues s'était proposé de tracer les règles d'un art bien supérieur à la dialectique de son temps, du premier de tous les arts, de la méditation; et certes, il eût rendu un service éminent à la philosophie de tous les âges et de toutes les écoles. Mais il ne connut la méditation que comme un exercice contemplatif et mystique. On ne s'en étonnera point, si l'on considère que Hugues avait étudié et commenté les écrits attribués à S. Denis l'aréopagite (1).

Le *Didascalicon* de Hugues est une sorte de traité des études, conçu dans l'esprit de son temps, et empreint d'une extrême sécheresse.

Platon n'était pas inconnu à Hugues; ce docteur le place même au-dessus d'Aristote. Bernard de Chartres, au rapport de Jean de Salisbury, essaya de concilier entre eux les deux princes de la philosophie. « Les genres et les espèces

___

(1) Voyez le tome II de ses œuvres. Ce commentaire n'a pas moins de dix livres.

» ne sont, suivant Bernard, que les *idées*,
» ou les exemplaires éternels, ou les formes ar-
» chétypes qui résident dans l'intelligence di-
» vine, et qui subsisteraient immuables alors
» même que le monde matériel viendrait à pé-
» rir. » Il rapportait à ces *idées*, les quantités,
les qualités, les relations, les lieux, les habitudes, et tout ce qui est uni aux corps. « Ces
» universaux sont permanens dans leur nature,
» quoiqu'ils paraissent varier dans leur union
» avec les corps, comme les genres persévèrent
» au milieu de la succession variée des indi-
» vidus. »

Le *Megascomus* et le *Microcosmus* de Bernard de Chartres attestent d'un manière sensible ce retour aux doctrines de Platon; c'est
une sorte de fiction et d'allégorie conçue à
l'imitation de Boëce, écrite tour à tour en
prose et en vers; elle roule sur l'origine des
choses, et sur la formation mystique de l'Homme.
Bernard y fait jouer un rôle à la nature, à
Noys, principe dont le nom dérive du νους des
Grecs, et qui représente l'intelligence, à une
déesse appelée *Panthomorphos*, à Uranie. Il
donne à l'âme de la nature le nom d'*endélechie*,
visiblement emprunté d'Aristote; il établit entre *noys* et l'*endélechie* une étroite consangui-

nité. Il suppose la préexistence des âmes ; il fait naître l'homme sous l'influence des astres. Ces écrits, qui respirent un syncrétisme confus des anciennes traditions de l'Orient et de la philosophie grecque, eurent un succès prodigieux. Ils n'ont point été imprimés ; mais ils existent en manuscrit à la bibliothèque royale.

Guillaume de Conches essaya aussi de concilier Aristote et Platon ; on l'accuse même de leur avoir aussi associé Démocrite et Epicure. Il tenta de franchir les limites de la dialectique, de parcourir le domaine de la métaphysique et de la physique. La bibliothèque royale possède de lui un traité manuscrit d'Anthropologie. Dans son traité des substances physiques, Guillaume de Conches annonce dès le début qu'il se conforme à la doctrine de Platon.

Adélard de Bath avait visité, au travers de mille périls, les Maures d'Espagne, l'Egypte, l'Asie Mineure ; il tenta aussi de concilier le péripatéticisme avec les doctrines de Platon. Dans un manuscrit de ce zélé promoteur des études, que conserve la bibliothèque royale, il représente un jeune homme voué au culte de la philosophie, et que la philososomie s'efforce d'en détourner. Celle-ci dirige contre la philosophie toutes les accusations bannales : les contradictions et les inconséquences de ses adeptes, les inconvéniens auxquels expose son étude; mais la cause de la science triomphe. Cette allégorie ingénieuse, qui méritait d'être tirée de l'oubli, respire l'esprit du platonisme (1).

Au milieu des idées mystiques qui dominent et préoccupent Richard, abbé de S.-Victor, on démêle quelques aperçus qui ne manquent ni d'étendue ni de justesse. Déjà l'horizon de l'esprit humain semble s'agrandir. Richard ne l'enferme point dans l'enceinte de la dialectique; il s'essaie à embrasser les rapports généraux des sciences et des arts. « L'homme, dit-il, lutte à la fois contre l'ignorance, contre le vice et contre la faiblesse de son corps. La sagesse lui aide à triompher de la première; la vertu, du second; les arts mécaniques, de la dernière (2) . « La physique, dit-il encore, re-
» monte des effets aux causes, et redescend

---

(1) Voyez sur ce manuscrit et sur les autres écrits d'Adélard une notice très-intéressante dans Jourdain; *Recherches critiques sur les traductions d'Aristote*, p. 285 et suiv.

(2) Richardi de S.-Victore : *Tract. Excerptionum*, lib. I, cap. 3, 4.

» des causes aux effets (1), » définition que Bacon n'eût pas rejetée. « Il y a pour l'homme » trois voies d'instruction : l'expérience, les » déductions rationnelles et la foi. La première » le conduit aux connaissances profanes et » temporelles, les deux autres aux connais- » sances éternelles, en s'aidant et se suppléant » l'une l'autre (2); la sagesse conduit à la » vertu, la vertu à la sagesse : cependant les » hommes se portent en général avec plus d'ar- » deur vers la première que vers la seconde ; » car celle-ci exige des sacrifices, un triomphe » sur nos passions, qui ne peuvent être obtenus » sans de grands efforts (3).

» La philosophie est la pensée vivante, la » seule raison, la raison primitive de toutes » choses (4). »

A l'exemple de Hugues, Richard institue des règles pour la contemplation. Il compare le lieu où elle établit son siége au sommet d'une montagne, élevé au-dessus de toutes les scien-

---

(1) *Id., ibid.*, cap. 7.
(2) *Id., De Trinitate*, lib. I, cap. 2.
(3) Richardus, *Benjamin minor seu De Præpar. animi ad contemplat.*, cap. 3.
(4) *Tract. Excerpt*, lib. I, cap. 6.

ces mondaines; « de là le sage voit à ses pieds,
» et dédaigne toute philosophie, toute science.
» Quel point de vue semblable ont pu attein-
» dre Aristote, Platon, et la foule des philo-
» sophes? La pensée humaine s'égare çà et là,
» errant lentement dans les sentiers tortueux,
» sans se diriger à un but. La méditation tend
» avec de grands efforts à gravir vers le but par
» une route escarpée. La contemplation s'é-
» lance d'un vol rapide et libre vers l'objet
» qu'elle s'est choisi, guidée par la seule inspi-
» ration. La pensée est sans travail et sans
» fruit; la méditation est un travail fructueux;
» la contemplation obtient le fruit sans travail.
» La divagation est le propre de la première;
» l'investigation, celui de la seconde; l'admi-
» ration, celui de la troisième. La première
» appartient à l'imagination, la seconde à la rai-
» son, la troisième à l'intelligence. La pensée
» parcourt successivement les objets; la mé-
» ditation tend à l'unité; la contemplation
» embrasse l'universalité dans un seul re-
» gard (1).

_____

(1) *Benjamin minor*; lib. I, cap. 3, 4, 75, lib. II, cap. 16.

» Les sens charnels précèdent le sens du
» cœur dans la connaissance des choses; car,
» si l'esprit ne connaissait d'abord les objets
» sensibles par les organes du corps, il ne
» pourrait obtenir l'occasion d'exercer sur eux
» l'activité de la pensée.... Que sont les choses
» visibles, si ce n'est une sorte de peinture des
» choses invisibles?... Mais, l'intelligence est le
» sens à l'aide duquel nous voyons les objets
» invisibles; non sans doute par ce regard de la
» raison qui cherche, pénètre et découvre sen-
» siblement les choses cachées, en remontant
» des effets aux causes, ou descendant des cau-
» ses aux effets; mais par un regard direct,
» immédiat, qui atteint la puissance même et
» la forme de ces objets sublimes (1). »

A l'exemple de Hugues encore, Richard construit une échelle de six degrés; mais cette échelle diffère un peu de celle de son prédécesseur. Dans le premier degré, la contemplation s'exerce par la seule imagination; dans le second, elle emploie l'imagination dirigée par la raison; dans le troisième, la raison dirigée par l'imagination; dans le quatrième, la raison di-

---

(1) *Id.*, *ibid.*, lib. II, cap. 17, 18; lib. III, c. 9.

rigée par la raison même ; dans la cinquième la contemplation s'élève au-dessus de la raison, mais aux choses qui n'ont rien de contraire à la raison ; dans le sixième enfin, elle embrasse ce qui est au-dessus de la raison et lui paraît contraire (1).

Amalric de Chartres, qui enseignait la théologie à Paris, vers la fin du 12e siècle, combina la doctrine d'Abailard avec les idées contenues dans les écrits attribués à S. Denys l'aréopagite, sur lesquels Hugues de S.-Victor venait de rappeler l'attention ; il ressuscita le Panthéisme mystique avec une franchise et une liberté qui occasionèrent un grand scandale dans l'église et dans l'école. « Il était, dit » Rigore, très-habile dans l'art de la logique » et dans les autres arts libéraux qu'il avait » long-temps enseignés. Il avait sa méthode » propre et pensait entièrement d'après lui-» même (2). Amalric, dit Gerson (3), établit » les propositions suivantes : Dieu est tout, et

---

(1) *Ibid.*, lib. I, cap. 6.
(2) Rigore, *Hist. Philippi Augusti.* — Du Boullay, *Hist. univ. Paris.*, tome III, p. 25.
(3) *De Concordia metaph. et logicæ*, p. 18.

» tout est Dieu. Le Créateur est identique aux » créatures. Les *idées* créent et sont créées. » Cette doctrine impie a été puisée dans Jean » Scot, qui lui-même l'a empruntée à un cer- » tain moine grec nommé Maxime. » Dans une Bulle publiée en 1225, le pape Honorius III rapporte que l'évêque de Paris s'est plaint de ce que l'ouvrage de Jean Scot était lu et étudié par un certain nombre de moines et de docteurs scolastiques.

Albert-le-Grand cite un certain Alexandre auteur d'un livre *sur les principes de la substance incorporelle et corporelle*, dans lequel l'unité absolue était également reproduite. Nous ne connaissons d'ailleurs ni le livre ni l'auteur. Il ajoute que David de Dinant en adopte les opinions. David de Dinant fut aussi le disciple d'Amalric. Il distingua trois principes indivisibles et primordiaux : celui des corps (*ylé*), celui des âmes (*noys*), et celui des substances éternelles et séparées, c'est-à-dire Dieu. On voit que David de Dinant avait puisé aux mêmes sources que Hugues de Saint-Victor et Alain de Lisle. Ces emprunts faits à la métaphysique des Arabes et à celle des Platoniciens attestent la consanguinité de leurs systèmes. David considère ces trois principes

comme identiques entre eux (1). S.-Thomas, en confirmant le témoignage d'Albert-le-Grand, ajoute : « Ce fut une erreur introduite par
» quelques philosophes de l'antiquité, que de
» considérer Dieu comme l'essence de toutes
» choses. Ils prétendaient établir que tout est
» absolument un, que les choses ne diffèrent
» qu'aux yeux des sens, ou suivant les diverses
» considérations de l'esprit ; tel fut en parti-
» culier le système de Parménide. Plusieurs
» modernes ont suivi à cet égard les traces des
» anciens, et dans leur nombre nous comptons
» David de Dinant (2). »

Cette doctrine attira sur ses auteurs la prompte et sévère censure de l'autorité ecclésiastique.

Alain de l'Isle, l'auteur de l'Anti-Claudien, mérite d'occuper une place dans l'histoire philosophique comme dans l'histoire littéraire. Il fut le premier et peut-être le seul dans cet âge, qui, à la manière des anciens, essaya de prêter à la philosophie le langage et les formes de la poésie ; au mérite d'avoir tenté cette réconci-

---

(1) Alberti magni *Summa Theologiæ*, pars I, tract. IV, quæst. 20, tome XVII de ses œuvres, p. 76.

(2) Saint Thomas d'Aquin, lib. II, *In mag. Sentent.*, disput. 17, quæst. 1, art. 1.

liation difficile entre la philosophie de l'école et les belles-lettres, il en joignit un autre non moins réel, non moins rare, et plus éminent : celui d'avoir essayé aussi de remettre en honneur la philosophie morale. Son livre intitulé : *du Gémissement de la nature* est conçu à l'imitation du *Mégacosmus* et du *Microcosmus* de Bernard de Chartres. Dans cette fiction, le poète fait apparaître la nature, s'entretient avec elle et lui soumet divers problèmes (1). Le personnage qu'il fait jouer à la nature, les fonctions qu'il lui attribue, rappellent le *Demiourgos* des nouveaux Platoniciens (2). Dans l'invocation qu'il lui adresse, on croit entendre Synésius (3) (K). Le personnage mystérieux de *Noys* reparaît ici dans la grande production des êtres. Les vertus morales, personnifiées aussi, viennent prendre part à ce colloque. Enfin, un génie se montre, c'est le génie de la dialectique ; il est orné de tous les attributs de l'étude ; en lui revivent et les héros, et les poëtes, et les sages de l'antiquité ; en lui Platon brille

---

(1) Alani Ab Insulis : *Opera moralia, parænetica et polemica*. Anvers, 1654, in-fol., p. 279.
(2) *Ibid.*, *ibid.*, p. 289.
(3) Voyez ci-dessus, ch. 22, p. 84.

d'une splendeur céleste. Aristote paraissait envelopper ses décrets dans des formules énigmatiques. Le génie s'entretint avec la nature ; ils contractent une alliance ; ils reconnaissent leur commune origine ; un arrêt est prononcé contre les vices qui déshonorent l'humanité et corrompent la raison (1). Les *idées exemplaires*, et les autres notions des autres Platoniciens se reproduisent et dominent dans ce singulier ouvrage ; son *Chérubin mystique* semble conçu dans le même esprit (2). Dans son Commentaire sur le Cantique de Cantiques, il recommande les voies contemplatives comme celles qui conduisent à la plus haute sagesse et aux plus pures lumières (3). Alain de l'Isle a aussi connu le livre *de Causis*, auquel il donne pour titre : de *Essentia summæ bonitatis*.

Dans son Traité *de l'Art*, Alain de l'Isle établit certaines définitions fondamentales, empruntées au Péripatéticisme, trois principes généraux auxquels il donne le nom de *Pétitions*,

---

(1) *Ibid., ibid.*, p. 318.
(2) *Ibid.*, p. 173.
(3) *Ibid.*, p. 14, 22.

ou qui renferment la solution des premiers problèmes, sept autres principes qu'il considère comme appartenant au sens commun, et trente théorèmes qui servent de dévelopement aux précédens. Tous ensemble constituent une théorie ontologique et transcendantale de la causalité, et forment une sorte d'introduction rationnelle à la théologie (1). On reconnaît de nouveau, en les examinant, qu'Alain de l'Isle avait connu le livre *de Causis*, et qu'il a emprunté à ce modèle la forme géométrique dont il a revêtu sa doctrine (L).

C'est ainsi que déjà le nouveau Platonisme reparaissait marchant de front avec le Péripatéticisme. Le retour de ces systèmes pendant le cours du 12ᵉ siècle atteste que du moins quelques ouvrages des Arabes commençaient à se répandre en Europe avant l'époque à laquelle on rapporte ordinairement leur introduction, et rien ne paraîtra plus naturel, si l'on considère les fréquentes et nombreuses communications que les Occidentaux entretenaient dès lors avec ce peuple. On peut supposer que ces écrits ne circulaient encore que

---

(1) Pezii *Thesaurus anecdot.*, tome I, p. 476.

dans un petit nombre de mains qui les exploitaient sans les citer.

Nous apprenons, par Jean de Salisbury, que les Stoïciens et les Epicuriens commençaient aussi à reparaître de son temps ; les indications qu'il donne à ce sujet annoncent qu'ils obtinrent peu de succès, et il est facile de le présumer.

Si l'on veut se faire une seule idée de la philosophie en Europe pendant le 12ᵉ siècle, on n'a qu'à lire Jean de Salisbury. Il nous transporte sur le lieu de la scène ; il nous fait connaître les personnages, les opinions ; il nous rend témoignage des controverses ; juge impartial, mais sévère, il censure les abus de la dialectique de son temps, il leur imprime même le cachet du ridicule.

« Tous les docteurs de notre âge, dit-il, se rangent sous la bannière d'Aristote. Quelques-uns cependant recourent à Platon pour expliquer Aristote ; mais ils altèrent ainsi la pensée de cet auteur (1). Porphyre ayant mis en tête des OEuvres d'Aristote un Traité plus élémentaire,

---

(1) *Métalogic.* Lib. II, cap. 19. — *Polyoratic.* Lib. VII, cap. 6.

les anciens ont pensé que ce Traité devait servir d'introduction à la philosophie du philosophe par excellence. Cet ordre est bon en effet s'il est observé avec sagesse ; c'est-à-dire, le Traité de Porphyre n'augmentera pas les ténèbres, si l'on ne consume pas sa vie à le commenter ; mais il serait absurde d'employer ses années à apprendre les termes, de manière à n'avoir plus le temps nécessaire pour étudier les choses auxquelles ils doivent s'appliquer, et de faire ainsi, de l'introduction, le terme de la science. Telle est cependant l'erreur générale. On veut tout voir dans ce Traité, et l'on désapprend au lieu de s'instruire (1). » Jean de Salisbury fait ici allusion aux universaux, dont la notion avait été puisée dans l'*Isagogue* de Porphyre. « Il serait utile sans doute, continue-t-il, de connaître les opinions de ceux qui nous ont précédé, pour rectifier les nôtres, d'après le contraste de leurs idées ; mais on traite si légèrement les sujets les plus difficiles, qu'une raison plus mûre et plus exercée doit rejeter ensuite la plupart des choses qu'on a apprises dans la jeunesse. C'est à l'aide des universaux qu'on explique tout, et

---

(1) *Metalogic.* Lib. II, cap. 16. — Lib. III, c. 3.

qu'on prétend résoudre les questions les plus élevées. Par ce moyen facile on devient en un instant philosophe supérieur. Qu'est-il arrivé ? nos instituteurs, par un vain étalage de leur science, éclairent tellement leurs disciples, qu'ils ne parviennent plus à s'en faire comprendre. Il n'est presque plus aucun maître qui veuille suivre les traces de son guide; chacun, pour se faire un nom, met au jour une erreur qui lui est propre, et alors qu'il prétend enseigner aux autres, ne fait que prêter une matière à la critique de ses élèves et de ses successeurs. Ils vont pérorant dans les places publiques; la victoire est assurée à celui qui crie davantage; ils consacrent à l'étude de cette science, qu'ils appellent unique, non dix ou vingt ans, mais jusqu'aux jours de leur vieillesse; ils discutent chaque syllabe, chaque lettre, doutant de tout, cherchant sans cesse, ne parvenant jamais au vrai savoir, se perdant dans de vains discours, ne sachant ce qu'ils disent, empressés à créer des erreurs nouvelles; dédaignant d'imiter et même de connaître la doctrine des anciens. Tel est le chaos des opinions et la confusion des disputes, que chaque auteur ne peut plus même reconnaître ce qui lui appartient. Donnons un exemple de ces graves discussions : on agite dans les écoles les questions de savoir si un porc, conduit à l'étable, est retenu par son conducteur ou par la corde; si celui qui achète une robe achète aussi le capuchon (1). »

Jean de Salisbury était en droit de faire ces reproches à son siècle. Loin d'avoir négligé cette étude des anciens qu'il recommande sans cesse, il est le premier des scolastiques qui ait embrassé l'ensemble de l'histoire de la philosophie, qui en ait présenté un résumé, et qui ait fait reparaître Pythagore, Socrate, Platon, Zénon, Epicure, Chrysippe (2). Il n'indique point à quelles sources il a puisé. Il accorde une préférence marquée à Aristote; mais il fonde cette préférence « sur ce qu'Aristote
» a traité toutes les parties de la philoso-
» phie, sur ce qu'il a donné des lois à chacune
» d'elles (3). » Il témoigne cependant un penchant marqué pour les Académiciens (M); il leur sait gré de leur modestie et de leur réserve. Il blâme les prétentions du dogmatisme

---

(1) *Ibid.*, lib. I, cap. 3. — Lib. II, cap. 6, 7, 17.
(2) *Polycraticus*, lib. VII, cap. 4 à 9, dans le XXIII° volume de la *Bibl. Max. Patrum*.
(3) *Ibid.*, *ibid.*, cap. 6.

qui ne reconnaît aucunes limites aux affirmations de l'esprit humain. « Il est des choses, dit-il, qui sont, pour le sage, l'objet d'un doute légitime ; ce sont celles qui ne peuvent s'appuyer sur aucune de ces trois autorités ; la foi, la raison, ou les sens. Telles sont la plupart des questions dont la métaphysique est le sujet. » Jean en fait une longue énumération, et déclare se ranger, en ce qui le concerne, au sentiment des Académiciens. Il blâme, du reste, l'extension qu'ils avaient donnée à leur doute systématique, en attribuant à la suspension de l'assentiment une application universelle (1).

Jean de Salisbury était disciple d'Abailard. Nous avons vu combien il avait donné d'attention aux controverses qui s'étaient élevées entre les Nominaux et les Réalistes. Il paraît avoir éprouvé lui-même quelque hésitation entre ces deux sectes. Dans son *Polycraticus*, il professe la doctrine d'Aristote, et expose avec assez de netteté l'opinion des Conceptualistes (2). « Les sens jugent des choses matérielles ; mais l'intelligence est nécessaire pour concevoir les objets incorporels ;

---

(1) *Ibid.*, *ibid.*, cap. 1, 2, 3.
(2) Cap. 17, et ultim.

la raison pour les juger. L'entendement considère les choses réelles sous un nouvel aspect, tantôt d'une manière absolue, tantôt dans leur ensemble; tantôt unissant ce qui est séparé, tantôt séparant ce qui est uni. Quoique, par l'analyse, il envisage les choses autrement qu'elles ne sont dans la réalité, cette opération n'est cependant point une vaine conception de l'esprit; car elle ouvre la voie la plus utile aux investigations de la sagesse. L'analyse est l'instrument de la philosophie; elle aiguise la raison, elle distingue les objets d'après la propriété de leur nature. Si vous privez l'entendement de la faculté d'abstraire, vous enlevez aux arts l'arsenal qui renferme leurs instrumens... Ce que les sens perçoivent, ce qui est sujet aux formes, est la substance singulière et première. On donne le nom de la *seconde substance* à ce qui est nécessaire à ces mêmes objets pour exister et pour pouvoir être connus. Ce qui est *un* est toujours particulier. L'universel est ce qui est commun à plusieurs, en raison de la conformité de leur nature. Ainsi, la notion de l'universel se produit dans l'entendement, lorsqu'il perçoit la conformité des objets que la nature a assimilés par leur substance ou leurs accidens. Quoique ces qualités ou ces relations ne puissent exister séparément dans l'ordre des réalités, elles peuvent être saisies séparément par l'esprit; et tel est le but essentiel de la philosophie. » Jean de Salisbury déduit de ces réflexions l'utilité des abstractions sur lesquelles reposent les sciences mathématiques (1). Plus tard, Jean de Salisbury parut cependant se rapprocher des Réalistes : peut-être la prudence ou la faiblesse le portèrent-elles à professer la doctrine qui avait triomphé. Le *Metalogicus*, qu'il composa dans sa vieillesse, renferme plusieurs passages dirigés contre ceux qui refusaient la réalité aux universaux, et ne leur accordaient d'existence que dans l'entendement (2).

Le *Polycraticus* est tout ensemble un traité de philosophie, de morale privée, de droit civil et même de droit public; ces quatre ordres de considérations n'en forment en quelque sorte qu'un seul à ses yeux; car, à l'exemple des Stoïciens et de Cicéron, il rappelle la philosophie aux applications pratiques (3). « L'art de » bien vivre, dit-il, est l'art des arts; » et

---

(1) *Polycratic.*, lib. II, cap. 18.
(2) *Metalogic.*, lib. I, cap. 20. — Lib. II, cap. 17 et ult.
(3) *Polycratic.*, lib. V, cap. 9.

c'est encore un nouveau caractère par lequel il se distingue des scolastiques de son temps. Les trois dernières sciences ne sont elles-mêmes pour lui qu'un développement de la morale envisagée sous trois points de vue, relativement à l'étendue de ses applications. Comme Alain de l'Isle, il conçoit essentiellement la morale comme un code de préceptes positifs, sans essayer de lui donner des principes théoriques. C'est enfin un exemple nouveau, jusqu'alors inconnu parmi les scolastiques de cet âge, et sous tous les rapports digne de notre attention, que ce regard jeté par Jean de Salisbury sur les institutions politiques. Il traite des devoirs et des droits du Prince; il définit les lois, en marque le but; il embrasse les diverses branches de l'économie sociale. L'époque à laquelle il vivait, l'habit qu'il portait, excusent peut-être une proposition qu'il prétend démontrer, et par laquelle il établit que le Prince est subordonné aux prêtres, qu'il en est le ministre (1); mais, on ne lirait point d'ailleurs sans intérêt, même aujourd'hui, ces dissertations politiques

---

(1) *Ibid.*, lib. II, cap. 3.

d'un scolastique du douzième siècle, s'attachant à opposer le Prince au tyran (1), caractérisant les fonctions du Prince par l'autorité sur les citoyens, et l'obéissance à la loi ; déterminant les droits et les avantages du pouvoir héréditaire, les circonstances qui peuvent autoriser un nouvel ordre de successibilité par l'élection (2); traçant les fonctions qui appartiennent aux divers ordres de magistrats, le rang et l'office propre aux différentes conditions de la société; professant partout une indignation constante contre la tyrannie; faisant enfin l'apologie de la liberté : « Il » n'y a rien, dit-il, de plus glorieux que la » liberté, à l'exception de la vertu, si toutefois » la vertu peut être séparée de la liberté (3). » Il cite fréquemment l'Ecriture sainte à l'appui de ses maximes ; mais il rassemble également les traits de l'histoire profane; il se montre surtout nourri de la lecture de Plutarque ; il a puisé à cette source l'enthousiasme des vertus publiques.

Le *Metalogicus* est une apologie des sciences

---

(1) *Ibid.*, *ibid.*, cap. 2.
(2) *Ibid.*, lib. V, cap. 6.
(3) *Ibid.*, lib. VII, cap. 25.

et des arts, dirigée contre une secte d'hommes qui, même en exerçant l'enseignement, se déclaraient ouvertement les ennemis des lumières : car dans tous les temps il s'est trouvé en effet des hommes qui ont prétendu ériger en système leur opposition aux progrès de la raison humaine. Cette secte portait le nom de Cornificiens, et avait déjà été combattue par Abailard et Gilbert de la Porée. Le Cornificius dont elle tirait son nom était peut-être un personnage supposé; on faisait allusion à ce Cornificius qui fut l'ennemi de Virgile, et s'avisa de vouloir être son censeur. Jean employe contre eux toutes les armes du raisonnement et de la satire. Il oppose à leur prétendu enseignement la méthode suivie par les professeurs les plus distingués, et surtout l'exemple de Bernard de Chartres. Les détails qu'il donne sur celui-ci méritent d'être consultés.

Jean de Salisbury florissait en 1140, et mourut en 1180. Quoique Anglais de naissance, il fut le disciple de S. Thomas, évêque de Chartres, et occupa ce siége après lui. Si nous l'avons réservé pour clore le second âge de la philosophie scolastique, quoiqu'il ne soit pas le dernier des docteurs qui se produisirent pendant cet intervalle, c'est qu'il nous explique cet âge, nous le fait juger; c'est qu'il y est lui-même tellement supérieur, qu'il semble appartenir aux âges suivans; c'est qu'il est à tous égards une exception. Toutefois si, entre les deux écarts commis par ses contemporains, l'abus de la dialectique et le retour à l'idéalisme mystique, il sut éviter le premier, il ne paraît pas avoir entièrement échappé au second : car il commenta aussi le livre de la hiérarchie céleste attribué à S. Denis l'aréopagite (1).

Nous avons, pendant cet âge, concentré nos regards sur la France, parce que la France fut en effet pendant cet âge le grand théâtre des études. Melun, Laon, Chartres, une foule de villes avaient leurs écoles de philosophie; mais Paris en était la métropole pour l'Occident. Déjà le cercle des connaissances humaines commençait à s'étendre; les Arabes, avaient communiqué à l'Occident, à la fin du 11ᵉ siècle, le goût des sciences mathématiques; Hermann Contract, Athélard, le traducteur d'Euclide, Daniel Morley, Robert

---

(1) Ce commentaire existe en manuscrit à la Bibliothèque royale.

surnommé le *Perscrutateur*, Clément de Langtour en avaient successivement propagé l'étude. Au 12ᵉ siècle, la médecine eut des chaires dans les Universités; vers le même temps l'enseignement du droit romain s'introduisit tour à tour à Bologne, à Montpellier (N), et à Paris. Les productions des trouvères, des troubadours, réveillaient en même temps le goût de la poésie et de la littérature; les romans, dont les Arabes avaient formé les premiers modèles, entretenaient cette passion des aventures, qui était le caractère dominant du siècle, opposaient à l'aridité de l'enseignement scolastique, l'influence d'un ordre d'idées empruntées au domaine de l'imagination, tempéraient l'âpreté et la rudesse des mœurs, ramenaient les cœurs à des sentimens délicats et doux, offraient aux esprits des formes gracieuses, élégantes, quoique trop souvent affectées et subtiles. Vers la fin du 12ᵉ siècle, les anciens romans de la Table-Ronde furent traduits du latin en prose, et en poésie française, et devinrent ainsi une lecture populaire (1) (O).

---

(1) Hist. litt. de France, tome XV, p. 494.

NOTES

DU VINGT-SIXIÈME CHAPITRE.

(A) TENNEMANN, en faisant commencer le second âge de la philosophie scolastique à l'origine de la controverse entre les Réalistes et les Nominaux, et en rattachant cette origine à Roscelin, place cependant Lanfranc et S. Anselme dans le premier âge. Or, Lanfranc et Anselme furent les adversaires de Roscelin, et le nominalisme eut pour auteur Jean, maître de ce dernier. Bérenger mourut en 1084, Lanfranc en 1089, Roscelin en 1090, S. Anselme en 1109. La controverse qui s'éleva entre ce dernier et Gaunilon était le prélude de celle qui divisa les Nominaux et les Réalistes ; elle avait le même caractère.

(B) Voici comment il expose cette preuve : « Le
» sot lui-même entend ce que je dis, lorsqu'il
» comprend quelque chose au-delà de quoi on ne
» peut rien concevoir de plus grand, et ce qu'il com-
» prend est dans son entendement, alors même qu'il
» n'en comprend pas l'existence réelle. Car, qu'une

» chose soit dans l'entendement, et qu'on comprenne
» qu'elle existe, sont deux points différens. Or, cette
» chose au-delà de laquelle il ne peut être conçu rien
» de plus grand, ne peut pas n'exister que dans l'en-
» tendement seul. Car, si elle n'existait que dans
» l'entendement, on pourrait concevoir qu'elle existe
» aussi dans la réalité ; ce qui est certainement une
» plus grande chose. Si donc ce au-delà de quoi on
» ne peut concevoir rien de plus grand, n'existe que
» dans l'entendement, ce qu'il ne peut concevoir de
» plus grand n'est pas ce qu'on peut concevoir de plus
» grand ; conséquence absurde. Ce qu'on peut con-
» cevoir de plus grand existe donc non-seulement dans
» l'entendement, mais dans la réalité. » (*Proslogium*, cap. 2.)

(C) Voici maintenant la réfutation de Gaunilon : nous en donnons le texte latin à cause de son obscurité, et afin que nos lecteurs puissent juger par eux-mêmes : nous nous bornons à en rapporter le commencement ; le reste est dans le même esprit et n'offre que les développemens des mêmes idées.

« Dubitanti utrum sit, vel neganti quod sit aliqua talis natura, qua {nihil majus cogitari possit ; tamen esse illam, hinc dicitur primo probari : quod ipse negans, vel ambigens de illa, jam habeat illam in intellectu : deinde, quia quod intelligit, necesse est ut non in solo intellectu, sed etiam in re sit. Et hoc ita probatur : quia majus est esse in intellectu et in re, quam in solo intellectu. Et si illud in solo est intellectu, majus illo erit quicquid etiam fuerit in re : ac si majus omnibus, minus erit aliquo, et non erit majus omnibus : quod utique repugnat. Et ideo necesse est ut majus omnibus, quod jam probatum est esse in intellectu, non in solo intellectu, sed et in re : quoniam aliter majus omnibus esse non poterit. Respondere forsitan potest, quod hoc jam esse dicitur in intellectu meo, non ob aliud, nisi quia id quod dicitur intelligo. Nonne et quæcumque falsa, ac nullo prorsus modo in seipsis existentia, in intellectu habere similiter dici possem, cum ea dicente aliquo, quæcumque ille diceret, ego intelligerem? Non possum hoc aliter cogitare, nisi intelligendo, id est, scientia comprehendendo, re ipsa illud existere. Sed si hoc est, primo quidem non hic erit aliud, idemque tempore præcedens, habere rem in intellectu; et aliud, idemque tempore sequens, intelligere rem esse. Deinde, vix unquam poterit esse credibile cum auditum et dictum fuerit istud non eo modo posse cogitari non esse, quo etiam potest cogitari non esse Deus. Nam si non potest, cur contra negantem aut dubitantem quod sit aliqua talis natura, tota ista disputatio assumpta est? Postremo quod tale sit illud, ut non possit nisi mox cogitatum, indubitabilis existentiæ suæ certo percipi intellectu; in dubio aliquo probandum mihi est argumento, non autem isto; quod jam sit hoc in intellectu meo, cum auditum intelligo : in quo similiter esse posse quæcumque alia incerta, vel etiam falsa ab aliquo, cujus verba intelligerem dicta adhuc puto; et insuper magis, si illa deceptus, ut sæpe fit, crederem qui istud nondum credo. » (*Lib. pro insipiente advers. S. Anselmi in prologio ratiocinat.* OEuvres de saint Anselme, p. 55).

(D) Voici quelques vers d'un réaliste sur Roscelin, rapportés par Aventin, p. 396.

« Quas, Ruceline, doces, non vult Dialectica voces.
Jamque dolens de se, non vult in vocibus esse.
Res amat, in rebus cunctis vult esse diebus.
Voce retractetur : res sit, quod voce docetur ;
Plorat Aristoteles nugas docendi. Seniles,
Res sibi subtractas per voces intitulatas,
Porphyriusque gemit, quia res sibi lector ademit.
Qui res abrodit, Ruceline, Boethius odit,
Non argumentis multoque sophismate sentis
Res existentes in vocibus esse manentes. »

(E) « Addunt his socios quidam nominales,
Nomine, non numine, talium sodales.
Alii vicinius assunt, quos reales
Ipsa nuncupavit res, quod sint tales.

Nam si pro realibus variis errorum
Poterat realium dici nomen horum,
Tamen excusabilis est error eorum.
Menti contradicere mos est insanorum.
Nam quæ mens vel cogitet nomen esse genus ?
Solus hoc crediderit mentis alienus,
Cum sit tot generibus rerum mundus plenus ;
Cujus nomen genus est, semper sit egenus. »

Telle est la force des argumens employés par le bon chanoine. L'abbé Lebeuf a donné un fragment de ce poëme dans ses *Dissertations sur l'Histoire de Paris*, tome II, p. 233.

(F) Godefroi nous apprend que cette secte des Parvi-Pontains tirait son nom de ce que ses adhérens avaient fait construire le petit pont de Paris, y avaient construit leurs maisons, et y tenaient leurs écoles; ils avaient pour chef un nommé Jean, qui était un puits de science.

« . . . . . *Illum*
Vasis inexhausti parvo de ponte Joannem. »

(G) Voici en quoi consistait cette modification suivant Abailard ; nous citons ses paroles :

« *Sic autem suam mutavit sententiam, ut deinceps rem eandem non essentialiter sed individualiter diceret.* (Abailard, *introd. in Theol. Christ. historia Calamit.*)

Meiners avoue qu'il n'a pu comprendre ce passage, fort obscur il est vrai. (Comment. de la Société Royale de Gœttingue, tome XII, Classe hist. et philolog., pag. 305.) Il nous semble que si l'on veut donner un sens à cette proposition, Guillaume aurait entendu reconnaître que les universaux n'ont aucune réalité, en tant qu'ils sont seulement considérés dans les essences; mais qu'ils en ont une, en tant qu'ils sont considérés dans les individus ; que, par exemple, *l'humanité*, abstraction faite des individus humains, et considérée seulement comme le caractère général de l'espèce humaine, n'est qu'un être de raison ; mais que ce caractère est réel dans Pierre, Paul et Jean.

Voici l'argumentation qu'Abailard avait opposée à Guillaume : « Si toute l'essence humaine est dans
» chaque homme, il s'ensuit que Pierre est essentiel-
» lement Jean, et réciproquement ; il s'ensuit même
» que Pierre n'est pas un homme ; car toute l'essence
» humaine est dans Jean, et que de même Jean n'est

» point un homme, parce que toute l'essence humaine
» est dans Pierre. »

Nous croyons Abailard sur sa parole, quand il nous dit qu'il emporte la victoire sur Guillaume de Champeaux ; mais, si telles furent ses armes, si tel fut le champ de bataille, nous avouons que nous n'aurions pu décerner la couronne à Abailard.

(H) Voici la nomenclature des manuscrits d'Abailard, telle qu'elle est donnée par les bénédictins dans l'histoire littéraire de France :

1°. Bibl. du Roi : *Glossa Abœlardi in Topica*, n° 7493.

2°. Coll. de S.-Victor, quatre ouvrages : *Petri Peripatetici libri quatuor Categoriarum, sive super prædicamenta Aristotelis.* —*Petri Peripatetici Analyticorum liber primus et secundus.* — Idem., *liber divisionum.*— Idem, *liber definitionum.*

3°. Bibliothèque du mont Saint-Michel : *Tractatus Abailardi de intellectibus. — Ejusdem Abailardi physica Aristotelis.*

4°. Même bibliothèque : *Petri Abailardi sermo de generatione et corruptione. — De intellectibus et speculationibus.* Ce dernier écrit est le même que le premier du précédent recueil.

5°. Bibliothèque Ambrosienne de Milan : *Petri Abailardi in Porphyrii universalia, in predicamenta, in libros Perihamentes.*

6°. Bibliothèque du roi d'Angleterre : *Petri Abœlardi scholarius.* Bibl. Jacobéenne. Catal. M.SS., Angl., p. 4, n° 8670.

7°. Abbaye de Pamiés en Savoye : *Petri Abælardi de universalibus et singularibus ad Olivarium filium suum tractatus.*

8°. *Petri Abælardi Ethica*, manusc. de Thomas Gale, Anglais. Un fragment du second livre se trouve dans ceux d'Antoine Wood. Catal. MSS. Angl. p. 4, n° 6087; *ibid.*, n° 8615.

9°. *Petri Abælardi Rithmachia.* Dissert. sur Paris, tom. 2, p. 87.

On peut y joindre, 1° Comment. d'Abailard sur l'Ecriture sainte, 2 vol., n° 2543; 2° *De Dialectica*, 1390. Collect. de Germain, Bibliothèque royale.

Le sixième, qui nous est inconnu et dont nous ignorons le sort, serait le plus curieux à consulter.

Nous avons eu occasion de jeter les yeux sur le premier et le dernier n°s 7493 et 1590 de la Biblioth. royale. C'est sur ces deux exemples que nous avons fondé nos inductions.

André Duchesne avait promis de publier la logique d'Abailard et n'a malheureusement point tenu sa promesse.

(K) Voici le commencement de cette invocation :

« Verba Alani ad naturam :

O Dei proles, genitrixque rerum,
Vinculum mundi, stabilisque nexus,
Gemma terrenis, speculum caducis,
    Lucifer orbis!
Pax, amor, virtus, regimen, potestas,
Ordo, lex, finis, via, dux, origo,
Vita, lux, splendor, species, figura,
    Regula mundi!

> Quæ tuis mundum moderas habenis,
> Cuncta concordi stabilita nodo
> Nectis, et pacis glutino maritas
>   Cœlica terris!
> Quæ Noys plures recolens ideas,
> Singulas rerum species monetans,
> Rerum togas formas, chlamydemque formæ
>   Pollice formas! »

(*De Planctu naturæ*. Alani ab insulis opera, p. 293.)

(L) On a beaucoup discuté sur la question de savoir s'il y a eu deux Alain de l'Isle, ou si les deux personnages connus sous ce nom ne sont qu'un seul. Oudin et Brucker ont exprimé la seconde opinion. L'abbé Lebeuf et les auteurs de l'Histoire littéraire de France, en adoptant la première, l'ont justifiée par des motifs plausibles. Le premier Alain, disciple de S. Bernard, évêque de Paris, ne composa que quelques écrits théologiques. Le second, né à Lille en Flandres, enseigna à Paris, reçut le titre de *docteur universel*, et fut postérieur de quelques années au précédent. C'est de ce dernier, mort en 1803, que nous parlons ici.

(M) « J'aime encore mieux douter de chaque chose avec les Académiciens, si du moins il ne s'offre pas d'autre route à suivre, que de définir au hasard ce qui est inconnu et caché, surtout dans les questions où le monde presque tout entier s'élèvera contre mon assertion; et j'écoute d'autant plus volontiers les Académiciens, qu'ils ne m'enlèvent rien de ce que je sais, et me rendent plus prudent en beaucoup d'occasions. (*Polycrat.*, liv. VII, c. 1—3.)

(N) Placentin fut le premier Français qui alla étudier les Pandectes à Bologne ; il entendit le professeur Warner ou Irnerius, et vint ensuite ouvrir une école à Montpellier au milieu du 12ᵉ siècle ; il y réunit un grand nombre d'auditeurs, retourna ensuite à Bologne lutter avec ses anciens maîtres, et revint encore une fois reprendre son enseignement à Montpellier. Il mourut en 1192. Il reçut le nom de *prince des jurisconsultes.* Il eut pour successeur Azon Portius, que les persécutions de l'envie avaient forcé de quitter Bologne. (*Hist. litter. de France*, tom. XV, p. 27.)

(O) On trouve dans les tomes X à XV de l'Hist. littér. de France, par les Bénédictins de Saint-Maur, les indications de toutes les sources à consulter pour la philosophie des 11ᵉ et 12ᵉ siècles. *Voy*. d'ailleurs la dernière note à la suite du chap. XXVII ci-après.

CHAPITRE XXVII.

Troisième âge de la Philosophie scolastique.

SOMMAIRE.

Vues générales sur l'avancement des connaissances et leur propagation; — Avancement général et spécial des connaissances ; — Caractères distinctifs du 13e siècle.

Influence exercée au 13e siècle par les Arabes sur la culture intellectuelle en Occident ; — Cette influence n'est pas exclusive. — Quelque connaissance des Grecs. — Les écrits d'Aristote parviennent aux Occidentaux dans leur ensemble. — Résistance qu'éprouve Aristote ; — Son triomphe ; — Il détermine la carrière qui est suivie. — Controverses principales pendant le 13e siècle.

Alexandre de Halès ; — Guillaume, évêque de Paris ; — Rang distingué qu'il occupe parmi les scolastiques ; — Vincent de Beauvais : — Son *grand miroir.*

Albert-le-Grand et S. Thomas ; — Ces deux docteurs comparés entre eux relativement à l'ensemble, à la nature, à l'esprit, à l'ordre de leurs travaux, — Relativement à la psycologie , — Les facultés de l'âme , — Les sens et l'entendement ; — Images ou espèces ; — L'acte de la connaissance ; — Les caractères de la vérité ; — *Réalisme ;* — Relativement à la métaphysique : — Du principe de l'individuation ; — Relativement à la morale ; — Recherches d'Albert-le-Grand dans le domaine des sciences physiques.

— Méthode propre à S. Thomas. — Mérites de ces deux docteurs.

Thomistes : — Cardinal Ægidius Colonne.

S. Bonaventure : — Retour aux doctrines mystiques ; — Rivalité entre les ordres de Saint-Dominique et de Saint-François.

Emulation entre les docteurs scolastiques : — Pierre d'Espagne ; — Henri de Genève ; — Richard de Middleton.

Duns Scot ; — Sa lutte contre les Thomistes ; — Sa théorie de la connaissance humaine ; — Ordre des notions générales ; — Du principe de l'individuation. — Scotistes : — François de Mayronis ; — Lutte entre Hervey Natalis et Durand de Saint-Pourçain ; — Opinions de ces deux docteurs.

Raymond Lulle ; — Singularité de sa vie et de ses travaux ; — *Le grand art* ; — Lullistes.

Roger Bacon ; — Il presse les découvertes des modernes, et les méthodes qui y ont conduit ; — *L'opus majus*. — Vues sur la réforme des études ; — Causes et remèdes de l'ignorance ; — Quatre racines de la science : — De la grammaire ; — Des applications des sciences mathématiques ; — De la *Perspective* ; — De la méthode expérimentale ; — Vues mystiques ; — Appréciation du mérite de Roger Bacon.

De l'état des sciences, des arts et de la littérature au 13e siècle ; — Influence exercée à cet égard par la philosophie scolastique ; — Le Dante ; — Henri d'Andeli.

―――――

Lorsqu'on veut étudier la marche et les progrès de l'esprit humain, il est essentiel de distinguer deux choses très-différentes : les accroissemens des connaissances obtenues par les individus et la diffusion des lumières dans la masse de la société. Il peut arriver et il est arrivé souvent qu'un petit nombre d'individus cultivent avec plus ou moins de fruit le champ de la science, se transmettent l'héritage des notions acquises, y ajoutent encore, et que cependant les autres classes de la société restent étrangères à ces richesses, à ces perfectionnemens, qui demeurent ainsi le privilége d'un petit nombre. C'est ainsi que depuis le 4ᵉ jusqu'au 11ᵉ siècle, on trouve une succession d'hommes instruits et parmi eux quelques hommes de génie, alors même que la barbarie avait envahi et couvert la surface de notre Europe.

L'expérience et le raisonnement s'accordent cependant à faire reconnaître que ces deux ordres de progrès exercent l'un sur l'autre une influence réciproque. Celle des hommes éclairés sur la masse de la société demande, il est vrai, le concours favorable des institutions sociales, et surtout l'existence d'instrumens opportuns pour la communication des idées. Celle de la masse sur les hommes éclairés est une sorte de réaction; le génie le plus ardent est exposé à se décourager, s'il n'a pas l'espoir d'être compris;

il peut même s'égarer dans son isolement. La présence d'une opinion publique capable de recevoir, d'apprécier, de contrôler même les idées des hommes supérieurs, les enflamme d'une émulation nouvelle, les arrête, les corrige quelquefois, et ce secours n'est pas le moins salutaire.

Nous avons vu que, dans le cours du 12e siècle, ce double ordre de progrès commença à se déployer simultanément, quoique le second cependant fût tout ensemble et plus tardif et plus faible. Mais la foule croissante des disciples qui se réunissaient autour des maîtres les plus célèbres, la fondation des universités, l'introduction de l'usage du papier que les P. Montfaucon et Muratori font remonter au 11e siècle, et qui fut pour cette époque ce que l'imprimerie a été pour le 15e, la création d'une langue vulgaire, d'une littérature nationale, la naissance d'une sorte de liberté politique dans les institutions municipales, l'essor de l'industrie et du commerce, l'attention qu'attirèrent, le vif intérêt qu'excitèrent les longues et sanglantes luttes, au dedans entre le Sacerdoce et l'Empire, au dehors entre l'Orient et l'Occident, appelèrent graduellement les conditions moyennes de la société à une participation quelconque des idées qui circulaient dans le commerce des hommes voués à l'étude.

Le mouvement de l'activité humaine, lorsqu'il se développe sur une scène variée et sur des objets nouveaux, tend à accroître l'instruction générale, en même temps qu'il sollicite cet accroissement, par cela seul qu'il multiplie les objets de comparaison et qu'il a besoin d'un plus grand faisceau de lumières pour s'exercer sur un plus grand théâtre. Ainsi, les grandes entreprises aventureuses, la formation des associations politiques, tous ces principes énergiques qui se mirent en jeu dans le cours du 12° siècle, ne pouvaient être stériles pour les progrès de l'esprit humain, dans les classes de la société disposées à en recevoir les effets; et tel fut en particulier, sous plusieurs rapports, sous des rapports divers, le résultat le plus certain des Croisades. Les diverses nations de l'Europe eurent des rapports plus étroits entre elles; la fondation de deux empires éphémères érigés par les Latins à Jérusalem et à Constantinople, les scènes si nouvelles et si singulières que la Grèce, l'Asie, l'Afrique, offrirent aux Latins, et plus que tout cela peut-être l'affaiblissement de la tyrannie féodale, l'établissement d'une législation plus régulière et plus juste, qui furent la suite de ces grandes expéditions, durent commencer la réhabilitation civile, morale et intellectuelle des classes de la société sur lesquelles avait pesé jusqu'alors le double fléau de l'oppression et de l'ignorance.

L'institution de la chevalerie, qui vers cette époque avait obtenu son plus haut degré de splendeur, en donnant l'essor aux sentimens d'honneur, aux idées de courtoisie, aux affections nobles et généreuses, en opposant à la violence qui opprimait les faibles, le courage qui les protège, disposa aussi les esprits à recevoir un ordre d'idées plus relevé, et ranima dans leur foyer les facultés intellectuelles qui conservent toujours une étroite harmonie avec les émotions de l'âme et les habitudes morales.

Le premier ordre de progrès, celui qui se renferme dans le cercle des hommes instruits, peut être également considéré sous deux rapports, suivant que l'on envisage seulement l'avancement obtenu dans une seule direction donnée, dans une seule branche d'études, ou suivant que l'on embrasse l'étendue et la variété des sujets sur lesquels s'exercent à la fois les investigations de l'esprit humain.

Ici encore, on remarque une réaction réciproque née de l'harmonie qui existe entre toutes les connaissances ; à mesure que la sphère des études s'étend, le perfectionnement de chacune d'elles devient plus facile. Il est rare qu'une unique série d'idées, exclusivement cultivée, puisse devenir fructueuse. Elle sent d'autant plus le besoin de trouver des auxiliaires, qu'elle se développe davantage.

Le 13ᵉ siècle se caractérise à la fois sous ce double rapport, qu'il recueillit les effets de cette culture qui commençait à devenir plus générale, et que les études des hommes instruits commencèrent à embrasser une sphère plus étendue.

Le premier de ces deux caractères ne se manifeste guère que par une progression insensible ; mais le second se rattache à deux circonstances de fait positives, à la connaissance des écrits des Arabes, et à celle de l'ensemble des ouvrages d'Aristote ; ces deux circonstances en même temps déterminent l'esprit, la forme, et, si l'on peut dire ainsi, la physionomie qui sont propres à la philosophie du troisième âge.

L'Europe avait emprunté aux Arabes les nouveaux signes de la numération que Gerbert lui avait fait connaître. L'école de Salerne avait reçu, par l'organe du moine Constantin, la communication des connaissances médicales répandues chez les Arabes; avec elles se transmirent les notions informes de la chimie traitée encore comme une science occulte; Ginguené, en comparant la littérature des Troubadours avec celle des Arabes, a trouvé entre elles des signes évidens de consanguinité, et s'est cru fondé, non sans des motifs plausibles, à faire dériver la première de celle-ci (1); on rapporte aux Arabes l'origine de ce nouvel ordre d'architecture qui s'introduisit à peu près vers le même temps en Europe, et auquel nous avons donné le nom d'*architecture gothique;* enfin on a pensé que les mœurs des Arabes et les relations qui furent établies avec eux n'avaient pas été sans influence sur le caractère que prit la chevalerie au 13e siècle (2). Il ne faut donc pas s'étonner que l'Europe fût initiée par les Arabes à l'ensemble des sciences philosophiques qu'ils avaient cultivées avec tant d'ardeur. Déjà nous avons vu, au 12e siècle, quelques

---

(1) Ginguené : *Hist. litt. d'Italie*, tome I, p. 207, 248, 256, 258.

(2) Hallam : *L'Europe au moyen âge*, trad. par Dudouit et Borghers. Tome IV, p. 285 et suivantes.

indices certains de ce commerce des idées, et nous avons remarqué surtout que le livre *de Causis* avait été déjà connu de Gilbert de la Porée. Adelard de Bath, à la suite de très-longs pélerinages, Pierre-le-Vénérable, par la traduction qu'il fit faire de l'Alcoran, les théologiens qui, à son exemple, entreprirent la réfutation de l'Islamisme, tournèrent l'attention de ce côté; mais, lorsqu'au 12° siècle, Thophaïl se montra parmi les Maures d'Espagne, Averrhoës répandit tant d'éclat à Cordoue, le Juif Maimonides mit en circulation ces mêmes doctrines parmi ses co-religionnaires, alors la France si voisine de l'Espagne, l'Europe entière que les Juifs parcouraient sans cesse, durent être bientôt initiées aux travaux de ces philosophes; le zèle avec lequel on se portait aux études dut faire rechercher avec avidité les sources nouvelles d'instruction qui se présentaient et qui étaient seules ouvertes à la curiosité; l'étude de la médecine qui, dès le 12° siècle commençait à posséder des écoles, dut favoriser ces investigations, et l'autorité dont jouissait déjà Aristote dut accréditer promptement l'adoption de doctrines qui se produisaient en son nom. Aussi Alvare de Cordoue se plaignait-il amèrement du penchant des Chrétiens pour la langue et la littérature des Sarrasins (1).

Alors les écrits d'Avicena, d'Algazel et des principaux philosophes arabes furent traduits à l'envi par les Juifs pour l'usage des Latins. Averrhoës surtout fut reçu en France, en Allemagne, avec un singulier enthousiasme. L'empereur Frédéric Barberousse voulut avoir à sa cour les deux fils de l'Aristote de Cordoue. Chose singulière! Aristote, apparaissant ainsi pour la première fois à l'Occident par le canal de ce philosophe maure, avait été successivement traduit du grec en syriaque, du syriaque en arabe, de l'arabe en latin, et après ces transformations se montrait entouré des paraphrases d'Averrhoës. Aussi, les érudits du 15ᵉ siècle, placés encore si près de l'époque à laquelle les sciences philosophiques prirent en Europe une nouvelle extension, s'accordent-ils à reconnaître que cette révolution fut due aux relations avec les Arabes. Pic de la Mirandole la rapporte à Alphonse, roi d'Espagne, aux traductions de Jean de Séville et de Michel Scot, qui se répandirent en France et en Ita-

---

(1) L'abbé Andrès: *Hist. d'Ogni letterat.* Tome I, p. 274.

lie (1); Niphus et Jérôme Paterni, Louis Vives, à l'Aristote de Cordoue (2); les érudits du 16ᵉ siècle ont presque unanimement suivi leur exemple (A).

Cependant, si les Arabes furent la cause principale de cette révolution, ils ne furent pas la seule, et déjà la connaissance des auteurs grecs commençait à s'introduire en Occident. Nous avons vu que les écrits attribués à S. Denis l'aréopagite furent commentés dès le 12ᵉ siècle ; et que Jean de Salisbury n'était point étranger à la langue d'Athènes. En 1167, Guillaume, médecin, moine, puis abbé de S.-Denis, apporta à Paris quelques manuscrits grecs de Constantinople (3). Innocent III, sur la demande de Baudouin, invita les congrégations religieuses à envoyer quelques-uns de leurs membres les plus habiles dans la capitale du nouvel empire des Croisés ; Philippe-Auguste fonda à Paris

_____

(1) *In Ast.*, cap. XI.

(2) Niphus. *In libr. Averr.*, *De Subst. orbis.* Venise 1508, folio 2. — Paterni : *Ibid.* — Louis Vives: *De Causis corrupt. artium*, lib. V, tome I de ses œuvres, p. 412.

(3) *Histoire littéraire de France*, tome XIV, art. Guillaume.

même un collége constantinopolitain. Le texte d'Aristote ne fut point d'abord le premier fruit de ces conquêtes; mais bientôt quelques traductions de ce texte commencent à se produire sous Guillaume, évêque de Paris; Albert-le-Grand y recourt en partie; S. Thomas d'Acquin, encouragé peut-être par l'amour éclairé qu'Urbain IV portait à la philosophie, fait traduire ce texte en entier, et le prend lui-même pour guide (1). Roger Bâcon cite ceux de ses contemporains qui, en Angleterre, se distinguèrent dans l'étude des langues anciennes. En Italie, Jacques de Venise, en 1228, traduisit et commenta quelques livres d'Aristote; l'archevêque Guillaume de Morbeka traduisit Proclus; il traduisit aussi Aristote, et c'est peut-être celui qui travailla pour S. Thomas. Du reste il paraît que les écrits philosophiques des Grecs qui furent obtenus par ces acquisitions, n'appartenaient guère qu'aux nouveaux Platoniciens, à l'exception de ceux qui faisaient partie de l'héritage du Stagyrite; mais comme ces deux ordres de traditions pouvaient facilement se combiner d'après la disposition des

---

(1) Jourdain: *Rec. crit.*, etc., c. 2, p. 46 et suiv.

esprits et les circonstances qui avaient précédé, tout concourut à affermir et agrandir la fortune du fondateur du Lycée.

L'empereur Frédéric II, zélateur de la philosophie et des lettres, provoqua surtout, encouragea ce nouvel ordre de travaux : ce fut sur son invitation, que Michel Scot entreprit ses traductions des textes grecs.

En reconnaissant que la collection entière des écrits d'Aristote fût connue en Occident, au 13me siècle, d'après des traductions de l'arabe, et d'après des traductions immédiates du grec, on doit établir comme autant de points à peu près fondamentaux : 1° que le premier de ces deux genres de traductions précéda, quoique de peu de temps, et qu'il fut plus généralement répandu du moins jusqu'après S. Thomas d'Aquin ; 2° que les commentaires d'Aristote furent presque exclusivement empruntés aux Arabes ; 3° que les systèmes des nouveaux Platoniciens, continuant à se transmettre à la fois par le double canal des Arabes et des traductions des Grecs, vinrent se confondre avec les doctrines contenues dans ces commentaires, qui d'ailleurs en étaient eux-mêmes profondément empreints ; et c'est ce qui va se manifester bientôt dans le plus grand jour.

Nous disons : la collection entière des écrits d'Aristote ; car nous avons vu que ses livres organiques n'avaient pas cessé un seul instant de circuler en Europe sous les auspices de S. Augustin, de Boëce, de Cassiodore ; qu'Abaïlard avait même fait connaître son Ethique et ses Livres physiques.

C'est donc essentiellement des ouvrages d'Aristote, relatifs à la métaphysique et à la philosophie naturelle, que doit s'entendre cette grande apparition d'Aristote sur le théâtre de nos écoles qui, au commencement du 13e siècle, attira l'attention générale, excita une si grande rumeur, attira les censures de l'autorité ecclésiastique, et qui, par ces divers motifs, est devenue aussi, pour les historiens, une époque remarquable. Encore, parmi ces ouvrages, il en était plusieurs qui, quoique produits sous son nom, ne lui appartenaient point ; et plusieurs écrits arabes, étroitement associés aux textes du Stagyrite, en partagèrent la destinée. Le célèbre passage de Rigore (1) porterait à croire que la condamnation portée en 1209 ne frappa que *les Petits Traités de Métaphysique*, et

---

(1) Dans Duchesne, tome II.

peut-être précisément ceux qui sont apocryphes. Mais la sentence du concile donnée textuellement par D. Martenne (1), prouve qu'elle avait pour objet *la Philosophie naturelle et ses commentaires*. Les statuts de l'Université de Paris, donnés en 1215, prescrivaient l'étude de la dialectique d'Aristote, et interdisaient celle de sa métaphysique et de sa philosophie naturelle (2). Enfin la bulle de Grégoire IX, en 1231, se réfère aux écrits déjà censurés par le concile de Paris (3). Il est digne de remarque que, dans toutes ces sentences, la doctrine d'Aristote est constamment associée aux erreurs d'Amalric et de David de Dinant, en sorte que c'était réellement le Panthéisme mystique des nouveaux Platoniciens, qu'on entendait condamner dans le fondateur du lycée (B).

Mais, enfin, l'immense renommée d'Albert-le-Grand, l'autorité que S. Thomas d'Acquin obtint sur son siècle, dissipèrent ces préventions, et firent recevoir Aristote tout entier,

---

(1) *Nov. Thes.* Tome IV.
(2) Duboullay : *Hist. univ. Paris.* Tome III, p. 82.
— Launoi : *De Varia Arist. fortuna*, p. 74.
(3) Launoi. *Ibid.*, p. 78.

non-seulement avec faveur, mais avec un respect presque aveugle.

La nouvelle sphère d'idées et de connaissances qui s'ouvrit pour l'esprit humain, fut donc déterminée par celle que le Stagyrite avait embrassée; elle fut renfermée dans les mêmes limites. Certes, elle avait une vaste étendue, et l'on conçoit quelle dut être l'admiration du 13e siècle à la vue de ce monument majestueux de l'antiquité, quand il vint se découvrir aux regards, lorsqu'il put être contemplé dans toute son harmonie et sa grandeur. Mais, en s'emparant de ces nouveaux trésors, l'esprit du siècle s'attacha essentiellement aux théories métaphysiques; il négligea ce qu'ils renfermaient de plus précieux, les immenses travaux d'Aristote sur l'Histoire naturelle; et s'il s'exerça sur la physique générale, ce fut en l'envisageant du faux point de vue dans lequel Aristote s'était placé.

La controverse entre les Nominaux et les Réalistes avait cessé; le Réalisme avait, sinon triomphé, du moins absolument prévalu, circonstance qui s'explique, et par les censures dont les Nominaux furent frappés, et par le droit qu'acquirent les idées néoplatoniciennes, de fournir seules la clef de l'interprétation d'Aristote. Cette controverse fut remplacée par la longue et ardente rivalité entre les deux ordres monastiques de S.-Dominique et de S.-François, par la lutte entre S. Thomas et Duns Scot, par la résistance que les autres arts libéraux tentèrent d'opposer à la domination exclusive de la philosophie. La séparation des diverses facultés, qui eut lieu en 1270, dans l'Université de Paris, et qui donna plus d'énergie à cette résistance, produisit en même temps un résultat d'une haute importance; elle isola la philosophie de la théologie, et rendit ainsi à la première un commencement d'indépendance.

Alexandre de Hales, Guillaume d'Auvergne et Vincent de Beauvais, ouvrent le troisième âge de la philosophie scolastique.

Alexandre de Hales donna l'exemple de cès commentaires du *Maître des sentences*, qui devinrent l'objet de si grands travaux dans le 13e siècle. L'un des premiers il contribua à diriger l'attention sur les écrits des Arabes; il consulta Avicena, il consulta malheureusement aussi et accrédita les écrits apocryphes attribués à Hermès Trismegiste, et à S. Denis l'aréopagite; mais on cherche en vain dans les siens quelque vue originale. Il détermina aussi l'introduction des formes syllogistiques dans l'enseignement de la théologie, et c'est sans doute pourquoi, d'après l'usage du temps qui décernait un titre honorifique à chaque docteur, il reçut celui de docteur *irréfragable*.

Guillaume d'Auvergne, qui mérita d'être élevé en 1228 au siége épiscopal de Paris, non moins par l'étendue de ses connaissances, que par son éminente piété, suivit une route différente. Il ne s'attacha ni à S. Anselme, ni à Pierre Lombard, et ne suivit point leur méthode. Il avait étudié avec soin les plus célèbres philosophes arabes et juifs: Avicena, Alfarabi, Algazel, Averrhoës, Avicebron, d'autres encore qui nous sont inconnus; il avait lu Aristote sur des traductions immédiates du grec; il cite Thalès, Platon, Euclide, Ptolémée; il leur associe Hermès Trismegiste, et paraît avoir sous les yeux des livres hermétiques que nous ne possédons plus, tels que celui *de Deo deorum*. Mais, loin de recevoir comme des oracles les opinions qu'il rencontre dans ces sources diverses, il combat tour à tour les erreurs qu'il y aperçoit; il censure Aristote lui-même. Dialecticien habile, théologien fidèle aux traditions de l'Eglise, il rejette tout ce qui pouvait leur être contraire dans les systèmes de métaphysique et de philosophie naturelle. En adoptant les *idées exemplaires* de Platon, il se refuse à les personnifier avec les nouveaux Platoniciens; il s'efforce de faire prévaloir les vues morales et pratiques sur les oiseuses spéculations qui absorbaient alors toute l'activité de l'esprit; il dédaigne l'emploi des formes syllogistiques; il réunit la clarté du style à celle des notions; son éclectisme semblait ouvrir la voie à une réforme salutaire (1).

Guillaume de Paris distingue six acceptions différentes du terme de *vérité*. 1° La fidélité du signe; elle exprime alors la chose désignée; 2° la réalité opposée à une apparence trompeuse; 3° la pureté d'une substance, comme lorsqu'on appelle argent véritable, celui qui est exempt d'altération; 4° l'essence des choses, telle qu'elle est exprimée par la définition; 5° l'existence du Créateur, ou le Créateur lui-même, à l'égard duquel tout le reste n'est que fausseté; 6° la simple vérité logique qui se rap-

───────────

(1) Voyez ses œuvres imprimées en 2 vol. in-folio. Orléans 1674. — Voyez aussi la notice sur Guillaume, dans Jourdain. L. C, p. 317.

porte à l'accord des termes dans les propositions (1).

Guillaume traita avec soin la théologie naturelle, et réfuta avec un soin particulier les hypothèses qui tendent à soumettre l'univers à l'empire de la nécessité. Dans l'idée qu'il se forme de l'univers comme d'un tout qui ressort de l'unité et qui n'existe que par l'unité, on croit découvrir les vestiges de la doctrine de Platon (2).

Vincent de Beauvais, dont S. Louis fit son lecteur, et auquel il confia l'éducation de ses enfans, fut conduit par cette circonstance à rassembler une nombre.e bibliothèque; il sut en profiter, et de ses persévérantes lectures il composa une sorte d'encyclopédie divisée en trois branches, sous le titre de *Miroirs naturel, historique et doctrinal*. Le genre et le but de ses travaux le rangent parmi les érudits plutôt que parmi les philosophes, du moins en tant que ce dernier titre suppose un auteur qui pense d'après lui-même; mais, sous le premier de ces deux rapports, il ne rendit pas moins un

---

(1) *Id., ibid.*, tome II. *De Universo*, p. 749.
(2) *Id., ibid.*, p. 871, 743.

service considérable à son siècle : le *Miroir naturel* est une vaste compilation de toutes les notions sur les sciences physiques, qui se trouvaient contenues dans les auteurs connus de son temps. Le choix qu'il a formé des opinions relatives à la psychologie est ce qu'il y a de plus curieux dans le *Miroir doctrinal*. Il employa plusieurs frères de son ordre à dépouiller les matériaux qu'il mit en œuvre, et à en faire des extraits. Vincent décide par l'autorité d'Aristote presque toutes les questions métaphysiques ; mais son Aristote est celui des Arabes. Il emprunte aux traducteurs latins de ces derniers le célèbre terme de *quiddité* qui dès lors obtint une si haute importance dans l'école. Vincent est un Réaliste prononcé. Les trois grands problèmes posés par Porphyre, dans son introduction aux catégories, relativement à la réalité des notions générales, ont fixé toute son attention. Avant de les résoudre, il distingue trois acceptions du mot *être* : l'une métaphysique, une autre mathématique, une autre physique. Sur le premier problème, après avoir comparé et discuté les opinions de Platon et d'Aristote, il conclut que les universaux n'existent pas seulement dans l'entendement, mais aussi dans la nature. Il résout le second

en n'accordant aux universaux qu'une existence spirituelle. Il résout le troisième par une distinction : « Il y a, dit-il, deux causes qui transportent l'universel dans le domaine de l'être : l'une *matérielle*, qui réside dans les individus ; l'autre efficiente, qui réside dans l'entendement, en tant que, par l'abstraction, il sépare des individus ce qui leur est commun ; sous le premier rapport, l'universel est l'*un dans le multiple*; sous le second, il est l'*un hors du multiple*. Ainsi se concilient les opinions contraires de Platon et d'Aristote (1). » On conçoit que Vincent devait rejeter bien loin l'opinion de ceux qui faisaient résider uniquement les universaux dans les termes ; cependant, il introduit ici une distinction judicieuse : il distingue les universaux en tant qu'ils appartiennent au domaine de la métaphysique, ou à celui de la logique. « Dans le pre-
» mier cas, ils sont au rang des réalités ; dans
» le second, ils sont *la condition d'un terme*
» *affecté à désigner une chose qui peut être*
» *coordonnée dans un genre* (2) (C). »

---

(1) *Speculum doctrinale*, lib. III, cap. 7 à 11.
(2) *Ibid.*, *ibid.*, cap. 12.

Deux illustres docteurs attirent maintenant nos regards; ils s'élèvent l'un à la suite de l'autre; ils étonnent par leurs gigantesques travaux, par la coordination systématique qu'ils y ont établie; ils excitent l'admiration de leurs contemporains; ils exercent sur eux une autorité imposante; ils semblent avoir travaillé pour les siècles : ce sont Albert-le-Grand et S. Thomas d'Acquin.

Albert et Thomas appartenaient tous deux à des familles distinguées; le premier, à celle des comtes de Bollstædt; le second, à celle des comtes d'Acquin; tous deux renoncèrent aux honneurs du siècle, aux perspectives de l'ambition, pour se dévouer aux exercices religieux et à ceux de l'étude; tous deux entrèrent dans l'ordre de S.-Dominique.

Albert fut engagé dans cette carrière par le célèbre Jordan, sous lequel il étudiait à Pavie; il enseigna d'abord à Paris, y développa, dans toute son étendue, la doctrine d'Aristote, et les succès qu'il obtint triomphèrent des interdictions prononcées contre les écrits du Stagyrite. Il fixa sa résidence à Cologne, et devint la lumière de l'Allemagne. Il mourut à Cologne en 1280, âgé de quatre-vingt-sept ans. La collection imprimée de ses œuvres, quoique se composant de vingt et un volumes in-folio, est loin de comprendre toutes celles dont il fut l'auteur (1).

S. Thomas fit ses premières études de philosophie sous Pierre *de Hibernia*, dans cette académie ou *Étude générale*, qui venait de s'élever à Naples, par les soins et la munificence de l'empereur; il alla les achever à Cologne sous Albert-le-Grand. Il enseigna tour à tour à Cologne même, à Paris et dans les différentes villes d'Italie où il accompagnait la cour de Rome; il répandit sur cette dernière contrée la même influence qu'Albert exerçait sur l'Allemagne. Il mourut en 1274, se rendant au concile de Lyon: la collection de ses œuvres forme vingt-trois volumes in-folio, et elle n'est pas complète; mais elle renferme aussi plusieurs écrits de ses disciples.

Albert et S. Thomas ont pris tous deux Aristote pour guide et pour modèle; ils ont suivi ses traces en quelque sorte pas à pas, parcourant ses écrits, sans exception, tels qu'ils venaient d'être retrouvés, suivant exactement

---

(1) On en peut voir le catalogue dans Quetif et Echard: *Scriptores ordinis prædicator*. Tome 1er, p. 171.

l'ordre de ses livres, de ses chapitres, et y prenant le cadre dans lequel viennent se ranger les résultats de leurs propres méditations ; tous deux ont exploré, avec une persévérance infatigable, ceux des Pères de l'église qui étaient connus de leur temps, les commentateurs arabes du Stagyrite ; ils ont rapproché, comparé, discuté les opinions et les commentaires. L'Aristote d'Albert comprend les six premiers volumes de ses œuvres ; celui de S. Thomas les cinq premiers. Ils forment à eux deux le corps le plus étendu et le plus complet des paraphrases sur ce grand maître. Albert cependant donne moins des commentaires proprement dits, qu'une suite de dissertations rangées sous les titres des chapitres d'Aristote, et dans lesquelles il a fondu les pensées du Stagyrite et celles de ses sectateurs ; il procède en comparant ces diverses opinions, les discutant tour à tour, et présentant ensuite ses vues personnelles qui sont presque toujours motivées par l'autorité décisive d'Aristote. S. Thomas joint ordinairement au texte d'Aristote une sorte de paraphrase, de glose, et s'attache à l'interprétation et à la critique philologique ; mais, dans ses petits traités et dans sa *Somme théologique*, il reprend les mêmes sujets et les examine d'après le point de vue qui lui est propre. Albert se réfère à quelques écrits qui ne nous sont plus connus aujourd'hui. S. Thomas, surpris par la mort, n'a pu achever son travail ; il a du reste l'avantage d'avoir possédé plusieurs traductions du texte entier, tirées immédiatement du grec; il a aussi celui de succéder à Albert, d'être éclairé par ses recherches, éclairé par ses exemples; il paraît aussi qu'il a lu S. Bonaventure, et qu'il a plus d'une fois marché sur ses traces, malgré l'opposition prononcée qui existait entre les ordres de S. Dominique et de S. François.

Ici se manifeste d'une manière évidente l'étroite connexion qui unit la suite entière de l'histoire de la philosophie. L'héritage des siècles, les contributions fournies par les penseurs des nations les plus diverses, sont recueillis, rassemblés, mis en ordre par les deux docteurs du 13e siècle, proposés par eux à la contemplation de leur âge.

C'est surtout dans Albert et S. Thomas qu'on apprend à connaître les Arabes; mais l'étude des Arabes et surtout celle d'Avicena, est nécessaire aussi pour avoir la clef de la philosophie d'Albert et de S. Thomas, et peut seule faire apprécier ce qui leur appartient en propre. Faute d'avoir fait ce rapprochement, la plupart des historiens de la philosophie, ont attribué en propre à ces docteurs des idées qu'ils avaient puisées chez les Arabes, et dont l'expression même était littéralement prise dans cette source. Ces deux grands maîtres de la philosophie scolastique se sont exercés sur le livre *de Causis*; tous deux ont commenté les écrits attribués à S. Denis l'aréopagite, et s'il fallait pousser jusqu'au bout ce rapprochement, tous deux ont commenté *le Maître des sentences* de Pierre Lombard, y ont consacré trois gros volumes in-folio; tous deux ont commenté le Nouveau-Testament et plusieurs parties de l'Ancien; tous deux enfin ont donné sous le nom de *Somme* une exposition complète, méthodique et doctrinale de la théologie. Tous deux aussi ont commencé à séparer le domaine de la philosophie et celui de la théologie, mais en coordonnant cependant l'un à l'autre, et conservant la prééminence à la dernière de ces deux sciences.

Albert annonce en général des connaissances plus vastes; son esprit a aussi plus d'étendue, et son immense érudition lui a valu le titre de *grand*; d'autres l'ont appelé, et non sans quelque fondement, le singe d'Aristote (1). Il s'est livré avec ardeur aux sciences naturelles telles qu'elles pouvaient exister de son temps ; il paraît même en avoir reculé les limites. S. Thomas est un dialecticien plus subtil, un métaphysicien plus contemplatif; son esprit semble prendre un essor plus libre; il s'est rapproché davantage des nouveaux Platoniciens; il s'est adonné, avec une prédilection marquée, à la morale et aux considérations ascétiques : on l'a nommé un *second S. Augustin*, non moins à raison de la conformité du but, qu'à cause de la conformité des doctrines. Il a peu observé la nature ; mais il s'est beaucoup occupé des hiérarchies célestes, des divers ordres d'anges, des facultés dont ils jouissent, des fonctions qu'ils exercent, et ces spéculations sans doute lui ont valu le titre de *docteur angélique*.

Dans ces compositions prodigieuses sont disséminées une foule de vues plus ou moins dignes d'intérêt et de curiosité, dont un grand nombre mériteraient d'être recueillies et tirées de l'oubli par un choix judicieux ; mais, on essaierait

---

(1) *Langii chronicon citicense ad An.* 1258.

vainement d'en faire sortir l'ensemble d'un système neuf, et par conséquent de les résumer dans un cadre qui puisse former une théorie propre à chacun des deux docteurs. Ils se sont moins proposé eux-mêmes de donner le jour à de semblables doctrines dont ils pussent en effet revendiquer la création, que d'éclaircir, de rectifier, de modifier dans ses détails, la doctrine de celui qu'ils appellent *le philosophe* par excellence. Essayons cependant d'en détacher les considérations qui, relativement à notre plan, paraissent offrir un plus haut degré d'importance ; elles se simplifieront peut-être, elles s'éclaireront davantage, si nous continuons le parallèle, si nous mettons en regard les doctrines du maître et celles du disciple.

Le maître et le disciple ont chacun traité deux fois avec la plus grande étendue tout l'ensemble de la psychologie : d'abord en commentant le livre d'Aristote sur *l'âme*, ensuite en exposant le même sujet dans leurs *sommes théologiques*. Avec Aristote, ils considèrent cette science comme une portion des sciences naturelles ; cependant ils associent aux observations recueillies par l'expérience, la méthode synthétique et les déductions tirées *à priori* de la nature des substances intelligentes ; car, si on apprécie les facultés par leurs opérations, on juge les espèces d'après les genres. Albert prévoit l'objection qu'on pourrait tirer de ce que nos connaissances dérivent des sens et de ce que l'âme cependant ne se manifeste point aux sens. Il répond que Dieu nous a donné la raison et l'entendement afin que l'une et l'autre, se réfléchissant sur les sens, pénètrent et explorent non-seulement les choses sensibles, mais encore celles qui sont cachées sous les sens ; « car, dit-il, les substances non sensibles sont en effet cachées sous les sens, et se manifestent à nous par leurs opérations (1). »

L'un et l'autre admettent la distinction fondamentale d'Aristote, entre l'âme végétative, l'âme sensitive et l'âme raisonnable. L'un et l'autre la définissent comme la forme du corps organique, et comme le principe de la vie (2). Ils réunissent ainsi les deux propriétés que les an-

___

(1) Albert-le-Grand, *De Anima*, lib. I, tract. II, cap. 1.

(2) *Id., ibid.*, cap. 6. — *Summa Theol.*, tom. XVIII, p. 347. — S. Thomas, *Summa Theolog.* pars I, quæst. 75, art. 1.

ciens avaient tour à tour considérées comme étant son caractère essentiel, la faculté motive et la faculté cognitive.

Les Péripatéticiens, en distinguant les trois grandes divisions des facultés de l'âme, agitaient la question de savoir si elles sont substantiellement différentes, ou si elles ne sont que les divers modes d'une même substance. Les deux docteurs approfondissent ce problème, et le résolvent en faveur de l'unité de l'âme (1). Albert apelle l'âme un *tout potestatif*. On demandait encore si les diverses facultés de l'âme dérivent d'une seule faculté principale dont elles ne seraient que les différentes ramifications, ou si elles se séparent à leur origine même. S. Augustin avait adopté la première opinion; Avicena avait embrassé la seconde, et en cela il était demeuré plus fidèle à Aristote. Les deux docteurs se prononcent aussi en faveur de cette dernière; les motifs qu'ils en donnent sont d'ailleurs peu lumineux, soit dans l'expression, soit dans la pensée. « D'un principe simple, dit S. Thomas, peuvent dériver plusieurs effets,

---

(1) Albert, *De Anima*, lib. III, tract. V, cap. 4. — S. Thomas, *Summa Theol.*, pars I, quæst. 77, art. 5.

dans un certain ordre et à raison de la diversité des récipiens. Ce sujet est la cause propre, finale et en quelque sorte active de ses accidens; il en est même la cause matérielle, en tant qu'il reçoit ces mêmes accidens ; l'émanation par lesquelles les accidens dérivent du sujet ne résulte point d'une certaine transmutation, mais d'une production naturelle. » S. Thomas ajoute que cependant ces facultés observent entre elles une certaine subordination ; que les plus parfaites sont le principe des autres, sous le rapport de la fin et comme *principe actif;* que les plus imparfaites sont le principe des premières comme *principe susceptif* (1).

Dans l'énumération des facultés de l'âme, dans l'indication des caractères propres à chacune, les deux docteurs suivent en général les traces d'Avicena et d'Algazel ; à leur exemple, ils admettent, pour chacun des sens intérieurs, autant de cellules distinctes dans le cerveau (2).

---

(1) Albert, *De Anima*, lib. I, tract. II, cap. 15, lib. III, tract. V, cap. 4. — *Summa Theol.*, pars II, tract. XII, quæst. 12, membr. 3, quæst. 70, membr. 1. — S. Thomas, *Summa Theol.*, pars I, quæst. 77, art. 6 et 7. — Albert, *De Anima*, lib. II, tract. IV, cap. 7.

(2) *Summa theol.*, pars I, quæst. 78, art. 4.

Seulement S. Thomas ne reconnaît que quatre sens intérieurs : le *sens commun*, l'*imagination*, les *facultés estimative* et *commémorative*.

« Les sens, dit Albert (1), sont une faculté passive ; l'appréhension qui leur appartient s'empare de la *forme* des objets, non selon l'existence qu'elle a en eux, mais à l'aide d'une certaine image (*intentio speciei*), sous laquelle réside quelque notion sensible ou intelligible. Cette appréhension a quatre degrés : le premier, le degré inférieur, consiste à abstraire la *forme* de la *matière*, mais non de sa puissance et de ses conditions ; il appartient à une force extérieure qui est le sens. Le second consiste à abstraire de la présence de la matière, mais toujours sans en séparer les conditions ; il appartient à l'imagination. Le troisième consiste à apercevoir certains caractères moraux et spéciaux (*intentiones*), qui ne sont point imprimés dans les sens, mais qui cependant ne se révèlent que par leurs secours ; il est voisin de la connaissance ; il suppose une certaine appréciation et une comparaison. Le quatrième, et le plus élevé, saisit les modes essentiels (les *quid-*

_____
(1) *De Anima*, lib. II, tract. III, cap. 1, 2.

dités), dépouillés de toutes les conditions de la matière, séparés même des caractères spéciaux ; il conduit aux universalités ; il est le propre de l'entendement. »

Albert reconnaît comme organiques toutes les facultés de l'âme qui appartiennent à la sensation, c'est-à-dire, l'imagination elle-même (1). Il s'élève contre l'opinion de ceux qui identifient et confondent l'entendement avec la sensation (2). En admettant avec Aristote le *sens commun*, ou intérieur, il ne se borne pas à le considérer comme le centre où sont jugées et comparées les perceptions diverses ; il y voit aussi le genre dans lequel se réunissent les espèces (3).

« L'entendement en tant qu'il compose et divise les *intelligibles*, remplit le même office que le sens commun à l'égard des objets sensibles. Il est le terme, le point central auquel viennent converger les images (*phantasmata*) et les rapports de convenance ou de disconvenance ; là se dégagent, par l'abstraction, les notions mathématiques et même les notions des choses

---

(1) *Ibid.*, lib. III, tract. I, cap. 1 et 4.
(2) *Ibid.*, *ibid.*, cap. 5.
(3) *Ibid.*, *ibid.*, lib. II, tract. IV.

divines. Ces abstractions détachées résident dans l'entendement sous trois modes divers : l'un, celui de la science actuelle; le second, celui de la science habituelle, sans considération présente; le troisième, celui de la connaissance ébauchée. Le premier ressemble au trésor qui est étalé sous nos yeux; le second au trésor déposé dans le sol; le troisième au trésor enfoui et ignoré, quoiqu'on le possède (1). »

S. Thomas suppose aussi que l'âme reçoit et conserve certaines images (*species et intentiones*); mais, il ajoute qu'elles ne sont point reçues par le sens extérieur. « L'âme, dit-il, connaît les corps, par une connaissance immatérielle, universelle et nécessaire; elle ne les connaît cependant pas d'après des types naturellement placés en elle; les images intelligibles à l'aide desquelles elle conçoit ne dérivent point des *formes séparées*, ou des archétypes, et le système de Platon est à cet égard inadmissible; l'âme ne connaît point les choses dans leur raison éternelle, d'une manière *objective*, mais seulement d'une manière *causale*. » S. Thomas examine la question de savoir si la connaissance in-

---

(1) *Ibid.*, lib. III, tract. III, cap. 3, 4 et 5.

tellectuelle dérive des sens ; il rappelle et compare les opinions des philosophes de l'antiquité, oppose Démocrite à Platon, et montre comment Aristote a choisi entre eux un terme moyen. Il éprouve lui-même quelque embarras à se prononcer dans cette grande controverse ; cependant, se rapprochant d'Aristote, il croit résoudre le problème par une distinction: « la vérité, dit-il, ne peut être *entièrement* obtenue par les sens ; la connaissance intellectuelle dérive de la conaissance sensible, non comme de sa *cause parfaite et totale*, mais comme *de la matière de sa cause*. L'entendement, aussi long-temps qu'il est uni au corps, ne peut concevoir qu'à l'aide des images sensibles (*phantasmata*) ; tout ce que nous connaissons dans l'état présent est connu de nous par sa comparaison aux choses sensibles ; l'esprit conçoit les choses matérielles et sensibles par l'abstraction tirée de ces images sensibles ; les images intelligibles (*species*), reçues dans l'entendement, ressemblent aux objets, mais ne sont point ces objets eux-mêmes. Les notions universelles et générales résident d'abord dans la connaissance intellectuelle et sensible ; car, comme les sens s'attachent aux objets particuliers, l'entendement aux généralités, il faut que la connaissance de ceux-là précède la connaissance de celles-ci. D'ailleurs l'entendement procède de la puissance à l'acte, et tout ce qui procède de la sorte passe d'abord par l'acte incomplet pour arriver à l'acte parfait. Cependant les sens, comme l'entendement, connaissent ce qui est plus général avant ce qui l'est moins ; nous connaissons qu'un tel objet est un animal, avant de discerner qu'il est un homme, et nous voyons qu'il est un homme, avant de discerner qu'il est tel ou tel homme ; c'est pourquoi l'enfant donne le nom de *père* à tous les hommes qu'il aperçoit. C'est que nous connaissons d'une manière indistincte et confuse, avant de connaître d'une manière distincte et précise. Le principe de la connaissance n'est pas le principe de l'existence ; l'universel a le premier de ces caractères, et non le second ; quelquefois nous ne connaissons pas la cause des effets ignorés ; quelquefois nous procédons par la voie contraire. L'entendement ne connaît directement que les choses universelles et nécessaires ; il n'atteint aux objets particuliers et contingens, que d'une manière indirecte et réfléchie ; il ne peut connaître l'infini ni d'une manière actuelle, ni d'une manière habituelle, mais seulement en puissance. Les sens connaissent directement les choses contingentes (1) (D). »

La distinction de la puissance et de l'acte, le passage de la puissance à l'acte, cette notion fondamentale de la philosophie péripatéticienne, qui devint l'une des clefs de la doctrine de l'école, appliquée à l'entendement, avait donné lieu à ces théories sur l'entendement *possible* et l'entendement *actif*, qui avait tant exercé les Arabes. Elles exerceront encore nos deux docteurs. Albert discute et réfute tour à tour les opinions de Platon, d'Alexandre d'Aphrodisée, de Théophraste, de Thémistius, de S. Grégoire de Nysse, d'Avempace, d'Abubacher, d'Averrhoès, d'Avicebron; il embrasse celle d'Avicena, il emprunte ses propres paroles, et déclare avec lui que l'entendement *possible* est *pur* et sans mélange, *séparé* et *impassible*. « L'entendement *actif* opère de deux manières : en séparant les formes intelligibles, c'est-à-dire, en les rendant simples et universelles, et en éclairant l'entendement *possible*, comme la lumière pénètre le corps diaphane (2). » Avicena et Algazel comparant

---

(1) *Summa Theol.*, pars I, quæst. 84, 85, 86.
(2) *De Anima*, lib. III, tract. II, cap. 18 et 19.

l'entendement possible tel qu'il est en nous, à une table rase et plane, avaient supposé que l'entendement actif lui livre les formes détachées, les formes de l'entendement *spéculatif*, qui sont dans l'âme comme dans une sorte de trésor, et dont elle les tire quand elle veut ; ils avaient fait de l'entendement *actif* une sorte d'être à part, isolé, supérieur. Albert n'adopte point cette hypothèse ; il se rapproche du sentiment d'Averrhoës, emprunté à celui d'Alfarabi. « L'entendement actif est une partie et une puissance de l'âme ; il en est séparé par sa nature ; mais il s'y unit comme à une forme. Quelquefois cette union s'opère par la nature même, sans le secours d'un maître et sans investigation propre, quelquefois par la volonté et le travail. De cette conjonction résulte l'entendement *acquis* (1). » C'est dans cette alliance qu'Albert croit apercevoir le secret du mode d'acquisition des notions relatives aux choses divines.

Albert s'est attaché d'ailleurs à réfuter la maxime favorite des philosophes de l'antiquité : *le semblable ne peut être connu que par son*

---

(1) *Ibid.*, *ibid.*, tract. III, cap. 9, 10, 11.

semblable. Il s'élève également contre la maxime de Platon admise par S. Augustin : *la science n'est qu'une réminiscence* (1).

S. Thomas adopte à peu près la même théorie, mais l'explique d'une manière plus claire, quoique beaucoup plus concise. « Comme rien de ce qui est *en puissance* ne peut être réduit en acte, si ce n'est par quelque être actuel, il faut admettre dans l'âme, outre cet entendement *passif* ou *possible*, par lequel elle peut recevoir et devenir toutes choses, un entendement actif à l'aide duquel elle puisse faire toutes choses, et conduire *à l'acte* ce qui est *intelligible en puissance*. Platon n'avait pas besoin du secours de cet agent ; car, à l'aide de ses *espèces* ou *idées*, toutes les formes existaient sans matière, étaient intelligibles par elles-mêmes ; la nature empruntait à ces types les formes des réalités ; l'intelligence y puisait immédiatement la notion des genres. Mais, Aristote, en refusant aux formes une existence séparée de la matière, a rendu nécessaire l'intervention d'un agent, d'une force intellectuelle, pour donner l'actualité à ces abstractions : aussi les

---

(1) *Ibid.*, lib. I, tract. II, cap. 12 et 14.

sens n'ont pas besoin d'un semblable agent, parceque leurs objets sont au-dehors. » Mais, S. Thomas fait dériver plus explicitement cette force, cette vertu active de l'intelligence suprême. « Platon a comparé l'entendement au soleil, qui est placé hors de la sphère, au-dessus de la sphère qu'il éclaire. Aristote compare l'entendement actif à la lumière qui pénètre l'air et le remplit. Pour nous, nous ne reconnaissons d'intelligence séparée, que l'intelligence divine, lumière véritable et universelle ; à cette lumière participe l'intelligence humaine; elle en reçoit la propriété qui constitue en elle l'entendement actif. Au reste, cet entendement ne s'applique pas à l'entendement passif d'une manière immédiate et directe : il a besoin de l'interposition des images, de la bonne disposition des organes, du secours de l'exercice et des méthodes (1) » S. Thomas a tâché d'explorer le grand problème de l'union de l'âme avec le corps, et de spéculer sur la condition, les facultés et les opérations de l'âme séparée du corps.

---

(1) *Summa Theol.*, pars I, quæst. 89. — Voyez aussi *Quæst. unica de Anima*, tome XII de ses œuvres, p. 414, 416, art. 4 et 5.

Les deux docteurs ont chacun composé aussi un traité spécial contre le système introduit par Averrhoës sur l'unité et l'identité absolue de l'entendement *possible* chez tous les hommes (1). « L'entendement *actif*, dit S. Thomas, quoique doué d'une force égale et semblable chez les divers individus humains, n'est point une substance unique et commune à tous ; mais il s'individualise dans les âmes particulières, les âmes douées d'une sorte d'égalité primitive ne se distinguent donc entre elles que par l'individualité propre à chacune (2). »

Le docteur Angélique se demande comment l'âme intellective se connaît elle-même et parvient à connaître ce qui est au-dessus d'elle. « L'entendement humain, dit-il, ne se connaît point par sa propre essence, mais seulement par l'acte en vertu duquel l'entendement *actif* abstrait les *espèces intelligibles* des images sensibles ; il connaît les habitudes par les actes ; la première chose que l'entendement

---

(1) Alberti *Opera*, tome V, p. 218. — Saint Thomas, *Opera*, tome XX, p. 481. — Voyez aussi *Quæst. unica de Anima*, art. 3. — *Contra Gentiles*, lib. II, cap. 55 à 80.

(2) *Summa Theol.*, pars I, quæst. 79, cap. 5.

conçoit est l'acte même de cette conception, et l'acte de la volition; mais il n'obtient pas cette connaissance de la même manière dans toutes les perceptions qui lui sont offertes. Dans notre état présent, l'expérience nous apprend que nous ne pouvons concevoir sans le secours des images sensibles; nous ne pouvons donc connaître d'une manière directe et par elles-mêmes, les substances immatérielles qui ne tombent ni sous l'imagination, ni sous les sens. Cependant comme les caractères (*quidditates*) que notre entendement détache des substances matérielles, sont d'une autre nature que les substances immatérielles, nous ne pouvons, à l'aide des premières, acquérir une connaissance parfaite des secondes: Dieu nous étant connu par ses créatures, il ne peut être pour nous, dans la vie présente, l'objet de la première connaissance. Notre âme est l'image de la Divinité, mais une image imparfaite. Sans doute c'est par la Divinité que nous connaissons toutes choses, mais non comme par la première notion; c'est seulement parce qu'elle est la cause première de la vertu cognitive. (1) »

---

(1) *Summa Theol.*, quæst. 87, 88.

Les deux docteurs ont composé l'un et l'autre un traité sur *la vérité*; mais, comme il arrive le plus souvent aux recherches de tous deux, l'ouvrage ne remplit point l'attente que fait naître un titre si beau. La source de la vérité, placée dans la notion des causes, la subordination des vérités entre elles, suivant le degré de leur généralité, l'impossibilité d'admettre une série infinie de causes, les difficultés qui s'offrent dans la recherche de la vérité, les circonstances qui la facilitent, le mérite de ceux qui y réussissent, les obstacles qui naissent de l'habitude, de l'imagination et des sens, les moyens de combattre ces obstacles par l'étude, la méthode et l'emploi du syllogisme, telle est la substance de l'écrit d'Albert (1). » *L'être* et la *vérité* sont deux choses distinctes pour l'homme, dit S. Thomas : l'*être*, l'*un*, le *vrai*, le *bon*, ne sont identiques que dans Dieu seul ». La vérité est *la propriété d'une chose conséquente à son être ; l'adæquation de la chose avec l'entendement, ce par quoi ce qui est, est montré, ce à l'aide de quoi on juge les choses inférieures* (2). Le vague

---

(1) *Metaphysic.*, lib. II, *Tract. unic.*
(2) *De Veritate.* Quæst. unic., art. 1, tome XII de ses œuvres, p. 555.

de ces définitions montre assez combien le docteur est peu maître de son sujet ; le même vague règne dans tous ses développemens. « La vérité est plutôt dans l'entendement que dans les choses ; elles sont vraies, dans leur rapport avec l'entendement divin, en tant qu'elles entrent dans ses desseins ; dans leur rapport avec l'entendement humain, en tant que d'elles mêmes elles sont disposées pour produire une vraie appréciation. L'entendement qui compose et divise possède la vérité avant celui qui définit. La vérité est une et simple dans l'entendement divin, multiple en dérivant de cette source dans l'entendement humain. La première seule est éternelle, immuable. La vérité est dans les sens en tant qu'ils jugent des choses, non en tant qu'ils les connaissent ; ce dernier caractère n'appartient qu'à l'entendement. Les sens peuvent se tromper, en tant qu'ils sont représentatifs, en tant qu'ils se rapportent aux choses ; l'entendement n'est point exposé à l'erreur lorsqu'il embrasse les premiers principes, et s'attache à son propre objet (1). »

Quel que soit l'attachement de S. Thomas

---

(1) *Ibid.*, art. 2 à 12.

pour Aristote, il adopte en partie le système de Platon sur les idées, comme autant d'exemplaires variés, éternels, des choses, résidant dans l'intelligence divine (1).

Albert et Thomas sont l'un et l'autre Réalistes. Albert expose les argumens des deux partis (E), et se règle tout simplement par l'accord unanime, dit-il, de toute la secte des Péripatéticiens (2). Il recourt toutefois à une suite de distinctions subtiles : « L'universel n'est dans les choses extérieures, que selon l'aptitude qui appartient à leur essence; selon l'existence réelle relative à la multiplicité des objets, il n'existe que dans l'entendement. » S. Thomas encore ici est plus précis et plus clair. « L'universel existe en partie dans l'entendement, en partie dans les objets; il n'est donc pas seulement dans les termes; il existe dans les objets, non en actualité, mais en puissance, c'est-à-dire, en tant qu'il peut en être abstrait par les conceptions de l'esprit; il existe dans l'entendement, non en réalité, mais dans la similitude (3). » En prenant le titre

---

(1) *De Idæis*, quæst. unica, tome XII de ses œuvres, p. 595. — *Summa Theol.* pars I, quæst. 15.

(2) *De Intellectu et Intelligibili*, lib. I, Tract. II, cap. 2.

(3) Tract. *De Universalibus*.

de Réalistes, par égard pour l'opinion dominante de leur temps, les deux docteurs sont-ils en effet autre chose que de véritables Conceptualistes?

Une autre question s'était élevée: les rapports sont-ils dans les objets, n'existent-ils que dans l'entendement? Les deux docteurs y répondent par une distinction analogue, et accordent aux rapports l'une et l'autre existence, suivant qu'ils sont envisagés dans leurs termes ou dans le nœud qui les constitue. On demandait enfin si la *matière* et la *forme avaient* une existence réelle? Ils répondent affirmativement, mais seulement en tant que la *matière* et la *forme* sont réunies.

Les deux docteurs ont, d'après Aristote, séparé de nouveau la métaphysique et la logique, si long-temps confondues; ils ont assigné aussi, d'après le Stagyrite et d'après Avicéna, à la première de ces deux sciences, sa nature et ses limites. Ils réfutent à l'envi l'un de l'autre le système des émanations, et les hypothèses principales des nouveaux Platoniciens. Ce qu'il y a de plus remarquable dans Albert, ce sont ses investigations sur *l'unité*, ce grand principe élémentaire qui a tant occupé les philosophes, non qu'il soit parvenu à discerner exactement les diverses acceptions de ce terme, mais parce qu'il a du moins signalé les difficultés mieux que ne l'avaient fait ses prédécesseurs, même en s'y perdant, avec tous les efforts qu'il fait pour en sortir (1). Il ne peut parvenir à séparer, par une distinction précise, la notion de *l'unité* de celle de la *simplicité*, et l'unité mathématique de l'unité métaphysique ou logique. Ce qu'il y a de plus remarquable dans S. Thomas, ce sont ses recherches sur le *principe de l'individuation*, problème qui avait déjà occupé Avicéna, et qui avait exercé depuis peu les spéculations de S. Bonaventure. On conçoit comment ce problème naissait naturellement du principe général qui réduisait tous les êtres à deux principes : la *matière* et la *forme*. En vain avait-on invoqué le secours de l'agent suprême appelé à combiner entre eux ces deux élémens; en vain lui avait-on donné une *fin* qui pût le déterminer à former cette combinaison; en vain avait-on de la sorte créée des essences; on n'avait pu produire, à l'aide de tout cet appareil, que des genres et des espèces; comment, toutefois, la matière revêtue d'une forme pouvait-elle constituer un

---

(1) *Metaphysic.* Lib. I, tract. IV, cap. 7 et suiv.

individu ? En quoi cet individu pouvait-il obtenir son existence propre, séparée et distincte ? Comment s'isolait-il, où étaient ses limites ? qu'y avait-il en lui qui ne fût pas dans son espèce ? « Le principe de l'individuation; répond
» S. Thomas est dans la matière, mais dans la
» matière caractérisée (*materia signata*). »
Mais quel est ce caractère ? quel est ce signe ?
« J'appelle matière caractérisée, répond encore
» notre docteur, la matière considérée sous di-
» verses dimensions (1). » On voit ici l'équivoque commise sur le terme *matière*, mais on ne voit pas que la solution soit plus avancée. S. Thomas nous donne, il est vrai, pour exemple, que
« l'individualité de Socrate se détermine *par ces*
» *os, cette chair;* » mais l'exemple n'est ni heureux, ni lumineux : quoi! l'individualité humaine ne résiderait-elle donc que dans ces portions du corps qui sont multiples et qui se renouvellent?
S. Thomas a senti la difficulté. « L'essence des
» substances composées est à la fois dans la
» forme et dans la matière; celle des substances
» simples et spirituelles n'est que dans la *forme*
» seule; d'où il suit que les premières peuvent

---

(1) *De Ente et essentia*, cap. 2, tome IV de ses œuvres, p. 526.

» être à la fois les mêmes dans l'espèce, et diver-
» ses quant au nombre; il n'en est pas de même
» pour les secondes; en elles, l'espèce est iden-
» tique à l'individu; il y a autant d'individus
» que d'espèces (1). » Voilà donc l'individualité enlevée aux intelligences? « elle réside ce-
» pendant dans l'âme humaine, réplique notre
» docteur; mais à cause du corps auquel elle
» est unie (2). » Certes, nous aurions attendu
une solution absolument opposée. L'âme après
sa séparation du corps va donc perdre son individualité? « Nullement: quoique son individua-
» tion dépende occasionellement du corps,
» quant à son *inchoation*, par la raison qu'elle
» n'acquiert son existence individuelle que dans
» le corps auquel elle est actuellement unie, ce-
» pendant, comme elle a une existence absolue,
» l'individualité qu'elle a acquise lui demeure du
» moment où elle est devenue la forme de ce
» corps. » C'est une conquête qui ne peut plus
lui être ravie. Le cardinal Cajetan a joint un long
commentaire à ce traité de S. Thomas, comme
à plusieurs autres de ses écrits; mais le commentaire, quelque diffus qu'il soit, est loin de

---

(1) *Ibid.*, cap. 5, p. 605.
(2) *Ibid.*, cap. 6, p. 625.

faire jaillir la lumière qui manque au texte.

La métaphysique d'Aristote a naturellement conduit Albert et S. Thomas à établir la théologie naturelle sous la forme d'une science. Ici, en s'attachant aux traces de leurs guides, ils ont eu soin de mettre la théologie naturelle en harmonie avec l'enseignement de l'Eglise, et ils lui ont imprimé le caractère qu'elle a dès lors conservé dans les écoles.

Depuis que la philosophie avait été complétement incorporée dans la théologie, on avait négligé de rechercher dans les lois de la nature humaine, l'origine des notions morales et des principes des devoirs; ou plutôt on n'avait pas eu de motifs pour entreprendre une semblable recherche; la législation positive donnée par l'enseignement religieux devait suffire. L'éthique d'Aristote rouvrait cette carrière à l'investigation des philosophes, et les deux docteurs s'y engagèrent encore, mais, en se tenant fidèlement attachés à la morale religieuse comme au fil qui devait les conduire, et associant le plus souvent les deux ordres de notions. Albert et Thomas, à son exemple, considèrent la conscience comme la loi suprême de la raison; cependant ils distinguent de la *conscience* proprement dite, ce qu'ils appellent avec quelques

pères de l'Eglise, la *synderèse;* la première est une disposition morale, une puissance; la seconde est une habitude. « La *synderèse*, dit
» Albert, est l'étincelle de la conscience. La
» synderèse peut être considérée sous deux rap-
» ports : l'un supérieur, l'autre inférieur; sous
» le premier rapport, elle est gouvernée par les
» principes régulateurs de la conscience, prin-
» cipes universels qui sont innés en nous; sous
» le second rapport elle régit les applications.
» La conscience est la loi de la raison et de
» l'entendement; parce qu'elle oblige à faire ou
» à ne faire pas, par des règles universelles.
» Cette loi est donc une habitude naturelle,
» quant aux principes, acquise, quant aux appli-
» cations (1) » suivant S. Thomas, la *synderèse* est l'habitude, la conscience est l'acte (2). S. Thomas occupe un rang éminent parmi les moralistes chrétiens, moins cependant par des vues qui lui soient propres sur les notions fondamentales de la théorie des devoirs, que par le développement qu'il a donné à la nomenclature de

---

(1) *Summa Theol.*, pars II, tract. XVI, quæst. 99, membr. 1.

(2) *De Veritate*, quæst. 16, 7, tome XII de ses œuvres, p. 174 et suiv.

ces devoirs, aux soins qu'il a pris d'en déterminer avec soin toutes les espèces dans l'application, et suivant la variété des circonstances ; il a mérité ainsi de devenir le guide de ceux auxquels on a donné proprement le nom de casuistes. « La félicité suprême, telle est, à ses yeux, la fin de l'homme. Il ne peut la goûter que dans la vue, la compréhension et la jouissance du souverain bien, c'est-à-dire, de Dieu même. » C'est à la métaphysique que S. Thomas demande le caractère qui distingue le bien et le mal dans les actions humaines : « toute action en général a précisément en *bonté* ce qu'elle a en *être*; tout ce qui lui manque en *être* la rend mauvaise. Le bien, pour l'homme, consiste à être suivant la raison. En particulier, cela est bien pour une chose, qui lui convient selon sa forme ; cela est mal, qui ne se trouve pas en harmonie avec l'ordre de sa forme (1). »

Albert se livra avec ardeur à l'étude des sciences physiques. On raconte qu'il avait exécuté un automate non-seulement animé, mais même doué de la parole, automate que S. Thomas brisa, dès la première vue, à coups de bâton, le

---

(1) *Summa Theol. Prima secunda.* Quæst. 2, art. 7, 8. Quæst. 3, art. 1 ; quæst. 18, art. 3, 4, 5.

prenant pour un agent du démon. Nous avons de lui un traité d'alchimie assez curieux, en ce qu'il indique les erreurs et les vices des procédés employés de son temps dans les expériences; il déclare qu'il n'a épargné ni voyages, ni lectures, ni recherches, ni essais, pour perfectionner cette science, et qu'il a fait dans la même vue des dépenses considérables. Ce traité, qui n'est au fond qu'une suite de prescriptions empiriques, telles qu'on pouvait les composer alors, est cependant précédé par des considérations mystiques, comme si le chimiste attendait d'une sorte d'inspiration surnaturelle les lumières qu'il va demander à l'expérience (1) (F). On ne doit pas s'étonner qu'Albert ait été accusé de magie; mais on peut s'étonner à bon droit de l'entendre lui-même avouer cette qualification, et déclarer que, dans ses expériences magiques, il a reconnu la réalité des enchantemens (2) (G).

Ce qui caractérise plus spécialement S. Thomas, ce qui le distingue essentiellement parmi les Scolastiques de cet âge, c'est sa méthode. La coordination générale qui préside à sa *Somme*

---

(1) Voyez ce traité à la fin du XXIe tome de ses œuvres.

(2) *De Anima.* Lib. I, tract. I, cap. 6.

Théologique est vraiment remarquable; on peut l'apprécier par les deux tableaux synoptiques placés en tête de ce volumineux ouvrage, et qui en font ressortir le système et l'enchaînement d'une manière fort lumineuse. S. Thomas adopte sur chaque sujet une marche absolument uniforme et qui dès lors a presque toujours été adoptée pour modèle. Il pose d'abord une question en forme de problème; il présente ensuite trois ou quatre motifs en faveur d'une solution; puis il propose ce qu'il appelle la *conclusion* qui renferme la solution contraire; il développe cette conclusion par le raisonnement et l'autorité; il termine en opposant un nombre égal d'argumens aux motifs qu'il avait allégués d'abord à l'appui de la solution rejetée. Sa conclusion est presque toujours, moins une proposition absolue, qu'une distinction à l'aide de laquelle il considère la question sous un double rapport, répondant affirmativement sous l'un et négativement sous l'autre.

Ces deux grandes colonnes de la philosophie scolastique ont droit sans doute à notre admiration, lorsqu'on considère l'époque à laquelle elles s'élevèrent. Albert et S. Thomas ont eu le mérite réel de tracer le cadre le plus vaste aux méditations de leurs successeurs; ils ont en particulier celui d'avoir posé, dans leurs élémens les plus essentiels, les problèmes relatifs aux principes des connaissances humaines; mais on retirera de la lecture de leurs volumineux écrits, il faut le dire, moins de fruits qu'on en espérerait : ils sont, en général, vides de faits ; une foule de questions oiseuses sont mêlées à celles qui commandent le plus d'intérêt ; les distinctions y sont multipliées à l'infini et sont rarement lumineuses. Les solutions sont ordinairement déduites d'un genre d'argumentation étranger à la nature des choses, et fondées sur un simple artifice de mots. Quel fruit attendre de ces théories qui expliquent la nature des corps *par la corporéité*, et les objets réels par leurs formes prétendues, restituant à ces objets ce que l'esprit en a détaché? le style d'Albert est aussi obscur que prolixe. S. Thomas est plus clair; mais la sécheresse, l'uniformité, et la méthode syllogistique, la prodigalité constante des abstractions inutiles, le privent de tous les secours que la philosophie la plus austère peut trouver dans le langage pour rendre la vérité plus accessible et l'environner de quelques charmes

Quoique S. Thomas eût été le disciple d'Albert, quoiqu'il eût, comme on vient de le voir, à peu près suivi ses erremens, c'est S. Thomas qui a eu l'honneur de donner son nom à la nombreuse école qui a embrassé et soutenu leurs doctrines; c'est sur le texte de S. Thomas que se sont exercés les nombreux commentateurs qui ont voulu les développer. C'est S. Thomas qui, dans la *Divine Comédie* du Dante, remplit la fonction éminente de présenter au poète tous les philosophes modernes. L'un des plus fidèles et des plus ardens sectateurs du docteur angélique fut cet Ægidius Colonne, appartenant à l'illustre famille des Colonne, qui entra dans l'ordre des Augustins, et reçut le titre de *docteur très-solide* (*fundatissimus*). La plupart de ses ouvrages sont restés inédits; il en est un qui avait pour objet de découvrir le véritable auteur du livre *de Causis*. Ægidius fait consister la vérité dans le rapport des objets à l'entendement; il en distingue trois sortes : la vérité logique, la vérité réelle, la vérité absolue et infinie. Dans la première, l'entendement produit l'objet ; dans la seconde, l'objet produit l'idée ; dans la troisième, un principe plus élevé, Dieu même, produit à la fois et l'idée et l'objet (1). » Ægidius distingue aussi l'*être absolu*

---

(1) *Ægidii quodlibeta*, p. 86., 203.

et *l'être participant*. Le premier est infini, pur; il subsiste par lui-même; le second se réfère au premier, comme l'espèce à son genre, ou comme la matière à la forme; il est fini, dépendant, conditionnel. Le premier est simple, par cela même qu'il est infini; le second trouve dans sa limitation l'origine de sa variété (1). La matière n'est aux yeux d'Ægidius qu'une simple puissance (*potentia pura*), dans laquelle il n'y a rien d'actuel (*in actu*) (2).» Elle n'est pas la privation des nouveaux Platoniciens; mais elle n'a pas plus de réalité. « Ce qui constitue l'individualité, dit-il, c'est que la substance a une existence propre, qui ne peut être communiquée à aucune autre; tout ce qui existe en soi, qui agit par soi, est individuel; ce qui est général existe dans plusieurs. Le principe de l'individuation n'est donc pas dans la matière proprement dite, mais seulement dans la matière déterminée (3). »

Ægidius Colonne n'eut guère d'ailleurs que le mérite de chercher à éclaircir la doctrine de

___

(1) *Id.*, Tract. *De arte et essentia*.
(2) *Id.*, *In magistr.*, sentent. II, distinct. 12, quæst. 8, 9.
(3) *Id.*, *ibid.*, I; distinct. 3, pars I, quæst. 4.

l'ange de l'école; on lui a attribué des *Commentaires physiques et métaphysiques*, publiés en 1604, et qui donneraient de lui une idée plus relevée, comme philosophe et comme écrivain; mais cet ouvrage est évidemment d'un auteur beaucoup plus récent.

Cependant l'ordre de S. François s'était aussi voué à l'étude de l'enseignement de la théologie, et cherchait à donner à ses écoles le relief et l'éclat des doctrines philosophiques. Jean de Fidanza, né en Toscane, en 1221, plus connu sous le nom de S. Bonaventure, cultiva avec une égale ardeur ces deux sciences, et subordonna surtout étroitement la seconde à la première. Il fut l'émule d'Albert, en suivant une autre route. S. Bonaventure fut revêtu de la pourpre romaine, et mourut à Lyon en 1274, pendant la tenue du concile. Il était fort éloigné de rivaliser avec le philosophe de Cologne, pour l'étendue des connaissances : la lecture des écrits d'Aristote, de S. Augustin, de S. Anselme, de Pierre Lombard, composait son érudition; il avait aussi étudié Hugues de S. Victor, et c'est peut-être à cette source qu'il puisa le Mysticisme que sa doctrine respire. Ce Mysticisme, joint à de hautes vertus, à une piété ardente, et entretenu par elle, lui donna toutefois sur les esprits un ascendant presque égal à celui qu'Albert obtenait par son savoir. Gerson le place, par ce motif, au-dessus de tous les Scolastiques, mais se plaint cependant de ce qu'il n'est pas assez étudié. «Il existe pour l'homme, suivant S. Bonaventure, quatre modes d'illumination : le premier est extérieur ; il enseigne les arts mécaniques : le second est intérieur ; il montre les formes naturelles, et enseigne les connaissances sensibles : le troisième, intérieur, enseigne les vérités intellectuelles et philosophiques : le dernier est supérieur ; il révèle les vérités divines. Tous dérivent d'une seule et même lumière primitive, la lumière céleste. Les arts sont une représentation du grand œuvre par lequel le Créateur a donné l'être à sa créature. Les perceptions des sens s'opèrent à l'aide d'un *medium*, de certaines *espèces sensibles* qui se détachent des objets et s'unissent aux organes et à la faculté de sentir ; elles font ainsi concevoir comment de l'intelligence éternelle est émanée cette image qui s'est unie à la chair (1). »

« Il y a une vérité dans le langage, une vérité

---

(1) S. Bonaventure. — *Opuscula*, tome I, p. 66.

dans les choses, une vérité dans les mœurs. La métaphysique embrasse la connaissance de tous les êtres, la réduit à un principe duquel ils sont dérivés, d'après les types idéaux, c'est-à-dire à Dieu qui est à la fois le principe, la fin et l'exemplaire. »

« L'univers entier est une échelle qui conduit à la Divinité. Cette échelle a trois degrés : les objets extérieurs doivent ramener l'âme en elle-même ; elle doit, en concentrant la pensée sur elle-même, y découvrir le reflet de la vérité suprême ; elle doit enfin s'élever aux choses éternelles, pour y contempler le premier principe. Chacun de ces degrés est double à son tour, suivant que la Divinité est considérée comme l'*Alpha* ou l'*Omega*, suivant qu'elle est considérée par le miroir, ou dans le miroir qui la réfléchit. Ces six degrés sont la sensation, l'imagination, la raison, l'entendement, le sommet de l'intelligence et la synderèse (1). » S. Bonaventure emprunte le langage des nouveaux Platoniciens et du pseudo-Denis l'aréopagite,

---

(1) *Ibid.*, tome II, p. 125. — *Magist. sentent.* II, distinct. 3, art. 2, quæst. 3, distinct. 12, art. 1, quæst. 1.

comme il reproduit leurs idées en les adaptant aux vues ascétiques. Il reproduit aussi, en les modifiant, les *raisons séminales* des anciens. Il voit en elles les formes générales, encore indéterminées. Il rejette l'âme du monde, l'émanation universelle ; il admet l'influence des astres sur les phénomènes terrestres, sur le corps, l'âme, la pensée, la volonté de l'homme (1). Il sonde le grand problème du principe de l'individuation ; mais, il n'est guère plus heureux pour le résoudre que S. Thomas ne l'a été après lui. « L'individuation résulte de la *conjonction actuelle de la matière et de la forme*, conjonction dans laquelle l'un de ces deux principes s'approprie l'autre. C'est ainsi que plusieurs sceaux s'impriment sur la cire. Où est cependant l'origine de cette alliance ? L'individu tient, de la forme, la propriété *d'être quelque chose* ; de la matière, celle d'être précisément *cela* ; parce que la matière lui donne sa position dans le temps et dans le lieu. La matière donne l'existence à la forme ; la forme donne à la matière *l'acte d'être*. La matière dé-

---

(1) *Ibid.*, distinct. 14, art. 2, memb. 2, quæst. 23.

pend de la forme et en reçoit sa coordination nécessaire; et, quoiqu'elle soit antérieure à celle-ci dans la production ou génération, elle lui est postérieure selon l'*accomplissement* (1). »

La région qui venait, au milieu du 12ᵉ siècle, de s'offrir aux spéculations des Scolastiques, était si vaste, le but qu'on espérait atteindre en la parcourant, était si élevé; les moyens de la parcourir paraissaient si faciles, les exemples étaient si propres à exciter l'émulation, qu'on devait s'attendre à voir se multiplier de toutes parts ces explorations philosophiques, dans un siècle où l'ardeur des études était portée à un si haut degré de perfection. En effet, les docteurs se présentent en foule, embrassant le même cadre, suivant les mêmes méthodes, traitant les mêmes questions, cherchant à les approfondir, mais, on est forcé de le reconnaître, ajoutant plutôt à la masse des volumes, qu'à l'étendue réelle des connaissances.

En Espagne, nous distinguons Pierre, fils du médecin Julien, de Lisbonne, qui associa

---

(1) *Comment. in magistr. sentent.*, lib. II, distinct. 9, membr. 2, quæst. 3, 4, distinct. 12, art. 1, quæst. 1.

lui-même l'étude de la médecine à celle de la philosophie et de la théologie, qui fut successivement évêque de Braga, cardinal et évêque de Frascati, en 1273, et qui occupa la chaire de S. Pierre, en 1276, sous le nom de Jean XXI. Indépendamment de ses écrits sur l'art médical, il composa un Manuel de Logique qui paraît emprunté en grande partie à celui de Michel Psellus, mais dans lequel il ajouta quelques perfectionnemens à l'artifice mécanique du syllogisme.

Genève donna le jour à Henri, qui obtint le titre de *docteur solennel*, qui mourut en 1293, laissant une grande renommée, et non sans avoir exercé sur son siècle une influence utile à plusieurs égards. Henri était Réaliste; mais son réalisme était celui des nouveaux Platoniciens, qui rapporte tout à l'unité absolue, et conçoit les formes des êtres comme les idées exemplaires de l'entendement divin. Il prêtait aux *idées* une existence réelle et distincte de la raison divine à laquelle elles servent d'exemplaires, se fondant sur ce motif que toute idée doit avoir un objet (1). Il eut le

---

(1) Henrici Gandavensis summa III, quæst. 25. — Quodlibet VIII, quæst. 1.

mérite en psycologie, de justifier par quelques observations, le concours de l'activité de l'âme dans la sensation et dans la pensée. En souscrivant à l'hypothèse des Péripatéticiens sur le double ordre d'*espèces* intermédiaires qui se placent entre les objets et l'esprit humain, pour fonder leurs rapports dans la perception sensible et dans la pensée, il admit cependant certains objets qui s'offrent directement à l'entendement, sans le secours de ces sortes de figures. Avec Platon et S. Augustin, Henri pense que l'entendement humain ne peut rien connaître sans le secours d'une *illumination spéciale* qui émane de la Divinité. L'individualité n'est point à ses yeux un principe positif, mais négatif; il n'est qu'un accident; Henri n'en trouve point la raison dans l'essence. Les *rapports*, genre de notion dont la réalité donnait tant d'embarras aux Scolastiques, ne se distinguent point, aux yeux de Henry, de leur fondement; ils n'en sont aussi que des accidens. Faute d'avoir su déterminer exactement les notions de l'être, on demandait alors si *l'être de l'essence* était différent de *l'être de l'existence*. Henri répond en distinguant une certaine réalité qui subsiste indépendamment de la manière d'être actuelle, à laquelle celle-ci vient se joindre, qui lui sert de pivot, comme le corps à la couleur, et une certaine abstraction indifférente à l'être et au non-être, qui n'existe point en elle-même, mais qui a cependant dans l'entendement divin une idée correspondante, et que la puissance divine peut réaliser (1). Henri s'élève quelquefois à des abstractions fort subtiles, mais se perd aussi dans les nuages. Il ose critiquer Aristote et S. Thomas.

Un autre docteur, le docteur *solide* (*solidus, copiosus, fundatissimus*) naquit et enseigna à Oxford ; ce fut Richard de Middleton, qui termina sa carrière dans cette ville en 1300. Il appartenait à l'ordre des frères mineurs ; il eut la réputation d'être fort habile à détruire les sophismes, et le mérite rare à cette époque, d'une certaine netteté dans les idées ; il sut, il est vrai, s'abstenir avec réserve des spéculations abstraites, et se dirigea spécialement vers la théologie naturelle et la psycologie. Les Scholastiques faisaient résulter la *forme* du corps de son union avec l'âme ; Richard lui attribua un principe dans la matière même, rapporta à ce principe les facultés inférieures de l'âme, et y renferma

---

(1) Quodlibet I, quæst. 9.

l'âme des brutes. Il réserva ainsi une origine distincte et plus élevée aux facultés intellectuelles qui forment le privilège de l'âme humaine, en reconnaissant toutefois que cet ordre de facultés est dépendant du premier. Il maintint, contre les Thomistes, que les âmes humaines diffèrent entre elles (1). « L'âme humaine a une certaine expansion qui se distingue de l'étendue des corps, quoiqu'elle ait quelque rapport avec elle; elle est présente dans chaque partie du corps, comme Dieu dans chaque partie de l'espace (2). »

Du sein des îles britanniques s'éleva contre les Thomistes un adversaire puissant qui engagea avec eux une lutte vigoureuse, qui se plaça au premier rang des Scolastiques du temps; l'Angleterre, l'Ecosse, l'Irlande se disputent l'honneur de lui avoir donné le jour. L'ordre de S. François a eu celui de le compter dans ses rangs. Ce fut Jean Duns Scot. Il étudia à Paris, recueillit, sans s'y asser-

---

(1) Richard de Mediavilla : *In magist.* sentent. II, distinct. 17, quæst. 1, n° 5 ; distinct. 15, quæst. 1 ; distinct. 18, 19, quæst. 2, n° 2 ; 3 ; distinct. 19, quæst. 1, n° 2, distinct. 31, quæst. 4, n° 1.

(2) *Ibid.*, I, distinct. 8, quæst. 4, n°. 1.

vir, les leçons de S. Bonaventure et de S. Thomas, et mourut, jeune encore, en 1308, à Cologne, où il venait d'occuper une chaire. Ses ouvrages attestent qu'il avait beaucoup lu, et renferment un résumé comparatif des opinions diverses sur les questions agitées de son temps. On lui décerna le titre de *docteur subtil*, et il faut convenir qu'il ne le justifia que trop. Il porta au plus haut degré l'art déjà si avancé des distinctions, mais sans lui donner ni plus de solidité, ni la clarté qui lui eût été si nécessaire. Toutefois, au travers d'argumentations qui ne roulent le plus souvent que sur des artifices de mots, on rencontre dans ses écrits quelques aperçus qui eussent fait espérer de plus heureux résultats, s'il se fût trouvé engagé dans une meilleure route.

« Comment se fait-il », dit judicieusement Tennemann (1), que S. Thomas et Duns Scot, partant tous deux des mêmes principes, suivant tous deux les mêmes méthodes, subordonnant tous deux la philosophie à la théologie comme à son but et à sa règle, prenant tous deux Aristote pour guide, arrivent cependant sur pres-

_____

(1) *Histoire de la Phil.*, tome 8, 2ᵉ partie, p. 703.

que tous les points à des résultats diamétralement opposés? » C'est ce que nous examinerons dans la seconde partie de cet ouvrage.

Duns Scot, Réaliste prononcé, a déduit les conséquences rigoureuses de ce système. De là résultent sa théorie de la connaissance, ses opinions sur le principe de l'individuation, sur la nature des relations, deux questions dérivées naturellement de l'hypothèse qui prêtait une réalité objective aux notions générales, et qui n'étaient pas faciles à résoudre dans une hypothèse semblable.

« Il y a une connaissance expérimentale. Quoique l'expérience n'embrasse pas tous les cas particuliers, et ce qui arrive toujours, mais seulement un certain nombre de cas, et ce qui arrive le plus souvent, toutefois, elle enseigne, par une connaissance certaine, que le même phénomène se répétera partout et toujours, en vertu d'un principe qui repose dans notre âme, savoir: que ce qui résulte en certain cas d'une cause non libre est son effet naturel (1). Tel est le dernier terme de la connaissance scientifique ; elle n'obtient point la notion nécessaire de la connexion actuelle de la cause avec son effet, parce

_____

(1) *In magist. sentent.* I, quæst. 3.

qu'il n'y a pas de contradiction à les concevoir séparés dans la connaissance spéculative. Les sens sont l'occasion et non la cause ; car, l'entendement ne peut recevoir les notions simples que par les sens ; mais, il les combine ensuite par la vertu qui lui est propre ; il compare ces composés, en reconnaît l'identité, principe essentiel des vérités intellectuelles (C). » Sans adopter entièrement l'opinion de S. Augustin, de S. Bonaventure et de Henri, de Genève, qui considéraient la connaissance rationnelle comme un rayon de la lumière divine, Duns Scot suppose cependant que cet ordre de connaissances provient médiatement de l'illumination divine, en ce sens que l'esprit humain retrouve les *idées* divines dans les objets dont elles ont été les types. On peut donc accorder que les vérités pures sont connues dans la lumière éternelle, comme dans un objet éloigné, parce que la lumière sacrée est le premier principe des êtres appartenans à l'ordre de la spéculation, comme la fin dernière des choses pratiques. Ce mode de connaissance est le plus parfait ; la science universelle appartient donc aux théologiens. Les propriétés même du triangle sont connues d'une manière plus noble par cette participation divine, par les notions de l'ordre de l'univers, qui expriment la perfection de Dieu, que par les démonstrations théologiques. »

Duns Scot développe la juste et profonde distinction introduite par Aristote, entre la subordination des connaissances fondée sur leur dépendance logique, et la succession qui résulte de leur mode d'acquisition. Il distingue la connaissance actuelle, habituelle et virtuelle ; la conception *absolument simple*, qui ne peut se résoudre en d'autres, et la *simple conception* qui ne consiste que dans l'acte de l'intelligence, sans le concours de l'acte du jugement. Il distingue *l'intelligence confuse et l'intelligence de ce qui est confus* ; la première tient ce caractère des opérations de l'esprit ; la seconde, de la disposition de l'objet. « La connaissance actuelle et confuse procède du particulier au général ; la connaissance actuelle et distincte suit un ordre inverse.

» Quoique les notions générales aient une origine dans l'expérience, elles n'en sont pas moins réelles, parce que l'entendement ne les produit pas, mais les reçoit ; car l'objet préexiste à l'acte de la connaissance. Dans tout genre, il y a une première unité qui en est le mètre ; cette unité est réelle, car les objets mesurés sont réels. Or, des objets réels ne peuvent être mesurés par un être de raison. Cette unité n'est ni individuelle ni numérique. Elle réside dans les choses, indépendamment des opérations de l'entendement (1). »

Quel est donc l'élément qui doit venir se joindre à l'universel, au général, existant déjà réellement, pour en former un individu? Tel était le problème du principe de l'individuation. Duns Scot rejette l'hypothèse d'un certain père Adam qui plaçait ce principe dans l'essence d'une substance matérielle en soi et par soi-même; il rejette à la fois celle d'Henri de Genève, qui avait considéré ce principe comme négatif, celles de Nicolas Bonnet, d'Ægidius Colonne, de S. Thomas, qui, accordant un principe positif à l'individuation, avaient tour à tour, placé ce principe dans l'existence, dans la qualité, dans la matière; il lui attribue aussi un principe positif; mais, ne le trouve ni dans la matière, ni dans la forme, ni dans l'accident. Ce principe consiste, suivant lui, dans certaines *entités positives qui déterminent la nature;* c'est ce que son école nomme les *Hæcceités* (*Hæcceitates*). «Ainsi Pierre est un individu,

---

(1) *Ibid.*, II; distinct. 3, quæst. 1.

parce que la *Pétréité* vient s'unir en lui à l'*humanité* (1). » C'est ainsi que les Scolastiques croyaient résoudre les problèmes de la nature des choses !

Duns Scot soutient, contre les Thomistes, que les facultés de l'âme n'ont point, dans la réalité, d'existence distincte entre elles, ni d'existence séparée de l'âme elle-même. Sa définition de la volonté est remarquable ; il la considère comme une spontanéité absolue, comme une libre causalité (2).

La lutte entre les Thomistes et les Scotistes trouva son principal aliment dans les questions théologiques relatives à la liberté, à la grâce, à la prédestination, et leur dut aussi sa principale célébrité. Ces questions, étrangères à notre sujet, se liaient cependant sous quelques rapports aux doctrines philosophiques des deux partis : des questions du même genre, mais considérées dans le domaine de la théologie et de la morale naturelles, avaient aussi partagé les sectes de l'antiquité.

---

(1) *Ibid.*, *ibid.*, quæst. 2.
(2) *Ibid.*, I, distinct. 8, quæst. 5, 11 ; distinct. 25, quæst. 1, quæst. subtiliss., quæst. 5, §§ 4, 6, 13.

Parmi les nombreux disciples et sectateurs de Duns Scot, se signalèrent Jean Vassalis, Antoine André, Pierre Tartaret, mais surtout François de Mayronis, qui mérite ici une mention particulière, parce qu'il détermina avec plus de précision quelques idées de son maître; s'il y joignit trop souvent des subtilités nouvelles, il y ajouta cependant aussi quelques vues qui lui étaient propres. On lui donna les surnoms de *docteur illuminé, délié,* de docteur *des abstractions.* Recherchant, sur les traces de Duns Scot, le premier principe qui domine sur l'universalité de la science, il le trouva dans cette proposition : « Il y a sur chaque chose une » affirmation ou une négation vraie, mais non » l'une et l'autre à la fois. » Les nouveaux Platoniciens, et Duns Scot après eux, avaient établi que la Divinité ne forme point un même genre avec les créatures; François de Mayronis admit l'opinion contraire. Il réalisa la notion de la relation, comme la plupart de ses contemporains, mais par d'autres motifs : en supposant que les sens perçoivent, non-seulement les objets, mais le rapport qui est entre eux, il ajouta que la relation est réellement distincte de ses termes ou fondemens. Il réalisa également les notions générales, sans les placer cependant, ni dans l'essence de l'entendement, ni dans celle des objets : elles n'étaient à ses yeux que de simples accidens. (1). Ce qu'il y a de plus remarquable dans son commentaire sur le *Maître des sentences*, ce sont les raisonnemens qu'il oppose aux Sceptiques, pour justifier le témoignage des sens ; il rejette sur le *sens commun*, ce foyer assigné par Aristote, les erreurs dont les sens externes sont accusés (2).

Une autre controverse plus fructueuse peut-être s'élève, au commencement du 14ᵉ siècle, entre l'un des plus célèbres Thomistes, Hervey Natalis, Breton, qui devint général de l'ordre de S. Dominique, et Durand de S. Pourçain, Auvergnat, qui enseigna la théologie à Rome avec éclat, et fut promus à l'épiscopat. Dans cette controverse, l'Auvergnat eut le double avantage de porter à la fois plus de netteté dans ses idées et plus de clarté dans l'expression. Le premier termina sa carrière en 1322, le second en 1332.

---

(1) *Francisci Maronis*, in-fol. Sentent. prœm. quæst. 1, 2, 4, 6, 10, 11, 13 ; distinct. 29, quæst. 1 ; distinct. 79, quæst. 1.

(2) *Ibid*, prœm. quæst. 19.

Depuis que Duns Scot avait distingué les *êtres de raison* des êtres existans, plusieurs systèmes s'étaient élevés sur la manière de déterminer la nature des premiers. Hervey les expose, les compare, les discute : il rejette celui qui considère l'*être de raison* comme quelque chose de subjectif dans l'âme, et celui qui le considère comme quelque chose d'objectif transmis à l'âme du sein de la réalité, et reçu dans l'entendement comme l'objet d'une connaissance; il le fait naître de la connaissance même, et le considère comme quelque chose qui résulte seulement de la représentation objective (1). Le Réalisme allait jusqu'à attribuer une réalité distincte et séparée à l'espèce et aux différences; en cela il était conséquent à lui-même; Hervey nie cette distinction; il nie également l'identité du rapport avec ses termes : « La relation, dit-il, exprime quelque chose de positif dans les objets; en cela, mais, en cela seulement, elle est identique avec ses fondemens; elle exprime aussi une vue de l'esprit qui réfère un terme à l'autre (2). » C'était encore un grand

---

(1) *Hervæi Natalis*, quodlibet III, quæst. 1.
(2) Quodlibet I, quæst. 9.

sujet de discussion pour les Scolastiques que de déterminer les *degrés d'intension ;* car, comment des qualités semblables, appartenantes à la même espèce, douées de la même essence, peuvent-elles subir des degrés différens d'expansion? Hervey résoud le problème en admettant dans *l'essence ou dans l'être, une certaine latitude* sujette à varier, sans qu'elle change de nature constitutive (1). Avec les nouveaux Platoniciens et S. Thomas, il suppose la possibilité de l'éternité du monde, c'est-à-dire, de la création du monde avant le temps (2). Tels sont les traits principaux qu'on peut saisir au travers de l'obscurité de son style.

Durand avoit été dans sa jeunesse un ardent sectateur de l'Ange de l'école; mais il quitta les rangs des Thomistes, et tenta de se frayer une plus libre carrière. On le nomma le *docteur très-résolu ;* il eût mérité un titre plus honorable, celui d'ami sincère de la vérité. « Quelle que soit l'importance, dit-il, qu'aient voulu attacher les partisans d'Aristote à leur *entendement actif,* cette question intéresse moins que la vérité. Quelle nécessité y a-t-il d'ailleurs de distin-

---

(1) *In magist.* sentent. I, distinct. 17, quæst. 4.
(2) *Ibid*, II, distinct. 3, quæst. 1.

guer deux principes dans l'âme, par cela seul que tour à tour elle agit et n'agit pas, quoique conservant, dans ce dernier cas, la faculté d'agir? La vérité de la proposition, dit-il encore, est la vérité du signe ; la vérité de l'entendement ne consitant que dans son acte, n'a qu'une réalité subjective ; cet acte est toujours vrai, en ce sens qu'il est réel dans l'entendement. Mais, la vérité d'une conception consiste dans son rapport avec l'objet ; elle consiste dans la conformité ou l'*adæquation* de l'une avec l'autre, de l'être subjectif avec l'être objectif. La vérité réside donc, non dans les choses, mais dans l'entendement, d'une manière relative ou objective (1).

» Le général et l'individuel ne se distinguent que dans le domaine de l'existence : tout ce qui existe est individuel ; ce qui ne réside que dans la pensée est général. Le général s'individualise en recevant une détermination par l'existence hors de la pensée. Le principe de l'individuation n'est donc autre chose que le fondement de l'existence d'un être, c'est-à-

---

(1) *In magist.* sentent. I, distinct. 3, quæst. 5 ; distinct. 19, quæst. 14.

dire, l'activité d'un être présent dans la nature, laquelle ne produit jamais que des individus(1). » On voit que Durand n'était Réaliste que de nom.

Durand distingue la relation réelle et la relation logique. « Le mouvement des corps, l'union de l'accident au sujet, appartiennent à la première ; l'égalité, l'analogie à la seconde.

» La diversité des degrés d'intension repose dans une certaine *latitude de l'essence ;* elle a ses principes, en partie dans la propriété de la cause, en partie dans celle du sujet modifié. La qualité forme un *continuum* divisible, sans cependant se confondre avec l'extension matérielle, c'est-à-dire, sans se composer de parties surajoutées les unes aux autres (2). »

Durand affirma contre les Thomistes que les âmes ne sont point égales par leur nature ; il chercha les caractères des facultés de l'âme dans les témoignages de la conscience intime, et sépara ces facultés de l'essence de l'âme, en montrant qu'elles ont des intervalles d'inaction. Il répandit quelque lumière sur les démonstrations de l'existence de Dieu ; il en distingua

---

(1) *Ibid.*, distinct. 3, quæst. 2.
(2) *Ibid.*, distinct. 17, quæst. 5, 6, 7.

trois principales; la première, qu'il appela *via eminentiæ*, déduite de l'idée de l'être souverainement parfait; la seconde, qu'il appela *via causalitatis*, déduite de l'impossibilité d'une progression de causes à l'infini; la troisième, fondée sur la notion de *l'être nécessaire*(1).

A la fin du 13ᵉ siècle et au commencement du 14ᵉ, paraît sur la scène l'un des hommes les plus extraordinaires par la singularité de sa vie et celle de ses travaux, que l'histoire de l'esprit humain ait jamais signalés; c'est ce Raymond Lulle, condamné par les uns comme un hérétique, accusé par eux de tous les vices, vénéré par les autres comme un saint et un martyr, traité d'insensé par les uns, admiré par les autres comme un esprit supérieur; tour à tour soldat, courtisan, marié, moine, érudit, philologue, mystique, théologien, philosophe, écrivain, missionnaire; ce Lulle, qui parcourut l'Europe et l'Afrique, voulut entreprendre des croisades; assiégea les rois et les papes de ses sollicitations constantes pour la double cause de la conversion des Sarrasins et de la propagation d'une science nouvelle,

---

(1) *Ibid.*, distinct. 3, quæst. 1.

étudia l'arabe, provoqua dans les universités, et spécialement à Paris, l'érection des chaires pour l'enseignement de cette langue; s'initia dans les doctrines des Arabes et celle des Juifs; introduisit les mystères cabalistiques chez les Chrétiens; auteur si fécond au milieu d'une vie si active, qu'on lui attribue quatre mille ouvrages, et que ses seuls écrits imprimés forment dix énormes volumes in-folio; créateur enfin de cet *art combinatoire* qu'on appella *l'art merveilleux*, qui long-temps a passé pour tel, de cet art qui a exercé les Kircher, les Leibnitz, et tant d'autres; ce Raymond Lulle qui, après avoir étonné son siècle, est tombé ensuite dans un tel oubli, que son nom a même échappé à quelques-uns des plus savans biographes (K).

Les admirateurs de Raymond Lulle n'ont pas hésité à déclarer que son *grand art* lui a été révélé par une inspiration céleste et miraculeuse; mais son origine véritable, quoique naturelle et terrestre, se montre assez par la filiation des traditions et par les aveux de Lulle lui-même. L'idée sur laquelle cet art repose, les linéamens du dessin d'après lequel il est conçu, dérivent des Juifs et des Arabes, et probablement même d'une source encore plus lointaine, des Gnostiques, de Pythagore, des prêtres égyptiens (1). Lulle ne paraît guère avoir eu d'autre mérite, si toutefois c'en est un aux yeux de la saine raison que de donner une nouvelle forme, ou plutôt mille formes diverses, de nouveaux développemens et une multitude d'applications à ce bizarre système, de le tirer du secret sous lequel on le tenait soigneusement gardé, et de le produire au grand jour dans nos écoles.

En partant de l'hypothèse que les combinaisons logiques des idées représentent l'empire des réalités, que les êtres se forment, comme nos conceptions, par une dérivation progressive des notions les plus générales, en distribuant la nomenclature des idées abstraites d'après le rôle qu'elles jouent dans ces combinaisons, on peut représenter d'avance le tableau de tous leurs élémens possibles, et composer ainsi *à priori* une sorte d'arsenal de la science. Qu'on affecte ensuite à chacune des divisions de la nomenclature, des signes conventionnels, tels que les lettres de l'alphabet, par exemple ; qu'on trace des tableaux figuratifs, propres à exprimer toutes les évolutions que

---

(1) Voyez ci-dessus, chap. 23, page

ces termes peuvent subir en s'associant entre eux, en obtiendra, par un artifice tout mécanique, un nombre indéfini de formules qui composeront une sorte d'algorithme métaphysique : tel est le grand art de Raymond Lulle; il place sur autant de colonnes distinctes ce qu'il appelle les principes ou *Prœdicats*, divisés en deux ordres, absolus et relatifs; il y range les questions possibles, les sujets généraux, les vertus et les vices ; à chaque colonne il assigne neuf termes. Il construit ensuite des cercles concentriques les uns aux autres et mobiles, dont chacun correspond à l'une des colonnes de son tableau, et dont les rayons correspondent aux différens termes de ces colonnes. Ces cercles, dans leurs positions respectives, placent ces termes en regard suivant des corrélations variées, et engendrent ainsi toute sorte de propositions. On ne peut mieux comparer ce jeu qu'à la machine imaginée par Pascal, pour exécuter les quatre règles de l'arithmétique. C'est un moyen de parler et d'écrire sur toute sorte de sujets, sans se donner la peine de penser : les révolutions des figures emblématiques remplacent les méditations de l'esprit; il n'est pas besoin de dire qu'elles tiennent lieu également de la connaissance des faits ; car, d'après la supposition fondamentale, une telle connaissance est absolument oiseuse. Cette réflexion nous explique comment Lulle a pu composer un aussi grand nombre de livres; il eût pu certes les composer même pendant son sommeil, à l'aide d'un moteur qui eût mis sa machine en jeu. Cet artifice une fois imaginé, Lulle l'a varié en mille manières, lui a donné mille développemens. Tantôt ce sont des tableaux synoptiques, tantôt des arbres généalogiques, auxquels il ne manque pas de donner le nom d'*arbre de la science*. Seulement, il lui fallait une symétrie rigoureuse, des nombres déterminés; et, comme la région des idées ne se prête pas ainsi aux caprices du mécanicien, il lui a fallu contraindre, bon gré mal gré, toutes les notions à s'arranger dans ses cases, à se réduire aux compartimens qui lui étaient nécessaires.

Un tel système, conçu dans sa simplicité et dans sa vraie nature, pourrait offrir quelques secours à la mnémonique, à l'improvisation, et il a été employé en effet dans ce genre d'applications; il peut aussi fournir quelques données pour la composition d'une langue universelle, si une telle langue est en effet possible; il peut surtout satisfaire aux besoins d'une vanité pédantesque jointe à l'ignorance et à la paresse de l'esprit, en leur offrant les moyens d'afficher un vaste appareil de savoir, avec une absence totale d'idées; et l'on doit convenir aussi que, sous ce rapport, il n'a obtenu que trop d'accueil. Mais, l'auteur, entraîné par une imagination exaltée, par un mysticisme ardent, trompé aussi par les opinions de son temps sur la valeur objective et réelle des termes logiques, a donné à son système un bien autre caractère. Il a cru répandre les flots d'une lumière toute divine, alors qu'il se livrait à des jeux de mots puérils. En comment en douter? C'est la cabale elle-même, cet art antique et sacré, qu'il croyait exploiter, et dont il exploitait en effet une branche. Il faisait revivre les nombres mystérieux de Pythagore, il faisait revivre les formules symboliques dont se composaient les traditions des sciences occultes. C'était la magie de la philosophie elle-même.

Aussi Lulle, quoiqu'il n'ait fait qu'employer les nomenclatures d'Aristote, qui lui offraient les élémens de son art, quoique le plus souvent il n'ait même fait que les corrompre, s'élève-t-il avec chaleur contre le fondateur du Lycée, contre son moderne commentateur Averrhoës, s'indigne-t-il de l'autorité qu'Averrhoës venait d'obtenir dans les écoles, et prête-t-il à la philosophie, dans des allégories qu'on pourrait appeler poétiques, si elles n'étaient revêtues du langage le plus barbare, des plaintes amères sur la profanation à laquelle on l'expose, et lui fait-il solliciter à elle-même l'honneur de rentrer sous l'empire absolu de la théologie.

Cette bizarre conception flattait aussi, comme nous avons eu déjà occasion de le remarquer, cette secrète disposition de l'esprit humain, qui se complaît à chercher le secret de la vérité dans les abstractions, et la réalité de la science dans les signes.

Et de là sans doute est résulté ce prestige inconcevable qui, pendant près de quatre siècles, a attiré sur les pas de Raymond Lulle une foule de sectateurs, de commentateurs, d'imitateurs, parmi lesquels on compte des hommes assez distingués, mais presque tous livrés au Mysticisme. De là aussi l'embarras, l'incertitude qu'ont montrés, dans les jugemens qu'ils ont portés sur lui, quelques esprits supérieurs parmi les modernes, prévenus d'une haute estime pour la fécondité des méthodes synthétiques, soupçonnant quelque mystère profond caché sous ces emblèmes, et disposés à croire qu'il est possible en effet de représenter d'avance les théorèmes de la région transcendantale de la science, dans des formules qui expriment toutes les combinaisons possibles des applications réelles, de transporter ainsi dans la métaphysique les méthodes qui ont ouvert une nouvelle et immense carrière à la théorie du calcul.

On comprend comment Leibnitz, qui s'est tant occupé de Lulle, a quelque temps hésité à prononcer, s'est laissé aller enfin à des éloges; comment Bacon, Gassendi, les écrivains de Port-Royal ont fait justice de ces artifices frivoles.

Un autre phénomène attire maintenant nos regards, phénomène plus extraordinaire encore, en ce qu'il nous offre le spectacle inattendu d'une raison saine, supérieure, ouvrant subitement une voie inconnue à son siècle, à peine soupçonnée des siècles antérieurs, d'un génie qui ose, à la fin du treizième siècle, pressentir les brillantes découvertes de la physique moderne, et signaler d'avance les méthodes qui devaient les faire éclore. C'est un successeur d'Hippocrate et de Galien, c'est un philosophe qui a su démêler dans Aristote quelques vérités fécondes négligées par son école; c'est le prédécesseur de Galilée et de Bacon; c'est un philosophe réformateur sur lequel on a accumulé bien des fables, et dont le mérite réel, reconnu depuis peu d'années, ne paraît pas avoir été mis dans son véritable jour.

Roger Bacon naquit en 1214, et mourut vers la fin du treizième siècle; nous l'avons réservé cependant pour couronner ce tableau du troisième âge de la philosophie, parce qu'il semble étranger à ses contemporains, parce que ceux-ci ne l'ont point compris, ne pouvaient guère le comprendre, alors même qu'ils lui donnaient le titre de *docteur admirable*. Le célèbre évêque de Lincoln, Robert, qui fut son premier maître, et qui lui-même avait cultivé avec ardeur et succès les sciences mathématiques, paraît être le seul qui ait apprécié le mérite de ses travaux. Dans le grand nombre d'écrits qui lui sont attribués par Leland, un petit nombre seulement a vu le jour, et encore sont-ils extrêmement rares. Les Dominicains, auxquels il appartenait, lui avaient interdit d'en communiquer aucun, *sous peine de perdre le livre et d'être au pain et à l'eau* pendant plusieurs jours. Clément IV, élevé au trône pontifical, lui renouvela cependant la demande qu'il lui avait adressée déjà étant cardinal, et en obtint l'*Opus majus*, le plus important de tous, et le seul que nous ayons pu examiner. Il a pour but de procurer dans l'étude des sciences une réforme qui malheureusement ne fut pas même tentée.

Roger Bacon s'élève dès le début contre les méthodes de son temps, en signale les vices. « L'ignorance humaine, dit-il, a quatre causes générales : les exemples indignes de servir d'autorité, les habitudes de la coutume, l'opinion du vulgaire, et l'ostentation d'une fausse science ; ce sont autant d'obstacles à la découverte de la vérité et aux progrès dans les voies de la sagesse (1) ; mais, le dernier est le plus général et le plus funeste. De là les contradictions qu'ont rencontrées tous ceux qui ont entrepris de ramener l'esprit humain dans de meilleures routes, et le peu de fruit qu'ils ont obtenu. Les anciens, intimidés par la puissance des préjugés, ont eu le tort de couvrir souvent d'un voile les vérités les plus utiles pour les soustraire au commun des hommes (2). »

Roger Bacon est frappé de voir qu'à une époque où les écoles se sont multipliées de toutes parts, où une foule d'élèves s'y réunissent, où une si vive émulation, où de si

---

(1) *Opus majus.* Venise 1750. Pars I, cap. I, p. 1, 2.

(2) *Ibid.*, cap. 4 et 10.

vastes travaux sont entrepris, les sciences n'obtiennent cependant aucun progrès réel. Il trouve dans le vice des méthodes employées, la cause de ce contraste.

La réforme qu'il propose consiste dans quatre points principaux qui correspondent à ce qu'il appelle *les racines de la science :* ce sont la grammaire, c'est-à-dire, la philologie ou l'étude approfondie des langues savantes ; l'application des sciences mathématiques, ce qu'il appelle la *perspective*, et enfin l'expérience.

L'imperfection des traductions dans lesquelles on étudiait de son temps les écrivains de l'antiquité, les nombreuses erreurs nées d'une fausse intelligence des textes, avaient singulièrement frappé notre philosophe; il se plaint surtout de voir Aristote entièrement dénaturé et méconnu par ceux-là même qui professent pour lui une sorte de culte; il fait ressortir l'inconséquence de ceux qui négligent toutes les lumières de la critique, alors qu'ils prétendent décider toutes les questions par l'autorité des maîtres. On voit par les recherches auxquelles il s'était livré lui-même, qu'il avait le droit de faire ce reproche à son siècle, et qu'à une vaste érudition il avait joint une critique judicieuse. On voit qu'il avait lu un grand nombre des écrivains de la Grèce et de Rome, ainsi que les plus distingués des auteurs arabes.

Roger Bacon avait la plus haute idée des sciences mathématiques ; il a entrevu la fécondité des applications que les sciences physiques peuvent en recevoir; mais il n'est pas également heureux dans les preuves qu'il essaie de donner de l'utilité de ces applications, ni dans le choix de ses exemples. (1) « Nous pouvons, dit-il, atteindre directement et par nos seules forces à ce que ces sciences ont de plus intime ; c'est en elles qu'il faut chercher l'origine de notre connaissance ; c'est en elles seulement que nous pouvons obtenir une vérité exempte d'erreurs, une certitude exempte de doutes, parce qu'elles fournissent seules la démonstration tirée de la cause propre et nécessaire. Elles seules ont le privilége de pouvoir réduire toutes choses à l'exemple sensible de l'expérience, par les figures et les nombres; voilà pourquoi les connaissances privées du bienfait de ces applications sont sujettes à tant d'incertitudes, de contradictions et d'erreurs. La métaphysique ne peut fonder ses démonstrations que sur les effets, en remontant des corps aux

---

(1) *Ibid.*, tertia pars, p. 33.

intelligences, de la créature au créateur (1). »

Roger Bacon, à l'exemple des Arabes, s'était beaucoup occupé de l'optique et des phénomènes de la vision. C'est l'objet de cette science qu'il appelle la *perspective*, et dont il s'est fait une idée assez singulière ; car, « c'est » par elle, selon lui, qu'on parvient à savoir » toutes choses. » Aussi lui a-t-il consacré la plus grande partie de l'*Opus majus*. Pour comprendre sa pensée sur ce sujet, il faut remarquer qu'il avait adopté l'hypothèse d'Aristote, développée depuis par Avicena et Averrhoës, sur les images ou *espèces* qui, dans leur système, sont les intermédiaires entre les objets et l'esprit humain, et servent ainsi de moyen à la connaissance. Le sens de la vue étant celui par lequel l'homme perçoit le plus généralement et le plus constamment les objets extérieurs, celui qui embrasse tout le théâtre de la nature, c'est aussi dans les opérations de ce sens qu'il cherche à étudier la nature de ces images, la manière dont elles se forment, se transmettent, sont reçues, et les lois qu'elles suivent. Elles sont en quelque sorte pour lui les compagnes

---

(1) *Ibid.*, 4°. pars, distinct. 1, cap. 3, p. 46, 47.

de la lumière (1). Cependant, ces *espèces* ne sont pas émises par l'objet agissant, comme le croit le vulgaire; elles ne consistent pas non plus, comme on le suppose souvent, dans une sorte d'impression semblable à celle qu'un sceau produit sur la cire; elle résultent *d'un certain changement, de l'émanation de la puissance active du sujet qui les reçoit* (2). Comme il y a, dit-il, des choses universelles et des choses particulières, il y a aussi des *espèces* de l'une et de l'autre sorte. Mais, comme l'universel n'est que dans les individus, et que l'individu ne peut être privé de son universel, l'espèce universelle conserve avec l'*espèce* particulière, le même rapport que celui du genre à l'individu. La première se réfère donc à la seconde; et, comme elle et avec elle, elle se transmet d'abord dans le milieu, puis dans le sens, et enfin dans l'entendement.» Roger Bacon ajoute au reste qu'il a puisé cette théorie dans l'Arabe Alhacen, dont il invoque souvent l'autorité. «L'*espèce*, ajoute-t-il encore, n'est pas précisément un corps, mais une chose corporelle (3) (L). »

---

(1) *Ibid.*, pars V, distinct. 1, cap. 1, p. 191.
(2) *Tractatus de multiplicatione Specierum*, c. 3. *Ibid.*, p. 281, 282.
(3) *Ib.*, *ib.*, c. 2, p. 280. — Pars III, c. 2, p. 316.

» La quatrième racine de la science est l'expérience; car, sans l'expérience, on ne peut acquérir aucune connaissance suffisante. Le raisonnement conclut, mais il n'établit pas; la démonstration mathématique elle-même ne donne point une conviction certaine et complète, si elle ne reçoit cette sanction. Mais, cette science expérimentale est entièrement ignorée par le vulgaire de ceux qui étudient (1). Elle a trois grandes prérogatives, relativement aux autres ordres de connaissances. La première consiste en ce que l'expérience éprouve et vérifie, par ses investigations, les propositions les plus relevées que les autres sciences puissent présenter (2). La seconde consiste en ce que cette méthode, qui seule mérite le nom de *maîtresse des connaissances spéculatives*, peut seule aussi atteindre à des vérités magnifiques auxquelles les sciences ne pourraient parvenir par aucune autre voie; dans les vérités expérimentales, l'esprit humain ne doit point chercher la raison des choses avant le témoignage des faits, ni repousser ces faits parce qu'il ne peut les justifier par des

_____

(1) Pars sexta, cap. 1, p. 336.
(2) *Ibid.*, *ibid.*, cap. 2.

argumens (1); » Roger Bacon n'explique point comment l'expérience conduit à de semblables découvertes; mais il en donne trois exemples tirés de l'astronomie, de la médecine et de la chimie. « La troisième prérogative est tellement propre à cette méthode, qu'elle est indépendante de ses rapports avec les autres; elle consiste en deux choses, savoir: dans la connaissance du futur, du présent et du passé, et dans des opérations admirables par lesquelles elle surpasse, dit notre philosophe, la puissance de l'*astrologie judiciaire ordinaire.* » Dans le nombre de ces produits, il indique les instrumens astronomiques, certaines compositions qui offrent le caractère de la poudre à canon, les propriétés magnétiques du fer aimanté, etc. (2) (M).

Quoique les applications rapportées en exemple par Roger Bacon, ne soient relatives qu'aux sciences physiques, il ne borne point l'expérience aux sens extérieurs; il en distingue deux sortes: « La première, dit-il, est une expérience humaine et philosophique qui s'exerce par les sens extérieurs, qui ne rend témoignage que des choses corporelles et ne pro-

---

(1) *Ibid.*, *ibid.*, p. 352.
(2) *Ibid.*, *ibid.*, p. 357.

nonce point sur les choses spirituelles. » Quelle est l'autre ? sans doute le témoignage de la conscience interne ? Non : « l'autre, reprend Roger Bacon, est de beaucoup supérieure : elle provient de l'illumination intérieure, de l'inspiration divine qui guide l'entendement de l'homme, qui a éclairé les saints et les prophètes, et dont le pouvoir s'étend non-seulement sur les choses spirituelles, mais sur les connaissances physiques et philosophiques (1). » Cette seconde sorte d'expérience a sept degrés, suivant lui. « Le premier est dans les illuminations purement scientifiques ; le second, dans les vertus ; le troisième, dans les sept dons du Saint-Esprit ; le quatrième, dans les béatitudes ; le cinquième, dans les sens spirituels ; le sixième, dans les fruits de la piété ; le septième, dans l'extase ; » du moins si nous comprenons bien la pensée de l'auteur.

Roger Bacon admet, avec Avicena, les cinq sens intérieurs et les cellules distinctes qui leur sont assignées dans le cerveau (2).

« La perfection de la sagesse consiste dans deux choses, savoir : les conditions nécessaires pour obtenir d'exactes connaissances, et l'emploi

---

(1) *Ibid.*, *ibid.*, p. 337.
(2) *Ibid.*, pars V, cap. 2, p. 192.

des bonnes méthodes. La morale est le but de la philosophie ; la philosophie n'est qu'une portion de la théologie, science qui domine toutes les autres, mais à laquelle toutes les autres sont nécessaires (1). »

Qu'on ne se fasse point, du reste, une idée exagérée du mérite de Roger Bacon, ou du moins qu'on n'oublie point dans quel siècle il vivait, dans quelles circonstances il était placé, et par conséquent qu'on apprécie ce mérite d'une manière purement relative. Il consiste dans la nouveauté, la grandeur de quelques aperçus qui se montrent plutôt comme des lueurs, comme des éclairs qui sillonnent une nuit profonde, que comme des faisceaux de lumière. Il entrevoit, mais il ne développe point. En recommandant les méthodes expérimentales, en prouvant l'heureux emploi qu'il en avait su faire, il ne distingue point avec netteté l'art d'observer qui recueille les faits tels qu'ils se présentent, et l'art d'expérimenter qui interroge la nature; il n'explique point cet art des inductions, qui transforme, généralise les résultats de l'expérience obtenue, et qui

---

(1) Ibid., pars I, cap. 1, § 2, cap. 1, p. 17.

permet de redescendre des causes aux effets. Il souscrit souvent aux préjugés de son temps, comme on a pu déjà le remarquer dans l'exposition sommaire que nous venons de présenter. Quoiqu'il s'écarte quelquefois d'Aristote, et qu'il rejette, par exemple, sa notion de la *matière* absolument indéterminée, il s'appuie à chaque pas sur les citations du Stagyrite, il reporte avec lui, dans les sommités des sciences physiques, ces principes tirés des simples convenances morales dont l'application est aussi illusoire qu'arbitraire : *C'est à l'être le plus noble qu'il appartient d'agir sur celui qui l'est moins ; la nature sait ce qui convient le mieux pour la conservation des êtres, etc., etc.* (1) Il ne se montre pas même exempt des préjugés de l'astrologie.

Il est difficile au reste de déterminer avec précision toute l'étendue des découvertes faites ou pressenties par Roger Bacon ; il est difficile même de distinguer exactement, dans le nombre de ses vues sur les sciences physiques, celles qui lui appartiennent en propre, et celles qu'il a puisées dans les Arabes. Dans l'*Opus majus*, il ne s'attribue expressément aucune des expé-

_____

(1) Ibid., pars V, chap. 8, page 309, etc.

riences nouvelles indiquées par lui; il cite souvent les Arabes, particulièrement Avicena et Alhazen; mais, nous ne connaissons point ceux des écrits du premier, auxquels il se réfère; nous n'en avons aucun du second.

Pour apprécier le mérite relatif du philosophe anglais, il suffit de jeter un coup d'œil sur l'état dans lequel se trouvaient les sciences positives en Occident pendant le cours du 13° siècle. Si les communications avec les Arabes et les Juifs avaient exercé une utile influence sur l'étude des sciences mathématiques, cette influence ne s'était guère étendue aux sciences naturelles. Omons, dans son *image du monde*, composée vers cette époque, nous offre une sorte de tableau encyclopédique des connaissances, telles qu'elles étaient alors cultivées par les hommes instruits; c'est une sorte de cahos dans lequel sont confondues les notions les plus disparates, dans lequel les fables accréditées chez le vulgaire sont associées aux vérités scientifiques, dans lequel la physique s'unit à la magie par un hymen adultère (1). Un passage fort curieux de ce manuscrit personnifie la nature comme

---

(1) Notice des manuscrits de la bibliothèque du Roi. Tome V, p. 243.

l'agent intermédiaire employé par le Créateur, à la manière des nouveaux Platoniciens, et avec des attributs semblables à ceux que nous a déjà offerts, dans l'âge précédent, le poëme d'Alain de l'Isle (1).

Les sciences morales et politiques commençaient du moins à recueillir les effets qui devaient résulter de l'enseignement de la jurisprudence dans les universités, de la naissance de législations régulières, et d'institutions favorables à la liberté publique. Accurse avait donné sur les lois cette glose célèbre qui, pendant trois siècles, fut respectée à l'égal des lois elles-mêmes, mais qui, malheureusement conçue dans l'esprit de l'école et asservie à ses formes, réduisait la jurisprudence à une argumentation aride et à un stérile commentaire. Brunetto Latini, le maître du Dante, avait essayé, d'après l'exemple des anciens, d'éclairer l'art de gouverner par la philosophie et la morale, mais en donnant un triste exemple de l'état d'enfance dans lequel était encore l'étude de l'histoire (2). On croyait traiter l'his-

---

(1) Ibid, p. 247.
(2) Le *Trésor* de Brunetto Latini a été composé en France, et écrit en français. Voyez le recueil des manuscrits de la bibliothèque du Roi, ibid., p. 268.

toire, lorsque, dans d'indigestes chroniques, on avait, sans critique et sans choix, entassé des faits hasardés, en violant même les plus simples conditions de la chronologie. L'art de consulter l'expérience était aussi inconnu dans le domaine des sciences morales, que dans celui des sciences physiques.

Déjà, dès le milieu du 13e siècle, l'Italie, quoique ravagée par de cruelles et interminables dissensions, voyait luire pour elle le premier crépuscule de ce jour nouveau qui devait bientôt briller de tant d'éclat. Nicolas, de Pise, Cimabue, Giotto, préludaient aux merveilleuses créations des arts du dessin ; la Sicile, excitée par les exemples et les encouragemens de Frédéric II, avait donné aux muses italiennes le signal du réveil; Guido de Bologne, Guittone d'Arezzo, Guido Cavalcanti de Florence, y répondent. Bientôt paraît sur la scène, cet Hésiode de l'Italie, ce père de la poésie moderne, ce Dante dont le génie audacieux et singulier osa s'élancer dans les mystères de la foi chrétienne, peuplant de créations inouies et l'enfer et le ciel, étalant dans le sanctuaire même de la théologie les pompeuses images de la mythologie ancienne, évoquant les ombres des grands hommes de tous les âges et de tous les cultes, peignant dans de terribles allégories l'histoire contemporaine, pénétrant les secrets les plus profonds des passions humaines, se jouant avec la mort et l'éternité, gravant dans ses vers comme sur l'airain, ces énergiques sentences qui vivront dans les siècles. Cependant, et on ne saurait donner trop d'attention à cette remarque, bien loin que ce premier essor de la littérature moderne fût le résultat des progrès qu'obtenait pendant le 13e siècle l'étude de la philosophie spéculative, et de l'ardeur avec laquelle cette étude était cultivée, on peut facilement reconnaître que le premier de ces deux phénomènes eut lieu malgré le second, et ne rencontra dans celui-ci qu'un obstacle propre à l'arrêter dans son développement. On en voit la preuve sensible dans la *Canzone* de Guido Cavalcanti sur la nature de l'amour, poëme dans lequel la philosophie du temps a été malheureusement mise à contribution (1). On en voit une autre preuve plus manifeste encore dans le *Convito* ou Banquet du Dante lui-même ; là, le Dante qui semble aspirer à imiter Platon,

---

(1) Ginguené, Histoire littéraire d'Italie, tome I, p. 428.

n'est plus que l'adepte de l'école; son génie l'abandonne dans ces voies arides de la philosophie de son siècle. On retrouve trop souvent cette influence dans la *Divine comédie* elle-même. Car, le Dante aussi était philosophe; il a fait revivre dans ses vers immortels le glorieux cortège des Sages de l'antiquité; mais il a fait apparaître dans une région plus élevée toute la suite des docteurs scolastiques; c'est le monument le plus magnifique qui ait été, qui pût être consacré à leur mémoire (1) (N).

On trouve dans les manuscrits de la bibliothèque du Roi, une fiction composée par Henri d'Andely, à la fin du 13ᵉ siècle, sous le titre de *Bataille des sept Arts*, dans laquelle l'auteur a représenté la fatale hostilité qui s'était élevée entre cette philosophie et les arts libéraux, exprimé les plaintes de ceux-ci sur l'abandon dans lequel ils étaient laissés, sur la défaveur que faisaient retomber sur eux les succès d'une science aride, enveloppée de formes barbares. C'est une peinture assez curieuse de l'état des études et de l'esprit du siècle (2) (O).

---

(1) *Ibid., ibid.*, p. 468.
(2) Notice des manuscrits, tome V, p. 496.

NOTES

DU VINGT-SEPTIÈME CHAPITRE.

(A) Voyez Fr. Patricius, *Discussiones peripateticæ*, tome I, lib. X, page 145; Louis Vives: *De Causis corrupt. artium*, lib. V, tome I de ses œuvres, p. 412; Launoi, *De varia Aristotelis in Acad. Par. Fortuna*, cap. 6; Scaliger: *Epist.*, lib. IV, p. 362; Gassendi: *Exercit. paradox. adv. Aristotelem*, tome III de ses œuvres, p. 1192; Dreiv: *De Origine et Progressu phil.*, édition de 1648, p. 51; Hottinger: *Analecta Hist. Theol.*, dissert. VI; Hermann: *Conspect. Reip. litt.*, pars I, p. 236, édition de 1797.

Cette question a été cependant assez vivement controversée par les historiens les plus récens de la philosophie; mais, Jourdain, dans son mémoire couronné par l'Académie des Inscriptions et Belles-lettres, que nous avons déjà cité (*Recherches critiques* sur l'âge et l'origine des traductions latines d'Aristote), y a répandu toute la lumière qu'on pouvait attendre des explorations bibliographiques et philologiques. Il y avait une autre manière de résoudre le problème, qui consistait dans le parallèle des doctrines philosophiques des Arabes avec celles des Scolastiques ; nous espérons avoir fourni quelques données pour obtenir cette solution, par le rapprochement du chapitre XXV ci-dessus avec celui-ci.

(B) Voyez dans Launoi les textes des sentences et des mandemens de Grégoire IX; *De varia Arist. in acad. par. Fortuna*, cap. 6, 7, 8. — Voyez aussi le résumé et les observations de Jourdain, *Recherches critiques* etc., chap. V, p. 202 et suiv.

(C) Vincent de Beauvais, distingue déjà la *métaphysique nouvelle*, et la *métaphysique ancienne*, ce qui signale la révolution qui venait de s'opérer. (*Speculum doctrinale* XVI, cap. LVI.) Il parle aussi d'une *philosophie italienne* qui avait cours à cette époque. Nous savons que Frédéric II avait institué à Palerme une Académie littéraire, et à Naples une université qui rivalisa avec celle de Bologne, et qui eut l'honneur de former les premières études de S. Thomas. Cependant, nous n'avons pu découvrir, avant S. Thomas lui-même, aucun des philosophes qui ont appartenu à cette école d'Italie.

(D) Voici comment S. Thomas explique la connaissance que l'âme acquiert sur les corps :

Anima per intellectum cognoscit corpora immateriali, universali, et necessaria cognitione.

« Respondeo dicendum, ad evidentiam hujus quæstionis quod primi philosophi, qui de naturis rerum inquisierunt, putaverunt nihil esse in mundo præter corpus. Et quia videbant omnia corpora mobilia esse, et putabant ea in continuo fluxu esse, existimaverunt quod nulla certitudo de rerum veritate haberi posset a nobis : quod enim est in continuo fluxu, per certitudinem apprehendi non potest, quia prius labitur quam mente dijudicatur; sicut Heraclitus dixit, quod non est possibile aquam fluvii currentis bis tangere, ut recitat philosophus in quatuor metaph. His autem superveniens Plato, ut posset salvare certam cognitionem veritatis a nobis per intellectum haberi, posuit præter ista corporalia, aliud genus entium a materia et motu separatum, quod nominabat species sive idæas; per quam participationem unumquodque istorum singularium et sensibilium dicitur vel homo, vel equus, vel aliquid hujusmodi. Sic ergo dicebat scientias et diffinitiones et quidquid ad actum intellectus pertinet, non referri ad ista corpora sensibilia, sed ad illa immaterialia et separata; sed hoc dupliciter apparet falsum. Primo quidem, quia cum illæ species sint immateriales et immobiles, excluderetur a scientiis cognitio, motus et materia (quod est proprium scientiæ naturalis) et demonstratio per causas moventes et materiales. Secundo, quia derisibile videtur, ut dum rerum quæ nobis manifestæ sunt, notitiam quærimus, alia entia in medium afferamus, quæ non possunt esse eorum substantiæ, cum ab eis differant secundum esse. Videtur autem ex hoc Plato deviare a veritate, quia cum æstimaret omnem cognitionem per modum alicujus similitudinis esse; credidit quod forma cogniti ex necessitate sit in cognoscente, eo modo quo est in cognito. Consideravit autem quod forma rei intellectæ est in intellectu universaliter et immaterialiter et immobiliter. Existimavit quod oporteret res intellectas hoc modo in seipsis subsistere, scilicet immaterialiter et immobiliter. Hoc autem necessarium non est: quia in ipsis sensibilibus videmus quod forma alio modo est in uno sensibilium quam in altero et per hunc etiam modum forma sensibilis alio modo in sensu, qui suscipit formas sensibilium absque materia, sicut colorem auri sine auro. Et similiter intellectus species corporum, quæ sunt materialia et mobilia, recipit immaterialiter et immobiliter secundum modum suum. Nam receptum est in recipiente per modum recipientis. Dicendum est ergo, quod anima per intellectum cognoscit corpora cognitione immateriali, universali, et necessaria (S. Thomæ quæst. LXXXIV, art. 1.) »

(E) Voici les motifs suivant lesquels se fondaient les Réalistes, au témoignage d'Albert-le-Grand:

« Quidam non mediocris auctoritatis viri inter Latinos quibus ista sententia non placuit, asserentes universale secundum aliquid esse in rebus : si enim in re non esset, de re vere non prædicaretur, præcipue cum hæc sit natura universalis, quod in quolibet suorum particularium est totum. Adhuc autem res nulla intelligitur nisi per id quod vere est forma rei. Amplius autem nihil est verius in rebus, quam id quod est totum et unum in multis, et de multis. Non enim amittit rationem essendi in rebus per quod est in multis, per hoc autem quod est de multis, est in re quæ est extra animam; et alio modo habet quod est in eis vera eorum essentia existens substantialis vel accidentalis. Oportet ergo, quod universale sit vere in rebus, cum ipsum sit unum in multis et de multis. Nos autem, inista difficultate mediam viam ambulantes, dicimus essentiam unius- cujusque rei dupliciter esse considerandam. Uno modo videlicet prout est natura diversa a natura materiae, sive ejus in quo est quodcumque sit illud, et alio modo prout est in materia, sive in eo in quo est indivuadata per hoc quod est in ipso. Et primo quidem modo adhuc dupliciter consideratur. Uno quidem modo prout est essentia quaedam absoluta in seipsa, et sic vocatur essentia, et est unum quid in se existens, nec habet esse nisi talis essentiae, et sic est una sola. Alio modo ut ei convenit communicabilitas secundum aptitudi- nem, et hoc accidit ei ex hoc quod est essentia apta dare multis esse, etiamsi nunquam det illud, et sic propria vocatur universale. Per hanc igitur aptitudi- nem universale est in re extra, sed secundum actum existendi in multis non est nisi in intellectu, et ideo dixerunt Peripepatetici, quod universale non est nisi in intellectu, referentes hoc ad universale quod est in multis et de multis secundum actum existendi, et non secundum aptitudinem solam. Prout autem jam par- ticipatur ab eo in quo est, adhuc duplicem habet con- siderationem. Unam quidem prout est finis generatio- nis vel compositionis substantiae desideratae a materia, vel eo in quo est cui dat esse et perfectionem, et sic vocatur actus, et est particularis et determinata. Se- cundo autem modo prout ipsa est totum esse rei, et sic vocatur quidditas, et sic iterum est determinata particularisata et propria. Nec est putandum inconveniens, quod forma dicitur totum esse rei; quia materia nihil est de esse rei, nec intenditur a natura: quia si esse posset forma in operatione sine ipsa, nunquam induceretur in materiam; sed quia hoc esse non potest, ideo requiritur materia non adesse, sed ad ipsius esse determinationem. Hoc ergo ultimo considerata forma prædicatur de re cujus est forma, et sic separata per intellectum est universale in intellectu, et ideo aptitudo suæ communicabilitatis reducitur ad actum in intellectu separante ipsum ab individuantibus » (Alb. Mag. Ord. Præd., lib. I, tract. II, cap. II.)

(F) Cum in multas regiones et plurimas provincias, nec non civitates et castella causa scientiæ, quæ vocatur alchimia, maximo labore perlustraverim, et a litteratis viris et sapientibus de ipsa arte ab ipsis diligenter inquisierim, ut ipsam plenius investigarem, et cum scripta omnia perscriberem, et in operibus ipsorum sæpissime persudarem, non inveni tamen verum in his, quæ libri eorum affirmabant. Aspexi ergo libros contradicentium et affirmantium, et inveni eos vacuos esse ab omni profectu, et ab omni bono alienos. Ego vero non desperavi, quin facerem labores et expensas infinitas, vigilans, et de loco ad locum migrans omni tempore, ac meditans, sicut dicit Avicena; si hæc res est, quomodo est? et si non est, quomodo non est? Tandem perseveravi studendo, meditando, laborando in operibus ejusdem, quousque quod quærebam inveni, non ex mea scientia, sed ex spiritus sancti gratia. Diligentius vigilare cœpi in decoctionibus et sublimationibus, solutionibus et distillationibus, curationibus et calcinationibus, atque coagulationibus alchimiæ, et in multis aliis laboribus, donec inveni, esse possibilem transmutationem in solem et lunam. Ego vero minimum philosophorum intendo scribere sociis et amicis meis veram artem, levem et infallibilem : ita tamen ut videntes non videant, et audientes non intelligant. Unde rogo et adjuro vos, per Creatorem mundi, ut occultetis librum istum ab omnibus insipientibus. Stulti enim eam despiciunt scientiam, quod ad eam pertingere non possunt, unde effossam eam habent, nec possibilem esse credunt : ideo invident illis qui in ea operantur, et dicunt eos esse falsarios. Caveatis ergo ne in ista operatione secreta nostra reveletis. Perseverate in operationibus, et nolite fastidium habere, scientes quod post operationem vestram magna sequetur utilitas. » (Albert. Magn. Ord. Præd. Libell. de Alchim., præfat.)

(G) « Sed id quod omnino destruere disputationem videtur, est quod ab antiquo Trismegisto et Socrate et nunc a divinis et in cantatoribus convenienter asseritur, quod scilicet in corpore existentes quos angelos vel dæmones vocant, et animæ exutæ a corporibus, moveantur de loco ad locum; cujus etiam veritatem nos ipsi sumus experti in magicis. Sed de his nos disputabimus in scientia de natura deorum, quæ philosophiæ primæ pars quædam est, et ab Aristotele edita. Quod si tales substantiæ moventur, motus erit omnino æquivocus ad motum physicum; tales enim substantiæ non sunt proportionales spatio per quod est motus per aliquam quantitatem vel indivisibile quantitatis quod sit in eis. Et ideo neque mensura motus ipsarum, neque motus ipse ex principiis physicis causari potest. Hic autem de physicis loquimur tantum ostendentes physicæ immobilem esse animam contra eos qui ex principiis quæ ipsi physica esse dicebant, causare voluerunt motum animæ et dixerunt animam movere seipsam. » (Alb. Mag. de Anima, lib. I, tract. II, cap. VI.)

(H) Henri de Genève reproduit cette espèce de Scepticisme qui refuse toute certitude aux lumières de la raison naturelle, et réserve exclusivement à l'inspiration surnaturelle la révélation de la vérité.

« Il y a deux *exemplaires*, l'un créé, l'autre in-
» créé, comme dit Platon dans le Timée; l'exemplaire
» créé est la notion universelle causée par l'objet (*species*
» *universalis causata a re*); l'exemplaire incréé est
» l'idée (*Idæa*) dans l'intelligence divine. Il y a donc
» aussi une conformité des objets à leur exemplaire, et
» une double vérité; or, l'on prouve de trois manières
» qu'il est absolument impossible d'obtenir une con-
» naissance entièrement certaine et infaillible des objets
» par le premier genre d'exemplaires. 1°, l'objet du-
» quel on tire cet exemplaire par l'abstraction est mo-
» bile; il ne peut donc être la cause d'une connaissance
» immuable; 2°, l'ame par elle-même est changeante et
» sujette à l'erreur; elle ne peut donc être redressée par
» un exemplaire encore plus variable qu'elle; 3°, on ne
» peut avoir une connaissance certaine et infaillible, si
» l'on ne possède un moyen de discerner le vrai du

« vraisemblable ; mais l'exemplaire créé ne peut être ce
« moyen. Car, ou il se représente lui-même comme un
» objet, ainsi qu'il arrive dans les songes, et alors il est
» trompeur ; ou, s'il ne représente que lui-même, il est la
» vérité, sans doute, mais il n'y a point en lui de carac-
» tère distinctif à l'aide duquel on puisse discerner lequel
» de ces deux offices il remplit » (*Henrici Gandavensis*,
summa I, quæst. I, art. 2. — Voyez aussi Duns Scot : *In
Magist. sentent.* lib. I, distinct. 3, art. 4.)

(I) Duns Scot condamne l'opinion des Scolastiques
qui donnaient à l'entendement actif le pouvoir de produire les caractères universaux dans les objets (*univer-
salitatem in rebus*), en les dépouillant de ce qui existe
dans l'apparence extérieure.

Voici l'argument qu'il leur oppose : « Ubicumque
est, antequam in intellectu possibili habeat esse objective, sive in re, sive in fantasmate, sive habeat esse
certum, sive deductum per rationem, et si sic non per
aliquod lumen, sed per se sit talis natura ex se, cui
non repugnet esse in alio ; non tamen est tale, cui
potentia proxima conveniat dici de quolibet, sed tantum est potentia proxima in intellectu possibili. Est
ergo in re commune quod non est de se hoc, sed tale
commune non est universale in actu, quia deficit ei
illa indifferentia, secundum quam completive universale est universale, secundum quam scilicet ipsum idem
aliqua identitate est prædicabile de quolibet individuo,
ita quod quodlibet sit ipsum. » (*In Magistr. sent.*
lib. II, distinct. 5, quæst. I.) On juge par ce passage si
nous sommes fondés à accuser d'obscurité le *docteur*

subtil. Il veut dire, si nous le comprenons bien, « qu'il y a deux sortes de *généralités*, l'une réelle, l'autre simplement possible ; la première se combine avec les individus ; la seconde est une entière indifférence à l'individualité. La première résulte d'un premier degré d'abstraction qui ne dégage pas encore l'image de tout caractère d'individualité ; elle résulte d'un acte logique qui reconnaît l'identité de la notion générale avec l'individu ; la seconde est le plus haut degré de l'abstraction, qui considère les notions indépendamment de toute application et dans leurs seuls rapports nécessaires. »

(J) « Il y a deux opinions, dit Hervey, sur l'être de raison.

« Suivant la première, cet être est quelque chose de subjectif dans l'âme, et cela de deux manières différentes.

« Suivant l'autre, cet être est quelque chose d'objectif qui vient du dehors.

« Parmi ceux qui soutiennent la première opinion, les uns considèrent l'*être de raison* comme quelque chose de subjectif en soi, de simplement subjectif ; les autres le considèrent comme subjectif en ce sens que les représentations et les idées sont prises pour les objets mêmes ». Hervey expose les argumens sur lesquels se fondaient ces trois opinions. (Quodlibet III, quæst. 1.)

(K) Nous avons lu, en 1814 et 1819, à l'Académie des Inscriptions et Belles-lettres, trois notices, l'une sur la vie de Raymond Lulle, une autre sur ses écrits et en particulier sur son grand art, une dernière sur ses sectateurs, et les jugemens dont son système a été l'objet. Cette compagnie, ayant bien voulu ordonner l'impression de ces notices dans la collection de ses mémoires, nous avons cru pouvoir nous dispenser d'entrer ici dans de plus grands détails sur un phénomène fort curieux de l'histoire de l'esprit humain.

(L) Le judicieux Dugald Stewart a apprécié avec sa sagacité accoutumée le mérite du prédécesseur du chancelier de Verulani. Le savant M. Hallam en a porté le même jugement dans son Histoire du moyen âge. Wood, dans son Histoire de l'université d'Oxford, tome Ier, p. 352, édition de Gutch, a fait connaître l'esprit de la philosophie de cet auteur si étonnant pour son siècle. Jourdain a donné aussi sur lui une notice intéressante et détaillée (Recherches critiques, etc.; note T, p. 413 et suiv.), il promettait de publier un extrait de l'*Opus majus* ; mais la mort prématurée de ce jeune et estimable savant nous a privé d'un travail qui eût offert un grand intérêt.

(M) Jourdain suppose que l'*Opus majus* est le seul ouvrage de Roger Bacon qui ait vu le jour. Cependant Wood nous apprend qu'on a imprimé aussi de lui sa lettre *De Secretis naturæ et artis Operibus*; son *Speculum Alchimiæ*, son traité *De retardandis senectutis accidentibus*. (*Histoire de l'université. Oxon*, p. 144).

Parmi le grand nombre de manuscrits de Roger Bacon, épars dans les bibliothèques de l'Angleterre, dont les titres sont cités par Leland, nous remarquerons les suivans : *Logica*, *Metaphysicæ*, *De In-*

tellectu et intelligibili, *De Universalibus*, *In posteriora Aristotelis*, *In Avicenam*, *De Anima*, *De Philosophia morali*, *De Impedimentis sapientiæ*, *De Causis ignorantiæ*, *De Utilitate scientiarum*, *De Arte memorativa*; nous y voyons des ouvrages de grammaire, de mathématiques, de physique, d'astronomie, de géographie, de chronologie, de chimie, de médecine, de magie, de théologie, de musique, etc.

Ne se trouvera-t-il donc pas en Angleterre quelqu'un de zélé pour l'honneur national et pour l'histoire de la science, qui essaie de tirer ces manuscrits de la poussière où ils sont ensevelis avant qu'ils soient perdus pour jamais ?

(N) Voyez, dans le chant IV de *l'Enfer*, l'apparition des philosophes grecs, latins et arabes, présidés par Aristote *il maestro di color che sanno*, et dans le chant XI du *Paradis*, celle des docteurs scolastiques. On trouve souvent que le Dante a receuilli les traditions des nouveaux Platoniciens. Voyez particulièrement ce chant XI : *Filosofia mi disse*, etc.

(O) Nous ne donnerons point en preuve des progrès des sciences politiques la maxime suivante tirée du Trésor d'Omous ; mais elle peut servir à peindre le siècle :

« Le devoir de la classe du clergé est d'enseigner les
» deux dernières ; le devoir des chevaliers est de dé-
» fendre les deux autres; le devoir de la troisième,
» de travailler pour fournir aux deux premières de
» quoi vivre honnêtement ». (Notice des manuscrits, tome V, p. 257.)

CHAPITRE XXVII.

Quatrième âge de la philosophie scolastique.

SOMMAIRE.

Parallèle des 13ᵉ et 14ᵉ siècles. — Pourquoi le second ne réalise pas les espérances que le premier semblait faire naître. — La cause principale en est dans le vice même des méthodes adoptées dans le premier.

Résurrection des Nominaux au commencement du 14ᵉ siècle ; — Nouvelle lutte entre eux et les Réalistes. — Argumentation de Duns Scot en faveur du Réalisme. — Argumentation contraire de Guillaume Ockam ; — Sa théorie sur le principe des connaissances. — Il renverse toutes les hypothèses des Réalistes ; — Double intuition.

Nouveaux apologistes du Réalisme. — Nominaux du 14ᵉ siècle : — Richard Suisset, — Jean Buridan, — Pierre d'Ailly, — Jean Gerson ; — Il essaye de réconcilier ces deux partis, — Et de rectifier la fausse direction du Mysticisme.

Persécutions suscitées contre les Nominaux, et leur triomphe définitif ; — Tentatives pour l'affranchissement de la philosophie ; — État des sciences au 14ᵉ siècle.

L'imitation de J.-C. ; — Sous quel rapport cet ouvrage a concouru à ébranler l'empire de la philosophie scolastique.

Pétrarque et Boccace.

Le 13ᵉ siècle se distingue, dans l'histoire de l'esprit humain, par une activité très-remarquable, quoique mal dirigée; ce siècle ne fut pas sans gloire; il semblait devoir produire quelques fruits. Les conditions moyennes de la société commençaient à se relever, sous la protection des institutions nouvelles, et par la sage politique des princes qui trouvaient le plus solide fondement de leur pouvoir dans l'établissement des libertés publiques et dans leur alliance avec les communes. La science et le talent ouvraient la carrière de la fortune et des honneurs aux hommes sortis des classes les plus obscures; les savans obtenaient la faveur des princes, étaient employés dans les négociations et les affaires publiques. Les universités successivement érigées dans les diverses parties de l'Europe, rivalisaient entre elles, et la séparation des facultés favorisait la division du travail. Les exercices publics, introduits dans ces grandes académies, pour l'obtention des grades, enflammaient d'ardeur les jeunes élèves, et fixaient l'attention publique; on vit des candidats soutenir la lutte pendant des journées entières, depuis le lever jusqu'au coucher du soleil. Les hommes les plus distingués parcouraient tour à tour les différentes écoles pour y chercher un nouveau théâtre à leurs succès; les hommes avides d'apprendre les parcouraient aussi pour entendre tour à tour les maîtres les plus célèbres; ainsi s'établissait un commerce général des idées; ainsi on se familiarisait aux comparaisons; l'esprit de contradiction semblait devoir naître de ces rapprochemens et de la diversité des systèmes. Cependant, le 14e siècle et la première moitié du 15e, ne remplissent point l'attente qu'on pouvait concevoir; cet intervalle, qui comprend ce que nous appelons le quatrième âge de la philosophie scolastique, fut atteint d'une stérilité qui a frappé tous les historiens; on vit paraître sur la scène moins d'hommes distingués; l'émulation se ralentit; les progrès furent moins sensibles; le génie des découvertes ne s'éveilla point encore, malgré les explorations d'un Albert-le-Grand, d'un Roger Bacon; l'université de Paris, en particulier, vit s'éclipser en partie l'éclat dont elle avait brillé jusqu'alors.

Pourquoi ces espérances ne furent-elles pas entièrement réalisées? Pourquoi l'esprit humain paraît-il s'arrêter encore une fois dans sa marche? Si nous embrassons d'abord l'ensemble des exercices auxquels il est appelé à se livrer, et qui, ainsi que nous l'avons souvent remarqué, obéit aux lois d'une secrète harmonie, nous reconnaîtrons qu'il manquait un aliment à ces nobles facultés qui entretiennent, avec l'énergie morale de l'âme, le principe créateur des grandes conceptions. Il manquait à la fois à l'éloquence, et un théâtre digne d'elle, et des modèles, et une éducation capable de lui donner l'essor. L'apparition gigantesque du Dante s'offrit comme une phénomène isolé sur la scène du monde littéraire, et la hauteur même à laquelle s'était élevé le peintre hardi de l'enfer et du ciel, désespérait les imitateurs plutôt qu'elle ne pouvait appeler des émules. Les arts étaient dans l'enfance. L'instruction d'ailleurs, concentrée dans les écoles, ne s'était point encore introduite dans le reste de la société, identifiée avec les mœurs ; ces écoles, trop inférieures, pour l'étendue et la variété des études, à celles qu'avaient érigées les Ptolémée et les Antonin, dans les beaux siècles d'Alexandrie et de Rome, étaient soumises à une destinée semblable : elles entretenaient la vanité et le pédantisme des maîtres, la docile servilité des élèves, plus qu'elles n'excitaient le développement spontané des efforts individuels. Si nous concentrons ensuite nos regards sur le domaine des sciences, et en particulier sur celui de la philosophie, nous retrouverons encore le même défaut d'équilibre, le même vide d'alimens substantiels. On vivait dans une entière disette de faits. Le spectacle de la nature n'avait point attiré les regards; une sorte de superstition déguisée sous le voile de théories mystiques, altérait, à leur origine, les premières explorations de l'expérience. Cette belle et féconde source d'observations, que le sanctuaire de l'âme humaine offre aux regards d'une réflexion attentive, n'était guère mieux consultée; la psycologie expérimentale n'avait point pris son rang dans l'ordre des connaissances. Les arides spéculations des doctrines scolastiques épuisaient sans fruit l'activité de l'esprit; les formes barbares dont ces doctrines s'étaient enveloppées, en paralysant les progrès du goût, séparaient les études philosophiques de toutes celles avec lesquelles elles ont une correspondance intime. Si Aristote, en se montrant avec tout l'appareil de ses immenses théories, avait excité une première révolution, et contraint l'esprit humain à recevoir un cadre plus vaste, il avait aussi accablé un siècle encore mal préparé, sous le poids d'une science indigeste; il avait imposé un énorme fardeau de définitions et de formules; il avait asservi plus qu'il n'avait éclairé; son autorité, objet d'un respect aveugle., étouffait la pensée, loin de la faire éclore; il était d'ailleurs mal compris; ses premiers interprètes grecs n'étaient point encore connus. Rien ne montre mieux combien on savait peu, combien on savait mal, combien on était peu disposé à bien apprendre, que la persuasion où l'on était que l'on savait tout, qu'il ne restait plus rien à découvrir. Aussi cet âge fut-il celui des commentaires. Toutes les productions philosophiques n'étaient en quelque sorte que de longues paraphrases dans lesquelles chaque auteur venait à son tour expliquer, délayer les pensées de ses prédécesseurs, sans concevoir l'idée de tenter une voie nouvelle.

Si la forme des exercices publics paraissait appeler un esprit d'investigation, si elle ressemblait à une sorte de doute méthodique, ce n'était en effet qu'une apparence trompeuse. On posait une thèse; on présentait les argumens pour et contre; on essayait, tant bien que mal, de les balancer entre eux, pour arriver à la conclusion inévitablement prescrite. Les assaillans étaient appelés d'office à contredire publiquement les propositions les plus affermies dans les dogmes de l'école, à épuiser toutes les objections auxquelles elles pouvaient donner lieu. Quelque esprit disposé à l'indépendance ne devait-il pas prendre au sérieux ces débats de l'école? au sortir de l'arène tel combattant ne pouvait-il pas se demander en secret s'il avait été aussi réellement vaincu, qu'il avait dû le paraître d'après les conventions établies? Il n'en était pas ainsi. Ce n'était qu'une sorte de jeu de l'esprit, jeu frivole et qui détournait par cela même des recherches réelles et profondes. Ainsi on entretenait la fureur des disputes, sans faire naître le goût des discussions utiles; on prodiguait les distinctions; on subtilisait sur les mots, sans appeler l'attention sur les choses; c'était une sorte d'escrime dans laquelle on pouvait faire briller une facilité et une loquacité malheureuse; ce n'était point une controverse qui pût faire jaillir la lumière (A).

Cependant, quelque imparfaite, quelque vicieuse que fût cette méthode, elle ne fut point absolument sans résultat, par cela seul qu'elle fit concevoir la possibilité d'ouvrir une carrière à la contradiction, dans l'étroite enceinte où l'on s'était renfermé.

C'est ainsi que les Scotistes avaient été conduits à s'élever contre les Thomistes dans les limites du Réalisme scolastique; bientôt les Scotistes furent attaqués à leur tour; le champ de bataille s'élargit; la barrière posée pendant le 13e siècle fut franchie; le Nominalisme, terrassé après une tentative éphémère dans le 11e siècle, se releva vers le commencement du 14e, ramena les controverses sur une question fondamentale de la théorie de la connaissance, et fit envisager sous un point de vue nouveau toutes les autres questions qui avaient exercé, pendant le siècle précédent, les diverses écoles.

Cette reproduction du Nominalisme, sa lutte avec le Réalisme, ces succès, ces persécutions qu'il éprouva, son triomphe définitif, donnent son caractère propre au quatrième âge de la philosophie scolastique; c'est la seule circonstance qui le distingue d'une manière remarquable; mais elle n'est pas sans importance; elle eut des résultats durables.

Lorsqu'on voit Guillaume Ockam attaquer ainsi de front l'hypothèse sur laquelle reposent tous les systèmes accrédités, et tenter une réforme aussi hardie, on s'attend qu'il va prendre la voie directe et simple, indiquée par la nature; qu'il va puiser dans la psycologie, dans l'observation des phénomènes de l'entendement, les moyens de renverser l'opinion qui attribuait une réalité objective aux notions générales. Sa manière de procéder fut toute autre. Disciple de ce même Scot dont il renversa l'édifice, il avait embrassé sa méthode; il le combattit par ses propres armes; il s'attacha à réfuter les argumens sur lesquels le docteur *subtil* avait prétendu fonder à jamais ce triomphe du Réalisme.

C'est pour ce motif que nous nous sommes réservés de retracer ici l'argumentation de Duns Scot sur ce sujet, afin de la mettre en contraste avec celle de son adversaire.

Duns Scot définissait la *forme:* « ce par quoi » la chose est déterminée à un certain mode » d'être »; il distinguait la forme extrinsèque et intrinsèque, subsistante et *informante*, naturelle et artificielle, substantielle et accidentelle, séparable de la matière et inséparable. Il distinguait encore la *forme* qui ne donne aux choses que l'être ou l'existence, celle qui leur donne l'être et la vie végétative, celle qui leur donne l'être, la vie végétative et la vie sensitive; celle enfin qui leur donne en outre l'intelligence. La forme substantielle obtenait le premier rang dans ce système; Scot l'appelait *l'acte premier*, simple formel, substantiel, constituant par soi et avec la matière. « On ne peut contester, disait-il, l'existence d'une forme semblable; car, tous les philosophes, admettant la matière et la forme comme les principes substantiels des choses réelles, on ne peut pas plus refuser la réalité à la première qu'à la seconde; alors il n'y aurait, par exemple, aucune différence substantielle entre l'homme et la brute, puisque la même matière est commune à tous les corps ; ils se distinguent encore moins par les accidens. Lorsqu'un objet est produit, disait-il encore, il n'acquiert pas seulement la *forme accidentelle*, mais aussi la *forme substantielle ;* comme le bois, par exemple, lorsqu'il brûle, acquiert la forme du feu. Des accidens contraires s'unissent en paix dans des corps mixtes ; ce qui ne peut avoir lieu qu'à l'aide d'une forme substantielle et supérieure qui les maintient ainsi combinés. De la matière et de la forme résulte un composé qui est *un* par lui-même : or, si la forme de ce composé était seulement accidentelle, le résultat ne serait *un* que par accident. Enfin, les formes sont connues par des effets sensibles, comme celles des corps par les changemens qu'ils éprouvent; or, comme on ne peut douter de ces effets sensibles, par exemple : que le feu consume, que l'eau répande l'humidité, on conclut avec raison que ces effets, naissant des actions substantielles, supposent des formes du même genre. » Il prétendait expliquer comment ces formes sortaient de la *puissance* de la matière, ou virtuellement, ou par l'action des causes mécaniques ; il s'attachait à prouver que plusieurs formes substantielles peuvent exister dans une seule et même matière, que dans l'homme, par exemple, sont réunies la forme du corps, celle de la vie, les formes sensible, animale, enfin la forme humaine. C'est dans ces formes qu'il plaçait les *universaux* ou les notions générales; il prétendait donc que l'universel est en quelque manière hors de l'esprit et dans les individus; qu'il appartient à l'essence des substances particulières; qu'il s'en distingue non pas *réellement*, mais *formellement (formaliter)*. « Tout ce qui est supérieur, ajoutait-il, est de l'essence de l'inférieur; l'universel est donc de l'essence de la substance : il est donc une substance (1). »

« L'écriture, disait Duns Scot, est le signe de la parole; la parole est le signe de la pensée; la pensée est le signe de la chose. La pensée est le terme élémentaire de la proposition mentale; ce qui, dans l'âme, représente l'objet, peut

_____

(1) Voyez l'abrégé de la philosophie de Duns Scot par Boivin. Paris 1690, in-8°, p. 86 à 101. — *Logica Occami*, pars I°, cap. 16.

être appelé ou l'opération de l'âme, *intentio animœ*), ou la pensée (*conceptus*), ou la modification passive (*passio*), image de cet objet. » Il distinguait une opération première et une opération seconde : « L'opération première est une sorte de nom mental destiné à représenter l'objet qu'il signifie ; l'opération seconde n'est qu'un signe de la précédente ; tels sont l'espèce, le genre et les autres universaux ; l'universel est une opération singulière de l'âme, une notion destinée à être attribuée à plusieurs objets : cette notion est appelée *universelle* en tant qu'elle est considérée dans les objets multiples, singulière en tant qu'elle est une forme existante réellement dans l'entendement. »

Voici maintenant comment Ockam prouvait que l'universel n'est point une substance existante hors de l'âme : « Toute substance est numériquement une et singulière ; elle est elle-même et non une autre ; il n'en est pas de même de l'universel. Si l'universel était une substance existante dans les substances particulières, et distincte de celles-ci, elle pourrait en être séparée, exister sans elles ; car, toute chose supérieure à une autre peut en être indépendante dans l'ordre établi par Dieu ; mais cette conséquence est absurde. Dans l'opinion des Réalistes, aucun individu ne pourrait être créé, si quelque autre individu préexistait déjà; aucun individu ne pourrait être anéanti, si tous les autres n'étaient avec lui plongés dans le néant; car, Dieu ne pourrait, dans le premier cas, le créer; dans le second, l'anéantir tout entier, puisque l'universel, partie essentielle de cet individu, devrait préexister avant lui et lui survivre. La substance, disait encore Ockam, ne doit point être confondue avec l'attribut; l'universel peut être attribué à plusieurs substances; une substance ne peut être attribuée à une autre; on ne peut former une proposition de l'association de plusieurs substances; l'opération de l'âme qui institue un signe mental, et l'attribue à plusieurs objets, est donc seule la source de l'universel; l'universel n'est donc ni l'essence de la chose, ni une portion de la chose; il n'est point hors de l'âme; les universaux sont une sorte *d'êtres dans l'âme*, distincts entre eux, distincts des objets extérieurs. » Il appliquait ces considérations aux Catégories d'Aristote et aux Prædicables, en les fortifiant par la définition de ces différens termes généraux de la logique (1). « Cette hypothèse, remarquait Ockam, qui accorde aux no-

___

(1) *Logica* Occami, cap. XIV, XV, XXV, XLI.

tions générales une existence réelle, quoique distincte, dans les objets particuliers, n'a été imaginée que pour sauver l'autorité des propositions qu'on prétend fonder sur l'essence des choses, ou la science qu'on prétend asseoir sur les définitions, afin de soutenir les opinions de Platon (1). » Car, les Nominaux accusaient les Réalistes de partager les rêveries de Platon, comme les Réalistes accusaient à leur tour les Nominaux de tomber dans les grossières erreurs des Stoïciens.

Cet aperçu de l'argumentation des deux partis nous dispense de la développer avec plus de détails ; elle était peu propre à faire jaillir de cette importante question, toutes les lumières qui pouvaient s'en répandre sur la connaissance des lois et des facultés de l'esprit humain. Nous faisons grâce en particulier à nos lecteurs du raisonnement fondé sur l'axiôme alors si célèbre, *qu'il ne faut pas multiplier les êtres sans nécessité.* Cependant, cette discussion avait un avantage marqué sur la controverse qui s'était élevée du temps de Roscelin ; alors on n'avait guère employé que des armes théologiques ; maintenant du moins

---

(1) In libr. I, *Sentent.* distinct. 2, quæst. 4.

on discutait avec des principes rationnels une question philosophique.

Mais, le système adopté par Ockam n'ébranlera-t-il pas la réalité des connaissances? Voici sa réponse: « La science réelle ne consiste point, dit-il, en ce que les objets sont connus immédiatement comme tels; mais, en ce qu'ils sont connus dans des intermédiaires qui les supposent; l'esprit ne connaît directement que les propositions qu'il conçoit; la science réelle et la science rationnelle ont à cet égard le même caractère; ce qui importe à la réalité des connaissances, ce n'est pas que les termes des propositions mentales aient une existence extérieure et subjective; c'est que ces termes, comme autant de signes fidèles, placés dans notre esprit, représentent et supposent des objets semblables hors de nous-mêmes.

» Qu'est-ce donc que la notion générale? Est-ce seulement une conception de l'entendement, qui n'a d'existence que dans la pensée? Est-ce une représentation (*species aliqua*), qui se rapporte à un objet réel et individuel? Est-ce une chose vraie qui suit l'acte de l'esprit et qui exprime la similitude de l'objet? Ces trois hypothèses concorderaient en ce que l'universel serait une chose vraie en soi, numériquement une, correspondant à des objets multiples et externes, en exprimerait la commune similitude, et, par conséquent, en supposerait l'existence. Ou bien, peut-on dire qu'il n'y a rien d'universel par sa nature, que l'universel n'est tel que par institution, comme les signes du langage ? Ou bien peut-on comparer les universaux à ces exemplaires, à ces modèles, qu'un artiste conçoit et se forme à la vue d'un objet extérieur, et qui peuvent devenir ainsi généraux par des applications multipliées ? Enfin, ces conceptions générales sont-elles quelques qualités existantes subjectivement dans l'âme, qui, par leur nature même, aient le caractère de signes d'êtres extérieurs ? Ockam propose, discute toutes ces questions, oppose des objections à toutes, sans se prononcer expressément, et abandonne le jugement au lecteur. Il décide seulement que, tout ce qui peut, par sa nature, être attribué à plusieurs choses, est dans l'âme, d'une manière objective ou subjective, mais n'appartient point à l'essence ou à la *quiddité* de la substance (1). » C'est-à-dire qu'en définitive Ockam est essentiellement un véritable Conceptualiste.

---

(1) *Ibid.*, *ibid.*, quæst. 8.

Dès qu'Ockam eut renversé par sa base le système du Réalisme, les régions de la philosophie se présentèrent à lui sous un nouvel aspect. Il vit s'évanouir comme autant de fantômes, la grande théorie du *principe de l'individuation*, et toutes celles que les scolastiques avaient construites avec tant d'efforts en réalisant les notions abstraites. Il rejeta donc l'hypothèse qui n'introduisait, entre les êtres réels, qu'une différence *formelle ;* celle qui prêtait aux relations une existence objective, et qui les séparait aussi des termes absolus, dans le domaine de l'existence ; celle qui considérait l'étendue comme distincte des substances composées et de leurs parties, établissant que des parties placées les unes hors des autres, constituent par là même une extension ; celle qui distinguait le mouvement, du corps mu, sous le rapport des phénomènes réels; celle qui faisait résulter les degrés d'intension, de l'addition de nouvelles parties réellement différentes (1); enfin, il admit le vide (2). Dès lors

---

(1) *Ibid.*, lib. I, distinct. 2, quæst. 3 ; distinct. 30, quæst. 1, 2 ; distinct. 17, quæst. 6 ; lib. II, dist. 2, quæst. 1 ; quodl. 1, quæst. 6 ; quodl. 6 quæst. 7, 24.
(2) Quodlib. I, quæst. 28, 29.

aussi, il fut ramené à chercher le principe des connaissances humaines dans la perception intuitive, à invoquer l'autorité si long-temps méconnue de l'expérience, à déterminer les rapports des connaissances abstraites aux connaissances sensibles. La réalité n'appartenant qu'aux individus, les individus n'appartenant qu'aux sens, il n'était plus possible de faire reposer la science sur le fondement des notions générales (B).

Ici Ockam, libre et dégagé d'entraves, se montre lui-même; il aborde cette région nouvelle, s'il ne la visite pas tout entière; il paraît suivre les indications de Roger Bacon, plutôt que sortir de l'école de Duns Scot; on voit luire l'aurore de la philosophie moderne.

« La connaissance intuitive n'embrasse pas seulement les objets extérieurs : elle comprend aussi les phénomènes intérieurs, les actes de l'entendement et les affections de l'âme.

» La première est sensitive; la seconde, intellective.

» Toute connaissance de la vérité suppose la connaissance intuitive; mais, l'intuition sensitive ne suffit pas; la puissance des sens n'est pas la cause immédiate et prochaine du jugement porté sur les objets.

» La connaissance intuitive d'un objet, est celle en vertu de laquelle on peut savoir si cet objet est ou n'est pas ce qu'il est, de manière que l'entendement en conclut immédiatement qu'il existe évidemment. C'est celle en vertu de laquelle on aperçoit qu'une qualité est attachée à un sujet, si une chose est distante d'un tel lieu, quels sont les rapports des objets entre eux, et par laquelle on obtient ainsi toutes les vérités contingentes.

» La connaissance *abstractive* est celle en vertu de laquelle on ne peut savoir évidemment d'une chose contingente, si elle est ou n'est pas, et par laquelle on fait ainsi abstraction de l'existence et de la non-existence. Les vérités nécessaires ne s'obtiennent que par les déductions logiques, tirées des prémices (1) ».

Ockam a saisi avec assez de netteté la distinction des jugemens de fait et des jugemens rationnels. Du reste, il n'est pas toujours demeuré en accord avec lui-même : tantôt, il range au nombre des connaissances abstractives, les faits sensibles conservés par la mémoire ; tantôt il suppose que l'intuition sensitive peut

---

(1) *Ibid.*, prol. lib. I, quæst. 1, 2.

avoir lieu pour un objet non existant, par la raison que cette intuition et son objet ne sont pas identiques. Enfin, loin de s'affranchir de la théorie des *formes* aristotéliques, il paraît quelquefois les multiplier encore avec une sorte de prodigalité (1).

Du moins, il retranche sagement du domaine de la philosophie rationnelle, pour le restituer exclusivement à l'enseignement religieux, un ordre de questions supérieures aux lumières naturelles, rétablissant ainsi les limites que les Scolastiques avaient si souvent méconnues.

On conçoit qu'Ockam ne pouvait reconnaître dans les facultés de l'âme une existence réellement distincte; « L'âme n'a qu'une nature unique, laquelle se diversifie selon les fonctions, laquelle, indivisible en elle-même, est le principe de plusieurs actes distincts. L'entendement *actif* et l'entendement *possible* sont absolument le même; l'esprit est appelé entendement *actif*, en tant qu'il est capable de produire l'acte de l'intelligence, et *possible*, en tant qu'il peut recevoir en lui même l'acte qui le produit (2).

---

(1) Sentent. II, distinct. 16; quodlib. 1, quæst. 10.
(2) Voyez son commentateur Gabriel Biel : *Collectorium*, sentent. II, distinct 16.

Ockam eut un mérite plus réel en osant attaquer enfin cette hypothèse des images ou *espèces* dont nous avons vu l'école d'Aristote si préoccupée, et qu'elle considérait comme les intermédiaires des perceptions. « Cette hypothèse, disait-il, a tout au moins le tort d'être oiseuse. » Voici donc comment il explique le double phénomène de la double intuition :

« La présence de l'objet externe produit sur l'organe des sens une sorte d'impression qui, dans la vision, par exemple, est la lumière et la couleur. Cette impression accompagne l'acte même de la vision, et n'en est point l'objet ; à cette action en succède une autre d'un ordre supérieur, qu'on appelle *apparition*, et qui constitue la connaissance intuitive. L'impression produite est le véritable objet de ce second acte. Après lui subsiste encore une nouvelle modification du sens extérieur, qui n'est plus ni l'impression, ni l'objet ; dans le sens intérieur (*fantasia*), subsiste aussi, après le premier acte du sens, une modification qui prépare le réveil de l'apparition, même en l'absence de l'objet ; c'est la représentation abstractive. Trois autres modes se succèdent encore ; l'un est une disposition nouvelle du sens intérieur ; l'autre est le réveil de l'image ; le dernier est la réminiscence qui la reconnaît.

» Quant à l'intuition intellective, elle résulte, ou de l'analogie entre l'objet matériel et l'entendement immatériel, ou de la représentation de l'objet, ou de la détermination de la faculté de penser, ou de la réunion de cette faculté avec l'objet. Pour obtenir une notion abstraite, il faut, indépendamment de l'entendement et de l'objet, une autre condition, savoir, la connaissance intuitive de l'objet auquel l'abstraction se rapporte, comme un mode qui a survécu à la perception intuitive : c'est une trace que celle-ci a laissée. L'entendement tire d'une représentation obscure et confuse, intuitive ou abstraite, des notions plus distinctes et mieux déterminées, et s'élève ainsi jusqu'à une notion unique, absolue, qui représente un objet entièrement déterminé, et ne contient plus rien de contingent. De plusieurs notions particulières, obscures ou distinctes, l'esprit peut détacher des notions générales qui correspondent à ce que les objets ont en commun d'une manière accidentelle ou essentielle ; ces notions seront elles-mêmes obscures ou distinctes, absolues ou relatives, suivant la nature de celles dont elles sont déduites.

» A la formation des simples notions succède

cette activité de l'esprit qui en forme des jugemens ; il institue ainsi un nouvel ordre de connaissances qui expriment l'assentiment de l'esprit (*notitias adhæsivas*). Si cet assentiment s'attache à la seule connaissance intuitive des termes d'une proposition contingente, c'est l'expérience ; s'il adhère à une proposition nécessaire, c'est l'entendement ; s'il saisit la conséquence nécessaire des prémices évidentes, c'est la science ; s'il accueille des vérités seulement vraisemblables, c'est l'opinion ; s'il se règle d'après l'autorité, c'est la croyance (1). »

On voit qu'Ockam était un véritable Conceptualiste, et c'est ce qu'on doit penser aussi des principaux Nominaux de cet âge. Ce philosophe était Anglais et cordelier : il prit avec chaleur la défense de Philippe-le-Bel et de Louis de Bavière contre les papes, et s'attira le ressentiment de Jean XXII. Il mourut à Munich, en 1347. L'Angleterre semble avoir eu la prérogative de donner à la philosophie, de siècle en siècle, pendant le cours du moyen âge, depuis le vénérable Bède, les penseurs les plus indépendans et les plus originaux.

Duns Scot trouva cependant un défenseur

---

(1) Biel, *ibid.*, sentent. II, dist. 3, quæst. 2.

parmi ses autres disciples; ce fut Walter Burleigh, qui, comme Ockam, avait étudié à Oxford : il défendit la réalité objective des notions générales, par ces considérations tirées de l'ordre moral et alors si accréditées, comme celle qui se fonde sur les fins que la nature se propose dans ses ouvrages. Il attaqua la réforme des Nominaux dans sa *via modernorum* (1). Thomas de Strasbourg, augustin, qui enseigna la théologie à Paris, soutint aussi le Réalisme défaillant, et parut s'attacher particulièrement aux opinions d'Ægidius Colonne ; il spécula de nouveau sur l'existence des nombres, des relations, sur les combinaisons de la matière et de la forme, sur les accroissemens d'intension, sur les quiddités, etc (2).

Mais les docteurs les plus célèbres de cet âge se rangèrent sous la bannière du Nominalisme. Jalabert (3) (C), Marsile d'Inghen (4), en citent un grand nombre aussi distingués par leurs talens et leur savoir, que par leurs vertus.

---

(1) *In physic. Aristot.* tract. I, cap. 2.
(2) *Comment. in magist. sentent.* l. I, distinct. 24, 34; in lib. IV, lib. I, dist. 3, etc.
(3) *Philos. nominal. vind. præfat.* § 2.
(4) *Oratio :* Heidelberg, 1494.

Dans leur nombre brillèrent surtout, Richard Suisset, Buridan, le cardinal Pierre D'Ailly, le vénérable Gerson, Gabriel Biel, Grégoire de Rimini, Pierre d'Espagne, Georges de Bruxelles, Albert de Saxe, etc.

Richard Swinshead, ou Suisset, qui enseigna les mathématiques et la physique à Oxford, était aussi théologien et philosophe, mais s'appliqua spécialement aux deux premières sciences, et, à l'exemple de Roger Bacon, voulut éclairer l'une par l'autre. Dans son Calculateur (1), ouvrage qui a excité l'admiration de Cardan et de Scaliger, il essaya de soumettre les *formes substantielles* au calcul, c'est-à-dire, de déterminer par les lois du calcul les accroissemens ou les diminutions des qualités physiques, la résistance des milieux, les forces, la réaction; il posa une série de questions sur ce qu'il appelle *de minimo et maximo*; il osa contredire Aristote sur le sujet de la réaction, qui avait acquis une haute importance dans cette école. Il essaya d'appliquer aussi les mathématiques et la philosophie dans son *Art cabbalistique* et sa *logique*. S'il commenta Pierre Lombard, suivant l'u-

---

(1) *Calculator subtilissimus*, Venise 1520, in-fol.

sage de son temps, il commenta aussi la physique et l'éthique d'Aristote, ce qui était plus rare et plus utile.

Jean Buridan, après avoir été recteur de l'université de Paris, fut contraint, en 1353, par les persécutions qui s'élevèrent contre les Nominaux, de se retirer en Allemagne, et y dirigea le premier l'université de Vienne. Les auteurs français (1) lui attribuent la création de la *logique nouvelle* qui se montra dans l'université de Paris, vers 1320 ou 1330; mais, il est probable que cette logique n'était autre que celle d'Ockam dont le nom était alors en défaveur ; on la désignait en effet sous le nom de *Subtilités anglaises* (2). Cette logique avait le mérite de s'attacher à déterminer exactement le sens des termes (3), et ce mérite était aussi considérable à une telle époque, qu'il devait être redoutable aux systèmes accrédités ; on lui reprochoit en retour d'attribuer trop d'importance aux termes, et de négliger les choses. « Mais, répliquaient Pierre D'Ailly et Gerson, vous ne pouvez bien connaître les

---

(1) Du Boullay, *Hist. univ. Paris*, tome IV, p. 996.
(2) Philobiblon, c. 9.
(3) Dargentré, *Collect. judic.*, tome Ier, p. 339.

choses, si de votre côté vous négligez de déterminer l'acception des mots. » Du reste, en changeant les formules et les dénominations usitées, elle rentrait, pour le fond, dans la logique d'Aristote, et s'exerçait particulièrement sur l'art de l'invention des moyens termes syllogistiques. Buridan commenta presque tous les ouvrages du Stagyrite.

Pierre d'Ailly, qui fut appelé l'*Aigle de la France*, chercha à prendre un milieu entre le doute académique et les affirmations indéfinies du dogmatisme. Il n'accorda point au témoignage des sens une certitude propre; mais, il admit que le cours ordinaire de la nature et les desseins de la Providence doivent rendre une confiance raisonnable aux faits extérieurs dont les sens donnent la persuasion. Ce qu'il dit du sens intérieur, semble avoir quelque analogie avec le *Je pense, donc je suis*, de Descartes. Il reconnut du reste la certitude des vérités mathématiques.

Ce n'est pas la secte seule des Nominaux, c'est la philosophie de ce siècle, c'est l'humanité elle-même, qui s'honorent du vertueux Gerson (Jean Charlier, ou Gerson, chancelier de l'université de Paris), de ce philosophe religieux dont la piété douce et tendre trouvait dans l'amour de Dieu un aliment pour l'amour des hommes, qui, après avoir été chargé des négociations les plus importantes, après avoir été l'ornement de l'université de Paris, la lumière des Conciles de Pise et de Constance, voulut consacrer ses derniers jours à instruire de pauvres enfans, dans les plus humbles écoles, et qui fut le Fénélon de son âge. Gerson essaya de réconcilier les Réalistes et les Nominaux, en ramenant à la fois les deux partis à déterminer avec plus de soin l'objet de la connaissance scientifique, à en fixer les limites, à faire disparaître la confusion qui s'était introduite entre la philosophie et la théologie, entre la métaphysique et la logique. Il reconnut, il annonça, mais sans fruit, que les erreurs des philosophes naissaient de ce qu'ils n'avaient point encore clairement établi et circonscrit l'enceinte marquée à la connaissance humaine ; il voulut introduire une meilleure méthode de philosopher. « La logique, » disait-il, n'est pas la science, mais la voie » qui y conduit (1). » Il aperçut que le foyer de toutes les difficultés qui agitaient l'école, était dans cette notion de l'*être* qui est le point

―――――――

(1) OEuvres de Gerson, tome III, l. XXXI, I disc.

de contact entre l'ordre intellectuel et le monde des réalités, notion qu'on avait encore obscurcie par la subtilité des abstractions imaginées pour l'éclaircir. Il distingua donc dans l'être deux modes distincts, sous le point de vue transcendantal, ou plutôt il reproduisit sous un nouveau jour cette distinction déjà présentée, dit-il, par les métaphysiciens et les logiciens. « L'un est l'*être absolu*, la
» nature de la chose en elle-même ; l'autre ne
» consiste que dans son existence représenta-
» tive en tant qu'objet de l'entendement; *l'être*,
» sous le second aspect, peut se montrer tout
» différent de ce qui lui appartient sous le pre-
» mier. Cette distinction est la clef de la paci-
» fication entre les *Formalisans* et les *Ter-*
» *ministes* (les Réalistes et les Nominaux),
» si elle est clairement saisie. L'être réel ne
» peut constituer une science, qu'autant qu'il est
» considéré dans son existence objective, dans
» son rapport à la réalité ; il ne change point
» dans son existence réelle, au gré des modi-
» fications que subit sa notion objective; telle
» est l'erreur des *Formalisans* qui veulent
» faire de la métaphysique sur les réalités, sans
» tenir aucun compte des opérations de l'en-
» tendement, comme celle des *Terministes*

» est de se concentrer trop souvent dans la si-
» gnification des mots (1). »

L'idée que Gerson s'est formée de la théologie mystique peut trouver des contradicteurs; il serait étranger à notre plan de la discuter; mais, il importe de remarquer, du moins, que par la direction qu'il donna et la sphère qu'il assigna au Mysticisme, Gerson préservait les sciences philosophiques d'une invasion qui leur avait été si funeste. Il se renferma exclusivement dans le domaine de la méditation religieuse; il appela toutefois la psycologie au secours de la théologie mystique; car, suivant lui, « celle-ci se fonde sur la connaissance de soi-même, obtenue par l'expérience des âmes pieuses dans l'étude de leur propre cœur. » Il s'efforça, d'ailleurs, de préserver la contemplation des nombreux écarts qui l'avaient trop souvent égarée, et il signala judicieusement comme les deux principales causes de ces erreurs, l'exaltation d'une imagination qui s'abandonne, sans règle et sans fruit, à tous ses caprices, et l'abus des abstractions métaphysiques (2).

---

(1) *De Concordia metaph. et logic.*, XX, F. K.
(2) OEuvres de Gerson, tome III : *Considerationes de mystica theologia*, Consider. 2, 6, 10, 24, 25.

Si le Réalisme, dans cette grande controverse, ne put se prévaloir de la supériorité des talens, il eut du moins l'avantage d'obtenir l'appui de l'autorité civile; et à défaut d'argumens décisifs, il employa les armes de la persécution, trouvant plus facile de faire bannir ses adversaires que de leur répondre. Le réglement de l'université de Paris condamna, en 1339, la logique d'Ockam, et en interdit l'enseignement (1). Les Nominaux furent impliqués dans les troubles civiles qui suivirent l'assassinat du duc d'Orléans en 1407, parce qu'ils condamnèrent ouvertement ce crime; ils s'exilèrent volontairement jusqu'à la retraite des Anglais. Le zèle avec lequel les Nominaux défendaient les droits des princes leur attira les censures de la cour romaine. Nous voyons cependant que dans les controverses religieuses suscitées par Jean Hus, les Hussites appartenaient aux Réaistes, et les catholiques aux Nominaux; enfin, on obtint de Louis XI un arrêt terrible et célèbre de proscription contre ces derniers, arrêt qui alla jusqu'à ordonner la confiscation de leurs livres (2). L'apologie qu'ils adressèrent à ce

---

(1) Du Boullay, tome IV p. 257.
(2) Naudée, *Inadd. ad regnum Lud.* XI, p. 203.

prince, et qui est peut-être le monument le plus instructif et le plus curieux pour l'histoire de ce débat philosophique (1), eut un effet plus réel et plus durable que la sentence elle-même; et la raison cette fois triompha du pouvoir. Le Nominalisme, alors même qu'il conservait encore les formes extérieures de la philosophie scolastique, l'attaquait dans son essence même et dans son principe de vie, en dissipant le prestige qui avait accordé une valeur absolue et une sorte de puissance magique aux notions abstraites. Il ne lui portait pas un coup moins sensible, et il préparait par une influence active, quoique lente et secrète encore, la réformation de la science, en donnant le courage, on pourrait dire la témérité, relativement à l'esprit du siècle, de s'affranchir du joug de l'autorité, en provoquant une investigation plus sérieuse du fondement des connaissances humaines, en appelant les méditations des penseurs à s'emparer enfin des questions livrées jusqu'alors aux seules paraphrases des commentateurs. Plusieurs exemples cités par Dargentré montrent que cet appel ne fut pas infructueux; on cite entre

---

(1) Dargentré, tome II, p. 286.

autres un Nicolas d'Outricourt ou d'Autricourt (*de ultricuria*), qui osa tourner en ridicule l'aveuglement des Scolastiques pâlissant jusqu'à l'extrême vieillesse sur les livres d'Aristote et leurs commentaires, au lieu de consulter le grand livre de la nature constamment ouvert sous leurs yeux et qui leur offrait de bien meilleures leçons. Ce d'Outricourt renouvela la tentative de Guillaume de Conches pour remettre en crédit la philosophie corpusculaire; il posa aussi les principes de la science à laquelle on donnait alors le nom de perspective (1), mais il ne fut guère mieux entendu que Roger Bacon. Les esprits n'étaient point encore préparés pour la restauration des sciences physiques. Il suffit, pour s'en convaincre, de remarquer que l'astrologie judiciaire avait alors des chaires dans les universités, qu'il existait auprès des princes des astrologues en titre, témoin ce Simon de Phares qui fut astrologue de Charles VIII, et dont les écrits nous peignent l'état de cette singulière science. L'alchimie n'obtint pas un moindre crédit; on expliquait les livres hermétiques dans les universités. La perspective for-

---

(1) Dargentré, tome I, p. 355. 356.

mait alors une science à part, sans doute depuis que Roger Bacon lui avait assigné son objet, son domaine; elle fut seule cultivée avec quelque succès; et sans doute elle dut cet avantage à l'exemple donné par son créateur, et à l'application des sciences mathématiques; elle exerça particulièrement les Nominaux, Buridan, Richard Suisset, Albert de Saxe. Quant à la physique proprement dite et à l'histoire naturelle, quoique Pline commençât à être connu, et que Pellicier, premier abbé de Grammont, l'eût en partie commenté, un chaos de fables absurdes défigurait alors ces deux sciences, comme on le reconnaîtra si on prend la peine de jeter les yeux sur le traité du cordelier anglais Barthélemi Glanvill (*de Proprietatibus Rerum*) qui jouit alors d'une immense renommée, et qui fut considéré comme une sorte d'encyclopédie des connaissances naturelles. (1)

L'empire de la philosophie scolastique fut encore ébranlé, à la même époque, sous des rapports différens, et par des attaques moins directes en apparence, mais dont les effets tendaient

---

(1) Jean Corbichou, Augustin, en 1372, le traduisit en français, par ordre de Charles V, pour le mettre à la portée de tous les lecteurs.

à renverser les principes même de ses succès, et à ramener les esprits dans la voie qui amena enfin la réforme des idées (D)..... *Italiam! italiam!..*

L'auteur de l'Imitation de J.-C., ébranla subitement le plus puissant de ces principes, le crédit que la philosophie scolastique avait reçu de son alliance avec les idées religieuses, et de la prétention qu'elle avait de prêter à la religion son plus solide appui. On ne s'étonnera point de nous voir assigner un rang, dans l'histoire de la philosophie, à cet ouvrage, qui a obtenu des âmes pieuses une si juste admiration; nous avons trop souvent déclaré que nous accordions une influence du premier ordre sur les destinées de la philosophie, à toutes les causes qui peuvent exciter et nourrir dans le cœur de l'homme, des sentimens purs et élevés, qui peuvent développer et ennoblir les affections morales. L'Imitation de J.-C. rappelait la religion à son vrai caractère, à sa destination naturelle, la délivrait du funeste alliage des vaines subtilités qui venaient en dénaturer l'enseignement, et plaçait son domaine et son action dans le culte intérieur et le perfectionnement moral. Et ce n'est pas ici une vaine supposition, quoique cette remarque sur un livre si généralement lu et médité, nous paraisse avoir échappé aux historiens: l'humble et vertueux auteur de ce beau livre, critique plus d'une fois les abus de la philosophie de l'école; le chapitre 2 du premier livre commence précisément par la célèbre maxime d'Aristote qui sert aussi de début aux livres métaphysiques et qui était la devise favorite des scolastiques du temps ; ce chapitre entier est la censure cachée de la vanité des docteurs. Au chapitre suivant, l'auteur s'exprime plus clairement encore : « Que m'importent, dit-il, et *les genres et les espèces?*.... que tous les docteurs se taisent !... Ne blâmons pas, ajoute-t-il, toute science, et cette simple connaissance des choses, qui est bonne en elle-même et telle qu'elle est ordonnée par Dieu; mais, donnons la préférence à une bonne conscience et à une vie vertueuse (1)!» Nous pourrions multiplier les exemples ; ceux qui connaissent bien les mœurs de cet âge, l'esprit qui régnait dans les écoles, conviendront avec nous que l'auteur de l'Imitation de J.-C. fut précisément par rapport à la philosophie scolastique, ce que Socrate fut par rapport aux sophistes de l'antiquité, et qu'il opposa aux abus de l'esprit qui égaraient ses contemporains, les conseils de la piété chrétienne, précisément comme Socrate opposa aux écarts de son âge les maximes de la morale naturelle.

L'Imitation de J.-C. concourut encore avec les écrits de Gerson à produire un autre effet salutaire, en ouvrant au sentiment religieux une carrière inépuisable de méditations empruntées à la piété seule; il affaiblit et rectifia cette fausse tendance qui avait, en confondant des sphères d'idées distinctes, favorisé les écarts des doctrines mystiques.

Ce fut sous un point de vue tout différent que le célèbre Pétrarque prépara la chute de la philosophie scolastique; mais il n'y contribua pas d'une manière moins efficace; il détruisit un autre principe de ses forces, en ouvrant un nouveau et plus digne théâtre à la gloire, en donnant une direction nouvelle aux esprits, en rouvrant la carrière de l'éloquence, si long-temps abandonnée, en opposant au jargon barbare des écoles, les accords d'une poésie harmonieuse, aux arides discussions de l'école, le langage d'une sensibilité exquise et les maximes d'une morale généreuse. Qu'étaient désormais les victoires, les triomphes obtenus dans les thèses sur les *entités* et les *formes* substantielles, auprès de la pompe triomphale qui accompagna le chantre de Laure au Capitole? qu'étaient tous les titres décernés aux docteurs, auprès de cette couronne de laurier qui fut placée sur la tête du poète de Vaucluse? Il suffisait de ranimer le goût des lettres pour prononcer l'arrêt des écoles de cet âge. Pétrarque aussi les avait fréquentées, ces écoles; mais il n'y avait pas trouvé d'alimens dignes de son génie; comme on peut en juger par la critique qu'il en fait dans le Traité intitulé: *De l'ignorance de soi-même et de plusieurs autres.* Pétrarque aussi avait cultivé la philosophie; mais il avait préféré cette portion de la philosophie qui nous éclaire dans l'étude du cœur humain, nous conduit à la connaissance de nous-mêmes, comme on peut le voir dans ses traités moraux (E). Pendant que son ami Boccace, créateur de la prose italienne, peignait trop fidèlement les mœurs de son temps, mais ramenait ainsi le regard de l'observateur sur cette scène du monde qui est aussi une grande école pour le moraliste, Pétrarque, ardent ami de la liberté, philosophe religieux, aspirait à ce perfectionnement qui s'obtient par le triomphe sur les passions. Pétrarque et Boccace préparaient, sous un autre rapport, la grande révolution qui allait éclore, dans l'une de ses causes principales : ce furent eux qui réveillèrent par leur exemple, leur commerce, leur influence, le culte pour les modèles de la littérature grecque et latine; ce furent eux qui, les premiers, rassemblèrent avec une ardeur infatigable les manuscrits épars et oubliés. Déjà elle se relevait du sein de la tombe où elle était restée ensevelie pendant tant de siècles, cette majestueuse antiquité qui allait bientôt reparaître dans son immortel éclat, et qui allait, en captivant l'admiration universelle, rallumer de toutes parts une généreuse émulation (F).

NOTES

DU VINGT-HUITIÈME CHAPITRE.

(A) L'usage de l'Université de Paris voulait que les professeurs, en expliquant les écrits de philosophie à leurs élèves, parlassent avec une rapidité telle qu'on ne pût écrire ce qu'ils disaient. Vers l'an 1355, quelques professeurs nouveaux s'étaient avisés de prononcer leurs leçons avec assez de lenteur pour que les élèves pussent en prendre copie, la Faculté des Arts leur fit défense d'en user ainsi, et leur prescrivit de se conformer à l'ancienne coutume. Le scandale que causa la hardiesse des Nominaux à combattre les idées reçues fut tel, que le réglement de la Faculté des Arts en 1339, en interdisant d'enseigner la doctrine d'Ockam, interdit aussi aux maîtres et aux bacheliers de disputer dans les thèses, sans en avoir été requis par le président, ou sans en avoir respectueusement demandé la permission, afin que l'attaque fût toujours subordonnée aux intérêts de la défense (Dargentré, tom. I, pages 337, 374).

(B) Ockam attaqua directement aussi la théorie Platonicienne *des idées*, et cela devait être, puisque le

Réalisme était né de la combinaison de cette doctrine avec la théorie d'Aristote sur les formes :

« Idea est aliquid cognitum a principio effectivo intellectuali, ad quod activum aspiciens potest aliquid inesse reali rationabiliter producere. — Idea non est divina essentia. Ideæ non sunt in Deo subjective et realiter, sed tamen sunt in ipso objective tanquam quoddam cognitum ab ipso, quare ideæ sunt ipsæmet res a Deo producibiles. — Omnium rerum factibilium sunt distinctæ ideæ, sicut ipsæ res inter se sunt distinctæ. — Ideæ sunt singularium et non sunt specierum, quare ipsa singularia sola sunt extra producibilia et nulla alia. — Generis et differentiæ et aliorum universalium non sunt ideæ, nisi poneretur, quod universalia essent quædam res subjective existentes in anima, et solum communia rebus extra per prædicationem. » (Ockam, l. 1, dist. 35, quæst. 5.)

(C) Brucker (*Hist. crit. phil.*, tome III, pag. 904) témoigne le regret de n'avoir pu découvrir l'ouvrage de Jalabert, si rare, dit-il, que tous les soins de ce savant de la Croze pour le découvrir dans les Bibliothèques de Paris ont été infructueux. Cet écrit existe cependant à la Bibliothèque de Sainte-Geneviève, dont les estimables administrateurs ont bien voulu le mettre à notre disposition. Il est dédié au célèbre Naudée. Les regrets de Brucker auraient été tempérés s'il avait eu l'ouvrage entre les mains. Les considérations qui y sont opposées au Réalisme ne sont point tirées des observations psycologiques, seule voie qui pût éclairer véritablement la question ; mais en général, elles se fondent sur des argumentations du même genre que celles dont leurs adversaires faisaient usage ; c'est tout ensemble et l'exposition et l'apologie de la doctrine des Nominaux. Cet écrit n'a que 162 pages. (*Phil. nominal. vindicata*, etc. Paris, 1551.)

(D) Il nous eût été facile de reproduire ici les nombreuses critiques auxquelles la philosophie de l'École prête une si abondante matière ; mais Louis Vives, Bacon, la Ramée, Erasme, Locke, Gassendi, Boileau, etc., ont épuisé ce sujet, et ont tellement accablé la philosophie scolastique sous le poids du raisonnement et du ridicule, qu'il nous a paru oiseux de reproduire des réflexions qui sont devenues en quelque sorte triviales. Brucker a d'ailleurs fort bien esquissé et résumé tous les reproches qui ont été faits à cette doctrine (tome III, page 869 et suiv.) Il nous a paru plus utile d'essayer une exposition sommaire, fidèle, impartiale, de cette philosophie aujourd'hui oubliée, et de mettre nos lecteurs à portée d'apprécier par eux-mêmes en quoi et jusqu'à quel point elle a pu mériter le discrédit dont elle a été atteinte. Nous réservons pour la seconde partie de cet ouvrage les considérations générales dont elle peut être l'objet, et les corollaires durables qui peuvent être tirés avec fruit de cette singulière expérience sur la marche de l'esprit humain pendant plusieurs siècles. Nous nous bornerons ici à rappeler le jugement qu'en a porté le grand Bacon.

« La fable de Scylla peint sous une forme vivante
» ce genre de philosophie. Vous trouverez chez les

» Scolastiques, des vues générales qui ne manquent
» point d'une certaine beauté dans les termes, et qui
» supposent quelque génie d'invention ; mais dès que
» vous arriverez aux distinctions et aux décisions, au
» lieu d'applications fécondes et utiles, vous n'aperce-
» vrez plus que des questions monstrueuses et vuides
» de sens. Il est certain néanmoins que si les Scolas-
» tiques avaient joint à la soif insatiable de la vérité,
» à cette activité continuelle de l'esprit qu'on recon-
» naît en eux, la variété et l'étendue de l'instruction
» et des méditations qui leur manquent, ils eussent
» répandu d'abondantes lumières, et ils eussent fait
» éprouver de merveilleux progrès à toutes les sciences
» et à tous les arts. » (*De Augmentis scient.* lib. I,
cap. 9.) Cette décision impartiale du chancelier de
Verulam, suivant nous, pourrait servir de réponse
au célèbre *suspicor* de Leibnitz.

(E) Ginguené, (Histoire littéraire d'Italie, tome II,
page 334 et suiv.; tome III, p. 1 et suiv), a donné
sur Pétrarque et sur Boccace, comme il avait déjà
donné sur le Dante, des notices qui sont à nos yeux
les modèles du genre, et auxquelles nous ne pouvons
que renvoyer pour apprécier le caractère de ces illustres
écrivains et l'influence qu'ils ont exercée. Nous avons
offert nous-mêmes dans les *Archives littéraires* une
exposition abrégée de la philosophie morale de Pétrarque.

(F) Il est indispensable, pour bien apprécier la philosophie scolastique, d'avoir le courage de pénétrer soi-même dans l'immense recueil des écrits qu'elle a enfantés ; c'est là seulement qu'on peut bien en connaître et l'esprit et les formes. On peut consulter d'ailleurs sur l'histoire et la Bibliographie philosophique du moyen âge, Fabricius, *Biblioth. mediæ et infimæ latinitatis ;* Trithème, *De Scriptoribus ecclesiasticis ;* Lambert Danée (*Prolegomen in librum prim. sentent.* Genève 1580); Alsted (*Thesaur. chronolog.*); Christ. Bender, (*Theol. scolast.* ; Tubingen 1624); Himelius (même titre); Barthold Niemeyer (*Oratio de segnioris ævi philosoph.*, etc. Hemestadt 1675); Jacques Thomasius (*De doctoribus scholasticis*, Leipsick 1676, in-4°) et son fils (plusieurs savantes dissertations éparses dans ses écrits); Tribechow (*De doctoribus scholasticis*, 2ᵉ édition, Jéna, 1719); Hermann, Reimann, Morhoff, (Poly-histor); Launoy (*De Scholis celebrioribus*, Paris 1672 ; *De Varia Arist. in acad. Par.*, *Fortuna*, Paris 1662); Du Boullay (*Hist. univ. Par* Paris 1678, 5 vol. in-fol.); Crevier (*Histoire de l'université de Paris*, 1761, in-8, fort lourd et superficiel en même temps); Meiners : (*De nominalium ac realium initiis* ; dans les commentaires de la société royale de Goëttingue, tome XII, p. 24); d'Eberstein, (*sur la logique et la métaphysique des Pères péripatéticiens*, etc., en allemand, Leipsick 1803, in-8); Jalabert, déja cité ; Lalemandet (*Decisiones philos.*, Monaco 1644, 1645, in-fol. *Ars rationis ad mentem nominalium*, Oxon 1673, in-12.)

Voyez aussi Tiraboschi, l'abbé Andrès, Ginguené, Hallam, Berington (ouvrages déjà cités), et le livre 18ᵉ de l'Histoire des Croisades, par M. Michaud, t. V.

L'infatigable Brucker a reculé, ainsi que nous l'avons dit, devant les difficultés que présentait une exposition spéciale des doctrines des divers docteurs scolastiques, et s'est borné à un tableau général qui ne permet de démêler ni la variété des opinions, ni la rivalité des sectes, ni le progrès des idées. Tiedemann excité par le *suspicor* de Leibnitz, a eu le premier l'héroïsme de compulser enfin les originaux, d'étudier à fond chaque docteur scolastique, et il en a présenté un tableau aussi développé que judicieux, qui occupe presque en entier les volumes IV et V de son *Histoire de la philosophie spéculative*, mais où, suivant son usage, la discussion est trop souvent confondue avec l'exposition des doctrines. Tennemann a suivi ses traces avec une fidélité scrupuleuse, en y joignant seulement un grand nombre de passages heureusement choisis. Nous avons emprunté avec soin à l'un et à l'autre toutes les indications qui nous ont paru utiles.

L'Académie des Inscriptions et Belles-lettres a proposé, de trois ans en trois ans, de 1737 à 1753, une suite de concours sur l'état et les progrès des sciences en France depuis Charlemagne jusqu'à Louis XI: nous avons consulté dans les archives de l'institut de France la collection des mémoires manuscrits des concurrens. Les sujets étaient d'un bien grand intérêt; mais nous devons avouer qu'ils nous ont paru faiblement traités, si on excepte toutefois les mémoires couronnés des abbés Lebeuf, Fenel, et de Guasco. Il manque au reste les mémoires relatifs à trois de ces concours, qui se sont égarés.

La bibliothèque royale contient un grand nombre de manuscrits des philosophes du moyen âge, qui n'ont pas vu le jour; nous en avons consulté plusieurs, sans y rien trouver qui nous parût leur mériter d'être mis en lumière. Ceux qui auront le loisir et la patience de se livrer à des investigations plus approfondies seront-ils plus heureux? C'est ce que nous n'oserions garantir.

FIN DU QUATRIÈME VOLUME.

TABLE
DES CHAPITRES

CONTENUS DANS CET OUVRAGE.

TOME Ier.

AVERTISSEMENT DU LIBRAIRE-ÉDITEUR sur cette seconde édition. pag.	1
INTRODUCTION.	viij
CHAPITRE Ier. — De l'histoire de la philosophie, plan de la première partie de cet ouvrage.	43
Notes du premier chapitre.	93
CHAPITRE II. — De l'histoire de la philosophie.	111
Notes du deuxième chapitre.	177
CHAPITRE III. — *Première période.* — De l'origine de la philosophie.	197
Notes du troisième chapitre.	281
CHAPITRE IV. — Premier essor de la philosophie chez les Grecs. — Thalès et l'école d'Ionie.	308
Notes du quatrième chapitre.	386
CHAPITRE V. — École d'Italie.	395
Notes du cinquième chapitre.	433
CHAPITRE VI. — Les Éléatiques. — Première école d'Élée. — Héraclite.	445
Notes du sixième chapitre.	493

TOME II.

Chapitre VII. — Seconde école d'Élée.   Pag.   1
   Notes du septième chapitre.   34
Chapitre VIII. — Les Sophistes. — Première ébauche du Scepticisme.   42
   Notes du huitième chapitre.   112
Chapitre IX. — Seconde période. — Socrate.   121
   Notes du neuvième chapitre.   170
Chapitre X. — Les Cyniques. — École de Cyrènes, d'Élis et de Mégare.   177
   Notes du dixième chapitre.   203
Chapitre XI. — Platon et la première Académie.   206
   Notes du onzième chapitre.   272
Chapitre XII. — Aristote.   280
   Notes du douzième chapitre.   393
Chapitre XIII. — Épicure.   403
   Notes du treizième chapitre.   451
Chapitre XIV. — Pyrrhon et les Sceptiques.   457
   Notes du quatorzième chapitre.   489

TOME III.

Chapitre XV. — Zénon et les Stoïciens.   1
   Notes du quinzième chapitre   52
Chapitre XVI. — Nouvelle Académie. — Arcésilas. — Carnéade, Philon et Antiochus.   57
   Notes du seizième chapitre.   165
Chapitre XVII. — Troisième période. — La philosophie grecque transportée à Alexandrie. — Alliance des diverses Écoles. — Application de la philosophie aux sciences.   112

Notes du dix-septième chapitre. Pag. 149
Chapitre XVIII. — La philosophie grecque introduite à Rome, répandue dans l'Empire romain. — Destinées et alliances des diverses écoles ; nouvelles applications. 154
Notes du dix-huitième chapitre. 226
Chapitre XIX. — Derniers développemens du Scepticisme. 238
Notes du dix-neuvième chapitre. 280
Chapitre XX. — Origine des doctrines mystiques. — Premier mélange des traditions orientales avec la philosophie grecque. — Docteurs Juifs. — Gnostiques. 286
Notes du vingtième chapitre. 325
Chapitre XXI. — Nouveaux Platoniciens. 332
Notes du vingt et unième chapitre. 458

TOME IV.

Chapitre XXII. — Philosophie des pères de l'Eglise et des docteurs chrétiens. 1
Notes du vingt-deuxième chapitre. 121
Chapitre XXIII. — Quatrième Période. — Causes générales de la décadence des études philosophiques. — Destinées de la philosophie chez les Grecs du Bas-Empire. 136
Notes du vingt-troisième chapitre. 173
Chapitre XXIV. — Destinée de la philosophie chez les Arabes et les Juifs pendant le cours du moyen âge. 177
Notes du vingt-quatrième chapitre. 306

Chapitre XXV. — Destinées de la philosophie en Occident du 7ᵉ au 11ᵉ siècle. — Origine et premier âge de la philosophie scolastique. Pag. 328
    Notes du vingt-cinquième chapitre. 369
Chapitre XXVI. — Second âge de la philosophie scolastique. 377
    Notes du vingt-sixième chapitre. 443
Chapitre XXVII. — Troisième âge de la philosophie scolastique. 452
    Notes du vingt-septième chapitre. 555
Chapitre XXVIII. — Quatrième âge de la philosophie scolastique. 567
    Notes du vingt-huitième chapitre. 606

FIN DE LA TABLE.

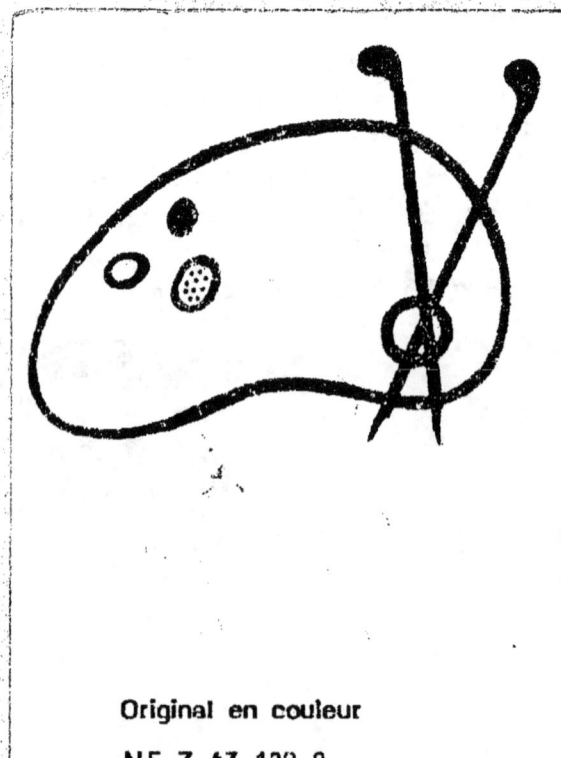

Original en couleur

NF Z 43-120-8

www.ingramcontent.com/pod-product-compliance
Lightning Source LLC
Chambersburg PA
CBHW051326230426
43668CB00010B/1162